INTRODUCTION À LA PSYCHANALYSE

LES ACTES MANQUÉS - LE RÊVE - THÉORIE GÉNÉRALE DES NÉVROSES

SIGMUND FREUD

TRADUCTION PAR
SAMUEL JANKÉLÉVITCH

ALICIA ÉDITIONS

L'inconscient est le psychique lui-même et son essentielle réalité.

— SIGMUND FREUD

TABLE DES MATIÈRES

PARTIE UN
LES ACTES MANQUÉS

PARTIE DEUX
LE RÊVE

PARTIE TROIS
THÉORIE GÉNÉRALE DES NÉVROSES

PARTIE UN
LES ACTES MANQUÉS

CHAPITRE I

INTRODUCTION

J'ignore combien d'entre vous connaissent la psychanalyse par leurs lectures ou par ouï-dire. Mais le titre même de ces leçons : *Introduction à la Psychanalyse,* m'impose l'obligation de faire comme si vous ne saviez rien sur ce sujet et comme si vous aviez besoin d'être initiés à ses premiers éléments.

Je dois toutefois supposer que vous savez que la psychanalyse est un procédé de traitement médical de personnes atteintes de maladies nerveuses. Ceci dit, je puis vous montrer aussitôt sur un exemple que les choses ne se passent pas ici comme dans les autres branches de la médecine, qu'elles s'y passent même d'une façon tout à fait contraire. Généralement, lorsque nous soumettons un malade à une technique médicale nouvelle pour lui, nous nous appliquons à en diminuer à ses yeux les inconvénients et à lui donner toutes les assurances possibles quant au succès du traitement. Je crois que nous avons raison de le faire, car en procédant ainsi nous augmentons effectivement les chances de succès. Mais on procède tout autrement, lorsqu'on soumet un névrotique au traitement psychanalytique. Nous le mettons alors au courant des difficultés de la méthode, de sa durée, des efforts et des sacrifices qu'elle exige ; et quant au résultat, nous lui disons que nous ne pouvons rien promettre, qu'il dépendra de la manière dont se comportera le malade lui-même, de son intelligence, de son obéissance, de sa patience. Il va sans dire que de bonnes raisons, dont vous saisirez peut-être l'importance plus tard, nous dictent cette conduite inaccoutumée.

Je vous prie de ne pas m'en vouloir si je commence par vous traiter comme ces malades névrotiques. Je vous déconseille tout simplement de venir m'entendre une autre fois. Dans cette intention, je vous ferai toucher du doigt toutes les imperfections qui sont nécessairement attachées à l'enseignement de la psychanalyse et toutes les difficultés qui s'opposent à l'acquisition d'un jugement personnel en cette matière. Je vous montrerai que toute votre culture antérieure et toutes les habitudes de votre pensée ont dû faire de vous inévitablement des adversaires de la psychanalyse, et je vous dirai ce que vous devez vaincre en vous-mêmes pour surmonter cette hostilité instinctive. Je ne puis naturellement pas vous prédire ce que mes leçons vous feront gagner au point de vue de la compréhension de la psychanalyse, mais je puis certainement vous promettre que le fait d'avoir assisté à ces leçons ne suffira pas à vous rendre capables d'entreprendre une recherche ou de conduire un traitement psychanalytique. Mais s'il en est parmi vous qui, ne se contentant pas d'une connaissance superficielle de la psychanalyse, désireraient entrer en contact permanent avec elle, non seulement je les en dissuaderais, mais je les mettrais directement en garde contre une pareille tentative. Dans l'état de choses actuel, celui qui choisirait cette carrière se priverait de toute possibilité de succès universitaire et se trouverait, en tant que praticien, en présence d'une société qui, ne comprenant pas ses aspirations, le considérerait avec méfiance et hostilité et serait prête à lâcher contre lui tous les mauvais esprits qu'elle abrite dans son sein. Et vous pouvez avoir un aperçu approximatif du nombre de ces mauvais esprits rien qu'en songeant aux faits qui accompagnent la guerre sévissant actuellement en Europe.

Il y a toutefois des personnes pour lesquelles toute nouvelle connaissance présente un attrait, malgré les inconvénients auxquels je viens de faire allusion. Si certains d'entre vous appartiennent à cette catégorie et veulent bien, sans se laisser décourager par mes avertissements, revenir ici la prochaine fois, ils seront les bienvenus.

Mais vous avez tous le droit de connaître les difficultés de la psychanalyse, que je vais vous exposer.

La première difficulté est inhérente à l'enseignement même de la psychanalyse. Dans l'enseignement de la médecine, vous êtes habitués à voir. Vous voyez la préparation anatomique, le précipité qui se forme à la suite d'une réaction chimique, le raccourcissement du muscle par l'effet de l'excitation de ses nerfs. Plus tard, on présente à vos sens le malade, les symptômes de son affection, les produits du processus morbide, et dans beaucoup de cas on met même sous vos yeux, à l'état isolé, le germe qui provoqua la maladie. Dans les spécialités chirurgicales, vous assistez aux interventions par lesquelles on vient en aide au malade, et vous devez même essayer de les exécuter vous-mêmes. Et jusque dans la psychiatrie, la démonstration du malade, avec le jeu changeant de sa physionomie, avec sa manière de parler et de se comporter, vous apporte une foule d'observations qui vous laissent une impression profonde et durable. C'est ainsi que le professeur en médecine remplit le rôle d'un guide et d'un interprète qui vous accompagne comme à travers un musée, pendant que vous vous mettez en relations directes avec les objets et que vous croyez avoir acquis, par une perception personnelle, la conviction de l'existence des nouveaux faits.

Par malheur, les choses se passent tout différemment dans la psychanalyse. Le traitement psychanalytique ne comporte qu'un échange de paroles entre l'analysé et le médecin. Le patient parle, raconte les événements de sa vie passée et ses impressions présentes, se plaint, confesse ses désirs et ses émotions. Le médecin s'applique à diriger la marche des idées du patient, éveille ses souvenirs, oriente son attention dans certaines directions, lui donne des explications et observe les réactions de compréhension ou d'incompréhension qu'il provoque ainsi chez le malade. L'entourage inculte de nos patients, qui ne s'en laisse imposer que par ce qui est visible et palpable, de préférence par des actes tels qu'on en voit se dérouler sur l'écran du cinématographe, ne manque jamais de manifester son doute quant à l'efficacité que peuvent avoir de « simples discours », en tant que moyen de traitement. Cette critique est peu judicieuse et illogique. Ne sont-ce pas les mêmes gens qui savent d'une façon certaine que les malades « s'imaginent » seulement éprouver tels ou tels symptômes ? Les mots faisaient primitivement partie de la magie, et de nos jours encore le mot garde beaucoup de sa puissance de jadis. Avec des mots un homme peut rendre son semblable heureux ou le pousser au désespoir, et c'est à l'aide de mots que le maître transmet son savoir à ses élèves, qu'un orateur entraîne ses auditeurs et détermine leurs jugements et décisions. Les mots provoquent des émotions et constituent pour les hommes le moyen général de s'influencer réciproquement. Ne cherchons donc pas à diminuer la valeur que peut présenter l'application de mots à la psychothérapie et contentons-nous d'assister en auditeurs à l'échange de mots qui a lieu entre l'analyste et le malade.

Mais cela encore ne nous est pas possible. La conversation qui constitue le traitement psychanalytique ne supporte pas d'auditeurs ; elle ne se prête pas à la démonstration. On peut naturellement, au cours d'une leçon de psychiatrie, présenter aux élèves un neurasthénique ou un hystérique qui exprimera ses plaintes et racontera ses symptômes. Mais ce sera tout. Quant aux renseignements dont l'analyste a besoin, le malade ne les donnera que s'il éprouve pour le médecin une affinité de sentiment particulière ; il se taira, dès qu'il s'apercevra de la présence ne serait-ce que d'un seul témoin indifférent. C'est que ces renseignements se rapportent à ce qu'il y a de plus intime dans la vie psychique du malade, à tout ce qu'il doit, en tant que personne sociale autonome, cacher aux autres et, enfin, à tout ce qu'il ne veut pas avouer à lui-même, en tant que personne ayant conscience de son unité.

Vous ne pouvez donc pas assister en auditeurs à un traitement psychanalytique. Vous pouvez seulement en entendre parler et, au sens le plus rigoureux du mot, vous ne pourrez connaître la psychanalyse que par ouï-dire. Le fait de ne pouvoir obtenir que des renseignements, pour ainsi dire, de seconde main, vous crée des conditions inaccoutumées pour la formation d'un jugement. Tout dépend en grande partie du degré de confiance que vous inspire celui qui vous renseigne.

Supposez un instant que vous assistiez, non à une leçon de psychiatrie, mais à une leçon d'histoire et que le conférencier vous parle de la vie et des exploits d'Alexandre le Grand. Quelles raisons auriez-vous de croire à la véridicité de son récit ? À première vue, la situation paraît encore plus défavorable que dans la psychanalyse, car le professeur d'histoire n'a pas plus que vous pris part aux expéditions d'Alexandre, tandis que le psychanalyste vous parle du moins de faits dans lesquels il a lui-même joué un rôle. Mais alors intervient une circonstance qui rend l'historien digne de foi. Il peut notamment vous renvoyer aux récits de vieux écrivains, contemporains des événements en question ou assez proches d'eux, c'est-à-dire aux livres de Plutarque, Diodore, Arrien, etc. ; il peut faire passer sous vos yeux des reproductions des monnaies ou des statues du roi et une photographie de la mosaïque pompéïenne représentant la bataille d'Issus. À vrai dire, tous ces documents prouvent seulement que des générations antérieures avaient déjà cru à l'existence d'Alexandre et à la réalité de ses exploits, et vous voyez dans cette considération un nouveau point de départ pour votre critique. Celle-ci sera tentée de conclure que tout ce qui a été raconté au sujet d'Alexandre n'est pas digne de foi ou ne peut pas être établi avec certitude dans tous les détails ; et cependant, je me refuse à admettre que vous puissiez quitter la salle de conférences en doutant de la réalité d'Alexandre le Grand. Votre décision sera déterminée par deux considérations principales : la première, c'est que le conférencier n'a aucune raison imaginable de vous faire admettre comme réel ce que lui-même ne considère pas comme tel ; la seconde, c'est que tous les livres d'histoire dont nous disposons représentent les événements d'une manière à peu près identique. Si vous abordez ensuite l'examen des sources plus anciennes, vous tiendrez compte des mêmes facteurs, à savoir des mobiles qui ont pu guider les auteurs et de la concordance de leurs témoignages. Dans le cas d'Alexandre, le résultat de l'examen sera certainement rassurant, mais il en sera autrement lorsqu'il s'agira de personnalités telles que Moïse ou Nemrod. Quant aux doutes que vous pouvez concevoir relativement au degré de confiance que mérite le rapport d'un psychanalyste, vous aurez encore dans la suite plus d'une occasion d'en apprécier la valeur.

Et, maintenant, vous êtes en droit de me demander puisqu'il n'existe pas de critère objectif pour juger de la véridicité de la psychanalyse et que nous n'avons aucune possibilité de faire de celle-ci un objet de démonstration, comment peut-on apprendre la psychanalyse et s'assurer de la vérité de ses affirmations ? Cet apprentissage n'est en effet pas facile, et peu nombreux sont ceux qui ont appris la psychanalyse d'une façon systématique, mais il n'en existe pas moins des voies d'accès vers cet apprentissage. On apprend d'abord la psychanalyse sur son propre corps, par l'étude de sa propre personnalité. Ce n'est pas là tout à fait ce qu'on appelle auto-observation, mais à la rigueur l'étude dont nous parlons peut y être ramenée. Il existe toute une série de phénomènes psychiques très fréquents et généralement connus dont on peut, grâce à quelques indications relatives à leur technique, faire sur soi-même des objets d'analyse. Ce faisant, on acquiert la conviction tant cherchée de la réalité des processus décrits par la psychanalyse et de la justesse de ses conceptions. Il convient de dire toutefois qu'on ne doit pas s'attendre, en suivant cette voie, à réaliser des progrès indéfinis. On avance beaucoup plus en se laissant analyser par un psychanalyste compétent, en éprouvant sur son propre moi les effets de la psychanalyse et en profitant de cette occasion pour saisir la technique du procédé dans toutes ses finesses. Il va sans dire que cet excellent moyen ne peut toujours être utilisé que par une seule personne et ne s'applique jamais à une réunion de plusieurs.

À votre accès à la psychanalyse s'oppose encore une autre difficulté qui, elle, n'est plus inhérente à la psychanalyse comme telle : c'est vous-mêmes qui en êtes responsables, du fait de vos études médicales antérieures. La préparation que vous avez reçue jusqu'à présent a imprimé à votre pensée une certaine orientation qui vous écarte beaucoup de la psychanalyse. On vous a habitués à assigner aux fonctions de l'organisme et à leurs troubles des causes anatomiques, à les expliquer en vous plaçant du point de vue de la chimie et de la physique, à les concevoir du point de vue biologique, mais jamais votre intérêt n'a été orienté vers la vie psychique dans laquelle culmine cependant le fonctionnement de notre organisme si admirablement compliqué. C'est pourquoi vous êtes restés étrangers à la manière de penser psychologique et c'est pourquoi aussi vous avez pris l'habitude de considérer celle-ci avec méfiance, de lui refuser tout caractère scientifique et de l'abandonner aux profanes, poètes, philosophes de la nature et mystiques. Cette limitation est certainement préjudiciable à votre activité médicale, car, ainsi qu'il est de règle dans toutes relations humaines, le malade commence toujours par vous présenter sa façade psychique, et je crains fort que vous y soyez obligés, pour votre châtiment, d'abandonner aux profanes, aux rebouteux et aux mystiques que vous méprisez tant, une bonne part de l'influence thérapeutique que vous cherchez à exercer.

Je ne méconnais pas les raisons qu'on peut alléguer pour excuser cette lacune dans votre préparation. Il nous manque encore cette science philosophique auxiliaire que vous puissiez utiliser pour la réalisation des fins posées par l'activité médicale. Ni la philosophie spéculative, ni la psychologie descriptive, ni la psychologie dite expérimentale et se rattachant à la physiologie des sens, ne sont capables, telles qu'on les enseigne dans les écoles, de vous fournir des données utiles sur les rapports entre le corps et l'âme et de vous offrir le moyen de comprendre un trouble psychique quelconque. Dans le cadre même de la médecine, la psychiatrie, il est vrai, s'occupe à décrire les troubles psychiques qu'elle observe et à les réunir en tableaux cliniques, mais dans leurs bons moments les psychiatres se demandent eux-mêmes si des arrangements purement descriptifs méritent le nom de science. Nous ne connaissons ni l'origine, ni le mécanisme, ni les liens réciproques des symptômes dont se composent ces tableaux nosologiques ; aucune modification démontrable de l'organe anatomique de l'âme ne leur correspond ; et quant aux modifications qu'on invoque, elles ne donnent des symptômes aucune explication. Ces troubles psychiques ne sont accessibles à une action thérapeutique qu'en tant qu'ils constituent des effets secondaires d'une affection organique quelconque.

C'est là une lacune que la psychanalyse s'applique à combler. Elle veut donner à la psychiatrie la base psychologique qui lui manque ; elle espère découvrir le terrain commun qui rendra intelligible la rencontre d'un trouble somatique et d'un trouble psychique. Pour parvenir à ce but, elle doit se tenir à distance de toute présupposition d'ordre anatomique, chimique ou physiologique, ne travailler qu'en s'appuyant sur des notions purement psychologiques, ce qui, je le crains fort, sera précisément la raison pour laquelle elle vous paraîtra de prime abord étrange.

Il est enfin une troisième difficulté dont je ne rendrai d'ailleurs responsables ni vous ni votre préparation antérieure. Parmi les prémisses de la psychanalyse, il en est deux qui choquent tout le monde et lui attirent la désapprobation universelle : l'une d'elles se heurte à un préjugé intellectuel, l'autre à un préjugé esthético-moral. Ne dédaignons pas trop ces préjugés : ce sont des choses puissantes, des survivances de phases de développement utiles, voire nécessaires, de l'humanité. Ils sont maintenus par des forces affectives, et la lutte contre eux est difficile.

D'après la première de ces désagréables prémisses de la psychanalyse, les processus psychiques seraient en eux-mêmes inconscients ; et quant aux conscients, ils ne seraient que des actes isolés, des fractions de la vie psychique totale. Rappelez-vous à ce propos que nous sommes, au contraire, habitués à identifier le psychique et le conscient, que nous considérons précisément la conscience comme une caractéristique, comme une définition du psychique et que la psychologie consiste pour nous dans l'étude des contenus de la conscience. Cette identification nous paraît même tellement naturelle que nous voyons une absurdité manifeste dans la moindre objection qu'on lui oppose. Et, pourtant, la psychanalyse ne peut pas ne pas soulever d'objection contre l'identité du psychique et du conscient. Sa définition du psychique dit qu'il se compose de processus faisant partie des domaines du sentiment, de la pensée et de la volonté ; et elle doit affirmer qu'il y a une pensée inconsciente et une volonté inconsciente. Mais par cette définition et cette affirmation elle s'aliène d'avance la sympathie de tous les amis d'une froide science et s'attire le soupçon de n'être qu'une science ésotérique et fantastique qui voudrait bâtir dans les ténèbres et pêcher dans l'eau trouble. Mais vous ne pouvez naturellement pas encore comprendre de quel droit je taxe de préjugé une proposition aussi abstraite que celle qui affirme que « le psychique est le conscient », de même que vous ne pouvez pas encore vous rendre compte du développement qui a pu aboutir à la négation de l'inconscient (à supposer que celui-ci existe) et des avantages d'une pareille négation. Discuter la question de savoir si l'on doit faire coïncider le psychique avec le conscient ou bien étendre celui-là au-delà des limites de celui-ci, peut apparaître comme une vaine logomachie, mais je puis vous assurer que l'admission de processus psychiques inconscients inaugure dans la science une orientation nouvelle et décisive.

Vous ne pouvez pas davantage soupçonner le lien intime qui existe entre cette première audace de la psychanalyse et celle que je vais mentionner en deuxième lieu. La seconde proposition que la psychanalyse proclame comme une de ses découvertes contient notamment l'affirmation que des impulsions qu'on peut qualifier seulement de sexuelles, au sens restreint ou large du mot, jouent, en tant que causes déterminantes des maladies nerveuses et psychiques, un rôle extraordinairement important et qui n'a pas été jusqu'à présent estimé à sa valeur. Plus que cela : elle affirme que ces mêmes émotions sexuelles prennent une part qui est loin d'être négligeable aux créations de l'esprit humain dans les domaines de la culture, de l'art et de la vie sociale.

D'après mon expérience, l'aversion suscitée par ce résultat de la recherche psychanalytique constitue la raison la plus importante des résistances auxquelles celle-ci se heurte. Voulez-vous savoir comment nous nous expliquons ce fait ? Nous croyons que la culture a été créée sous la poussée des nécessités vitales et aux dépens de la satisfaction des instincts et qu'elle est toujours recréée en grande partie de la même façon, chaque nouvel individu qui entre dans la société humaine renouvelant, au profit de l'ensemble, le sacrifice de ses instincts. Parmi les forces instinctives ainsi refoulées, les émotions sexuelles jouent un rôle considérable ; elles subissent une sublimation, c'est-à-dire qu'elles sont détournées de leur but sexuel et orientées vers des buts socialement supérieurs et qui n'ont plus rien de sexuel. Mais il s'agit là d'une organisation instable ; les instincts sexuels sont mal domptés, et chaque individu qui doit participer au travail culturel court le danger de voir ses instincts sexuels résister à ce *refoulement*. La société ne voit pas de plus grave menace à sa culture que celle que présenteraient la libération des instincts sexuels et leur retour à leurs buts primitifs. Aussi la société n'aime-t-elle pas qu'on lui rappelle cette partie scabreuse des fondations sur lesquelles elle repose ; elle n'a aucun intérêt à ce que la force des instincts sexuels soit reconnue et l'importance de la vie sexuelle révélée à chacun ; elle a plutôt adopté une méthode d'éducation qui consiste à détourner l'attention de ce domaine. C'est pourquoi elle ne supporte pas ce résultat de la psychanalyse dont nous nous occupons : elle le flétrirait volontiers comme repoussant au point de vue esthétique, comme condamnable au point de vue moral, comme dangereux sous tous les rapports. Mais ce n'est pas avec des reproches de ce genre qu'on peut supprimer un résultat objectif du travail scientifique. L'opposition, si elle veut se faire entendre, doit être transposée dans le domaine intellectuel. Or, la nature humaine est faite de telle sorte qu'on est porté à considérer comme injuste ce qui déplaît ; ceci fait, il est facile de trouver des arguments pour justifier son aversion. Et c'est ainsi que la société transforme le désagréable en injuste, combat les vérités de la psychanalyse, non avec des arguments logiques et concrets, mais à l'aide de raisons tirées du sentiment, et maintient ces objections, sous forme de préjugés, contre toutes les tentatives de réfutation.

Mais il convient d'observer qu'en formulant la proposition en question nous n'avons voulu manifester aucune tendance. Notre seul but était d'exposer un état de fait que nous croyons avoir constaté à la suite d'un travail plein de difficultés. Et cette fois encore nous croyons devoir protester contre l'intervention de considérations pratiques dans le travail scientifique, et cela avant même d'examiner si les craintes au nom desquelles on voudrait nous imposer ces considérations sont justifiées ou non.

Telles sont quelques-unes des difficultés auxquelles vous vous heurterez si vous voulez vous occuper de psychanalyse. C'est peut-être plus qu'il n'en faut pour commencer. Si leur perspective ne vous effraie pas, nous pouvons continuer.

CHAPITRE 2
LES ACTES MANQUÉS

Ce n'est pas par des suppositions que nous allons commencer, mais par une recherche, à laquelle nous assignerons pour objet certains phénomènes, très fréquents, très connus et très insuffisamment appréciés et n'ayant rien à voir avec l'état morbide, puisqu'on peut les observer chez tout homme bien portant. Ce sont les phénomènes que nous désignerons par le nom générique d'actes manqués et qui se produisent lorsqu'une personne prononce ou écrit, en s'en apercevant ou non, un mot autre que celui qu'elle veut dire ou tracer (*lapsus*) ; lorsqu'on lit, dans un texte imprimé ou manuscrit, un mot autre que celui qui est réellement imprimé ou écrit *(fausse lecture),* ou lorsqu'on entend autre chose que ce qu'on vous dit, sans que cette *fausse audition* tienne à un trouble organique de l'organe auditif. Une autre série de phénomènes du même genre a pour base *l'oubli,* étant entendu toutefois qu'il s'agit d'un oubli non durable, mais momentané, comme dans le cas, par exemple, où l'on ne peut pas retrouver un nom qu'on sait cependant et qu'on finit régulièrement par retrouver plus tard, ou dans le cas où l'on oublie de mettre à exécution un *projet* dont on se souvient cependant plus tard et qui, par conséquent, n'est oublié que momentanément. Dans une troisième série, c'est la condition de momentanéité qui manque, comme, par exemple, lorsqu'on ne réussit pas à mettre la main sur un objet qu'on avait cependant rangé quelque part ; à la même catégorie se rattachent les cas de *perte* tout à fait analogues. Il s'agit là d'oublis qu'on traite différemment des autres, d'oublis dont on s'étonne et au sujet desquels on est contrarié, au lieu de les trouver compréhensibles. À ces cas se rattachent encore certaines erreurs dans lesquelles la momentanéité apparaît de nouveau, comme lorsqu'on croit pendant quelque temps à des choses dont on savait auparavant et dont on saura de nouveau plus tard qu'elles ne sont pas telles qu'on se les représente. À tous ces cas on pourrait encore ajouter une foule de phénomènes analogues, connus sous des noms divers.

Il s'agit là d'accidents dont la parenté intime est mise en évidence par le fait que les mots servant à les désigner ont tous en commun le préfixe VER (en allemand) [1], d'accidents qui sont tous d'un caractère insignifiant, d'une courte durée pour la plupart et sans grande importance dans la vie des hommes. Ce n'est que rarement que tel, ou tel d'entre eux, comme la perte d'objets, acquiert une certaine importance pratique. C'est pourquoi ils n'éveillent pas grande attention, ne donnent lieu qu'à de faibles émotions, etc.

C'est de ces phénomènes que je veux vous entretenir. Mais je vous entends déjà exhaler votre mauvaise humeur : « Il existe dans le vaste monde extérieur, ainsi que dans le monde plus restreint de la vie psychique, tant d'énigmes grandioses, il existe, dans le domaine des troubles psychiques, tant de choses étonnantes qui exigent et méritent une explication, qu'il est vraiment frivole de gaspiller son temps à s'occuper de bagatelles pareilles. Si vous pouviez nous expliquer pourquoi tel homme ayant la vue et l'ouïe saines en arrive à voir en plein jour des choses qui n'existent pas, pourquoi tel autre se croit tout à coup persécuté par ceux qui jusqu'alors lui étaient le plus chers ou poursuit des chimères qu'un enfant trouverait absurdes, alors nous dirions que la psychanalyse mérite d'être prise en considération. Mais si la psychanalyse n'est pas capable d'autre chose que de rechercher pourquoi un orateur de banquet a prononcé un jour un mot pour un autre ou pourquoi une maîtresse de maison n'arrive pas à retrouver ses clefs, ou d'autres futilités du même genre, alors vraiment il y a d'autres problèmes qui sollicitent notre temps et notre attention. »

À quoi je vous répondrai : « Patience ! Votre critique porte à faux. Certes, la psychanalyse ne peut se vanter de ne s'être jamais occupée de bagatelles. Au contraire, les matériaux de ses observations sont constitués généralement par ces faits peu apparents que les autres sciences écartent comme trop insignifiants, par le rebut du monde phénoménal. Mais ne confondez-vous pas dans votre critique l'importance des problèmes avec l'apparence des signes ? N'y a-t-il pas des choses importantes qui dans certaines conditions et à de certains moments, ne se manifestent que par des signes très faibles ? Il me serait facile de vous citer plus d'une situation de ce genre. N'est-ce pas sur des signes imperceptibles que, jeunes gens, vous devinez avoir gagné la sympathie de telle ou telle jeune fille ? Attendez-vous, pour le savoir, une déclaration explicite de celle-ci, ou que la jeune fille se jette avec effusion à votre cou ? Ne vous contentez-vous pas, au contraire, d'un regard furtif, d'un mouvement imperceptible, d'un serrement de mains à peine prolongé ? Et lorsque vous vous livrez, en qualité de magistrat, à une enquête sur un meurtre, vous attendez-vous à ce que le meurtrier ait laissé sur le lieu du crime sa photographie avec son adresse, ou ne vous contentez-vous pas nécessairement, pour arriver à découvrir l'identité du criminel, de traces souvent très faibles et insignifiantes ? Ne méprisons donc pas les petits signes : ils peuvent nous mettre sur la trace de choses plus importantes. Je pense d'ailleurs comme vous que ce sont les grands problèmes du monde et de la science qui doivent surtout solliciter notre attention. Mais souvent il ne sert à rien de formuler le simple projet de se consacrer à l'investigation de tel ou tel grand problème, car on ne sait pas toujours où l'on doit diriger ses pas. Dans le travail scientifique, il est plus rationnel de s'attaquer à ce qu'on a devant soi, à des objets qui s'offrent d'eux-mêmes à notre investigation. Si on le fait sérieusement, sans idées préconçues, sans espérances exagérées et si l'on a de la chance, il peut arriver que, grâce aux liens qui rattachent tout à tout, le petit au grand, ce travail entrepris sans aucune prétention ouvre un accès à l'étude de grands problèmes. »

Voilà ce que j'avais à vous dire pour tenir en éveil votre attention, lorsque j'aurai à traiter des actes manqués, insignifiants en apparence, de l'homme sain. Nous nous adressons maintenant à quelqu'un qui soit tout à fait étranger à la psychanalyse et nous lui demanderons comment il s'explique la production de ces faits.

Il est certain qu'il commencera par nous répondre : « Oh, ces faits ne méritent aucune explication ; ce sont de petits accidents. » Qu'entend-il par là ? Prétendrait-il qu'il existe des événements négligeables, se trouvant en dehors de l'enchaînement de la phénoménologie du monde et qui auraient pu tout aussi bien ne pas se produire ? Mais en brisant le déterminisme universel, même en un seul point, on bouleverse toute la conception scientifique du monde. On devra montrer à notre homme combien la conception religieuse du monde est plus conséquente avec elle-même, lorsqu'elle affirme expressément qu'un moineau ne tombe pas du toit sans une intervention particulière de la volonté divine. Je suppose que notre ami, au lieu de tirer la conséquence qui découle de sa première réponse, se ravisera et dira qu'il trouve toujours l'explication des choses qu'il étudie. Il s'agirait de petites déviations de la fonction, d'inexactitudes du fonctionnement psychique dont les conditions seraient faciles à déterminer. Un homme qui, d'ordinaire, parle correctement peut se tromper en parlant : 1º lorsqu'il est légèrement indisposé ou fatigué ; 2º lorsqu'il est surexcité ; 3º lorsqu'il est trop absorbé par d'autres choses. Ces assertions peuvent être facilement confirmées. Les lapsus se produisent particulièrement souvent lorsqu'on est fatigué, lorsqu'on souffre d'un mal de tête ou à l'approche d'une migraine. C'est encore dans les mêmes circonstances que se produit facilement l'oubli de noms propres. Beaucoup de personnes reconnaissent l'imminence d'une migraine rien que par cet oubli. De même, dans la surexcitation on confond souvent aussi bien les mots que les choses, on se « méprend », et l'oubli de projets, ainsi qu'une foule d'autres actions non intentionnelles, deviennent particulièrement fréquents lorsqu'on est distrait, c'est-à-dire lorsque l'attention se trouve concentrée sur autre chose. Un exemple connu d'une pareille distraction nous est offert par ce professeur des « Fliegende Blätter » qui oublie son parapluie et emporte un autre chapeau à la place du sien, parce qu'il pense aux problèmes qu'il doit traiter dans son prochain livre. Quant aux exemples de projets conçus et de promesses faites, les uns et les autres oubliés parce que des événements se sont produits par la suite qui ont violemment orienté l'attention ailleurs, chacun en trouvera dans sa propre expérience.

Cela semble tout à fait compréhensible et à l'abri de toute objection. Ce n'est peut-être pas très intéressant, pas aussi intéressant que nous l'aurions cru. Examinons de plus près ces explications des actes manqués. Les conditions qu'on considère comme déterminantes pour qu'ils se produisent ne sont pas toutes de même nature. Malaise et trouble circulatoire interviennent dans la perturbation d'une fonction normale à titre de causes physiologiques ; surexcitation, fatigue, distraction sont des facteurs d'un ordre différent : on peut les appeler psychophysiologiques. Ces derniers facteurs se laissent facilement traduire en théorie. La fatigue, la distraction, peut-être aussi l'excitation générale produisent une dispersion de l'attention, ce qui a pour effet que la fonction considérée ne recevant plus la dose d'attention suffisante, peut être facilement troublée ou s'accomplit avec une précision insuffisante. Une indisposition, des modifications circulatoires survenant dans l'organe nerveux central peuvent avoir le même effet, en influençant de la même façon le facteur le plus important, c'est-à-dire la répartition de l'attention. Il s'agirait donc dans tous les cas de phénomènes consécutifs à des troubles de l'attention, que ces troubles soient produits par des causes organiques ou psychiques.

Tout ceci n'est pas fait pour stimuler notre intérêt pour la psychanalyse et nous pourrions encore être tentés de renoncer à notre sujet. En examinant toutefois les observations d'une façon plus serrée, nous nous apercevrons qu'en ce qui concerne les actes manqués tout ne s'accorde pas avec cette théorie de l'attention ou tout au moins ne s'en laisse pas déduire naturellement. Nous constaterons notamment que des actes manqués et des oublis se produisent aussi chez des personnes, qui, loin d'être fatiguées, distraites ou surexcitées, se trouvent dans un état normal sous tous les rapports, et que c'est seulement après coup, à la suite précisément de l'acte manqué, qu'on attribue à ces personnes une surexcitation qu'elles se refusent à admettre. C'est une affirmation un peu simpliste que celle qui prétend que l'augmentation de l'attention assure l'exécution adéquate d'une fonction, tandis qu'une diminution de l'attention aurait un effet contraire. Il existe une foule d'actions qu'on exécute automatiquement ou avec une attention insuffisante, ce qui ne nuit en rien à leur précision. Le promeneur, qui sait à peine où il va, n'en suit pas moins le bon chemin et arrive au but sans tâtonnements. Le pianiste exercé laisse, sans y penser, retomber ses doigts sur les touches justes. Il peut naturellement lui arriver de se tromper, mais si le jeu automatique était de nature à augmenter les chances d'erreur, c'est le virtuose dont le jeu est devenu, à la suite d'un long exercice, purement automatique, qui devrait être le plus exposé à se tromper. Nous voyons, au contraire, que beaucoup d'actions réussissent particulièrement bien lorsqu'elles ne sont pas l'objet d'une attention spéciale, et que l'erreur peut se produire précisément lorsqu'on tient d'une façon particulière à la parfaite exécution, c'est-à-dire lorsque l'attention se trouve plutôt exaltée. On peut dire alors que l'erreur est l'effet de l'« excitation ». Mais pourquoi l'excitation n'altérerait-elle pas plutôt l'attention à l'égard d'une action à laquelle on attache tant d'intérêt ? Lorsque, dans un discours important ou dans une négociation verbale, quelqu'un fait un *lapsus* et dit le contraire de ce qu'il voulait dire, il commet une erreur qui se laisse difficilement expliquer par la théorie psychophysiologique ou par la théorie de l'attention.

Les actes manqués eux-mêmes sont accompagnés d'une foule de petits phénomènes secondaires qu'on ne comprend pas et que les explications tentées jusqu'à présent n'ont pas rendus plus intelligibles. Lorsqu'on a, par exemple, momentanément oublié un mot, on s'impatiente, on cherche à se le rappeler et on n'a de repos que lorsqu'il est retrouvé. Pourquoi l'homme à ce point contrarié réussit-il si rarement, malgré le désir qu'il en a, à diriger son attention sur le mot qu'il a, ainsi qu'il le dit lui-même, « sur le bout de la langue » et qu'il reconnaît dès qu'on le prononce devant lui ? Ou, encore, il y a des cas où les actes manqués se multiplient, s'enchaînent entre eux, se remplacent réciproquement. Une première fois, on oublie un rendez-vous ; la fois suivante, on est bien décidé à ne pas l'oublier, mais il se trouve qu'on a noté par erreur une autre heure. Pendant qu'on cherche par toutes sortes de détours à se rappeler un mot oublié, on laisse échapper de sa mémoire un deuxième mot qui aurait pu aider à retrouver le premier ; et pendant qu'on se met à la recherche de ce deuxième mot, on en oublie un troisième, et ainsi de suite. Ces complications peuvent, on le sait, se produire également dans les erreurs typographiques qu'on peut considérer comme des actes manqués du compositeur. Une erreur persistante de ce genre s'était glissée un jour dans une feuille sociale-démocrate. On pouvait y lire, dans le compte rendu d'une certaine manifestation : « On a remarqué, parmi les assistants, Son Altesse, le *Konrprinz » (au* lieu de *Kronprinz,* le prince héritier). Le lendemain, le journal avait tenté une rectification ; il s'excusait de son erreur et écrivait : « nous voulions dire, naturellement, le *Knorprinz » (toujours* au lieu de *Kronprinz).* On parle volontiers dans ces cas d'un mauvais génie qui présiderait aux erreurs typographiques, du lutin de la casse typographique, toutes expressions qui dépassent la portée d'une simple théorie psychophysiologique de l'erreur typographique.

Vous savez peut-être aussi qu'on peut provoquer des lapsus de langage, par suggestion, pour ainsi dire. Il existe à ce propos une anecdote : un acteur novice est chargé un jour, dans la « Pucelle d'Orléans », du rôle important qui consiste à annoncer au roi que le *Connétable* renvoie son épée *(Schwert).* Or, pendant la répétition, un des figurants s'est amusé à souffler à l'acteur timide, à la place du texte exact, celui-ci : le *Confortable* renvoie son cheval *(Pferd)* [2]. Et il arriva que ce mauvais plaisant avait atteint son but : le malheureux acteur débuta réellement, au cours de la représentation, par la phrase ainsi modifiée, et cela malgré les avertissements qu'il avait reçus à ce propos, ou peut-être même à cause de ces avertissements.

Or, toutes ces petites particularités des actes manqués ne s'expliquent pas précisément par la théorie de l'attention détournée. Ce qui ne veut pas dire que cette théorie soit fausse. Pour être tout à fait satisfaisante, elle aurait besoin d'être complétée. Mais il est vrai, d'autre part, que plus d'un acte manqué peut encore être envisagé à un autre point de vue.

Considérons, parmi les actes manqués, ceux qui se prêtent le mieux à nos intentions : les erreurs de langage *(lapsus). Nous* pourrions d'ailleurs tout aussi bien choisir les erreurs d'écriture ou de lecture. À ce propos, nous devons tenir compte du fait que la seule question que nous nous soyons posée jusqu'à présent était de savoir quand et dans quelles conditions on commet des lapsus, et que nous n'avons obtenu de réponse qu'à cette seule question. Mais on peut aussi considérer la *forme* que prend le lapsus, l'effet qui en résulte. Vous devinez déjà que tant qu'on n'a pas élucidé cette dernière question, tant qu'on n'a pas expliqué l'effet produit par le lapsus, le phénomène reste, au point de vue psychologique, un accident, alors même qu'on a trouvé son explication physiologique. Il est évident que, lorsque je commets un lapsus, celui-ci peut revêtir mille formes différentes ; je puis prononcer, à la place du mot juste, mille mots inappropriés, imprimer au mot juste mille déformations. Et lorsque, dans un cas particulier, je ne commets, de tous les lapsus possibles, que tel lapsus déterminé, y a-t-il à cela des raisons décisives, ou ne s'agit-il là que d'un fait accidentel, arbitraire, d'une question qui ne comporte aucune réponse rationnelle ?

Deux auteurs, M. Meringer et M. Mayer (celui-là philologue, celui-ci psychiatre) ont essayé en 1895 d'aborder par ce côté la question des erreurs de langage. Ils ont réuni des exemples qu'ils ont d'abord exposés en se plaçant au point de vue purement descriptif. Ce faisant, ils n'ont naturellement apporté aucune explication, mais ils ont indiqué le chemin susceptible d'y conduire. Ils rangent les déformations que les lapsus impriment un discours intentionnel dans les catégories suivantes : a) interversions ; b) empiétement d'un mot ou partie d'un mot sur le mot qui le précède *(Vorklang) ; c) pro*longation superflue d'un mot *(Nachklang) ; d)* confusions (contaminations) ; e*)* substitutions. Je vais vous citer des exemples appartenant à chacune de ces catégories. Il y a *interversion,* lorsque quelqu'un dit, *la Milo de Vénus,* au lieu de *la Vénus de Milo* (interversion de l'ordre des mots). Il y a *empiétement* sur le mot précédent, lorsqu'on dit : « Es war mir auf der *Schwest...* auf der Brust so *schwer.* » (Le sujet voulait dire : « j'avais un tel poids sur la poitrine » ; dans cette phrase, le mot *schwer* [lourd] avait empiété en partie sur le mot antécédent *Brust* [poitrine].) Il y a prolongation ou répétition superflue d'un mot dans des phrases comme ce malheureux toast : « Ich fordere sie *auf, auf* dits Wohl unseres Chefs *aufzustossen » (« Je* vous invite à *démolir* la prospérité de notre chef » : au lieu de « boire — *stossen — à la* prospérité de notre chef ».) Ces trois formes de lapsus ne sont pas très fréquentes. Vous trouverez beaucoup plus d'observations dans lesquelles le lapsus résulte d'une *contraction* ou d'une *association,* comme lorsqu'un monsieur aborde dans la rue une dame en lui disant : « Wenn sie gestatten, Fräulein, möchte ich sie gerne *begleit-digen » (*« Si *vous* le permettez, Mademoiselle, je vous accompagnerais bien volontiers ») c'est du moins ce que le jeune homme voulait dire, mais il a commis un lapsus par contraction, en combinant le mot *begleiten,* accompagner, avec *beleidigen,* offenser, manquer de respect). Je dirai en passant que le jeune homme n'a pas dû avoir beaucoup de succès auprès de la jeune fille. Je citerai enfin, comme exemple de *substitution,* cette phrase empruntée à une des observations de Meringer et Mayer :« Je mets les préparations dans la boîte aux lettres *(Briefkasten) »,* alors qu'on voulait dire : « dans le foin-à incubation *(Brutkasten)* ».

L'essai d'explication que les deux auteurs précités crurent pouvoir déduire de leur collection d'exemples me paraît tout à fait insuffisant. Ils pensent que les sons et les syllabes d'un mot possèdent des valeurs différentes et que l'intervention d'un élément ayant une valeur supérieure peut exercer une influence perturbatrice sur celle des éléments d'une valeur moindre. Ceci ne serait vrai, à la rigueur, que pour les cas, d'ailleurs peu fréquents, de la deuxième et de la troisième catégories ; dans les autres lapsus, cette prédominance de certains sons sur d'autres, à supposer qu'elle existe, ne joue aucun rôle. Les lapsus les plus fréquents sont cependant ceux où l'on remplace un mot par un autre qui lui ressemble, et cette ressemblance parait à beaucoup de personnes suffisante *pour* expliquer le lapsus. Un professeur dit, par exemple, dans sa leçon d'ouverture : « Je ne suis pas disposé *(geneigt)* à apprécier comme il convient les mérites de mon prédécesseur », alors qu'il voulait dire : « Je ne me reconnais pas une autorité suffisante *(geeignet)* pour apprécier, etc. » Ou un autre : « En ce qui concerne l'appareil génital de la femme, malgré les nombreuses *tentations (Versuchungen)...* pardon, malgré les nombreuses *tentatives (Versuche)* »...

Mais le lapsus le plus fréquent et le plus frappant est celui qui consiste à dire exactement le contraire de ce qu'on voudrait dire. Il est évident que dans ces cas les relations tonales et les effets de ressemblance ne jouent qu'un rôle minime ; on peut, pour remplacer ces facteurs, invoquer le fait qu'il existe entre les contraires une étroite affinité conceptuelle et qu'ils se trouvent particulièrement rapprochés dans l'association psychologique. Nous possédons des exemples historiques de ce genre : un président de notre Chambre des députés ouvre un jour la séance par ces mots : « Messieurs, je constate la présence de... membres et déclare, par conséquent, la séance *close.* »

N'importe quelle autre facile association, susceptible, dans certaines circonstances, de surgir mal à propos, peut produire le même effet. On raconte, par exemple, qu'au cours d'un banquet donné à l'occasion du mariage d'un des enfants de Helmholtz avec un enfant du grand industriel bien connu, E. Siemens, le célèbre physiologiste Dubois-Reymond prononça un speech et termina son toast, certainement brillant, par les paroles suivantes :« Vive donc la nouvelle firme Siemens et Halske. » En disant cela, il pensait naturellement à la vieille firme Siemens-Halske, l'association de ces deux noms étant familière à tout Berlinois.

C'est ainsi qu'en plus des relations tonales et de la similitude des mots, nous devons admettre également l'influence de l'association des mots. Mais cela encore ne suffit pas. Il existe toute une série de cas où l'explication d'un lapsus observé ne réussit que lorsqu'on tient compte de la proposition qui a été énoncée ou même pensée antérieurement. Ce sont donc encore des cas d'action à distance, dans le genre de celui cité par Meringer, mais d'une amplitude plus grande. Et ici je dois vous avouer qu'à tout bien considérer, il me semble que nous sommes maintenant moins que jamais à même de comprendre la véritable nature des erreurs de langage.

Je ne crois cependant pas me tromper en disant que les exemples de lapsus cités au cours de la recherche qui précède laissent une impression nouvelle qui vaut la peine qu'on s'y arrête. Nous avons examiné d'abord les conditions dans lesquelles un lapsus se produit d'une façon générale, ensuite les influences qui déterminent telle ou telle déformation du mot ; mais nous n'avons pas encore envisagé l'effet du lapsus en lui-même, indépendamment de son mode de production. Si nous nous décidons à le faire, nous devons enfin avoir le courage de dire : dans quelques-uns des exemples cités, la déformation qui constitue un lapsus a un sens. Qu'entendons-nous par ces mots : a *un sens ?* Que l'effet du lapsus a peut-être le droit d'être considéré comme un acte psychique complet, ayant son but propre, comme une manifestation ayant son contenu et sa signification propres. Nous n'avons parlé jusqu'à présent que d'actes manqués, mais il semble maintenant que l'acte manqué puisse être parfois une action tout à fait correcte, qui ne fait que se substituer à l'action attendue ou voulue.

Ce sens propre de l'acte manqué apparaît dans certains cas d'une façon frappante et irrécusable. Si, dès les premiers mots qu'il prononce, le président déclare qu'il clôt la séance, alors qu'il voulait la déclarer ouverte, nous sommes enclins, nous qui connaissons les circonstances dans lesquelles s'est produit ce lapsus, à trouver un sens à cet acte manqué. Le président n'attend rien de bon de la séance et ne serait pas fâché de pouvoir l'interrompre. Nous pouvons sans aucune difficulté découvrir le sens, comprendre la signification du lapsus en question. Lorsqu'une dame connue pour son énergie raconte : « Mon mari a consulté un médecin au sujet du régime qu'il avait à suivre ; le médecin lui a dit qu'il n'avait pas besoin de régime, qu'il pouvait manger et boire *ce que je voulais* », — il y a là un lapsus, certes, mais qui apparaît comme l'expression irrécusable d'un programme bien arrêté.

Si nous réussissons à constater que les lapsus ayant un sens, loin de constituer une exception, sont au contraire très fréquents, ce sens, dont il n'avait pas encore été question à propos des actes manqués, nous apparaîtra nécessairement comme la chose la plus importante, et nous aurons le droit de refouler à l'arrière-plan tous les autres points de vue. Nous pourrons notamment laisser de côté tous les facteurs physiologiques et psychophysiologiques et nous borner à des recherches purement psychologiques sur le sens, sur la signification des actes manqués, sur les intentions qu'ils révèlent. Aussi ne tarderons-nous pas à examiner à ce point de vue un nombre plus ou moins important d'observations.

Avant toutefois de réaliser ce projet, je vous invite à suivre avec moi une autre voie. Il est arrivé à plus d'un poète de se servir du lapsus ou d'un autre acte manqué quelconque comme d'un moyen de représentation poétique. À lui seul, ce fait suffit à nous prouver que le poète considère l'acte manqué, le lapsus, par exemple, comme n'étant pas dépourvu de sens, d'autant plus qu'il produit cet acte intentionnellement. Personne ne songerait à admettre que le poète se soit trompé en écrivant et qu'il ait laissé subsister son erreur, laquelle serait devenue de ce fait un lapsus dans la bouche du personnage. Par le lapsus, le poète veut nous faire entendre quelque chose, et il nous est facile de voir ce que cela peut être, de nous rendre compte s'il entend nous avertir que la personne en question est distraite ou fatiguée ou menacée d'un accès de migraine. Mais alors que le poète se sert du lapsus comme d'un mot ayant un sens, nous ne devons naturellement pas en exagérer la portée. En réalité, un lapsus peut être entièrement dépourvu de sens, n'être qu'un accident psychique ou n'avoir un sens qu'exceptionnellement, sans qu'on puisse refuser au poète le droit de le spiritualiser en lui attachant un sens, afin de le faire servir aux intentions qu'il poursuit. Ne vous étonnez donc pas si je vous dis que vous pouvez mieux vous renseigner sur ce sujet en lisant les poètes qu'en étudiant les travaux de philologues et de psychiatres.

Nous trouvons un pareil exemple de lapsus dans « Wallenstein » (Piccolomini, 1er acte, Ve scène). Dans la scène précédente, Piccolomini avait passionnément pris parti pour le duc en exaltant les bienfaits de la paix, bienfaits qui se sont révélés à lui au cours du voyage qu'il a fait pour accompagner au camp la fille de Wallenstein. Il laisse son père et l'envoyé de la cour dans la plus profonde consternation. Et la scène se poursuit :

QUESTENBERG. — Malheur à nous ! Où en sommes-nous, amis ? Et le laisserons-nous partir avec cette chimère, sans le rappeler et sans lui ouvrir immédiatement les yeux ?

OCTAVIO. *(tiré d'une profonde réflexion)*. — Les miens sont ouverts et ce que je vois est loin de me réjouir.

QUESTENBERG. — De quoi s'agit-il, ami ?

OCTAVIO. — Maudit soit ce voyage !

QUESTENBERG. — Pourquoi ? qu'y a-t-il ?

OCTAVIO. – Venez ! Il faut que je suive sans tarder la malheureuse trace, que je voie de mes yeux... Venez !

(Il veut l'emmener.)

QUESTENBERG. — Qu'avez-vous ? Où voulez-vous aller ?

OCTAVIO. *(pressé). — Vers elle !*

QUESTENBEBG. — Vers...

OCTAVIO. *(se reprenant).* — Vers le duc ! Allons ! etc.

Octavio voulait dire : « Vers lui, vers le duel » Mais il commet un lapsus et révèle (à nous du moins) par les mots : vers *elle,* qu'il a deviné sous quelle influence le jeune guerrier rêve aux bienfaits de la paix.

O. Rank a découvert chez Shakespeare un exemple plus frappant encore du même genre. Cet exemple se trouve dans le *Marchand de Venise,* et plus précisément dans la célèbre scène où l'heureux amant doit choisir entre trois coffrets. Je ne saurais mieux faire que de vous lire le bref passage de Rank se rapportant à ce détail.

« On trouve dans le *Marchand de Venise.* de Shakespeare (troisième acte, scène II), un cas de lapsus très finement motivé au point de vue poétique et d'une brillante mise en valeur au point de vue technique ; de même que l'exemple relevé par Freud dans « Wallenstein » *(Zur Psychologie des Alltagslebens,* 2e édition, p. 48), il prouve que les poètes connaissent bien le mécanisme et le sens de cet acte manqué et supposent chez l'auditeur une compréhension de ce sens. Contrainte par son père à choisir un époux par tirage au sort, Portia a réussi jusqu'ici à échapper par un heureux hasard à tous les prétendants qui ne lui agréaient pas. Ayant enfin trouvé en Bassanio celui qui lui plaît, elle doit craindre qu'il ne tire lui aussi la mauvaise carte. Elle voudrait donc lui dire que même alors il pourrait être sûr de son amour, mais le vœu qu'elle a fait l'empêche de le lui faire savoir. Tandis qu'elle est en proie à cette lutte intérieure, le poète lui fait dire au prétendant qui lui est cher :

« Je vous en prie : restez ; demeurez un jour ou deux, avant de vous en rapporter au hasard, car si votre choix est mauvais, je perdrai votre société. Attendez donc. Quelque chose me dit (mais ce n'est pas l'amour) que j'aurais du regret à vous perdre... Je pourrais vous guider, de façon à vous apprendre à bien choisir, mais je serais parjure, et je ne le voudrais pas. Et c'est ainsi que vous pourriez ne pas m'avoir ; et alors vous me feriez regretter de ne pas avoir commis le péché d'être parjure. Oh, ces yeux qui m'ont troublée et partagée en deux moitiés : l'une *qui vous appartient, l'autre qui est à vous... qui est à moi,* voulais-je dire. Mais si elle m'appartient, elle est également à vous, et ainsi vous m'avez tout entière. »

« Cette chose, à laquelle elle aurait voulu seulement faire une légère allusion, parce qu'au fond elle aurait dû la taire, à savoir qu'avant même le choix elle est à lui *tout entière* et l'aime, l'auteur, avec une admirable finesse psychologique, la laisse se révéler dans le lapsus et sait par cet artifice calmer l'intolérable incertitude de l'amant, ainsi que celle des spectateurs quant à l'issue du choix. »

Observons encore avec quelle finesse Portia finit par concilier les deux aveux contenus dans son lapsus, par supprimer la contradiction qui existe entre eux, tout en donnant libre cours à l'expression de sa promesse : « mais si elle m'appartient, elle est également à vous, et ainsi vous m'avez tout entière ».

Par une seule remarque, un penseur étranger à la médecine a, par un heureux hasard, trouvé le sens d'un acte manqué et nous a ainsi épargné la peine d'en chercher l'explication. Vous connaissez tous le génial satirique Lichtenberg (1742-1799) dont Goethe disait que chacun des traits d'esprit cachait un problème. Et c'est à un trait d'esprit que nous devons souvent la solution du problème. Lichtenberg note quelque part qu'à force d'avoir lu Homère, il avait fini par lire « Agamemnon » partout où était écrit le mot « angenommen » (accepté). Là réside vraiment la théorie du lapsus.

Nous examinerons dans la prochaine leçon la question de savoir si nous pouvons être d'accord avec les poètes quant à la conception des actes manqués.

---

1. Par exemple : Ver-sprechen (lapsus) ; Ver-lesen (fausse lecture), Ver-hören (fausse audition), Ver-legen (impossibilité de retrouver un objet qu'on a rangé),

etc. Ce mode d'expression d'actes manqués, de faux pas, de faux gestes, de fausses impressions manque en français. N. d. T.

2. Voici la juxtaposition de ces deux phrases en allemand :

1º Der Connétable schickt sein Schwert zurück.

2º Der Comfortabel schickt sein Pferd zurück.

Il y a donc confusion d'une part, entre les mots *Connétable* et *Comforlabel ;* d'autre part, entre les mots *Schiwert* et *Pferd.*

CHAPITRE 3
LES ACTES MANQUÉS (SUITE)

La dernière fois, nous avions conçu l'idée d'envisager l'acte manqué, non dans ses rapports avec la fonction intentionnelle qu'il trouble, mais en lui-même. Il nous avait paru que l'acte manqué trahissait dans certains cas un sens propre, et nous nous étions dit que s'il était possible de confirmer cette première impression sur une plus vaste échelle, le sens propre des actes manqués serait de nature à nous intéresser plus vivement que les circonstances dans lesquelles cet acte se produit.

Mettons-nous une fois de plus d'accord sur ce que nous entendons dire, lorsque nous parlons du « sens » d'un processus psychique. Pour nous, ce « sens » n'est autre chose que l'intention qu'il sert et la place qu'il occupe dans la série psychique. Nous pourrions même, dans la plupart de nos recherches, remplacer le mot « sens » par les mots « intention » ou « tendance ». Eh bien, cette intention que nous croyons discerner dans l'acte manqué, ne serait-elle qu'une trompeuse apparence ou une poétique exagération ?

Tenons-nous-en toujours aux exemples de lapsus et passons en revue un nombre plus ou moins important d'observations relatives. Nous trouverons alors des catégories entières de cas où le sens du lapsus ressort avec évidence. Il s'agit, en premier lieu, des cas où l'on dit le contraire de ce qu'on voudrait dire. Le président dit dans son discours d'ouverture : « Je déclare la séance close ». Ici, pas d'équivoque possible. Le sens et l'intention trahis par son discours sont qu'il veut clore la séance. Il le dit d'ailleurs lui-même, pourrait-on ajouter à ce propos ; et nous n'avons qu'à le prendre au mot. Ne me troublez pas pour le moment par vos objections, en m'opposant, par exemple, que la chose est impossible, attendu que nous savons qu'il voulait, non clore la séance, mais l'ouvrir, et que lui-même, en qui nous avons reconnu la suprême instance, confirme qu'il voulait l'ouvrir. N'oubliez pas que nous étions convenus de n'envisager d'abord l'acte manqué qu'en lui-même ; quant à ses rapports avec l'intention qu'il trouble, il en sera question plus tard. En procédant autrement, nous commettrions une erreur logique qui nous ferait tout simplement escamoter la question *(begging the question,* disent les Anglais) qu'il s'agit de traiter.

Dans d'autres cas, où l'on n'a pas précisément dit le contraire de ce qu'on voulait, le lapsus n'en réussit pas moins à exprimer un sens opposé. *Ich bin nicht geneigl die Verdienste racines Vorgängers zu würdigen.* Le mot *geneigt* (disposé) n'est pas le contraire de *geeignet* (autorisé) ; mais il s'agit là d'un aveu public, en opposition flagrante avec la situation de l'orateur.

Dans d'autres cas encore, le lapsus ajoute tout simplement un autre sens au sens voulu. La proposition apparaît alors comme une sorte de contraction, d'abréviation, de condensation de plusieurs propositions. Tel est le cas de la dame énergique dont nous avons parlé dans le chapitre précédent. « Il peut manger et boire, disait-elle de son mari, ce que *je veux »* comme si elle avait dit : « Il peut manger et boire ce qu'il veut. Mais qu'a-t-il à vouloir ? C'est moi qui veux à sa place. » Les lapsus laissent souvent l'impression d'être des abréviations de ce genre. Exemple : un professeur d'anatomie, après avoir terminé une leçon sur la cavité nasale, demande à ses auditeurs s'ils l'ont compris. Ceux-ci ayant répondu affirmativement, le professeur continue — « Je ne le pense pas, car les gens comprenant la structure anatomique de la cavité nasale peuvent, même dans une ville d'un million d'habitants, être comptés *sur un doigt*... pardon, sur les doigts d'une main. » La phrase abrégée avait aussi son sens : le professeur voulait dire qu'il n'y avait qu'un seul homme comprenant la structure de la cavité nasale.

À côté de ce groupe de cas, où le sens de l'acte manqué apparaît de lui-même, il en est d'autres où le lapsus ne révèle rien de significatif et qui, par conséquent, sont contraires à tout ce que nous pouvions attendre. Lorsque quelqu'un écorche un nom propre ou juxtapose des suites de sons insolites, ce qui arrive encore assez souvent, la question du sens des actes manqués ne comporte qu'une réponse négative. Mais en examinant ces exemples de plus près, on trouve que les déformations des mots ou des phrases s'expliquent facilement, voire que la différence entre ces cas plus obscurs et les cas plus clairs cités plus haut n'est pas aussi grande qu'on l'avait cru tout d'abord.

Un monsieur auquel on demande des nouvelles de son cheval, répond : « Ja, das *draut*... das dauert vielleicht noch einem Monat. » Il voulait dire : cela va durer *(das dauert)* peut-être encore un mois. Questionné sur le sens qu'il attachait au mot *draut (qu'il* a failli employer à la place de *dauert),* il répondit que, pensant que la maladie de son cheval était pour lui un triste *(traurig)* événement, il avait, malgré lui, opéré la fusion des mots *traurifl* et *dauert,* ce qui a produit le lapsus *draut* (Meringer et Mayer).

Un autre, parlant de certains procédés qui le révoltent ajoute : « Daim aber sind Tatsachen zum *Vorschwein* gekommen... » Or, il voulait dire : « Dann aber sind Tatsachenzum*Vorschein* gekommen. » (« Des faits se sont alors révélés... ») Mais, comme il qualifiait mentalement les procédés en question de *cochonneries (Schweinereien), il* avait opéré involontairement l'association des mots *Vorschein* et *Schweinereien,* et il en est résulté le lapsus *Vorschwein* (Meringer et Mayer).

Rappelez-vous le cas de ce jeune homme qui s'est offert d'accompagner une dame qu'il ne connaissait pas par le mot *begleit-digen. Nous* nous sommes permis de décomposer le mot en *begleiten* (accompagner) et *beleidigen* (manquer de respect), et nous étions tellement sûrs de cette interprétation que nous n'avons même pas jugé utile d'en chercher la confirmation. Vous voyez d'après ces exemples que même ces cas de lapsus, plus obscurs, se laissent expliquer par la rencontre, *l'interférence* des expressions verbales de deux intentions. La seule différence qui existe entre les diverses catégories de cas consiste en ce que dans certains d'entre eux, comme dans les lapsus par opposition, une intention en remplace entièrement une autre *(substitution)*, tandis que dans d'autres cas a lieu une déformation ou une modification d'une intention par une autre, avec production de mots mixtes ayant plus ou moins de sens.

Nous croyons ainsi avoir pénétré le secret d'un grand nombre de lapsus. En maintenant cette manière de voir, nous serons à même de comprendre d'autres groupes qui paraissent encore énigmatiques. C'est ainsi qu'en ce qui concerne la déformation de noms, nous ne pouvons pas admettre qu'il s'agisse toujours d'une concurrence entre deux noms, à la fois semblables et différents. Même en l'absence de cette concurrence, la deuxième *intention n'est* pas difficile à découvrir. La déformation d'un nom a souvent lieu en dehors de tout lapsus. Par elle, on cherche à rendre un nom malsonnant ou à lui donner une assonance qui rappelle un objet vulgaire. C'est un genre d'insulte très répandu, auquel l'homme cultivé finit par renoncer, souvent à contrecœur. Il lui donne souvent la forme d'un « trait d'esprit », d'une qualité tout à fait inférieure. Il semble donc indiqué d'admettre que le lapsus résulte souvent d'une intention injurieuse qui se manifeste par la déformation du nom. En étendant notre conception, nous trouvons que des explications analogues valent pour certains cas de lapsus à effet comique ou absurde : « Je vous invite à *roter à (aufstossen)* la prospérité, de notre chef » (au lieu de : *boire à la santé —anstossen)*. Ici une disposition solennelle est troublée, contre toute attente, par l'irruption d'un mot qui éveille une représentation désagréable ; et, nous rappelant certains propos et discours injurieux, nous sommes autorisés à admettre que, dans le cas dont il s'agit, une tendance cherche à se manifester, en contradiction flagrante avec l'attitude apparemment respectueuse de l'orateur. C'est, au fond, comme si celui-ci avait voulu dire : ne croyez pas à ce que je dis, je ne parle pas sérieusement, je me moque du bonhomme, etc. Il en est sans doute de même de lapsus où des mots anodins se trouvent transformés en mots inconvenants et obscènes.

La tendance à cette transformation, ou plutôt à cette déformation, s'observe chez beaucoup de gens qui agissent ainsi par plaisir, pour « faire de l'esprit ». Et, en effet, chaque fois que nous entendons une pareille déformation, nous devons nous renseigner à l'effet de savoir si son auteur a voulu seulement se montrer spirituel ou s'il a laissé échapper un lapsus véritable.

Nous avons ainsi résolu avec une facilité relative l'énigme des actes manqués ! Ce ne sont pas des accidents, mais des actes psychiques sérieux, ayant un sens, produits par le concours ou, plutôt, par l'opposition de deux intentions différentes. Mais je prévois toutes les questions et tous les doutes que vous pouvez soulever à ce propos, questions et doutes qui doivent recevoir des réponses et des solutions avant que nous soyons en droit de nous réjouir de ce premier résultat obtenu. Il n'entre nullement dans mes intentions de vous pousser à des décisions hâtives. Discutons tous les points dans l'ordre, avec calme, l'un après l'autre.

Que pourriez-vous me demander ? Si je pense que l'explication que je propose est valable pour tous les cas ou seulement pour un certain nombre d'entre eux ? Si la même conception s'étend à toutes les autres variétés d'actes manqués : erreurs de lecture, d'écriture, oubli, méprise, impossibilité de retrouver un objet rangé, etc. ? Quel rôle peuvent encore jouer la fatigue, l'excitation, la distraction, les troubles de l'attention, en présence de la nature psychique des actes manqués ? On constate, en outre que, des deux tendances concurrentes d'un acte manqué, l'une est toujours patente, l'autre non. Que fait-on pour mettre en évidence cette dernière et, lorsqu'on croit y avoir réussi, comment prouve-t-on que cette tendance, loin d'être seulement vraisemblable, est la seule possible ? Avez-vous d'autres questions encore à me poser ? Si vous n'en avez pas, je continuerai à en poser moi-même. Je vous rappellerai qu'à vrai dire les actes manqués, comme tels, nous intéressent peu, que nous voulions seulement de leur étude tirer des résultats applicables à la psychanalyse. C'est pourquoi je pose la question suivante : quelles sont ces intentions et tendances, susceptibles de troubler ainsi d'autres intentions et tendances, et quels sont les rapports existant entre les tendances troublées et les tendances perturbatrices ? C'est ainsi que notre travail ne fera que recommencer après la solution du problème.

Donc : notre explication est-elle valable pour tous les cas de lapsus ? Je suis très porté à le croire, parce qu'on retrouve cette explication toutes les fois qu'on examine un lapsus. Mais rien ne prouve qu'il n'y ait pas de lapsus produits par d'autres mécanismes. Soit. Mais au point de vue théorique cette possibilité nous importe peu, car les conclusions que nous entendons formuler concernant l'introduction à la psychanalyse demeurent, alors même que les lapsus cadrant avec notre conception ne constitueraient que la minorité, ce qui n'est certainement pas le cas. Quant à la question suivante, à savoir si nous devons étendre aux autres variétés d'actes manqués les résultats que nous avons obtenus relativement aux lapsus, j'y répondrai affirmativement par anticipation. Vous verrez d'ailleurs que j'ai raison de le faire, lorsque nous aurons abordé l'examen des exemples relatifs aux erreurs d'écriture, aux méprises, etc. Je vous propose toutefois, pour des raisons techniques, d'ajourner ce travail jusqu'à ce que nous ayons approfondi davantage le problème des lapsus.

Et maintenant, en présence du mécanisme psychique que nous venons de décrire, quel rôle revient encore à ces facteurs auxquels les auteurs attachent une importance primordiale : troubles circulatoires, fatigue, excitation, distraction, troubles de l'attention ? Cette question mérite un examen attentif. Remarquez bien que nous ne contestons nullement l'action de ces facteurs. Et, d'ailleurs, il n'arrive pas souvent à la psychanalyse de contester ce qui est affirmé par d'autres ; généralement, elle ne fait qu'y ajouter du nouveau et, à l'occasion, il se trouve que ce qui avait été omis par d'autres et ajouté par elle constitue précisément l'essentiel. L'influence des dispositions physiologiques, résultant de malaises, de troubles circulatoires, d'états d'épuisement, sur la production de lapsus doit être reconnue sans réserves. Votre expérience personnelle et journalière suffit à vous rendre évidente cette influence. Mais que cette explication explique peu ! Tout d'abord, les états que nous venons d'énumérer ne sont pas les conditions nécessaires de l'acte manqué. Le lapsus se produit tout aussi bien en pleine santé, en plein état normal. Ces facteurs somatiques n'ont de valeur qu'en tant qu'ils facilitent et favorisent le mécanisme psychique particulier du lapsus. Je me suis servi un jour, pour illustrer ce rapport, d'une comparaison que je vais reprendre aujourd'hui, car je ne saurais la remplacer par une meilleure. Supposons, qu'en traversant par une nuit obscure un lieu désert, je sois attaqué par un rôdeur qui me dépouille de ma montre et de ma bourse et qu'après avoir été ainsi volé par ce malfaiteur, dont je n'ai pu discerner le visage, j'aille déposer une plainte au commissariat de police le plus proche en disant : « la solitude et l'obscurité viennent de me dépouiller de mes bijoux » ; le commissaire pourra alors me répondre : « il me semble que vous avez tort de vous en tenir à cette explication ultra-mécaniste. Si vous le voulez bien, nous nous représenterons plutôt la situation de la manière suivante : protégé par l'obscurité, favorisé par la solitude, un voleur inconnu vous a dépouillé de vos objets de valeur. Ce qui, à mon avis, importe le plus dans votre cas, c'est de retrouver le voleur ; alors seulement nous aurons quelques chances de lui reprendre les objets qu'il vous a volés ».

Les facteurs psycho-physiologiques tels que l'excitation, la distraction, les troubles de l'attention, ne nous sont évidemment que de peu de secours pour l'explication des actes manqués. Ce sont des manières de parler, des paravents derrière lesquels nous ne pouvons nous empêcher de regarder. On peut se demander plutôt : quelle est, dans tel cas particulier, la cause de l'excitation, de la dérivation particulière de l'attention ? D'autre part, les influences tonales, les ressemblances verbales, les associations habituelles que présentent les mots ont également, il faut le reconnaître, une certaine importance. Tous ces facteurs facilitent le lapsus en lui indiquant la voie qu'il peut suivre. Mais suffit-il que j'aie un chemin devant moi pour qu'il soit entendu que je le suivrai ? Il faut encore un mobile pour m'y décider, il faut une force pour m'y pousser. Ces rapports tonaux et ces ressemblances verbales ne font donc, tout comme les dispositions corporelles, que favoriser le lapsus, sans l'expliquer à proprement parler. Songez donc que, dans l'énorme majorité des cas, mon discours n'est nullement troublé par le fait que les mots que j'emploie en rappellent d'autres par leur assonance ou sont intimement liés à leurs contraires ou provoquent des associations usuelles. On pourrait encore dire, à la rigueur, avec le philosophe Wundt, que le lapsus se produit lorsque, par suite d'un épuisement corporel, la tendance à l'association en vient à l'emporter sur toutes les autres intentions du discours. Ce serait parfait si cette explication n'était pas contredite par l'expérience qui montre, dans certains cas, l'absence des facteurs corporels et, dans d'autres, l'absence d'associations susceptibles de favoriser le lapsus.

Mais je trouve particulièrement intéressante votre question relative à la manière dont on constate les deux tendances interférentes. Vous ne vous doutez probablement pas des graves conséquences qu'elle peut présenter, selon la réponse qu'elle recevra. En ce qui concerne l'une de ces tendances, la tendance troublée, aucun doute n'est possible à son sujet : la personne qui accomplit un acte manqué connaît cette tendance et s'en réclame. Des doutes et des hésitations ne peuvent naître qu'au sujet de l'autre tendance, de la tendance perturbatrice. Or, je vous l'ai déjà dit, et vous ne l'avez certainement pas oublié, il existe toute une série de cas où cette dernière tendance est également manifeste. Elle nous est révélée par l'effet du lapsus, lorsque nous avons seulement le courage d'envisager cet effet en lui-même. Le président dit le contraire de ce qu'il devrait dire : il est évident qu'il veut ouvrir la séance, mais il n'est pas moins évident qu'il ne serait pas fâché de la clore. C'est tellement clair que toute autre interprétation devient inutile. Mais dans les cas où la tendance perturbatrice ne fait que déformer la tendance primitive, sans s'exprimer, comment pouvons-nous la dégager de cette déformation ?

Dans une première série de cas, nous pouvons le faire très simplement et très sûrement, de la même manière dont nous établissons la tendance troublée. Nous l'apprenons, dans les cas dont il s'agit, de la bouche même de la personne intéressée qui, après avoir commis le lapsus, se reprend et rétablit le mot juste, comme dans l'exemple cité plus haut :« Das *draut*... nein, das *dauert* vielleicht noch einen Monat ». À la question : pourquoi avez-vous commencé par employer le mot *draut ?* la personne répond qu'elle avait voulu dire : « c'est une triste *(taurige)* histoire », mais qu'elle a, sans le vouloir, opéré l'association des mots *dauert* et *traurig,* ce qui a produit le lapsus *draut.* Et voilà la tendance perturbatrice révélée par la personne intéressée elle-même. Il en est de même dans le cas du lapsus *Vorschwein* (voir plus haut, chapitre 2) : la personne interrogée ayant répondu qu'elle voulait dire *Schweinereien* (cochonneries), mais qu'elle s'était retenue et s'était engagée dans une fausse direction. Là encore, la détermination de la tendance perturbatrice réussit aussi sûrement que celle de la tendance troublée. Ce n'est pas sans intention que j'ai cité ces cas dont la communication et l'analyse ne viennent ni de moi ni d'aucun de mes adeptes. Il n'en reste pas moins que dans ces deux cas, il a fallu une certaine intervention pour faciliter la solution. Il a fallu demander aux personnes pourquoi elles ont commis tel ou tel lapsus, ce qu'elles ont à dire à ce sujet. Sans cela, elles auraient peut-être passé à côté du lapsus sans se donner la peine de l'expliquer. Interrogées, elles l'ont expliqué par la première idée qui leur était venue à l'esprit. Vous voyez, cette petite intervention et son résultat, c'est déjà de la psychanalyse, c'est le modèle en petit de la recherche psychanalytique que nous instituerons dans la suite.

Suis-je trop méfiant, en soupçonnant qu'au moment même où la psychanalyse surgit devant vous votre résistance à son égard s'affermit également ? N'auriez-vous pas envie de m'objecter que les renseignements fournis par les personnes ayant commis des lapsus ne sont pas tout à fait probants ? Les personnes, pensez-vous, sont naturellement portées à suivre l'invitation qu'on leur adresse d'expliquer le lapsus et disent la première chose qui leur passe par la tête, si elle leur semble propre à fournir l'explication cherchée. Tout cela ne prouve pas, à votre avis, que le lapsus ait réellement le sens qu'on lui attribue. Il peut l'avoir, mais il peut aussi en avoir un autre. Une autre idée, tout aussi apte, sinon plus apte à servir d'explication, aurait pu venir à l'esprit de la personne interrogée.

Je trouve vraiment étonnant le peu de respect que vous avez au fond pour les faits psychiques. Imaginez-vous que quelqu'un ayant entrepris l'analyse chimique d'une certaine substance en ait retiré un poids déterminé, tant de milligrammes par exemple, d'un de ses éléments constitutifs. Des conclusions définies peuvent être déduites de ce poids déterminé. Croyez-vous qu'il se trouvera un chimiste pour contester ces conclusions, sous le prétexte que la substance isolée aurait pu avoir un autre poids ? Chacun s'incline devant le fait que c'est le poids trouvé qui constitue le poids réel et on base sur ce fait, sans hésiter, les conclusions ultérieures. Or, lorsqu'on se trouve en présence du fait psychique constitué par une idée déterminée venue à l'esprit d'une personne interrogée, on n'applique plus la même règle et on dit que la personne aurait pu avoir une autre idée ! Vous avez l'illusion d'une liberté physique et vous ne voudriez pas y renoncer ! Je regrette de ne pas pouvoir partager votre opinion sur ce sujet.

Il se peut que vous cédiez sur ce point, mais pour renouveler votre résistance sur un autre. Vous continuerez en disant : « nous comprenons que la technique spéciale de la psychanalyse consiste à obtenir de la bouche même du sujet analysé la solution des problèmes dont elle s'occupe ». Or, reprenons cet autre exemple où l'orateur de banquet invite l'assemblée à « roter » à *(aufstossen)* la prospérité du chef. Vous dites que dans ce cas l'intention perturbatrice est une intention injurieuse qui vient s'opposer à l'intention respectueuse. Mais ce n'est là que votre interprétation personnelle, fondée sur des observations extérieures au lapsus. Interrogez donc l'auteur de celui-ci : jamais il n'avouera une intention injurieuse ; il la niera plutôt, et avec la dernière énergie. Pourquoi n'abandonneriez-vous pas votre interprétation indémontrable, en présence de cette irréfutable protestation ?

Vous avez trouvé cette fois un argument qui porte. Je me représente l'orateur inconnu ; il est probablement assistant du chef honoré, peut-être déjà *privat-docent* ; je le vois sous les traits d'un jeune homme dont l'avenir est plein de promesses. Je vais lui demander avec insistance s'il n'a pas éprouvé quelque résistance à l'expression de sentiments respectueux à l'égard de son chef. Mais me voilà bien reçu. Il devient impatient et s'emporte violemment : « Je vous prie de cesser vos interrogations ; sinon, je me fâche. Vous êtes capable par vos soupçons de gâter toute ma carrière. J'ai dit tout simplement *aufstosseri* (roter), au lieu de *anstossen* (trinquer), parce que j'avais déjà, dans la même phrase, employé à deux reprises la préposition *auf.* C'est ce que Meringer appelle *Nach-Klang,* et il n'y a pas à chercher d'autre interprétation. M'avez-vous compris ? Que cela vous suffise ! » Hum ! La réaction est bien violente, la dénégation par trop énergique. Je vois qu'il n'y a rien à tirer du jeune homme, mais je pense aussi qu'il est personnellement fort intéressé à ce qu'on ne trouve aucun sens à son acte manqué. Vous penserez peut-être qu'il a tort de se montrer aussi grossier à propos d'une recherche purement théorique, mais enfin, ajouterez-vous, il doit bien savoir ce qu'il voulait ou ne voulait pas dire.

Vraiment ? C'est ce qu'il faudrait encore savoir.

Cette fois, vous croyez me tenir. Voilà donc votre technique, vous entends-je dire. Lorsqu'une personne ayant commis un lapsus dit à ce propos quelque chose qui vous convient, vous déclarez qu'elle est la suprême et décisive autorité : « Il le dit bien lui-même ! » Mais si ce que dit la personne interrogée ne vous convient pas, vous prétendez aussitôt que son explication n'a aucune valeur, qu'il n'y a pas à y ajouter foi.

Ceci est dans l'ordre des choses. Mais je puis vous présenter un cas analogue où les choses se passent d'une façon tout aussi extraordinaire. Lorsqu'un prévenu avoue son délit, le juge croit à son aveu ; mais lorsqu'il le nie, le juge ne le croit pas. S'il en était autrement, l'administration de la justice ne serait pas possible et, malgré des erreurs éventuelles, on est bien obligé d'accepter ce système.

Mais êtes-vous juges, et celui qui a commis un lapsus apparaîtrait-il devant vous en prévenu ? Le lapsus serait-il un délit ?

Peut-être ne devons-nous pas repousser cette comparaison. Mais voyez les profondes différences qui se révèlent dès qu'on approfondit tant soit peu les problèmes en apparence si anodins que soulèvent les actes manqués. Différences que nous ne savons encore supprimer. Je vous propose un compromis provisoire fondé précisément sur cette comparaison entre la psychanalyse et une introduction judiciaire. Vous devez m'accorder que le sens d'un acte manqué n'admet pas le moindre doute lorsqu'il est donné par l'analysé lui-même. Je vous accorderai, en revanche, que la preuve directe du sens soupçonné est impossible à obtenir lorsque l'analysé refuse tout renseignement ou lorsqu'il n'est pas là pour nous renseigner. Nous en sommes alors réduits, comme dans le cas d'une enquête judiciaire, à nous contenter d'indices qui rendront notre décision plus ou moins vraisemblable, selon les circonstances. Pour des raisons pratiques, le tribunal doit déclarer un prévenu coupable, alors même qu'il ne possède que des preuves présumées. Cette nécessité n'existe pas pour nous ; mais nous ne devons pas non plus renoncer à l'utilisation de pareils indices. Ce serait une erreur de croire qu'une science ne se compose que de thèses rigoureusement démontrées, et on aurait tort de l'exiger. Une pareille exigence est le fait de tempéraments ayant besoin d'autorité, cherchant à remplacer le catéchisme religieux par un autre, fût-il scientifique. Le catéchisme de la science ne renferme que peu de propositions apodictiques ; la plupart de ses affirmations présente seulement certains degrés de probabilité. C'est précisément le propre de l'esprit scientifique de savoir et de pouvoir continuer le travail constructif, malgré le manque de preuves dernières.

Mais, dans les cas où nous ne tenons pas de la bouche même de l'analysé des renseignements sur le sens de l'acte manqué, où trouvons-nous des points d'appui pour nos interprétations et des indices pour notre démonstration ? Ces points d'appui et ces indices nous viennent de plusieurs sources. Ils nous sont fournis d'abord par la comparaison analogique avec des phénomènes ne se rattachant pas à des actes manqués, comme lorsque nous constatons, par exemple, que la déformation d'un nom, en tant qu'acte manqué, a le même sens injurieux que celui qu'aurait une déformation intentionnelle. Mais point d'appui et indices nous sont encore fournis par la situation psychique dans laquelle se produit l'acte manqué, par la connaissance que nous avons du caractère de la personne qui accomplit cet acte, par les impressions que cette personne pouvait avoir avant l'acte et contre lesquelles elle réagit peut-être par celui-ci. Les choses se passent généralement de telle sorte que nous formulons d'abord une interprétation de l'acte manqué d'après des principes généraux. Ce que nous obtenons ainsi n'est qu'une présomption, un projet d'interprétation dont nous cherchons la confirmation dans l'examen de la situation psychique. Quelquefois nous sommes obligés, pour obtenir la confirmation de notre présomption, d'attendre certains événements qui nous sont comme annoncés par l'acte manqué.

Il ne me sera pas facile de vous donner les preuves de ce que j'avance tant que je resterai confiné dans le domaine de lapsus, bien qu'on puisse également trouver ici quelques bons exemples. Le jeune homme qui, désirant accompagner une dame, s'offre de la *begleitdigen* (association des mots *begleiten*, accompagner, et *beleidigen*, manquer de respect) est certainement un timide ; la dame dont le mari doit manger et boire ce *qu'elle veut* est certainement une de ces femmes énergiques (et je la connais comme telle) qui savent commander dans leur maison. Ou prenons encore le cas suivant : lors d'une réunion générale de l'association « Concordia », un jeune membre prononce un violent discours d'opposition au cours duquel il interpelle la direction de l'association, en s'adressant aux membres du « comité des prêts » (*Vorschuss*), au lieu de dire membres du « conseil de direction » (Vorstand) ou du « comité » (Ausschuss). Il a donc formé son mot *Vorschuss*, en combinant, sans s'en rendre compte, les mots *VOR-stand* et AUS-*schuss*. On peut présumer que son opposition s'était heurtée à une tendance perturbatrice en rapport possible avec une affaire de prêt. Et nous avons appris en effet que notre orateur avait des besoins d'argent constants et qu'il venait de faire une nouvelle demande de prêt. On peut donc voir la cause de l'intention perturbatrice dans l'idée suivante : tu ferais bien d'être modéré dans ton opposition, car tu t'adresses à des gens pouvant t'accorder ou te refuser le prêt que tu demandes.

Je pourrai vous produire un nombreux choix de ces preuves-indices lorsque j'aurai abordé le vaste domaine des autres actes manqués.

Lorsque quelqu'un oublie ou, malgré tous ses efforts, ne retient que difficilement un nom qui lui est cependant familier, nous sommes en droit de supposer qu'il éprouve quelque ressentiment à l'égard du porteur de ce nom, ce qui fait qu'il ne pense pas volontiers à lui. Réfléchissez aux révélations qui suivent concernant la situation psychique dans laquelle s'est produit un de ces actes manqués.

« M. Y... aimait sans réciprocité une dame, laquelle avait fini par épouser M. X... Bien que M. Y.... connaisse M. X... depuis longtemps et se trouve même avec lui en relations d'affaires, il oublie constamment son nom, en sorte qu'il se trouve obligé de le demander à d'autres personnes toutes les fois qu'il doit lui écrire [1]. »

Il est évident que M. Y... ne veut rien savoir de son heureux rival « nicht gedacht soll seiner werden [2] ! »

Ou encore : une dame demande à son médecin des nouvelles d'une autre dame qu'ils connaissent tous deux, mais en la désignant par son nom de jeune fille. Quant au nom qu'elle porte depuis son mariage, elle l'a complètement oublié. Interrogée à ce sujet, elle déclare qu'elle est très mécontente du mariage de son amie et ne peut pas souffrir le mari de celle-ci [3].

Nous aurons encore beaucoup d'autres choses à dire sur l'oubli de noms. Ce qui nous intéresse principalement ici, c'est la situation psychique dans laquelle cet oubli se produit.

L'oubli de projets peut être rattaché, d'une façon générale, à l'action d'un courant contraire qui s'oppose à leur réalisation. Ce n'est pas seulement là l'opinion des psychanalystes, c'est aussi celle de tout le monde, c'est l'opinion que chacun professe dans la vie courante, mais nie en théorie. Le tuteur, qui s'excuse devant son pupille d'avoir oublié sa demande, ne se trouve pas absous aux yeux de celui-ci, qui pense aussitôt : il n'y a rien de vrai dans ce que dit mon tuteur, il ne veut tout simplement pas tenir la promesse qu'il m'avait faite. C'est pourquoi l'oubli est interdit dans certaines circonstances de la vie, et la différence entre la conception populaire et la conception psychanalytique des actes manqués se trouve supprimée. Figurez-vous une maîtresse de maison recevant son invité par ses mots : « Comment ! C'est donc aujourd'hui que vous deviez venir ? J'avais totalement oublié que je vous ai invité pour aujourd'hui. » Ou encore figurez-vous le cas du jeune homme obligé d'avouer à la jeune fille qu'il aimait qu'il avait oublié de se trouver au dernier rendez-vous : plutôt que de faire cet aveu, il inventera les obstacles les plus invraisemblables, lesquels, après l'avoir empêché d'être exact au rendez-vous, l'auraient mis dans l'impossibilité de donner de ses nouvelles. Dans la vie militaire, l'excuse d'avoir oublié quelque chose n'est pas prise en considération et ne prémunit pas contre une punition : c'est un fait que nous connaissons tous et que nous trouvons pleinement justifié, parce que nous reconnaissons que dans les conditions de la vie militaire certains actes manqués ont un sens et que dans la plupart des cas nous savons quel est ce sens.

Pourquoi n'est-on pas assez logique pour étendre la même manière de voir aux autres actes manqués, pour s'en réclamer franchement et sans restrictions ? Il y a naturellement à cela aussi une réponse.

Si le sens que présente l'oubli de projets n'est pas douteux, même pour les profanes, vous serez d'autant moins surpris de constater que les poètes utilisent cet acte manqué dans la même intention. Ceux d'entre vous qui ont vu jouer ou ont lu César et Cléopâtre, de B. Shaw, se rappellent sans doute la dernière scène où César, sur le point de partir, est obsédé par l'idée d'un projet qu'il avait conçu, mais dont il ne pouvait plus se souvenir. Nous apprenons finalement que ce projet consistait à faire ses adieux à Cléopâtre. Par ce petit artifice, le poète veut attribuer au grand César une supériorité qu'il ne possédait pas et à laquelle il ne prétendait pas. Vous savez d'après les sources historiques que César avait fait venir Cléopâtre à Rome et qu'elle y demeurait avec son petit Césarion jusqu'à l'assassinat de César, à la suite duquel elle avait fui la ville.

Les cas d'oublis de projets sont en général tellement clairs que nous ne pouvons guère les utiliser en vue du but que nous poursuivons et qui consiste à déduire de la situation psychique des indices relatifs au sens de l'acte manqué. Aussi nous adresserons-nous à un acte qui manque particulièrement de clarté et n'est rien moins qu'univoque : la perte d'objets et l'impossibilité de retrouver des objets rangés. Que notre intention joue un certain rôle dans la perte d'objets, accident que nous ressentons souvent si douloureusement, c'est ce qui vous paraîtra invraisemblable. Mais il existe de nombreuses observations dans le genre de celle-ci : un jeune homme perd un crayon auquel il tenait beaucoup ; or, il avait reçu la veille de son beau-frère une lettre qui se terminait par ces mots : « Je n'ai d'ailleurs ni le temps ni l'envie d'encourager ta légèreté et ta paresse [4]. » Le crayon était précisément un cadeau de ce beau-frère. Sans cette coïncidence, nous ne pourrions naturellement pas affirmer que l'intention de se débarrasser de l'objet ait joué un rôle dans la perte de celui-ci. Les cas de ce genre sont très fréquents. On perd des objets lorsqu'on s'est brouillé avec ceux qui les ont donnés et qu'on ne veut plus penser à eux. Ou encore, on perd des objets lorsqu'on n'y tient plus et qu'on veut les remplacer par d'autres, meilleurs. À la même attitude à l'égard d'un objet répond naturellement le fait de le laisser tomber, de le casser, de le briser. Est-ce un simple hasard lorsqu'un écolier perd, détruit, casse ses objets d'usage courant, tels que son sac et sa montre par exemple, juste la veille de son anniversaire ?

Celui qui s'est souvent trouvé dans le cas pénible de ne pas pouvoir retrouver un objet qu'il avait lui-même rangé ne voudra pas croire qu'une intention quelconque préside à cet accident. Et pourtant, les cas ne sont pas rares où les circonstances accompagnant un oubli de ce genre révèlent une tendance à écarter provisoirement ou d'une façon durable l'objet dont il s'agit. Je cite un de ces cas qui est peut-être le plus beau de tous ceux connus ou publiés jusqu'à ce jour :

Un homme encore jeune me raconte que des malentendus s'étaient élevés il y a quelques années dans son ménage. « Je trouvais, me disait-il, ma femme trop froide, et nous vivions côte à côte, sans tendresse, ce qui ne m'empêchait d'ailleurs pas de reconnaître ses excellentes qualités. Un jour, revenant d'une promenade, elle m'apporta un livre qu'elle avait acheté, parce qu'elle croyait qu'il m'intéresserait. Je la remerciai de son « attention » et lui promis de lire le livre que je mis de côté. Mais il arriva que j'oubliai aussitôt l'endroit où je l'avais rangé. Des mois se sont passés pendant lesquels, me souvenant à plusieurs reprises du livre disparu, j'avais essayé de découvrir sa place, sans jamais y parvenir. Six mois plus tard environ, ma mère que j'aimais beaucoup tombe malade, et ma femme quitte aussitôt la maison pour aller la soigner. L'état de la malade devient grave, ce qui fut pour ma femme l'occasion de révéler ses meilleures qualités. Un soir, je rentre à la maison enchanté de ma femme et plein de reconnaissance à son égard pour tout ce qu'elle a fait. Je m'approche de mon bureau, j'ouvre sans aucune intention définie, mais avec une assurance toute somnambulique, un certain tiroir, et la première chose qui me tombe sous les yeux est le livre égaré, resté si longtemps introuvable. »

Le motif disparu, l'objet cesse d'être introuvable.

Je pourrais multiplier à l'infini les exemples de ce genre, mais je ne le ferai pas. Dans ma *Psychologie de la vie quotidienne* (en allemand, première édition 1901) vous trouverez une abondante casuistique pour servir à l'étude des actes manqués [5]. De tous ces exemples se dégage une seule et même conclusion : les actes manqués ont un sens et indiquent les moyens de dégager ce sens d'après les circonstances qui accompagnent l'acte. Je serai aujourd'hui plus bref, car nous avons seulement l'intention de tirer de cette étude les éléments d'une préparation à la psychanalyse. Aussi ne vous parlerai-je encore que de deux groupes d'observations. Des observations relatives aux actes manqués accumulés et combinés et de celles concernant la confirmation de nos interprétations par des événements survenant ultérieurement.

Les actes manqués accumulés et combinés constituent certainement la plus belle floraison de leur espèce. S'il s'était seulement agi de montrer que les actes manqués peuvent avoir un sens, nous nous serions bornés dès le début à ne nous occuper que de ceux-là, car leur sens est tellement évident qu'il s'impose à la fois à l'intelligence la plus obtue et à l'esprit le plus critique. L'accumulation des manifestations révèle une persévérance qu'il est difficile d'attribuer au hasard, mais qui cadre bien avec l'hypothèse d'un dessein. Enfin, le remplacement de certains actes manqués par d'autres nous montre que l'important et l'essentiel dans ceux-ci ne doit être cherché ni dans la forme, ni dans les moyens dont ils se servent, mais bien dans l'intention à laquelle ils servent eux-mêmes et qui peut être réalisée par les moyens les plus variés.

Je vais vous citer un cas d'oubli à répétition : E. Jones raconte que, pour des raisons qu'il ignore, il avait une fois laissé sur son bureau pendant quelques jours une lettre qu'il avait écrite. Un jour il se décide à l'expédier, mais elle lui est renvoyée par le « dead letter office » (service des lettres tombées au rebut), parce qu'il avait oublié d'écrire l'adresse. Ayant réparé cet oubli, il remet la lettre à la poste, mais cette fois sans avoir mis de timbre. Et c'est alors qu'il est obligé de s'avouer qu'au fond il ne tenait pas du tout à expédier la lettre en question.

Dans un autre cas, nous avons une combinaison d'une appropriation erronée d'un objet et de l'impossibilité de le retrouver. Une dame fait un voyage à Rome avec son beau-frère, peintre célèbre. Le visiteur est très fêté par les Allemands habitant Rome et reçoit, entre autres cadeaux, une médaille antique en or. La dame constate avec peine que son beau-frère ne sait pas apprécier cette belle pièce à sa valeur. Sa sœur étant venue la remplacer à Rome, elle rentre chez elle et constate, en défaisant sa malle, qu'elle avait emporté la médaille, sans savoir comment. Elle en informe aussitôt son beau-frère et lui annonce qu'elle renverrait la médaille à Rome le lendemain même. Mais le lendemain la médaille était si bien rangée qu'elle était devenue introuvable ; donc impossible de l'expédier. Et c'est alors que la dame a eu l'intuition de ce que signifiait sa distraction » : elle signifiait le désir de garder la belle pièce pour elle.

Je vous ai déjà cité plus haut un exemple de combinaison d'un oubli et d'une erreur : il s'agissait de quelqu'un qui, ayant oublié un rendez-vous une première fois et bien décidé à ne pas l'oublier la fois suivante, se présente cependant au deuxième rendez-vous à une autre heure que l'heure fixée. Un de mes amis, qui s'occupe à la fois de sciences et de littérature, m'a raconté un cas tout à fait analogue emprunté à sa vie personnelle. « J'avais accepté, il y a quelques années, me disait-il, une fonction dans le comité d'une certaine association littéraire, parce que je pensais que l'association pourrait m'aider un jour à faire jouer un de mes drames. Tous les vendredis, j'assistais, sans grand intérêt d'ailleurs, aux séances du comité. Il y a quelques mois, je reçois l'assurance que je serais joué au théâtre de F..., et à partir de ce moment *j'oublie* régulièrement de me rendre auxdites séances. Mais après avoir lu ce que vous avez écrit sur ces choses, j'eus honte de mon procédé et me dis avec reproche que ce n'était pas bien de ma part de manquer les séances dès l'instant où je n'avais plus besoin de l'aide sur laquelle j'avais compté. Je pris donc la décision de ne pas y manquer le vendredi suivant. J'y pensais tout le temps, jusqu'au jour où je me suis trouvé devant la porte de la salle des séances. Quel ne fut pas mon étonnement de la trouver close, la séance ayant déjà eu lieu la veille ! Je m'étais en effet trompé de jour et présenté un samedi. »

Il serait très tentant de réunir d'autres observations du même genre, mais je passe. Je vais plutôt vous présenter quelques cas appartenant à un autre groupe, à celui notamment où notre interprétation doit, pour trouver une confirmation, attendre les événements ultérieurs.

Il va sans dire que la condition essentielle de ces cas consiste en ce que la situation psychique actuelle nous est inconnue ou est inaccessible à nos investigations. Notre interprétation possède alors la valeur d'une simple présomption à laquelle nous n'attachons pas grande importance. Mais un fait survient plus tard qui montre que notre première interprétation était justifiée. Je fus un jour invité chez un jeune couple et, au cours de ma visite, la jeune femme m'a raconté en riant que le lendemain de son retour du voyage de noces, elle était allée voir sa sœur qui n'est pas mariée, pour l'emmener, comme jadis, faire des achats, tandis que le jeune mari était parti à ses affaires. Tout à coup, elle aperçoit de l'autre côté de la rue un monsieur et dit, un peu interloquée, à sa sœur : « Regarde, voici M. L... » Elle ne s'était pas rendu compte que ce monsieur n'était autre que son mari depuis quelques semaines. Ce récit m'avait laissé une impression pénible, mais je ne voulais pas me fier à la conclusion qu'il me semblait impliquer. Ce n'est qu'au bout de plusieurs années que cette petite histoire m'est revenue à la mémoire : j'avais en effet appris alors que le mariage de mes jeunes gens avait eu une issue désastreuse.

A. Maeder rapporte le cas d'une dame qui, la veille de son mariage, avait oublié d'aller essayer sa robe de mariée et ne s'en est souvenue, au grand désespoir de sa couturière, que tard dans la soirée. Il voit un rapport entre cet oubli et le divorce qui avait suivi de près le mariage. — Je connais une dame, aujourd'hui divorcée, à laquelle il était souvent arrivé, longtemps avant le divorce, de signer de son nom de jeune fille des documents se rapportant à l'administration de ses biens. — Je connais des cas d'autres femmes qui, au cours de leur voyage de noces, avaient perdu leur alliance, accident auquel les événements ultérieurs ont conféré une signification non équivoque. On raconte le cas d'un célèbre chimiste allemand dont le mariage n'a pu avoir lieu, parce qu'il avait oublié l'heure de la cérémonie et qu'au lieu de se rendre à l'église il s'était rendu à son laboratoire. Il a été assez avisé pour s'en tenir à cette seule tentative et mourut très vieux, célibataire.

Vous êtes sans doute tentés de penser que, dans tous ces cas, les actes manqués remplacent les *omina* ou prémonitions des anciens. Et, en effet, certains *omina* n'étaient que des actes manqués, comme lorsque quelqu'un trébuchait ou tombait. D'autres avaient toutefois les caractères d'un événement objectif, et non ceux d'un acte subjectif. Mais vous ne vous figurez pas à quel point il est parfois difficile de discerner si un événement donné appartient à l'une ou à l'autre de ces catégories. L'acte s'entend souvent à revêtir le masque d'un événement passif.

Tous ceux d'entre vous qui ont derrière eux une expérience suffisamment longue se diront peut-être qu'ils se seraient épargné beaucoup de déceptions et de douloureuses surprises s'ils avaient eu le courage et la décision d'interpréter les actes manqués qui se produisent dans les relations inter-humaines comme des signes prémonitoires, et de les utiliser comme indices d'intentions encore secrètes. Le plus souvent, on n'ose pas le faire ; on craint d'avoir l'air de retourner à la superstition, en passant par-dessus la science. Tous les présages ne se réalisent d'ailleurs pas et, quand vous connaîtrez mieux nos théories, vous comprendrez qu'il n'est pas nécessaire qu'ils se réalisent tous.

---

1. D'après C.-G. Jung.
2. Vers de H. Heine : « effaçons-le de notre mémoire ».
3. D'après A.-A. Brill.
4. D'après B. Dattner.
5. De même dans les collections de A.Maeder (en français), A.-A. Brill (en anglais), E. Jones (en anglais), J.Stärke (en hollandais), etc.

CHAPITRE 4
LES ACTES MANQUÉS (FIN)

Les actes manqués ont un sens : telle est la conclusion que nous devons admettre comme se dégageant de l'analyse qui précède et poser à la base de nos recherches ultérieures. Disons-le une fois de plus : nous n'affirmons pas (et vu le but que nous poursuivons, pareille affirmation n'est pas nécessaire) que tout acte manqué soit significatif, bien que je considère la chose comme probable. Il nous suffit de constater ce sens avec une fréquence relative dans les différentes formes d'actes manqués. Il y a d'ailleurs, sous ce rapport, des différences d'une forme à l'autre. Les lapsus, les erreurs d'écriture, etc., peuvent avoir une base purement physiologique, ce qui me paraît peu probable dans les différentes variétés de cas d'oubli (oubli de noms et de projets, impossibilité de retrouver les objets préalablement rangés, etc.), tandis qu'il existe des cas de perte où aucune intention n'intervient probablement, et je crois devoir ajouter que les erreurs qui se commettent dans la vie ne peuvent être jugées d'après nos points de vue que dans une certaine mesure. Vous voudrez bien garder ces limitations présentes à l'esprit, notre point de départ devant être désormais que les actes manqués sont des actes psychiques résultant de l'interférence de deux intentions.

C'est là le premier résultat de la psychanalyse. La psychologie n'avait jamais soupçonné ces interférences ni les phénomènes qui en découlent. Nous avons considérablement agrandi l'étendue du monde psychique si nous avons conquis à la psychologie des phénomènes qui auparavant n'en faisaient pas partie.

Arrêtons-nous un instant encore à l'affirmation que les actes manqués sont des « actes psychiques ». Par cette affirmation postulons-nous seulement que les actes psychiques ont un sens, ou implique-t-elle quelque chose de plus ? Je ne pense pas qu'il y ait lieu d'élargir sa portée. Tout ce qui peut être observé dans la vie psychique sera éventuellement désigné sous le nom de phénomène psychique. Il s'agira seulement de savoir si telle manifestation psychique donnée est l'effet direct d'influences somatiques, organiques, physiques, auquel cas elle échappe à la recherche psychologique, ou si elle a pour antécédents immédiats d'autres processus psychiques au-delà desquels commence quelque part la série des influences organiques. C'est à cette dernière éventualité que nous pensons lorsque nous qualifions un phénomène de processus psychique, et c'est pourquoi il est plus rationnel de donner à notre proposition la forme suivante : le phénomène est significatif, il possède un sens, c'est-à-dire qu'il révèle une intention, une tendance et occupe une certaine place dans une série de rapports psychiques.

Il y a beaucoup d'autres phénomènes qui se rapprochent des actes manqués, mais auxquels ce nom ne convient pas. Nous les appelons *actes accidentels* ou *symptomatiques*. Ils ont également tous les caractères d'un acte non motivé, insignifiant, dépourvu d'importance, et surtout superflu. Mais ce qui les distingue des actes manqués proprement dits, c'est l'absence d'une intention hostile et perturbatrice venant contrarier une intention primitive. Ils se confondent, d'autre part, avec les gestes et mouvements servant à l'expression des émotions. Font partie de cette catégorie d'actes manqués toutes les manipulations, en apparence sans but, que nous faisons subir, comme en nous jouant, à nos vêtements, à telles ou telles parties de notre corps, à des objets à portée de notre main ; les mélodies que nous chantonnons appartiennent à la même catégorie d'actes, qui sont en général caractérisés par le fait que nous les suspendons, comme nous les avons commencés, sans motifs apparents. Or, je n'hésite pas à affirmer que tous ces phénomènes sont significatifs et se laissent interpréter de la même manière que les actes manqués, qu'ils constituent de petits signes révélateurs d'autres processus psychiques, plus importants, qu'ils sont des actes psychiques au sens complet du mot. Mais je n'ai pas l'intention de m'attarder à cet agrandissement du domaine des phénomènes psychiques : je préfère reprendre l'analyse des actes manqués qui posent devant nous avec toute la netteté désirable les questions les plus importantes de la psychanalyse.

Les questions les plus intéressantes que nous ayons formulées à propos des actes manqués, et auxquelles nous n'ayons pas encore fourni de réponse, sont les suivantes : nous avons dit que les actes manqués résultent de l'interférence de deux intentions différentes, dont l'une peut être qualifiée de troublée, l'autre de perturbatrice ; or, si les intentions troublées ne soulèvent aucune question, il nous importe de savoir, en ce qui concerne les intentions perturbatrices, en premier lieu quelles sont ces intentions qui s'affirment comme susceptibles d'en troubler d'autres et, en deuxième lieu, quels sont les rapports existant entre les troublées et les perturbatrices.

Permettez-moi de prendre de nouveau le lapsus pour le représentant de l'espèce entière et de répondre d'abord à la deuxième de ces questions.

Il peut y avoir entre les deux intentions un rapport de contenu, auquel cas l'intention perturbatrice contredit l'intention troublée, la rectifie ou la complète. Ou bien, et alors le cas devient plus obscur et plus intéressant, il n'y a aucun rapport entre les contenus des deux tendances.

Les cas que nous connaissons déjà et d'autres analogues nous permettent de comprendre sans peine le premier de ces rapports. Presque dans tous les cas où l'on dit le contraire de ce qu'on veut dire, l'intention perturbatrice exprime une opposition à l'égard de l'intention troublée, et l'acte manqué représente le conflit entre ces deux tendances inconciliables. « Je déclare la séance ouverte, mais j'aimerais mieux la clore », tel est le sens du lapsus commis par le président. Un journal politique, accusé de corruption, se défend dans un article qui devait se résumer dans ces mots : « Nos lecteurs nous sont témoins que nous avons toujours défendu le bien général de la façon la plus *désintéressée.* » Mais le rédacteur chargé de rédiger cette défense écrit : « de la façon la plus *intéressée* ». Ceci révèle, à mon avis, sa pensée : « Je dois écrire une chose, mais je sais pertinemment le contraire. » Un député qui se propose de déclarer qu'on doit dire à l'Empereur la vérité sans ménagements (« rückhaltlos »), perçoit tout à coup une voix intérieure qui le met en garde contre son audace et lui fait commettre un lapsus où les mots « sans ménagements » *(rückhaltlos) sont* remplacés par les mots « en courbant l'échine » (rückgratlos) [1].

Dans les cas que vous connaissez et qui laissent l'impression de contractions et d'abréviations, il s'agit de rectifications, d'adjonctions et de continuations par lesquelles une deuxième tendance se fait jour à côté de la première. « Des choses se sont produites (*zum* Von SCHEIN gekommen) ; je dirais volontiers que c'étaient des cochonneries (SCHWEINEREIEN) » ; résultat : « zuVonSCHWEIN *gekommen* ». « *Les* gens qui comprennent cela peuvent être comptés sur les doigts *d'une main ;* mais non, il n'existe, à vrai dire, qu'une *seule personne* qui comprenne ces choses ; donc, les personnes qui les comprennent peuvent être comptées sur un *seul* doigt. » Ou encore : « Mon mari peut manger et boire ce qu'il veut ; mais, vous le savez bien, je ne supporte pas qu'il veuille quelque chose ; donc : il doit manger et boire ce que *je* veux. » Dans tous les cas, on le voit, le lapsus découle du contenu même de l'intention troublée ou s'y rattache.

L'autre genre de rapports entre les deux intentions interférentes paraît bizarre. S'il n'y a aucun lien entre leurs contenus, d'où vient l'intention perturbatrice et comment se fait-il qu'elle manifeste son action troublante en tel point précis ? L'observation, seule susceptible de fournir une réponse à cette question, permet de constater que le trouble provient d'un courant d'idées qui avait préoccupé la personne en question peu de temps auparavant et que, s'il intervient dans le discours de cette manière particulière, il aurait pu aussi (ce qui n'est pas nécessaire) y trouver une expression différente. Il s'agit d'un véritable écho, mais qui n'est pas toujours et nécessairement produit par des mots prononcés. Ici encore il existe un lien associatif entre l'élément troublé et l'élément perturbateur, mais ce lien, au lieu de résider dans le contenu, est purement artificiel et sa formation résulte d'associations forcées.

En voici un exemple très simple, que j'ai observé moi-même. Je rencontre un jour dans nos belles Dolomites deux dames viennoises, vêtues en touristes. Nous faisons pendant quelque temps route ensemble, et nous parlons des plaisirs et des inconvénients de la vie de touriste. Une des dames reconnaît que la journée du touriste n'est pas exempte de désagréments... « Il est vrai, dit-elle, qu'il n'est pas du tout agréable, lorsqu'on a marché toute une journée au soleil et qu'on a la blouse et la chemise trempées de sueur... » À ces derniers mots, elle a une petite hésitation. Puis elle reprend : « Mais lorsqu'on rentre ensuite *nach Hose* [2] (au lieu de *nach Hause,* chez soi) et qu'on peut enfin se changer... » Nous n'avons pas encore analysé ce lapsus, mais je ne pense pas que cela soit nécessaire. Dans sa première phrase, la dame avait l'intention de faire une énumération plus complète : blouse, chemise, pantalon *(Hose).* Pour des raisons de convenance, elle s'abstient de mentionner ce dernier sous-vêtement, mais dans la phrase suivante, tout à fait indépendante par son contenu de la première, le mot *Hose,* qui n'a pas été prononcé au moment voulu, apparaît à titre de déformation du mot *Hause.*

Nous pouvons maintenant aborder la principale question dont nous avons longtemps ajourné l'examen, à savoir : quelles sont ces intentions qui, se manifestant d'une façon si extraordinaire, viennent en troubler d'autres ? Il s'agit évidemment d'intentions très différentes, mais dont nous voulons dégager les caractères communs. Si nous examinons sous ce rapport une série d'exemples, ceux-ci se laissent aussitôt ranger en trois groupes. Font partie du premier groupe les cas où la tendance perturbatrice est connue de celui qui parle et s'est en outre révélée à lui avant le lapsus. Le deuxième groupe comprend les cas où la personne qui parle, tout en reconnaissant dans la tendance perturbatrice une tendance lui appartenant, ne sait pas que cette tendance était déjà active en elle avant le lapsus. Elle accepte donc notre interprétation de celui-ci, mais ne peut pas ne pas s'en montrer étonnée. Des exemples de cette attitude nous sont peut-être fournis plus facilement par des actes manqués autres que les lapsus. Le troisième groupe comprend des cas où la personne intéressée proteste avec énergie contre l'interprétation qu'on lui suggère : non contente de nier l'existence de l'intention perturbatrice avant le lapsus, elle affirme que cette intention lui est tout à fait étrangère. Rappelez-vous le toast du jeune assistant qui propose de « roter » à la prospérité du chef, ainsi que la réponse dépourvue d'aménité que je m'étais attirée lorsque j'ai mis sous les yeux de l'auteur de ce toast l'intention perturbatrice. Vous savez que nous n'avons pas encore réussi à nous mettre d'accord quant à la manière de concevoir ces cas. En ce qui me concerne, la protestation de l'assistant, auteur du toast, ne me trouble en aucune façon et ne m'empêche pas de maintenir mon interprétation, ce qui n'est peut-être pas votre cas : impressionnés par sa dénégation, vous vous demandez sans doute si nous ne ferions pas bien de renoncer à chercher l'interprétation de cas de ce genre et de les considérer comme des actes purement physiologiques, au sens pré-psychanalytique du mot. Je me doute un peu de la cause de votre attitude. Mon interprétation implique que la personne qui parle peut manifester des intentions qu'elle ignore elle-même, mais que je suis à même de dégager d'après certains indices. Et vous hésitez à accepter cette supposition si singulière et grosse de conséquences. Et, pourtant, si vous voulez rester logiques dans votre conception des actes manqués, fondée sur tant d'exemples, vous ne devez pas hésiter à accepter cette dernière supposition, quelque déconcertante qu'elle vous paraisse. Si cela vous est impossible, il ne vous reste qu'à renoncer à la compréhension si péniblement acquise des actes manqués.

Arrêtons-nous un instant à ce qui unit les trois groupes que nous venons d'établir, à ce qui est commun aux trois mécanismes de lapsus. À ce propos, nous nous trouvons heureusement en présence d'un fait qui, lui, est au-dessus de toute contestation. Dans les deux premiers groupes, la tendance perturbatrice est reconnue par la personne même qui parle ; en outre, dans le premier de ces groupes, la tendance perturbatrice se révèle immédiatement avant le lapsus. Mais, aussi bien dans le premier groupe que dans le second, *la tendance en question se trouve refoulée. Comme la personne qui parle s'est décidée à ne pas la faire apparaître dans le discours, elle commet un lapsus, c'est-à-dire que la tendance refoulée se manifeste malgré la personne, soit en modifiant l'intention avouée, soit en se confondant avec elle, soit enfin, en prenant tout simplement sa place.* Tel est donc le mécanisme du lapsus.

Mon point de vue me permet d'expliquer par le même mécanisme les cas du troisième groupe. Je n'ai qu'à admettre que la seule différence qui existe entre mes trois groupes consiste dans le degré de *refoulement* de l'intention perturbatrice. Dans le premier groupe, cette intention existe et est aperçue de la personne qui parle, avant sa manifestation ; c'est alors que se produit le *refoulement* dont l'intention se venge par le lapsus. Dans le deuxième groupe, le *refoulement* est plus accentué et l'intention n'est pas aperçue avant le commencement du discours. Ce qui est étonnant, c'est que ce *refoulement*, assez profond, n'empêche pas l'intention de prendre part à la production du lapsus. Cette situation nous facilite singulièrement l'explication de ce qui se passe dans le troisième groupe. J'irai même jusqu'à admettre qu'on peut saisir dans l'acte manqué la manifestation d'une tendance, refoulée depuis longtemps, depuis très longtemps même, de sorte que la personne qui parle ne s'en rend nullement compte et est bien sincère lorsqu'elle en nie l'existence. Mais même en laissant de côté le problème relatif au troisième groupe, vous ne pouvez pas ne pas adhérer à la conclusion qui découle de l'observation d'autres cas, à savoir que le *refoulement d'une intention de dire quelque chose constitue la condition indispensable d'un lapsus.*

Nous pouvons dire maintenant que nous avons réalisé de nouveaux progrès quant à la compréhension des actes manqués. Nous savons non seulement que ces actes sont des actes psychiques ayant un sens et marqués d'une intention, qu'ils résultent de l'interférence de deux intentions différentes, mais aussi qu'une de ces intentions doit, avant le discours, avoir subi un certain *refoulement* pour pouvoir se manifester par la perturbation de l'autre. Elle doit être troublée elle-même, avant de pouvoir devenir perturbatrice. Il va sans dire qu'avec cela nous n'acquérons pas encore une explication complète des phénomènes que nous appelons actes manqués. Nous voyons aussitôt surgir d'autres questions, et nous pressentons en général que plus nous avancerons dans notre étude, plus les occasions de poser de nouvelles questions seront nombreuses. Nous pouvons demander, par exemple, pourquoi les choses ne se passent pas beaucoup plus simplement. Lorsque quelqu'un a l'intention de refouler une certaine tendance, au lieu de la laisser s'exprimer, on devrait se trouver en présence de l'un des deux cas suivants : ou le *refoulement* est obtenu, et alors rien ne doit apparaître de la tendance perturbatrice ; ou bien le *refoulement* n'est pas obtenu, et alors la tendance en question doit s'exprimer franchement et complètement. Mais les actes manqués résultent de compromis ; ils signifient que le *refoulement* est à moitié manqué et à moitié réussi, que l'intention menacée, si elle n'est pas complètement supprimée, est suffisamment refoulée pour ne pas pouvoir se manifester, abstraction faite de certains cas isolés, telle quelle, sans modifications. Nous sommes en droit de supposer que la production de ces effets d'interférence ou de compromis exige certaines conditions particulières, mais nous n'avons pas la moindre idée de la nature de ces conditions. Je ne crois pas que même une étude plus approfondie des actes manqués nous aide à découvrir ces conditions inconnues. Pour arriver à ce résultat, il nous faudra plutôt explorer au préalable d'autres régions obscures de la vie psychique ; seules les analogies que nous y trouverons nous donneront le courage de formuler les hypothèses susceptibles de nous conduire à une explication plus complète des actes manqués. Mais il y a autre chose : alors même qu'on travaille sur de petits indices, comme nous le faisons ici, on s'expose à certains dangers. Il existe une maladie psychique, appelée *Paranoïa combinatoire,* dans laquelle les petits indices sont utilisés d'une façon illimitée, et je n'affirmerais pas que toutes les conclusions qui en sont déduites soient exactes. Nous ne pouvons nous préserver contre ces dangers qu'en donnant à nos observations une base aussi large que possible, grâce à la répétition des mêmes impressions, quelle que soit la sphère de la vie psychique que nous explorons.

Nous allons donc abandonner ici l'analyse des actes manqués. Je vais seulement vous recommander ceci : gardez dans votre mémoire, à titre de modèle, la manière dont nous avons traité ces phénomènes. D'après cette manière, vous pouvez juger d'ores et déjà quelles sont les intentions de notre psychologie. Nous ne voulons pas seulement décrire et classer les phénomènes, nous voulons aussi les concevoir comme étant des indices d'un jeu de forces s'accomplissant dans l'âme, comme la manifestation de tendances ayant un but défini et travaillant soit dans la même direction, soit dans des directions opposées. Nous cherchons à nous former une *conception dynamique* des phénomènes psychiques. Dans notre conception, les phénomènes perçus doivent s'effacer devant les tendances seulement admises.

Nous n'irons pas plus avant dans l'étude des actes manqués ; mais nous pouvons encore faire dans ce domaine une incursion au cours de laquelle nous retrouverons des choses connues et en découvrirons quelques nouvelles. Pour ce faire, nous nous en tiendrons à la division en trois groupes que nous avons établie au début de nos recherches : a) le lapsus, avec ses subdivisions en erreurs d'écriture, de lecture, fausse audition ; b) l'oubli, avec ses subdivisions correspondant à l'objet oublié (noms propres, mots étrangers, projets, impressions) ; c) la méprise, la perte, l'impossibilité de retrouver un objet rangé. Les erreurs ne nous intéressent qu'en tant qu'elles se rattachent à l'oubli, à la méprise, etc.

Nous avons déjà beaucoup parlé du lapsus ; et, pourtant, nous avons encore quelque chose à ajouter à son sujet. Au lapsus se rattachent de petits phénomènes affectifs qui ne sont pas dépourvus d'intérêt. On ne reconnaît pas volontiers qu'on a commis un lapsus ; il arrive souvent qu'on n'entende pas son propre lapsus, alors qu'on entend toujours celui d'autrui. Le lapsus est aussi, dans une certaine mesure, contagieux ; il n'est pas facile de parler de lapsus, sans en commettre un soi-même. Les lapsus les plus insignifiants, ceux qui ne nous apprennent rien de particulier sur des processus psychiques cachés, ont cependant des raisons qu'il n'est pas difficile se saisir. Lorsque, par suite d'un trouble quelconque, survenu au moment de la prononciation d'un mot donné, quelqu'un émet brièvement une voyelle longue, il ne manque pas d'allonger la voyelle brève qui vient immédiatement après, commettant ainsi un nouveau lapsus destiné à compenser le premier. Il en est de même, lorsque quelqu'un prononce improprement ou négligemment une voyelle double ; il cherche à se corriger en prononçant la voyelle double suivante de façon à rappeler la prononciation exacte de la première : on dirait que la personne qui parle tient à montrer à son auditeur qu'elle connaît sa langue maternelle et ne se désintéresse pas de la prononciation correcte. La deuxième déformation, qu'on peut appeler compensatrice, a précisément pour but d'attirer l'attention de l'auditeur sur la première et de lui montrer qu'on s'en est aperçu soi-même. Les lapsus les plus simples, les plus fréquents et les plus insignifiants consistent en contractions et anticipations qui se manifestent dans des parties peu apparentes du discours. Dans une phrase un peu longue, par exemple, on commet le lapsus consistant à prononcer par anticipation le dernier mot de ce qu'on veut dire. Ceci donne l'impression d'une certaine impatience d'en finir avec la phrase, on atteste en général une certaine répugnance à communiquer cette phrase ou tout simplement à parler. Nous arrivons ainsi aux cas limites où les différences entre la conception psychanalytique du lapsus et sa conception physiologique ordinaire s'effacent. Nous prétendons qu'il existe dans ces cas une tendance qui trouble l'intention devant s'exprimer dans le discours ; mais cette tendance nous annonce seulement son existence, et non le but qu'elle poursuit elle-même. Le trouble qu'elle provoque suit certaines influences tonales ou affinités associatives et peut être conçu comme servant à détourner l'attention de ce qu'on veut dire. Mais ni ce trouble de l'attention, ni ces affinités associatives ne suffisent à caractériser la nature même du processus. L'un et l'autre n'en témoignent pas moins de l'existence d'une intention perturbatrice, sans que nous puissions nous former une idée de sa nature d'après ses effets, comme nous le pouvons dans les cas plus accentués.

Les erreurs d'écriture que j'aborde maintenant ressemblent tellement au lapsus de la parole qu'elles ne peuvent nous fournir aucun nouveau point de vue. Essayons tout de même de glaner un peu dans ce domaine. Les fautes, les contractions, le tracé anticipé de mots devant venir plus tard, et surtout de mots devant venir en dernier lieu, tous ces accidents attestent manifestement qu'on n'a pas grande envie d'écrire et qu'on est impatient d'en finir ; des effets plus prononcés des erreurs d'écriture laissent reconnaître la nature et l'intention de la tendance perturbatrice. On sait en général, lorsqu'on trouve un *lapsus calami* dans une lettre, que la personne qui a écrit n'était pas tout à fait dans son état normal ; mais on ne peut pas toujours établir ce qui lui est arrivé. Les erreurs d'écriture sont aussi rarement remarquées par leurs auteurs que les lapsus de la parole. Nous signalons l'intéressante observation suivante : il y a des gens qui ont l'habitude de relire, avant de les expédier, les lettres qu'ils ont écrites. D'autres n'ont pas cette habitude, mais lorsqu'ils le font une fois par hasard, ils ont toujours l'occasion de trouver et de corriger une erreur frappante. Comment expliquer ce fait ? On dirait que ces gens savent cependant qu'ils ont commis un lapsus en écrivant. Devons-nous l'admettre réellement ?

À l'importance pratique des *lapsus calami* se rattache un intéressant problème. Vous vous rappelez sans doute le cas de l'assassin H... qui, se faisant passer pour un bactériologiste, savait se procurer dans les instituts scientifiques des cultures de microbes pathogènes excessivement dangereux et utilisait ces cultures pour supprimer par cette méthode ultra-moderne des personnes qui lui tenaient de près. Un jour cet homme adressa à la direction d'un de ces instituts une lettre dans laquelle il se plaignait de l'inefficacité des cultures qui lui ont été envoyées, mais il commit une erreur en écrivant, de sorte qu'à la place des mots « dans mes essais sur des souris ou des cobayes », on pouvait lire distinctement : « dans mes essais sur des hommes ». Cette erreur frappa d'ailleurs les médecins de l'Institut en question qui, autant que je sache, n'en ont tiré aucune conclusion. Croyez-vous que les médecins n'auraient pas été bien inspirés s'ils avaient pris cette erreur pour un aveu et provoqué une enquête qui aurait coupé court à temps aux exploits de cet assassin ? Ne trouvez-vous pas que dans ce cas l'ignorance de notre conception des actes manqués a été la cause d'un retard infiniment regrettable ? En ce qui me concerne, cette erreur m'aurait certainement paru très suspecte ; mais à son utilisation à titre d'aveu s'opposent des obstacles très graves. La chose n'est pas aussi simple qu'elle le paraît. Le lapsus d'écriture constitue un indice incontestable, mais à lui seul il ne suffit pas à justifier l'ouverture d'une instruction. Certes, le lapsus d'écriture atteste que l'homme est préoccupé par l'idée d'infecter ses semblables, mais il ne nous permet pas de décider s'il s'agit là d'un projet malfaisant bien arrêté ou d'une fantaisie sans aucune portée pratique. Il est même possible que l'homme qui a commis ce lapsus d'écriture trouve les meilleurs arguments subjectifs pour nier cette fantaisie et pour l'écarter comme lui étant tout à fait étrangère. Vous comprendrez mieux plus tard les possibilités de ce genre, lorsque nous aurons à envisager la différence qui existe entre la réalité psychique et la réalité matérielle. N'empêche qu'il s'agit là d'un cas où un acte manqué avait acquis ultérieurement une importance insoupçonnée.

Dans les erreurs de lecture, nous nous trouvons en présence d'une situation psychique qui diffère nettement de celle des lapsus de la parole et de l'écriture. L'une des deux tendances concurrentes est ici remplacée par une excitation sensorielle, ce qui la rend peut-être moins résistante. Ce que nous avons à lire n'est pas une émanation de notre vie psychique, comme les choses que nous nous proposons d'écrire. C'est pourquoi les erreurs de lecture consistent en la plupart des cas dans une substitution complète. Le mot à lire est remplacé par un autre, sans qu'il existe nécessairement un rapport de contenu entre le texte et l'effet de l'erreur, la substitution se faisant généralement en vertu d'une simple ressemblance entre les deux mots. L'exemple de Lichtenberg : *Agamemnon*, au lieu de *angenommen*, — est le meilleur de ce groupe. Si l'on veut découvrir la tendance perturbatrice, cause de l'erreur, on doit laisser tout à fait de côté le texte mal lu et commencer l'examen analytique en posant ces deux questions : quelle est la première idée qui vient à l'esprit et qui se rapproche le plus de l'erreur commise, et dans quelle situation l'erreur a-t-elle été commise ? Parfois la connaissance de la situation suffit à elle seule à expliquer l'erreur. Exemple : quelqu'un éprouvant un certain besoin naturel erre dans une ville étrangère et aperçoit à la hauteur du premier étage d'une maison une grande enseigne portant l'inscription : « CLOSET*haus* (W.C.). »Il a le temps de s'étonner que l'enseigne soit placée si haut, avant de s'apercevoir que c'est « CORSET*haus* (Maison de Corsets) » qu'il faut lire. Dans d'autres cas, l'erreur, précisément parce qu'elle est indépendante du contenu du texte, exige une analyse approfondie qui ne réussit que si l'on est exercé dans la technique psychanalytique et si l'on a confiance en elle. Mais le plus souvent il est beaucoup plus facile d'obtenir l'explication d'une erreur de lecture. Comme dans l'exemple Lichtenberg (Agamemnon au lieu de *angenommen*), le mot substitué révèle sans difficulté le courant d'idées qui constitue la source du trouble. En temps de guerre, par exemple, il arrive souvent qu'on lise les noms de villes, de chefs militaires et des expressions militaires, qu'on entend de tous côtés, chaque fois qu'on se trouve en présence de mots ayant une certaine ressemblance avec ces mots et expressions. Ce qui nous intéresse et nous préoccupe vient prendre la place de ce qui nous est étranger et ne nous intéresse pas encore. Les reflets de nos idées troublent nos perceptions nouvelles.

Les erreurs de lecture nous offrent aussi pas mal de cas où c'est le texte même de ce qu'on lit qui éveille la tendance perturbatrice, laquelle le transforme alors le plus souvent en son contraire. On se trouve en présence d'une lecture indésirable et, grâce à l'analyse, on se rend compte que c'est le désir intense d'éviter une certaine lecture qui est responsable de sa déformation.

Dans les erreurs de lecture les plus fréquentes, que nous avons mentionnées en premier lieu, les deux facteurs auxquels nous avons attribué un rôle important dans les actes manqués ne jouent qu'un rôle très secondaire : nous voulons parler du conflit de deux tendances et du *refoulement* de l'une d'elles, lequel *refoulement* réagit précisément par l'effet de l'acte manqué. Ce n'est pas que les erreurs de lecture présentent des caractères en opposition avec ces facteurs, mais l'empiétement du courant d'idées qui aboutit à l'erreur de lecture est beaucoup plus fort que le *refoulement* que ce courant avait subi précédemment. C'est dans les diverses modalités de l'acte manqué provoqué par l'oubli que ces deux facteurs ressortent avec le plus de netteté.

L'oubli de projets est un phénomène dont l'interprétation ne souffre aucune difficulté et, ainsi que nous l'avons vu, n'est pas contestée même par les profanes. La tendance qui trouble un projet consiste toujours dans une intention contraire, dans un non-vouloir dont il nous reste seulement à savoir pourquoi il ne s'exprime pas autrement et d'une manière moins dissimulée. Mais l'existence de ce contre-vouloir est incontestable. On réussit bien quelquefois à apprendre quelque chose sur les raisons qui obligent à dissimuler ce contre-vouloir : c'est qu'en se dissimulant il atteint toujours son but qu'il réalise dans l'acte manqué, alors qu'il serait sûr d'être écarté s'il se présentait comme une contradiction franche. Lorsqu'il se produit, dans l'intervalle qui sépare la conception d'un projet de son exécution, un changement important de la situation psychique, changement incompatible avec l'exécution de ce projet, l'oubli de celui-ci ne peut plus être taxé d'acte manqué. Cet oubli n'étonne plus, car on se rend bien compte que l'exécution du projet serait superflue dans la situation psychique nouvelle. L'oubli d'un projet ne peut être considéré comme un acte manqué que dans le cas où nous ne croyons pas à un changement de cette situation.

Les cas d'oubli de projets sont en général tellement uniformes et évidents qu'ils ne présentent aucun intérêt pour notre recherche. Sur deux points cependant l'étude de cet acte manqué est susceptible de nous apprendre quelque chose de nouveau. Nous avons dit que l'oubli, donc la non-exécution d'un projet, témoigne d'un contre-vouloir hostile à celui-ci. Ceci reste vrai, mais, d'après nos recherches, le contre-vouloir peut être direct ou indirect. Pour montrer ce que nous entendons par contre-vouloir indirect, nous ne saurions mieux faire que de citer un exemple ou deux. Lorsque le tuteur oublie de recommander son pupille auprès d'une tierce personne, son oubli peut tenir à ce que ne s'intéressant pas outre mesure à son pupille, il n'éprouve pas grande envie de faire la recommandation nécessaire. C'est du moins ainsi que le pupille interprétera l'oubli du tuteur. Mais la situation peut être plus compliquée. La répugnance à réaliser son dessein peut, chez le tuteur, provenir d'ailleurs et être tournée d'un autre côté. Le pupille peut notamment n'être pour rien dans l'oubli, lequel serait déterminé par des causes se rattachant à la tierce personne. Vous voyez ainsi combien difficultueuse peut être l'utilisation pratique de nos interprétations. Malgré la justesse de son interprétation, le pupille court le risque de devenir trop méfiant et injuste à l'égard de son tuteur. Ou encore, lorsque quelqu'un oublie un rendez-vous qu'il avait accepté et auquel il est lui-même décidé à assister, la raison la plus vraisemblable de l'oubli devra être cherchée le plus souvent dans le peu de sympathie qu'on nourrit à l'égard de la personne que l'on devait rencontrer. Mais, dans ce cas, l'analyse pourrait montrer que la tendance perturbatrice se rapporte, non à la personne, mais à l'endroit où doit avoir lieu le rendez-vous et qu'on voudrait éviter à cause d'un pénible souvenir qui s'y rattache. Autre exemple : lorsqu'on oublie d'expédier une lettre, la tendance perturbatrice peut bien tirer son origine du contenu de la lettre ; mais il se peut aussi que ce contenu soit tout à fait anodin et que l'oubli provienne de ce qu'il rappelle par quelque côté le contenu d'une autre lettre, écrite jadis, et qui a fait naître directement la tendance perturbatrice : on peut dire alors que le contre-vouloir s'est étendu de la lettre précédente, où il était justifié, à la lettre actuelle qui ne le justifie en aucune façon. Vous voyez ainsi qu'on doit procéder avec précaution et prudence, même dans les interprétations les plus exactes en apparence ; ce qui a la même valeur au point de vue psychologique peut se montrer susceptible de plusieurs interprétations au point de vue pratique.

Des phénomènes comme ceux dont je viens de vous parler peuvent vous paraître extraordinaires. Vous pourriez vous demander si le contre-vouloir « indirect » n'imprime pas au processus un caractère pathologique. Mais je puis vous assurer que ce processus est également tout à fait compatible avec l'état normal, avec l'état de santé. Comprenez-moi bien toutefois. Je ne suis nullement porté à admettre l'incertitude de nos interprétations analytiques. La possibilité de multiples interprétations de l'oubli de projets subsiste seulement, tant que nous n'avons pas entrepris l'analyse du cas et tant que nos interprétations n'ont pour base que nos suppositions d'ordre général. Toutes les fois que nous nous livrons à l'analyse de la personne intéressée, nous apprenons avec une certitude suffisante s'il s'agit d'un contre-vouloir direct et quelle en est la source.

Un autre point est le suivant : ayant constaté que dans un grand nombre de cas l'oubli d'un projet se ramène à un contre-vouloir, nous nous sentons encouragés à étendre la même conclusion à une autre série de cas où la personne analysée, ne se contentant pas de ne pas confirmer le contre-vouloir que nous avons dégagé, le nie tout simplement. Songez aux nombreux cas où l'on oublie de rendre les livres qu'on avait empruntés, d'acquitter des factures ou de payer des dettes. Nous devons avoir l'audace d'affirmer à la personne intéressée qu'elle a l'intention de garder les livres, de ne pas payer les dettes, alors même que cette personne niera l'intention que nous lui prêterons, sans être à même de nous expliquer son attitude par d'autres raisons. Nous lui dirons qu'elle a cette intention et qu'elle ne s'en rend pas compte, mais que, quant à nous, il nous suffit qu'elle se trahisse par l'effet de l'oubli. L'autre nous répondra que c'est précisément pourquoi il ne s'en souvient pas. Vous voyez ainsi que nous aboutissons à une situation dans laquelle nous nous sommes déjà trouvés une fois. En voulant donner tout leur développement logique à nos interprétations aussi variées que justifiées des actes manqués, nous sommes immanquablement amenés à admettre qu'il existe chez l'homme des tendances susceptibles d'agir sans qu'il le sache. Mais en formulant cette proposition, nous nous mettons en opposition avec toutes les conceptions en vigueur dans la vie et dans la psychologie.

L'oubli de noms propres, de noms et de mots étrangers se laisse de même expliquer par une intention contraire se rattachant directement ou indirectement au nom ou au mot en question. Je vous ai déjà cité antérieurement plusieurs exemples de répugnance directe à l'égard de noms et de mots. Mais dans ce genre d'oublis la détermination indirecte est la plus fréquente et ne peut le plus souvent être établie qu'à la suite d'une minutieuse analyse. C'est ainsi que la dernière guerre, au cours de laquelle nous nous sommes vus obligés de renoncer à tant de nos affections de jadis, a créé les associations les plus bizarres qui ont eu pour effet d'affaiblir notre mémoire de noms propres. Il m'est arrivé récemment de ne pas pouvoir reproduire le nom de l'inoffensive ville morave *Bisenz,* et l'analyse a montré qu'il ne s'agissait pas du tout d'une hostilité de ma part à l'égard de cette ville, mais que l'oubli tenait plutôt à la ressemblance qui existe entre son nom et celui du palais *Bisenzi,* à Orvieto, dans lequel j'ai fait autrefois plusieurs séjours agréables. Ici, nous nous trouvons pour la première fois en présence d'un principe qui, au point de vue de la motivation de la tendance favorisant l'oubli de noms, se révèlera plus tard comme jouant un rôle prépondérant dans la détermination de symptômes névrotiques : il s'agit notamment du refus de la mémoire d'évoquer des souvenirs associés à des sensations pénibles, des souvenirs dont l'évocation serait de nature à reproduire ces sensations. Dans cette tendance à éviter le déplaisir que peuvent causer les souvenirs ou d'autres actes psychiques, dans cette fuite psychique devant tout ce qui est pénible, nous devons voir l'ultime raison efficace, non seulement de l'oubli de noms, mais aussi de beaucoup d'autres actes manqués, tels que négligences, erreurs, etc.

Mais il semble que l'oubli des noms soit particulièrement facilité par des facteurs psycho-physiologiques ; aussi peut-on l'observer, même dans des cas où n'intervient aucun élément en rapport avec une sensation de déplaisir. Lorsque vous vous trouvez en présence de quelqu'un ayant tendance à oublier des noms, la recherche analytique vous permettra toujours de constater que, si certains noms lui échappent, ce n'est pas parce qu'ils lui déplaisent ou lui rappellent des souvenirs désagréables, mais parce qu'ils appartiennent chez lui à d'autres cycles d'associations avec lesquels ils se trouvent en rapports plus étroits. On dirait que ces noms sont attachés à ces cycles et sont refusés à d'autres associations qui peuvent se former selon les circonstances. Rappelez-vous les artifices de la mnémotechnique et vous constaterez non sans un certain étonnement que des noms sont oubliés par suite des associations mêmes qu'on établit intentionnellement pour les préserver contre l'oubli. Nous en avons un exemple des plus typiques dans les noms propres de personnes qui, cela va sans dire, doivent avoir, pour des hommes différents, une valeur psychique différente. Prenez, par exemple, le prénom Théodore. Il ne signifie rien pour certains d'entre vous ; pour un autre, c'est le prénom du père, d'un frère, d'un ami, ou même le sien. L'expérience analytique vous montrera que les premiers ne courent pas le risque d'oublier qu'une certaine personne étrangère porte ce nom, tandis que les autres auront toujours une tendance à refuser à un étranger un nom qui leur semble réservé à leurs relations personnelles. Et, maintenant qu'à cet obstacle associatif viennent s'ajouter l'action du principe de déplaisir et celle d'un mécanisme indirect : alors seulement vous pourrez vous faire une idée adéquate, du degré de complication qui caractérise la détermination de l'oubli momentané d'un nom. Mais une analyse serrée est capable de débrouiller tous les fils de cet écheveau compliqué.

L'oubli d'impressions et d'événements vécus fait ressortir, avec plus de netteté et d'une façon plus exclusive que dans les cas d'oubli de noms, l'action de la tendance qui cherche à éloigner du souvenir tout ce qui est désagréable. Cet oubli ne peut être considéré comme un acte manqué que dans la mesure où, envisagé à la lumière de notre expérience de tous les jours, il nous apparaît surprenant et injustifié, c'est-à-dire lorsque l'oubli porte, par exemple, sur des impressions trop récentes ou trop importantes ou sur des impressions dont l'absence forme une lacune dans un ensemble dont on garde un souvenir parfait. Pourquoi et comment pouvons-nous oublier en général et, entre autres, des événements qui, tels ceux de nos premières années d'enfance, nous ont certainement laissé une impression des plus profondes ? C'est là un problème d'un ordre tout à fait différent, dans la solution duquel nous pouvons bien assigner un certain rôle à la défense contre les sensations de peine, tout en prévenant que ce facteur est loin d'expliquer le phénomène dans sa totalité. C'est un fait incontestable que des impressions désagréables sont oubliées facilement. De nombreux psychologues se sont aperçus de ce fait qui fit sur le grand Darwin une impression tellement profonde qu'il s'est imposé la « règle d'or » de noter avec un soin particulier les observations qui semblaient défavorables à sa théorie et qui, ainsi qu'il a eu l'occasion de le constater, ne voulaient pas se fixer dans sa mémoire.

Ceux qui entendent parler pour la première fois de l'oubli comme moyen de défense contre les souvenirs pénibles manquent rarement de formuler cette objection que, d'après leur propre expérience, ce sont plutôt les souvenirs pénibles qui s'effacent difficilement, qui reviennent sans cesse, quoi qu'on fasse pour les étouffer, et vous torturent sans répit, comme c'est le cas, par exemple, des souvenirs d'offenses et d'humiliations. Le fait est exact, mais l'objection ne porte pas. Il importe de ne pas perdre de vue le fait que la vie psychique est un champ de bataille et une arène où luttent des tendances opposées ou, pour parler un langage moins dynamique, qu'elle se compose de contradictions et de couples antinomiques. En prouvant l'existence d'une tendance déterminée, nous ne prouvons pas par là même l'absence d'une autre tendance, agissant en sens contraire. Il y a place pour l'une et pour l'autre. Il s'agit seulement de connaître les rapports qui s'établissent entre les oppositions, les actions qui émanent de l'une et de l'autre.

La perte et l'impossibilité de retrouver des objets rangés nous intéressent tout particulièrement, à cause de la multiplicité d'interprétations dont ces deux actes manqués sont susceptibles et de la variété des tendances auxquelles ils obéissent. Ce qui est commun à tous les cas, c'est la volonté de perdre ; ce qui diffère d'un cas à l'autre, c'est la raison et c'est le but de la perte. On perd un objet lorsqu'il est usé, lorsqu'on a l'intention de le remplacer par un meilleur, lorsqu'il a cessé de plaire, lorsqu'on le tient d'une personne avec laquelle on a cessé d'être en bons termes ou lorsqu'il a été acquis dans des circonstances auxquelles on ne veut plus penser. Le fait de laisser tomber, de détériorer, de casser un objet peut servir aux mêmes fins. L'expérience a été faite dans la vie sociale que des enfants imposés et nés hors mariage sont beaucoup plus fragiles que les enfants reconnus comme légitimes. Ce résultat n'est pas le fait de la grossière technique de faiseuses d'anges ; il s'explique par une certaine négligence dans les soins donnés aux premiers. Il se pourrait que la conservation des objets tombât sous la même explication que la conservation des enfants.

Mais dans d'autres cas, on perd des objets qui n'ont rien perdu de leur valeur, avec la seule intention de sacrifier quelque chose au sort et de s'épargner ainsi une autre perte qu'on redoute. L'analyse montre que cette manière de conjurer le sort est assez répandue chez nous et que pour cette raison nos pertes sont souvent un sacrifice volontaire. La perte peut également être l'expression d'un défi ou d'une pénitence. Bref, les motivations plus éloignées de la tendance à se débarrasser d'un objet par la perte sont innombrables.

Comme les autres erreurs, la méprise est souvent utilisée à réaliser des désirs qu'on devrait se refuser. L'intention revêt alors le masque d'un heureux hasard. Un de nos amis, par exemple, qui prend le train pour aller faire, dans les environs de la ville, une visite à laquelle il ne tenait pas beaucoup, se trompe de train à la gare de correspondance et reprend celui qui retourne à la ville. Ou, encore, il arrive que, désirant, au cours d'un voyage, faire dans une station intermédiaire une halte incompatible avec certaines obligations, on manque comme par hasard une correspondance, ce qui permet en fin de compte de s'offrir l'arrêt voulu. Je puis encore vous citer le cas d'un de mes malades auquel j'avais défendu d'appeler sa maîtresse au téléphone, mais qui, toutes les fois qu'il voulait me téléphoner, appelait « par erreur », « mentalement », un faux numéro qui était précisément celui de sa maîtresse. Voici enfin l'observation concernant une méprise que nous rapporte un ingénieur : observation élégante et d'une importance pratique considérable, en ce qu'elle nous fait toucher du doigt les préliminaires des dommages causés à un objet :

« Depuis quelque temps, j'étais occupé, avec plusieurs de mes collègues de l'École supérieure, à une série d'expériences très compliquées sur l'élasticité, travail dont nous nous étions chargés bénévolement, mais qui commençait à nous prendre un temps exagéré. Un jour où je me rendais au laboratoire avec mon collègue F..., celui-ci me dit qu'il était désolé d'avoir à perdre tant de temps aujourd'hui, attendu qu'il avait beaucoup à faire chez lui. Je ne pus que l'approuver et j'ajoutai en plaisantant et en faisant allusion à un incident qui avait eu lieu la semaine précédente : « Espérons que la machine restera aujourd'hui en panne comme l'autre fois, ce qui nous permettra d'arrêter le travail et de partir de bonne heure. »

« Lors de la distribution du travail, mon collègue F... se trouva chargé de régler la soupape de la presse, c'est-à-dire de laisser pénétrer lentement le liquide de pression de l'accumulateur dans le cylindre de la presse hydraulique, en ouvrant avec précaution la soupape ; celui qui dirige l'expérience se tient près du manomètre et doit, lorsque la pression voulue est atteinte, s'écrier à haute voix : « Halte ! » Ayant entendu cet appel, F... saisit la soupape et la tourne de toutes ses forces... à gauche (toutes les soupapes sans exception se ferment par rotation à droite !) Il en résulte que toute la pression de l'accumulateur s'exerce dans la presse, ce qui dépasse la résistance de la canalisation et a pour effet la rupture d'une soudure de tuyaux :

accident sans gravité, mais qui nous oblige d'interrompre le travail et à rentrer chez nous. Ce qui est curieux, c'est que mon ami F..., auquel j'ai eu l'occasion quelque temps après de parler de cet accident, prétendait ne pas s'en souvenir, alors que j'en ai gardé, en ce qui me concerne, un souvenir certain. »

Des cas comme celui-ci sont de nature à vous suggérer le soupçon que si les mains de vos serviteurs se transforment si souvent en ennemies des objets que vous possédez dans votre maison, cela peut ne pas être dû à un hasard inoffensif. Mais vous pouvez également vous demander si c'est toujours par hasard qu'on se fait du mal à soi-même et qu'on met en danger sa propre intégrité. Soupçon et question que l'analyse des observations dont vous pourrez disposer éventuellement vous permettra de vérifier et de résoudre.

Je suis loin d'avoir épuisé tout ce qui peut être dit au sujet des actes manqués. Il reste encore beaucoup de points à examiner et à discuter. Mais je serais très satisfait si je savais que j'ai réussi, par le peu que je vous ai dit, à ébranler vos anciennes idées sur le sujet qui nous occupe et à vous rendre prêts à en accepter de nouvelles. Pour le reste, je n'éprouve aucun scrupule à laisser les choses au point où je les ai amenées, sans pousser plus loin. Nos principes ne tirent pas toute leur démonstration des seuls actes manqués, et rien ne nous oblige à borner nos recherches, en les faisant porter uniquement sur les matériaux que ces actes nous fournissent. Pour nous, la grande valeur des actes manqués consiste dans leur fréquence, dans le fait que chacun peut les observer facilement sur soi-même et que leur production n'a pas pour condition nécessaire un état morbide quelconque. En terminant, je voudrais seulement vous rappeler une de vos questions que j'ai jusqu'à présent laissée sans réponse : puisque, d'après les nombreux exemples que nous connaissons, les hommes sont souvent si proches de la compréhension des actes manqués et se comportent souvent comme s'ils en saisissaient le sens, comment se fait-il que, d'une façon générale, ces mêmes phénomènes leur apparaissent souvent comme accidentels, comme dépourvus de sens et d'importance et qu'ils se montrent si réfractaires à leur explication psychanalytique ?

Vous avez raison : il s'agit là d'un fait étonnant et qui demande une explication. Mais au lieu de vous donner cette explication toute faite, je préfère, par des enchaînements successifs, vous rendre à même de la trouver, sans que j'aie besoin de venir à votre secours.

---

1. Séance du Reichstag allemand, nov. 1908.
2. *Hose* signifie *pantalon.*

PARTIE DEUX
LE RÊVE

CHAPITRE 5

DIFFICULTÉS ET PREMIÈRES APPROCHES

On découvrit un jour que les symptômes morbides de certains nerveux ont un sens [1]. Ce fut là le point de départ du traitement psychanalytique. Au cours de ce traitement, on constata que les malades alléguaient des rêves en guise de symptômes. On supposa alors que ces rêves devaient également avoir un sens.

Au lieu cependant de suivre l'ordre historique, nous allons commencer notre exposé par le bout opposé. Nous allons, à titre de préparation à l'étude des névroses, démontrer le sens des rêves. Ce renversement de l'ordre d'exposition est justifié par le fait que non seulement l'étude des rêves constitue la meilleure préparation à celle des névroses, mais que le rêve lui-même est un symptôme névrotique, et un symptôme qui présente pour nous l'avantage inappréciable de pouvoir être observé chez tous les gens, même chez les bien portants. Et alors même que tous les hommes seraient bien portants et se contenteraient de faire des rêves, nous pourrions, par l'examen de ceux-ci, arriver aux mêmes constatations que celles que nous obtenons par l'analyse des névroses.

C'est ainsi que le rêve devient un objet de recherche psychanalytique. Phénomène ordinaire, phénomène auquel on attache peu d'importance, dépourvu en apparence de toute valeur pratique, comme les actes manqués avec lesquels il a ce trait commun qu'il se produit chez les gens bien portants, le rêve s'offre à nos investigations dans des conditions plutôt défavorables. Les actes manqués étaient seulement négligés par la science et on s'en était peu soucié ; mais, à tout prendre, il n'y avait aucune honte à s'en occuper, et l'on se disait que, s'il y a des choses plus importantes, il se peut que les actes manqués nous fournissent également des données intéressantes. Mais se livrer à des recherches sur les rêves était considéré comme une occupation non seulement sans valeur pratique et superflue, mais encore comme un passe-temps honteux : on y voyait une occupation anti-scientifique et dénotant chez celui qui s'y livre un penchant pour le mysticisme. Qu'un médecin se consacre à l'étude du rêve, alors que la neuropathologie et la psychiatrie offrent tant de phénomènes infiniment plus sérieux : tumeurs, parfois du volume d'une pomme, qui compriment l'organe de la vie psychique, hémorragies, inflammations chroniques au cours desquelles on peut démontrer sous le microscope les altérations des tissus ! Non ! Le rêve est un objet trop insignifiant et qui ne mérite pas les honneurs d'une investigation !

Il s'agit en outre d'un objet dont le caractère est en opposition avec toutes les exigences de la science exacte, d'un objet sur lequel l'investigateur ne possède aucune certitude. Une idée fixe, par exemple, se présente avec des contours nets et bien délimités. « Je suis l'empereur de Chine », proclame à haute voix le malade. Mais le rêve ? Le plus souvent, il ne se laisse même pas raconter. Lorsque quelqu'un expose son rêve, qu'est-ce qui nous garantit l'exactitude de son récit, qu'est-ce qui nous prouve qu'il ne déforme pas son rêve pendant qu'il le raconte, qu'il n'y ajoute pas de détails imaginaires, du fait de l'incertitude de son souvenir ? Sans compter que la plupart des rêves échappent au souvenir, qu'il n'en reste dans la mémoire que des fragments insignifiants. Et c'est sur l'interprétation de ces matériaux qu'on veut fonder une psychologie scientifique ou une méthode de traitement de malades ?

Un certain excès dans un jugement doit toujours nous mettre en méfiance. Il est évident que les objections contre le rêve, en tant qu'objet de recherches, vont trop loin. Les rêves, dit-on, ont une importance insignifiante ? Nous avons déjà eu à répondre à une objection du même genre à propos des actes manqués. Nous nous sommes dit alors que de grandes choses peuvent se manifester par de petits signes. Quant à l'indétermination des rêves, elle constitue précisément un caractère comme un autre ; nous ne pouvons prescrire aux choses le caractère qu'elles doivent présenter. Il y a d'ailleurs aussi des rêves clairs et définis. Et, d'autre part, la recherche psychiatrique porte souvent sur des objets qui souffrent de la même indétermination, comme c'est le cas de beaucoup de représentations obsédantes dont s'occupent cependant des psychiatres respectables et éminents. Je me rappelle le dernier cas qui s'est présenté dans ma pratique médicale. La malade commença par me déclarer : « J'éprouve un sentiment comme si j'avais fait ou voulu faire du tort à un être vivant... À un enfant ? Mais non, plutôt à un chien. J'ai l'impression de l'avoir jeté d'un pont ou de lui avoir fait du mal autrement. » Nous pouvons remédier au préjudice résultant de l'incertitude des souvenirs qui se rapportent à un rêve, en postulant que ne doit être considéré comme étant le rêve que ce que le rêveur raconte et qu'on doit faire abstraction de tout ce qu'il a pu oublier ou déformer dans ses souvenirs. Enfin, il n'est pas permis de dire d'une façon générale que le rêve est un phénomène sans importance. Chacun sait par sa propre expérience que la disposition psychique dans laquelle on se réveille à la suite d'un rêve peut se maintenir pendant une journée entière. Les médecins connaissent des cas où une maladie psychique a débuté par un rêve et où le malade a gardé une idée fixe ayant sa source dans ce rêve. On raconte que des personnages historiques ont puisé dans des rêves la force d'accomplir certaines grandes actions. On peut donc se demander d'où vient le mépris que les milieux scientifiques professent à l'égard du rêve.

Je vois dans ce mépris une réaction contre l'importance exagérée qui lui avait été attribuée jadis. On sait que la reconstitution du passé n'est pas chose facile, mais nous pouvons admettre sans hésitation que nos ancêtres d'il y a trois mille ans et davantage ont rêvé de la même manière que nous. Autant que nous le sachions, tous les peuples anciens ont attaché aux rêves une grande valeur et les ont considérés comme pratiquement utilisables. Ils y ont puisé des indications relatives à l'avenir, ils y ont cherché des présages. Chez les Grecs et les peuples orientaux, une campagne militaire sans interprètes de songes était réputée aussi impossible que de nos jours une campagne sans les moyens de reconnaissance fournis par l'aviation. Lorsque Alexandre le Grand eut entrepris son expédition de conquête, il avait dans sa suite les interprètes de songes les plus réputés. La ville de Tyr, qui était encore située à cette époque sur une île, opposait au roi une résistance telle qu'il était décidé à en lever le siège, lorsqu'il vit une nuit un satyre se livrant à une danse triomphale. Ayant fait part de son rêve à son devin, il reçut l'assurance qu'il fallait voir là l'annonce d'une victoire sur la ville. Il ordonna en conséquence l'assaut, et la ville fut prise. Les Étrusques et les Romains se servaient d'autres moyens de deviner l'avenir, mais l'interprétation des songes a été cultivée et a joui d'une grande faveur pendant toute l'époque gréco-romaine. De la littérature qui s'y rapporte, il ne nous reste que l'ouvrage capital d'Artémidore d'Éphèse, qui daterait de l'époque de l'empereur Adrien. Comment se fait-il que l'art d'interpréter les songes soit tombé en décadence et le rêve lui-même en discrédit ? C'est ce que je ne saurais vous dire. On ne peut voir dans cette décadence et dans ce discrédit l'effet de l'instruction, car le sombre Moyen Âge avait fidèlement conservé des choses beaucoup plus absurdes que l'ancienne interprétation des songes. Mais le fait est que l'intérêt pour les rêves dégénéra peu à peu en superstition et trouva son dernier refuge auprès des gens incultes. Le dernier abus de l'interprétation, qui s'est maintenu jusqu'à nos jours, consiste à apprendre par les rêves les numéros qui sortiront au tirage de la petite loterie. En revanche, la science exacte de nos jours s'est occupée des rêves à de nombreuses reprises, mais toujours avec l'intention de leur appliquer ses théories psychologiques. Les médecins voyaient naturellement dans le rêve, non un acte psychique, mais une manifestation psychique d'excitations somatiques. Binz déclare en 1879 que le rêve est un « processus corporel, toujours inutile, souvent même morbide et qui est à l'âme universelle et à l'immortalité ce qu'un terrain sablonneux, recouvert de mauvaises herbes et situé dans quelque bas-fond, est à l'air bleu qui le domine de si haut ». Maury compare le rêve aux contractions désordonnées de la danse de Saint-Guy, en opposition avec les mouvements coordonnés de l'homme normal ; et une vieille comparaison assimile les rêves aux sons que « produit un homme inexpert en musique, en faisant courir ses dix doigts sur les touches de l'instrument ».

Interpréter signifie trouver un sens caché ; de cela, il ne peut naturellement pas être question lorsqu'on déprécie à ce point la valeur du rêve. Lisez la description du rêve chez Wundt, chez Jodl et autres philosophes modernes : tous se contentent d'énumérer les points sur lesquels le rêve s'écarte de la pensée éveillée, de faire ressortir la décomposition des associations, la suppression du sens critique, l'élimination de toute connaissance et tous les autres signes tendant à montrer le peu de valeur qu'on doit attacher aux rêves. La seule contribution précieuse à la connaissance du rêve, dont nous soyons redevables à la science exacte, se rapporte à l'influence qu'exercent sur le contenu des rêves les excitations corporelles se produisant pendant le sommeil. Un auteur norvégien aujourd'hui décédé, J. Mourly-Vold, nous a laissé deux gros volumes de recherches expérimentales sur le sommeil (traduits en allemand en 1910 et 1912), ayant trait à peu près uniquement aux effets produits par les déplacements des membres. On vante ces recherches comme des modèles de recherches exactes sur le sommeil. Mais que dirait la science exacte, si elle apprenait que nous voulons essayer de découvrir le *sens* des rêves ? Peut-être s'est-elle déjà prononcée à ce sujet, mais nous ne nous laisserons pas rebuter par son jugement. Puisque les actes manqués peuvent avoir un sens, rien ne s'oppose à ce qu'il en soit de même des rêves, et dans beaucoup de cas ceux-ci ont effectivement un sens qui a échappé à la recherche exacte. Faisons donc nôtre le préjugé des anciens et du peuple et engageons-nous sur les traces des interprètes des songes de jadis.

Mais nous devons tout d'abord nous orienter dans notre tâche, passer en revue le domaine du rêve. Qu'est-ce donc qu'un rêve ? Il est difficile d'y répondre par une définition. Aussi ne tenterons-nous pas une définition là où il suffit d'indiquer une matière que tout le monde connaît. Mais nous devrions faire ressortir les caractères essentiels du rêve. Où les trouver ? Il y a tant de différences, et de toutes sortes, à l'intérieur du cadre qui délimite notre domaine ! Les caractères essentiels seront ceux que nous pourrons indiquer comme étant communs à tous les rêves.

Or, le premier des caractères communs à tous les rêves est que nous dormons lorsque nous rêvons. Il est évident que les rêves représentent une manifestation de la vie psychique pendant le sommeil et que si cette vie offre certaines ressemblances avec celle de l'état de veille, elle en est aussi séparée par des différences considérables. Telle était déjà la définition d'Aristote. Il est possible qu'il existe entre le rêve et le sommeil des rapports encore plus étroits. On est souvent réveillé par un rêve, on fait souvent un rêve lorsqu'on se réveille spontanément ou lorsqu'on est tiré du sommeil violemment. Le rêve apparaît ainsi comme un état intermédiaire entre le sommeil et la veille. Nous voilà en conséquence ramenés au sommeil. Qu'est-ce que le sommeil ?

Ceci est un problème physiologique ou biologique, encore très discuté et discutable. Nous ne pouvons rien décider à son sujet, mais j'estime que nous devons essayer de caractériser le sommeil au point de vue psychologique. Le sommeil est un état dans lequel le dormeur ne veut rien savoir du monde extérieur, dans lequel son intérêt se trouve tout à fait détaché de ce monde. C'est en me retirant du monde extérieur et en me prémunissant contre les excitations qui en viennent, que je me plonge dans le sommeil. Je m'endors encore lorsque je suis fatigué par ce monde et ses excitations. En m'endormant, je dis au monde extérieur : laisse-moi en repos, car je veux dormir. L'enfant dit, au contraire : je ne veux pas encore m'endormir, je ne suis pas fatigué, je veux encore veiller. La tendance biologique du repos semble donc consister dans le délassement ; son caractère psychologique dans l'extinction de l'intérêt pour le monde extérieur. Par rapport à ce monde dans lequel nous sommes venus sans le vouloir, nous nous trouvons dans une situation telle que nous ne pouvons pas le supporter d'une façon ininterrompue. Aussi nous replongeons-nous de temps à autre dans l'état où nous nous trouvions avant de venir au monde, lors de notre existence intra-utérine. Nous nous créons du moins des conditions tout à fait analogues à celles de cette existence : chaleur, obscurité, absence d'excitations.

Certains d'entre nous se roulent en outre en boule et donnent à leur corps, pendant le sommeil, une attitude analogue à celle qu'il avait dans les flancs de la mère. On dirait que même à l'état adulte nous n'appartenons au monde que pour les deux tiers de notre individualité et que pour un tiers nous ne sommes pas encore nés. Chaque réveil matinal est pour nous, dans ces conditions, comme une nouvelle naissance. Ne disons-nous pas de l'état dans lequel nous nous trouvons en sortant du sommeil : nous sommes comme des nouveau-nés ? Ce disant, nous nous faisons sans doute une idée très fausse de la sensation générale du nouveau-né. Il est plutôt à supposer que celui-ci se sent très mal à son aise. Nous disons également de la naissance : voir la lumière du jour.

Si le sommeil est ce que nous venons de dire, le rêve, loin de devoir en faire partie, apparaît plutôt comme un accessoire malencontreux. Nous croyons que le sommeil sans rêves est le meilleur, le seul vrai ; qu'aucune activité psychique ne devrait avoir lieu pendant le sommeil. Si une activité psychique se produit, c'est que nous n'avons pas réussi à réaliser l'état de repos fœtal, à supprimer jusqu'aux derniers restes de toute activité psychique. Les rêves ne seraient autre chose que ces restes, et il semblerait en effet que le rêve ne dût avoir aucun sens. Il en était autrement des actes manqués qui sont des activités de l'état de veille. Mais quand je dors, après avoir réussi à arrêter mon activité psychique, à quelques restes près, il n'est pas du tout nécessaire que ces restes aient un sens. Ce sens, je ne saurais même pas l'utiliser, la plus grande partie de ma vie psychique étant endormie. Il ne pourrait en effet s'agir que de réactions sous forme de contractions, que de phénomènes psychiques provoqués directement par une excitation somatique. Les rêves ne seraient ainsi que des restes de l'activité psychique de l'état de veille, restes susceptibles seulement de troubler le sommeil ; et nous n'aurions plus qu'à abandonner ce sujet comme ne rentrant pas dans le cadre de la psychanalyse.

Mais à supposer même que le rêve soit inutile, il n'en existe pas moins, et nous pourrions essayer de nous expliquer cette existence. Pourquoi la vie psychique ne s'endort-elle pas ? Sans doute, parce que quelque chose s'oppose à son repos. Des excitations agissent sur elle, auxquelles elle doit réagir. Le rêve exprimerait donc le mode de réaction de l'âme, pendant l'état de sommeil, aux excitations qu'elle subit. Nous apercevons ici une voie d'accès à la compréhension du rêve. Nous pouvons rechercher quelles sont, dans les différents rêves, les excitations qui tendent à troubler le sommeil et auxquelles le dormeur réagit par des rêves. Nous aurons ainsi dégagé le premier caractère commun à tous les rêves.

Existe-t-il un autre caractère commun ? Certainement, mais il est beaucoup, plus difficile à saisir et à décrire, Les processus psychologiques du sommeil diffèrent tout à fait de ceux de l'état de veille. On assiste dans le sommeil à beaucoup d'événements auxquels on croit ! alors qu'il ne s'agit peut-être que d'une excitation qui nous trouble. On perçoit surtout des images visuelles qui peuvent parfois être accompagnées de sentiments, d'idées, d'impressions fournis par des sens autres que la vue, mais toujours et partout ce sont les images qui dominent. Aussi la difficulté de raconter un rêve vient-elle en partie de ce que nous avons à traduire des images en paroles. Je pourrais vous dessiner mon rêve, dit souvent le rêveur, mais je ne saurais le raconter. Il ne s'agit pas là, à proprement parler, d'une activité psychique réduite, comme l'est celle du faible d'esprit à côté de celle de l'homme de génie : il s'agit de quelque chose de *qualitativement* différent, sans qu'on puisse dire en quoi la différence consiste. G.-Th. Fechner formule quelque part cette supposition que la scène sur laquelle se déroulent les rêves (dans l'âme) n'est pas celle des représentations de la vie éveillée. C'est une chose que nous ne comprenons pas, dont nous ne savons que penser ; mais cela exprime bien cette impression d'étrangeté que nous laissent la plupart des rêves. La comparaison de l'activité qui se manifeste dans les rêves, avec les effets obtenus par une main inexperte en musique, ne nous est plus ici d'aucun secours, parce que le clavier touché par cette main rend toujours les mêmes sons, qui n'ont pas besoin d'être mélodieux, toutes les fois que le hasard fera promener la main sur ses touches. Ayons bien présent à l'esprit le deuxième caractère commun des rêves, tout incompris qu'il est.

Y a-t-il encore d'autres caractères communs ? Je n'en trouve plus et ne vois en général que des différences sur tous les points : aussi bien en ce qui concerne la durée apparente que la netteté, le rôle joué par les émotions, la persistance, etc. Tout se passe, à notre avis, autrement que s'il ne s'agissait que d'une défense forcée, momentanée, spasmodique contre une excitation. En ce qui concerne, pour ainsi dire, leurs dimensions, il y a des rêves très courts qui se composent d'une image ou de quelques rares images et ne contiennent qu'une idée, qu'un mot ; il en est d'autres dont le contenu est très riche, qui se déroulent comme de véritables romans et semblent durer très longtemps. Il y a des rêves aussi nets que les événements de la vie réelle, tellement nets que, même réveillés, nous avons besoin d'un certain temps pour nous rendre compte qu'il ne s'agit que d'un rêve ; il en est d'autres qui sont désespérément faibles, effacés, flous, et même, dans un seul et même rêve, on trouve parfois des parties d'une grande netteté, à côté d'autres qui sont insaisissablement vagues. Il y a des rêves pleins de sens ou tout au moins cohérents, voire spirituels, d'une beauté fantastique ; d'autres sont embrouillés, stupides, absurdes, voire extravagants. Certains rêves nous laissent tout à fait froids, tandis que dans d'autres toutes nos émotions sont éveillées, et nous éprouvons de la douleur jusqu'à en pleurer, de l'angoisse qui nous réveille, de l'étonnement, du ravissement, etc. La plupart des rêves sont vite oubliés après le réveil ou, s'ils se maintiennent pendant la journée, ils pâlissent de plus en plus et présentent vers le soir de grandes lacunes ; certains rêves, au contraire, ceux des enfants, par exemple, se conservent tellement bien qu'on les retrouve parfois dans ses souvenirs, au bout de 30 ans, comme une impression toute récente. Certains rêves peuvent, comme l'individu humain, ne se produire qu'une fois ; d'autres se reproduisent plusieurs fois chez la même personne, soit tels quels, soit avec de légères variations. Bref, cette insignifiante activité psychique nocturne dispose d'un répertoire colossal, est capable de recréer tout ce que l'âme crée pendant son activité diurne, mais elle n'est jamais la même.

On pourrait essayer d'expliquer toutes ces variétés du rêve, en supposant qu'elles correspondent aux divers états intermédiaires entre le sommeil et la veille, aux diverses phases du sommeil incomplet. Mais, s'il en était ainsi, on devrait, à mesure que le rêve acquiert plus de valeur, un contenu plus riche et une netteté plus grande, se rendre compte de plus en plus distinctement qu'il s'agit d'un rêve, car dans les rêves de ce genre la vie psychique se rapproche le plus de ce qu'elle est à l'état de veille. Et, surtout, il ne devrait pas y avoir alors, à côté de fragments de rêves nets et raisonnables, d'autres fragments dépourvus de toute netteté, absurdes et suivis de nouveaux fragments nets. Admettre l'explication que nous venons d'énoncer, ce serait attribuer à la vie psychique la faculté de changer la profondeur de son sommeil avec une vitesse et une facilité qui ne correspondent pas à la réalité. Nous pouvons donc dire que cette explication ne tient pas. En général, les choses ne sont pas aussi simples.

Nous renoncerons, jusqu'à nouvel ordre, à rechercher le « sens » du rêve, pour essayer, en partant des caractères communs à tous les rêves, de les mieux comprendre. Des rapports qui existent entre les rêves et l'état de sommeil, nous avons conclu que le rêve est une réaction a une excitation troublant le sommeil. C'est, nous le savons, le seul et unique point sur lequel la psychologie expérimentale puisse nous prêter son concours, en nous fournissant la preuve que les excitations subies pendant le sommeil apparaissent dans le rêve. Nous connaissons beaucoup de recherches se rapportant à cette question, jusques et y compris celles de Mourly-Vold dont nous avons parlé plus haut, et chacun de nous a eu l'occasion de confirmer cette constatation par des observations personnelles. Je citerai quelques expériences choisies parmi les plus anciennes. Maury en a fait quelques-unes sur sa propre personne. On lui fit sentir pendant son sommeil de l'eau de Cologne : il rêva qu'il se trouvait au Caire, dans la boutique de Jean-Maria Farina, fait auquel se rattachait une foule d'aventures extravagantes. Ou, encore, on le pinçait légèrement à la nuque : il rêva aussitôt d'un emplâtre et d'un médecin qui l'avait soigné dans son enfance. Ou, enfin, on lui versait une goutte d'eau sur le front : il rêva qu'il se trouvait en Italie, transpirait beaucoup et buvait du vin blanc d'Orvieto.

Ce qui frappe dans ces rêves provoqués expérimentalement nous apparaîtra peut-être avec plus de netteté encore dans une autre série de rêves par excitation. Il s'agit de trois rêves communiqués par un observateur sagace, M. Hildebrandt, et qui constituent tous trois des réactions à un bruit produit par un réveille-matin.

« Je me promène par une matinée de printemps et je flâne à travers champs, jusqu'au village voisin dont je vois les habitants en habits de fête se diriger nombreux vers l'église, le livre de prières à la main. C'est, en effet, dimanche, et le premier service divin doit bientôt commencer. Je décide d'y assister, mais, comme il fait très chaud, j'entre, pour me reposer, dans le cimetière qui entoure l'église. Tout en étant occupé à lire les diverses inscriptions mortuaires, j'entends le sonneur monter dans le clocher et j'aperçois tout en haut de celui-ci la petite cloche du village qui doit bientôt annoncer le commencement de la prière. Elle reste encore immobile pendant quelques instants, puis elle se met à remuer et soudain ses sons deviennent clairs et perçants au point de mettre fin à mon sommeil. C'est le réveille-matin qui a fait retentir sa sonnerie.

« Autre combinaison. Il fait une claire journée d'hiver. Les rues sont recouvertes d'une épaisse couche de neige. Je dois prendre part à une promenade en traîneau, mais suis obligé d'attendre longtemps avant qu'on m'annonce que le traîneau est devant la porte. Avant d'y monter, je fais mes préparatifs : je mets la pelisse, j'installe la chaufferette. Enfin, me voilà installé dans le traîneau. Nouveau retard, jusqu'à ce que les rênes donnent aux chevaux le signal de départ. Ceux-ci finissent par s'ébranler, les grelots violemment secoués commencent à faire retentir leur musique de janissaires bien connue, avec une violence qui déchire instantanément la toile d'araignée du rêve. Cette fois encore, il s'agissait tout simplement du tintement de la sonnerie du réveille-matin.

« Troisième exemple. Je vois une fille de cuisine se diriger le long du couloir vers la salle à manger, avec une pile de quelques douzaines d'assiettes. La colonne de porcelaine qu'elle porte me paraît en danger de perdre l'équilibre. « Prends garde, lui dis-je, tout ton chargement va tomber à terre. » Je reçois la réponse d'usage qu'on a bien l'habitude etc., ce qui ne m'empêche pas de suivre la servante d'un œil inquiet. La voilà, en effet, qui trébuche au seuil même de la porte, la vaisselle fragile tombe et se répand sur le parquet en mille morceaux, avec un cliquetis épouvantable. Mais je m'aperçois bientôt qu'il s'agit d'un bruit persistant qui n'est pas un cliquetis à proprement parler, mais bel et bien le tintement d'une sonnette. Au réveil, je constate que c'est le bruit du réveille-matin. »

Ces rêves sont très beaux, pleins de sens et, contrairement à la plupart des rêves, très cohérents. Aussi ne leur adressons-nous aucun reproche. Leur trait commun consiste en ce que la situation se résout toujours par un bruit qu'on reconnaît ensuite comme étant produit par la sonnerie du réveille-matin. Nous voyons donc comment un rêve se produit. Mais nous apprenons encore quelque chose de plus. Le rêveur ne reconnaît pas la sonnerie du réveille-matin (celui-ci ne figure d'ailleurs pas dans le rêve), mais il en remplace le bruit par un autre et interprète chaque fois d'une manière différente l'excitation qui interrompt le sommeil. Pourquoi ? À cela il n'y a aucune réponse : on dirait qu'il s'agit là de quelque chose d'arbitraire. Mais, comprendre le rêve, ce serait précisément pouvoir expliquer pourquoi le rêveur choisit précisément tel bruit, et non un autre, pour interpréter l'excitation qui provoque le réveil. On peut de même objecter aux rêves de Maury que, si l'on voit l'excitation se manifester dans le rêve, on ne voit pas précisément pourquoi elle se manifeste sous telle forme donnée qui ne découle nullement de la nature de l'excitation. En outre, dans les rêves de Maury, on voit se rattacher à l'effet direct de l'excitation une foule d'effets secondaires comme, par exemple, les extravagantes aventures du rêve ayant pour objet l'eau de Cologne, aventures qu'il est impossible d'expliquer.

Or, notez bien que c'est encore dans les rêves aboutissant au réveil que nous avons le plus de chances d'établir l'influence des excitations interruptrices du sommeil. Dans la plupart des autres cas, la chose sera beaucoup plus difficile. On ne se réveille pas toujours à la suite d'un rêve et, lorsqu'on se souvient le matin du rêve de la nuit, comment retrouverait-on l'excitation qui avait peut-être agi pendant le sommeil ? J'ai réussi une fois, grâce naturellement à des circonstances particulières, à constater après coup une excitation sonore de ce genre. Je me suis réveillé un matin dans une station d'altitude du Tyrol avec la conviction d'avoir rêvé que le pape était mort. Je cherchais à m'expliquer ce rêve, lorsque ma femme me demanda : « As-tu entendu au petit jour la formidable sonnerie de cloches à laquelle se sont livrées toutes les églises et chapelles ? » Non, je n'avais rien entendu, car je dors d'un sommeil assez profond, mais cette communication m'a permis de comprendre mon rêve. Quelle est la fréquence de ces excitations qui induisent le dormeur à rêver, sans qu'il obtienne plus tard la moindre information à leur sujet ? Elle est peut-être grande, et peut-être non. Lorsque l'excitation ne peut plus être prouvée, il est impossible d'en avoir la moindre idée. Et, d'ailleurs, nous n'avons pas à nous attarder à la discussion de la valeur des excitations extérieures, au point de vue du trouble qu'elles apportent au sommeil, puisque nous savons qu'elles sont susceptibles de nous expliquer seulement une petite fraction du rêve, et non toute la réaction qui constitue le rêve.

Mais ce n'est pas là une raison d'abandonner toute cette théorie, qui est d'ailleurs susceptible de développement. Peu importe, au fond, la cause qui trouble le sommeil et incite aux rêves. Lorsque cette cause ne réside pas dans une excitation sensorielle venant du dehors, il peut s'agir d'une excitation cénesthétique, provenant des organes internes. Cette dernière supposition paraît très probable et répond à la conception populaire concernant la production des rêves. Les rêves proviennent de l'estomac, entendrez-vous dire souvent. Mais, ici encore, il peut malheureusement arriver qu'une excitation cénesthétique qui avait agi pendant la nuit ne laisse aucune trace le matin et devienne de ce fait indémontrable. Nous ne voulons cependant pas négliger les bonnes et nombreuses expériences qui plaident en faveur du rattachement des rêves aux excitations internes. C'est en général un fait incontestable que l'état des organes internes est susceptible d'influer sur les rêves. Les rapports qui existent entre le contenu de certains rêves, d'un côté, l'accumulation d'urine dans la vessie ou l'excitation des organes génitaux, de l'autre, ne peuvent être méconnus. De ces cas évidents on passe à d'autres où l'action d'une excitation interne sur le contenu du rêve paraît plus ou moins vraisemblable, ce contenu renfermant des éléments qui peuvent être considérés comme une élaboration, une représentation, une interprétation d'une excitation de ce genre.

Scherner, qui s'est beaucoup occupé des rêves (1861), avait plus particulièrement insisté sur ce rapport de cause à effet qui existe entre les excitations ayant leur source dans les organes internes et les rêves, et il a cité quelques beaux exemples à l'appui de sa thèse. Lorsqu'il voit, par exemple, « deux rangs de jolis garçons aux cheveux blonds et au teint délicat se faire face dans une attitude de lutte, se précipiter les uns sur les autres, s'attaquer mutuellement, se séparer ensuite de nouveau pour revenir sur leurs positions primitives et recommencer la lutte », la première interprétation qui se présente est que les rangs de garçons sont une représentation symbolique des deux rangées de dents, et cette interprétation a été confirmée par le fait que le rêveur s'est trouvé, après cette scène, dans la nécessité « de se faire extraire de la mâchoire une longue dent ». Non moins plausible paraît l'explication qui attribue à une irritation intestinale un rêve où l'auteur voyait des « couloirs longs, étroits, sinueux », et l'on peut admettre avec Scherner que le rêve cherche avant tout à représenter l'organe qui envoie l'excitation par des objets qui lui ressemblent.

Nous ne devons donc pas nous refuser à accorder que les excitations internes sont susceptibles de jouer le même rôle que les excitations venant de l'extérieur. Malheureusement leur interprétation est sujette aux mêmes objections. Dans un grand nombre de cas, l'interprétation par une excitation interne est incertaine ou indémontrable ; certains rêves seulement permettent de soupçonner la participation d'excitations ayant leur point de départ dans un organe interne ; enfin, tout comme l'excitation sensorielle extérieure, l'excitation d'un organe interne n'explique du rêve que ce qui correspond à la réaction directe à l'excitation et nous laisse dans l'incertitude quant à la provenance des autres parties du rêve.

Notons cependant une particularité des rêves que fait ressortir l'étude des excitations internes. Le rêve ne reproduit pas l'excitation telle quelle : il la transforme, la désigne par une allusion, la range sous une rubrique, la remplace par autre chose. Ce côté du travail qui s'accomplit au cours du rêve doit nous intéresser, parce que c'est en en tenant compte que nous avons des chances de nous rapprocher davantage de ce qui constitue l'essence du rêve. Lorsque nous faisons quelque chose à l'occasion d'une certaine circonstance, celle-ci n'épuise pas toujours l'acte accompli. Le *Macbeth* de Shakespeare est une pièce de circonstance, écrite à l'occasion de l'avènement d'un roi qui fut le premier à réunir sur sa tête les couronnes des trois pays. Mais cette circonstance historique épuise-t-elle le contenu de la pièce, explique-t-elle sa grandeur et ses énigmes ? Il se peut que les excitations extérieures et intérieures qui agissent sur le dormeur ne servent qu'à déclencher le rêve, sans rien nous révéler de son essence.

L'autre caractère commun à tous les rêves, leur singularité psychique, est, d'une part, très difficile à comprendre et, d'autre part, n'offre aucun point d'appui pour des recherches ultérieures. Le plus souvent, les événements dont se compose un rêve ont la forme visuelle. Les excitations fournissent-elles une explication de ce fait ? S'agit-il vraiment dans le rêve de l'excitation que nous avons subie ? Mais pourquoi le rêve est-il visuel, alors que l'excitation oculaire ne déclenche un rêve que dans des cas excessivement rares ? Ou bien, lorsque nous rêvons de conversation ou de discours, peut-on prouver qu'une conversation ou un autre bruit quelconque ont, pendant le sommeil, frappé nos oreilles ? Je me permets de repousser énergiquement cette dernière hypothèse.

Puisque les caractères communs à tous les rêves ne nous sont d'aucun secours pour l'explication de ceux-ci, nous serons peut-être plus heureux en faisant appel aux différences qui les séparent. Les rêves sont souvent dépourvus de sens, embrouillés, absurdes ; mais il y a aussi des rêves pleins de sens, nets, raisonnables. Voyons un peu si ceux-ci permettent d'expliquer ceux-là. Je vais vous faire part à cet effet du dernier rêve raisonnable qui m'ait été raconté et qui est celui d'un jeune homme : « En me promenant dans la Kärntnerstrasse, je rencontre M. X... avec lequel je fais quelques pas. Je me rends ensuite au restaurant. Deux dames et un monsieur viennent s'asseoir à ma table. J'en suis d'abord contrarié et ne veux pas les regarder. Finalement, je lève les yeux et constate qu'ils sont très élégants. » Le rêveur fait observer à ce propos que, dans la soirée qui avait précédé le rêve, il s'était réellement trouvé dans la Kärntnerstrasse où il passe habituellement et qu'il y avait effectivement rencontré M. X... L'autre partie du rêve ne constitue pas une réminiscence directe, mais ressemble dans une certaine mesure à un événement survenu à une époque antérieure. Voici encore un autre rêve de ce genre, fait par une dame. Son mari lui demande : « ne faut-il pas faire accorder le piano ? » À quoi elle répond : « c'est inutile, car il faudra quand même en changer le cuir ». Ce rêve reproduit une conversation qu'elle a eue à peu près telle quelle avec son mari le jour qui a précédé le rêve. Que nous apprennent ces deux rêves sobres ? Qu'on peut trouver dans certains rêves des reproductions d'événements de l'état de veille ou d'épisodes se rattachant à ces événements. Ce serait déjà un résultat appréciable, si l'on pouvait en dire autant de tous les rêves. Mais tel n'est pas le cas, et la conclusion que nous venons de formuler ne s'applique qu'à des rêves très peu nombreux. Dans la plupart des rêves, on ne trouve rien qui se rattache à l'état de veille, et nous restons toujours dans l'ignorance quant aux facteurs qui déterminent les rêves absurdes et insensés. Nous savons seulement que nous nous trouvons en présence d'un nouveau problème. Nous voulons savoir, non seulement ce qu'un rêve signifie, mats aussi, lorsque, comme dans les cas que nous venons de citer, sa signification est nette, pourquoi et dans quel but le rêve reproduit tel événement connu, survenu tout récemment.

Vous êtes sans doute, comme je le suis moi-même, las de poursuivre ce genre de recherches. Nous voyons qu'on a beau s'intéresser à un problème : cela ne suffit pas, tant qu'on ignore dans quelle direction on doit chercher sa solution. La psychologie expérimentale ne nous apporte que quelques rares données, précieuses il est vrai, sur le rôle des excitations dans le déclenchement des rêves. De la part de la philosophie, nous pouvons seulement nous attendre à ce qu'elle nous oppose dédaigneusement l'insignifiance intellectuelle de notre objet. Enfin, nous ne voulons rien emprunter aux sciences occultes. L'histoire et la sagesse des peuples nous enseignent que le rêve a un sens et présente de l'importance, qu'il anticipe l'avenir, ce qui est difficile à admettre et ne se laisse pas démontrer. Et c'est ainsi que notre premier effort se révèle totalement impuissant.

Contre toute attente, un secours nous vient d'une direction que nous n'avons pas encore envisagée. Le langage, qui ne doit rien au hasard, mais constitue pour ainsi dire la cristallisation des connaissances accumulées, le langage, disons-nous, qu'on ne doit cependant pas utiliser sans précautions, connaît des « rêves éveillés » : ce sont des produits de l'imagination, des phénomènes très généraux qui s'observent aussi bien chez les personnes saines que chez les malades et que chacun peut facilement étudier sur lui-même. Ce qui distingue plus particulièrement ces productions imaginaires, c'est qu'elles ont reçu le nom de « rêves éveillés », et effectivement elles ne présentent aucun des deux caractères communs aux rêves proprement dits. Ainsi que l'indique leur nom, elles n'ont aucun rapport avec l'état de sommeil, et en ce qui concerne le second caractère commun, il ne s'agit dans ces productions ni d'événements, ni d'hallucinations, mais bien plutôt de représentations : on sait qu'on imagine, qu'on ne voit pas, mais qu'on pense. Ces rêves s'observent à l'âge qui précède la puberté, souvent dès la seconde enfance, et disparaissent à l'âge mûr, mais ils persistent quelquefois jusque dans la profonde vieillesse. Le contenu de ces produits de l'imagination est dominé par une motivation très transparente. Il s'agit de scènes et d'événements dans lesquels l'égoïsme, l'ambition, le besoin de puissance ou les désirs érotiques du rêveur trouvent leur satisfaction. Chez les jeunes gens, ce sont les rêves d'ambition qui dominent ; chez les femmes qui mettent toute leur ambition dans des succès amoureux, ce sont les rêves érotiques qui occupent la première place. Mais souvent aussi on aperçoit le besoin érotique à l'arrière-plan des rêves masculins : tous les succès et exploits héroïques de ces rêveurs n'ont pour but que de leur conquérir l'admiration et les faveurs des femmes. À part cela, les rêves éveillés sont très variés et subissent des sorts variables. Tels d'entre eux sont abandonnés, au bout de peu de temps, pour être remplacés par d'autres ; d'autres sont maintenus, développés au point de former de longues histoires et s'adaptent aux modifications des conditions de la vie. Ils marchent pour ainsi dire avec le temps et en reçoivent la « marque » qui atteste l'influence de la nouvelle situation. Ils sont la matière brute de la production poétique, car c'est en faisant subir à ses rêves éveillés certaines transformations, certains travestissements, certaines abréviations, que l'auteur d'œuvres d'imaginations crée les situations qu'il place dans ses romans, ses nouvelles ou ses pièces de théâtre. Mais c'est toujours le rêveur en personne qui, directement ou par identification, manifeste avec un autre, est le héros de ses rêves éveillés.

Ceux-ci ont peut-être reçu leur nom du fait qu'en ce qui concerne leurs rapports avec la réalité, ils ne doivent pas être considérés comme étant plus réels que les rêves proprement dits. Il se peut aussi que cette communauté de nom repose sur un caractère psychique que nous ne connaissons pas encore, que nous cherchons. Il est encore possible que nous ayons tort d'attacher de l'importance à cette communauté de nom. Autant de problèmes qui ne pourront être élucidés que plus tard.

---

1. Joseph Breuer, en 1880-1882. Voir à ce sujet les conférences que j'ai faites en Amérique en 1909 (Cinq conférences sur la Psychanalyse, trad. franç. par Yves Le Lay, Payot, Paris).

CHAPITRE 6
CONDITIONS ET TECHNIQUE DE L'INTERPRÉTATION

Nous avons donc besoin, pour faire avancer nos recherches sur le rêve, d'une nouvelle voie, d'une méthode nouvelle. Je vais vous faire à ce propos une proposition très simple : admettons, dans tout ce qui va suivre, que le rêve est un phénomène non somatique, mais psychique. Vous savez ce que cela signifie ; mais qu'est-ce qui nous autorise à le faire ? Rien, mais aussi rien ne s'y oppose. Les choses se présentent ainsi : si le rêve est un phénomène somatique, il ne nous intéresse pas. Il ne peut nous intéresser que si nous admettons qu'il est un phénomène psychique. Nous travaillons donc en postulant qu'il l'est réellement, pour voir ce qui peut résulter de notre travail fait dans ces conditions. Selon le résultat que nous aurons obtenu, nous jugerons si nous devons maintenir notre hypothèse et l'adopter, à son tour, comme un résultat. En effet, à quoi aspirons-nous, dans quel but travaillons-nous ? Notre but est celui de la science en général : nous voulons comprendre les phénomènes, les rattacher les uns aux autres et, en dernier lieu, élargir autant que possible notre puissance à leur égard.

Nous poursuivons donc notre travail en admettant que le rêve est un phénomène psychique. Mais, dans cette hypothèse, le rêve serait une manifestation du rêveur, et une manifestation qui ne nous apprend rien, que nous ne comprenons pas. Or, que feriez-vous en présence d'une manifestation de ma part qui vous serait incompréhensible ? Vous m'interrogeriez, n'est-ce pas ? Pourquoi n'en ferions-nous pas autant à l'égard du rêveur ? Pourquoi ne lui demanderions-nous pas ce que son rêve signifie ?

Rappelez-vous que nous nous sommes déjà trouvés une fois dans une situation pareille. C'était lors de l'analyse de certains actes manqués, d'un cas de lapsus, Quelqu'un a dit : « Da sind Dinge zum*Vorschwein* gekommen. » Là-dessus, nous lui demandons... non, heureusement ce n'est pas nous qui le lui demandons, mais d'autres personnes, tout à fait étrangères à la psychanalyse, lui demandent ce qu'il veut dire par cette phrase inintelligible. Il répond qu'il avait l'intention de dire : (Das ware *Schweinereien (c'étaient des cochonneries) »*, mais que cette intention a été refoulée par une autre, plus modérée : « Da sind Dinge zum *Vorschein* gekommen *(des choses se sont alors produites) » ; seulement,* la première intention, refoulée, lui a fait remplacer dans sa phrase le mot *Vorschein* par le mot *Vorschwein,* dépourvu de sens, mais marquant néanmoins son appréciation péjorative « des choses qui se sont produites ». Je vous ai expliqué alors que cette analyse constitue le prototype de toute recherche psychanalytique, et vous comprenez maintenant pourquoi la psychanalyse suit la technique qui consiste, autant que possible, à faire résoudre ses énigmes par le sujet analysé lui-même. C'est ainsi qu'à son tour le rêveur doit nous dire lui-même ce que signifie son rêve.

Cependant dans le rêve les choses ne sont pas tout à fait aussi simples. Dans les actes manqués, nous avions d'abord affaire à un certain nombre de cas simples ; après ceux-ci, nous nous étions trouvés en présence d'autres où le sujet interrogé ne voulait rien dire et repoussait même avec indignation la réponse que nous lui suggérions. Dans les rêves, les cas de la première catégorie manquent totalement : le rêveur dit toujours qu'il ne sait rien. Il ne peut pas récuser notre interprétation, parce que nous n'en avons aucune à lui proposer. Devons-nous donc renoncer de nouveau à notre tentative ? Le rêveur ne sachant rien, n'ayant nous-mêmes aucun élément d'information et aucune tierce personne n'étant renseignée davantage, il ne nous reste aucun espoir d'apprendre quelque chose. Eh bien, renoncez, si vous le voulez, à la tentative. Mais si vous tenez à ne pas l'abandonner, suivez-moi. Je vous dis notamment qu'il est fort possible, qu'il est même vraisemblable que le rêveur sait, malgré tout, ce que son rêve signifie, mais que, ne sachant pas qu'il le sait, il croit l'ignorer.

Vous me ferez observer à ce propos que j'introduis une nouvelle supposition, la deuxième depuis le commencement de nos recherches sur les rêves et que, ce faisant, je diminue considérablement la valeur de mon procédé. Première supposition : le rêve est un phénomène psychique. Deuxième supposition : il se passe dans l'homme des faits psychiques qu'il connaît, sans le savoir, etc. Il n'y a, me direz-vous, qu'à tenir compte de l'invraisemblance de ces deux suppositions pour se désintéresser complètement des conclusions qui peuvent en être déduites.

Oui, mais je ne vous ai pas fait venir ici pour vous révéler ou vous cacher quoi que ce soit. J'ai annoncé des « leçons élémentaires pour servir d'introduction à la psychanalyse », ce qui n'impliquait nullement de ma part l'intention de vous donner un exposé *ad usum delphini,* c'est-à-dire un exposé uni, dissimulant les difficultés, comblant les lacunes, jetant un voile sur les doutes, et tout cela pour vous faire croire en toute conscience que vous avez appris quelque chose de nouveau. Non, précisément parce que vous êtes des débutants, j'ai voulu vous présenter notre science telle qu'elle est, avec ses inégalités et ses aspérités, ses prétentions et ses hésitations. Je sais notamment qu'il en est de même dans toute science, et surtout qu'il ne peut en être autrement dans une science à ses débuts. Je sais aussi que l'enseignement s'applique le plus souvent à dissimuler tout d'abord aux étudiants les difficultés, et les imperfections de la science enseignée. J'ai donc formulé deux suppositions, dont l'une englobe l'autre, et si le fait vous paraît trop pénible et incertain et si vous êtes habitués à des certitudes plus élevées et à des déductions plus élégantes, vous pouvez vous dispenser de me suivre plus loin. Je crois même que vous feriez bien, dans ce cas, de laisser tout à fait de côté les problèmes psychologiques, car il est à craindre que vous ne trouviez pas ici ces voies exactes et sûres que vous êtes disposés à suivre. Il est d'ailleurs inutile qu'une science ayant quelque chose à donner recherche auditeurs et partisans. Ses résultats doivent parler pour elle, et elle peut attendre que ces résultats aient fini par forcer l'attention.

Mais je tiens à avertir ceux d'entre vous qui entendent persister avec moi dans ma tentative que mes deux suppositions n'ont pas une valeur égale. En ce qui concerne la première, celle d'après laquelle le rêve serait un phénomène psychique, nous nous proposons de la démontrer par le résultat de notre travail ; quant à la seconde, elle a déjà été démontrée dans un autre domaine, et je prends seulement la liberté de l'utiliser pour la solution des problèmes qui nous intéressent ici.

Où et dans quel domaine la démonstration a-t-elle été faite qu'il existe une connaissance dont nous ne savons cependant rien, ainsi que nous l'admettons ici en ce qui concerne le rêveur ? Ce serait là un fait remarquable, surprenant, susceptible de modifier totalement notre manière de concevoir la vie psychique et qui n'aurait pas besoin de demeurer caché. Ce serait en outre un fait qui, tout en se contredisant dans les termes — *contradictio in adjecto* — n'en exprimerait pas moins quelque chose de réel. Or, ce fait n'est pas caché du tout. Ce n'est pas sa faute si on ne le connaît pas ou si l'on ne s'y intéresse pas assez ; de même que ce n'est pas notre faute à nous si les jugements sur tous ces problèmes psychologiques sont formulés par des personnes étrangères aux observations et expériences décisives sur ce sujet.

C'est dans le domaine des phénomènes hypnotiques que la démonstration dont nous parlons a été faite. En assistant, en 1889, aux très impressionnantes démonstrations de Liébault et Bernheim, de Nancy, je fus témoin de l'expérience suivante. On plongeait un homme dans l'état somnambulique pendant lequel on lui faisait éprouver toutes sortes d'hallucinations : au réveil, il semblait ne rien savoir de ce qui s'était passé pendant son sommeil hypnotique. À la demande directe de Bernheim de lui faire part de ces événements, le sujet commençait par répondre qu'il ne se souvenait de rien. Mais Bernheim d'insister, d'assurer le sujet qu'il le sait, qu'il doit se souvenir : on voyait alors le sujet devenir hésitant, commencer à rassembler ses idées, se souvenir d'abord, comme à travers un rêve, de la première sensation qui lui avait été suggérée, puis d'une autre ; les souvenirs devenaient de plus en plus nets et complets, jusqu'à émerger sans aucune lacune. Or, puisque le sujet n'avait été renseigné entre-temps par personne, on est autorise à conclure, qu'avant même d'être poussé, incité à se souvenir, il connaissait les événements qui se sont passés pendant son sommeil hypnotique. Seulement, ces événements lui restaient inaccessibles, il ne savait pas qu'il les connaissait, il croyait ne pas les connaître. Il s'agissait donc d'un cas tout à fait analogue à celui que nous soupçonnons chez le rêveur.

Le fait que je viens d'établir va sans doute vous surprendre et vous allez me demander : mais pourquoi n'avez-vous pas eu recours à la même démonstration à propos des actes manqués, alors que nous en étions venus à attribuer au sujet ayant commis un lapsus des intentions verbales dont il ne savait rien et qu'il niait ? Dès l'instant où quelqu'un croit ne rien savoir d'événements dont il porte cependant en lui le souvenir, il n'est pas du tout invraisemblable qu'il ignore bien d'autres de ses processus psychiques. Cet argument, ajouteriez-vous, nous aurait certainement fait impression et nous eût aidé à comprendre les actes manqués. Il est certain que j'aurais pu y avoir recours à ce moment-là, si je n'avais voulu le réserver pour une autre occasion où il me paraissait plus nécessaire. Les actes manqués vous ont en partie livré leur explication eux-mêmes, et pour une autre partie ils vous ont conduits à admettre, au nom de l'unité des phénomènes, l'existence de processus psychiques ignorés. Pour le rêve, nous sommes obligés de chercher des explications ailleurs, et je compte en outre qu'en ce qui le concerne, vous admettrez plus facilement son assimilation à l'hypnose. L'état dans lequel nous accomplissons un acte manqué doit vous paraître normal, sans aucune ressemblance avec l'état hypnotique. Il existe, au contraire, une ressemblance très nette entre l'état hypnotique et l'état de sommeil qui est la condition du rêve. On appelle en effet l'hypnose *sommeil artificiel.* Nous disons à la personne que nous hypnotisons : dormez ! Et les suggestions que nous lui faisons peuvent être comparées aux rêves du sommeil naturel. Les situations psychiques sont, dans les deux cas, vraiment analogues. Dans le sommeil naturel, nous détournons notre attention de tout le monde extérieur ; dans le sommeil hypnotique, nous en faisons autant, à cette exception près que nous continuons à nous intéresser à la personne, et à elle seule, qui nous a hypnotisé et avec laquelle nous restons en relations. D'ailleurs, ce qu'on appelle le *sommeil de nourrice,* c'est-à-dire le sommeil pendant lequel la nourrice reste en relations avec l'enfant et ne peut être réveillée que par celui-ci, forme un pendant normal au sommeil hypnotique. Il n'y a donc rien d'osé dans l'extension au sommeil naturel d'une particularité caractéristique de l'hypnose. Et c'est ainsi que la supposition d'après laquelle le rêveur posséderait une connaissance de son rêve, mais une connaissance qui lui est momentanément inaccessible, n'est pas tout à fait dépourvue de base. Notons d'ailleurs qu'ici s'ouvre une troisième voie d'accès à l'étude du rêve : après les excitations interruptrices du sommeil, après les rêves éveillés, nous avons les rêves suggérés de l'état hypnotique.

Et maintenant nous pouvons peut-être reprendre notre tâche avec une confiance accrue. Il est donc très vraisemblable que le rêveur a une connaissance de son rêve, et il ne s'agit plus que de le rendre capable de retrouver cette connaissance et de nous la communiquer. Nous ne lui demandons pas de nous livrer tout de suite le sens de son rêve : nous voulons seulement lui permettre d'en retrouver l'origine, de remonter à l'ensemble des idées et intérêts dont il découle. Dans le cas des actes manqués (vous en souvenez-vous ?), dans celui en particulier où il s'agissait du lapsus *Vorschwein,* nous avons demandé à l'auteur de ce lapsus comment il en est venu à laisser échapper ce mot, et la première idée qui lui était venue à l'esprit à ce propos nous a aussitôt renseignés. Pour le rêve, nous suivrons une technique très simple, calquée sur cet exemple. Nous demanderons au rêveur comment il a été amené à faire tel ou tel rêve et nous considérerons sa première réponse comme une explication. Nous ne tiendrons donc aucun compte des différences pouvant exister entre les cas où le rêveur croit savoir et ceux où il ne le croit pas, et nous traiterons les uns et les autres comme faisant partie d'une seule et même catégorie.

Cette technique est certainement très simple, mais je crains fort qu'elle ne provoque une très forte opposition. Vous allez dire : « Voilà une nouvelle supposition ! C'est la troisième, et la plus invraisemblable de toutes ! Comment ? Vous demandez au rêveur ce qu'il se rappelle à propos de son rêve, et vous considérez comme une explication le premier souvenir qui traverse sa mémoire ? Mais il n'est pas nécessaire qu'il se souvienne de quoi que ce soit, et il peut se souvenir Dieu sait de quoi ! Nous ne voyons pas sur quoi vous fondez votre attente. C'est faire preuve d'une confiance excessive là où un peu d'esprit critique serait davantage indiqué. En outre, un rêve ne peut pas être comparé à un lapsus unique, puisqu'il se compose de nombreux éléments. À quel souvenir doit-on alors s'attacher ? »

Vous avez raison dans toutes vos objections secondaires. Un rêve se distingue en effet d'un lapsus par la multiplicité de ses éléments, et la technique doit tenir compte de cette différence. Aussi vous proposerai-je de décomposer le rêve en ses éléments et d'examiner chaque élément à part : nous aurons ainsi rétabli l'analogie avec le lapsus. Vous avez également raison lorsque vous dites que, même questionné à propos de chaque élément de son rêve, le sujet peut répondre qu'il ne se souvient de rien. Il y a des cas, et vous les connaîtrez plus tard, où nous pouvons utiliser cette réponse et, fait curieux, ce sont précisément les cas à propos desquels nous pouvons avoir nous-mêmes des idées définies. Mais, en général, lorsque le rêveur nous dira qu'il n'a aucune idée, nous le contredirons, nous insisterons auprès de lui, nous l'assurerons qu'il doit avoir une idée, et nous finirons par avoir raison. Il produira une idée, peu nous importe laquelle. Il nous fera part le plus facilement de certains renseignements que nous pouvons appeler historiques. Il dira : « ceci est arrivé hier » (comme dans les deux rêves « sobres » que nous avons cités plus haut) ; ou encore : « ceci me rappelle quelque chose qui est arrivé récemment ». Et nous constaterons, en procédant ainsi, que le rattachement des rêves à des impressions reçues pendant les derniers jours qui les ont précédés est beaucoup plus fréquent que nous ne l'avons cru dès l'abord. Finalement, ayant toujours le rêve pour point de départ, le sujet se souviendra d'événements plus éloignés, parfois même très éloignés.

Vous avez cependant tort quant à l'essentiel. Vous vous trompez en pensant que j'agis arbitrairement lorsque j'admets que la première idée du rêveur doit m'apporter ce que je cherche ou me mettre sur la trace de ce que je cherche ; vous avez tort en disant que l'idée en question peut être quelconque et sans aucun rapport avec ce que je cherche et que, si je m'attends à autre chose, c'est par excès de confiance. Je m'étais déjà permis une fois de vous reprocher votre croyance profondément enracinée à la liberté et à la spontanéité psychologiques, et je vous ai dit à cette occasion qu'une pareille croyance est tout à fait anti-scientifique et doit s'effacer devant la revendication d'un déterminisme psychique. Lorsque le sujet questionné exprime telle idée donnée, nous nous trouvons en présence d'un fait devant lequel nous devons nous incliner. En disant cela, je n'entends pas opposer une croyance à une autre. Il est possible de prouver que l'idée produite par le sujet questionné ne présente rien d'arbitraire ni d'indéterminé et qu'elle n'est pas sans rapport avec ce que nous cherchons. J'ai même appris récemment, sans d'ailleurs y attacher une importance exagérée, que la psychologie expérimentale a également fourni des preuves de ce genre.

Vu l'importance du sujet, je fais appel à toute votre attention. Lorsque je prie quelqu'un de me dire ce qui lui vient à l'esprit à l'occasion d'un élément déterminé de son rêve, je lui demande de s'abandonner à la libre association, en partant d'une représentation initiale. Ceci exige une orientation particulière de l'attention, orientation différente et même exclusive de celle qui a lieu dans la réflexion. D'aucuns trouvent facilement cette orientation ; d'autres font preuve, à cette occasion, d'une maladresse incroyable. Or, la liberté d'association présente encore un degré supérieur : c'est lorsque j'abandonne même cette représentation initiale et n'établis que le genre et l'espèce de l'idée, en invitant par exemple le sujet à penser librement à un nom propre ou à un nombre. Une pareille idée devrait être encore plus arbitraire et imprévisible que celle utilisée dans notre technique. On peut cependant montrer qu'elle est dans chaque cas rigoureusement déterminée par d'importants dispositifs internes qui, au moment où ils agissent, ne nous sont pas plus connus que les tendances perturbatrices des actes manqués et les tendances provocatrices des actes accidentels.

J'ai fait de nombreuses expériences de ce genre sur les noms et les nombres pensés au hasard. D'autres ont, après moi, répété les mêmes expériences dont beaucoup ont été publiées. On procède en éveillant, à propos du nom pensé, des associations suivies, lesquelles ne sont plus alors tout à fait libres, mais se trouvent rattachées les unes aux autres comme les idées évoquées à propos des éléments du rêve. On continue jusqu'à ce que la stimulation à former ces associations soit épuisée. L'expérience terminée, on se trouve en présence de l'explication donnant les raisons qui ont présidé à la libre évocation d'un nom donné et faisant comprendre l'importance que ce nom peut avoir pour le sujet de l'expérience. Les expériences donnent toujours les mêmes résultats, portent sur des cas extrêmement nombreux et nécessitent de nombreux développements. Les associations que font naître les nombres librement pensés sont peut-être les plus probantes : elles se déroulent avec une rapidité telle et tendent vers un but caché avec une certitude tellement incompréhensible qu'on se trouve vraiment désemparé lorsqu'on assiste à leur succession. Je ne vous communiquerai qu'un seul exemple d'analyse ayant porté sur un nom, exemple exceptionnellement favorable, puisqu'il peut être exposé sans trop de développements.

Un jour, en parlant de cette question à un de mes jeunes clients, j'ai formulé cette proposition que, malgré toutes les apparences d'arbitraire, chaque nom librement pensé est déterminé de près par les circonstances les plus proches, par les particularités du sujet de l'expérience et par sa situation momentanée. Comme il en doutait, je lui proposai de faire séance tenante une expérience de ce genre. Le sachant très assidu auprès des femmes, je croyais, qu'invité à penser librement à un nom de femme, il n'aurait que l'embarras du choix. Il en convient. Mais à mon étonnement, et surtout peut-être au sien, au lieu de m'accabler d'une avalanche de noms féminins, il reste muet pendant un instant et m'avoue ensuite qu'un seul nom, à l'exception de tout autre, lui vient à l'esprit : Albine. « C'est étonnant, lui dis-je, mais qu'est-ce qui se rattache dans votre esprit à ce nom ? Combien connaissez-vous de femmes portant ce nom ? » Eh bien, il ne connaît aucune femme s'appelant Albine, et il ne voit rien qui dans son esprit se rattache à ce nom. On aurait pu croire que l'analyse avait échoué. En réalité, elle était seulement achevée, et pour expliquer son résultat, aucune nouvelle idée n'était nécessaire. Mon jeune homme était excessivement blond et, au cours du traitement, je l'ai à plusieurs reprises traité en plaisantant d'albinos ; en outre, nous étions occupés, à l'époque où a eu lieu l'expérience, à établir ce qu'il y avait de féminin dans sa constitution. Il était donc lui-même cette Albine, cette femme qui à ce moment-là l'intéressait le plus.

De même des mélodies qui nous passent par la tête sans raison apparente se révèlent à l'analyse comme étant déterminées par une certaine suite d'idées et comme faisant partie de cette suite qui a le droit de nous préoccuper sans que nous sachions quoi que ce soit de son activité. Il est alors facile de montrer que l'évocation en apparence involontaire de cette mélodie se rattache soit à son texte, soit à son origine. Je ne parle pas toutefois des vrais musiciens au sujet desquels je n'ai aucune expérience et chez lesquels le contenu musical d'une mélodie peut fournir une raison suffisante à son évocation. Mais les cas de la première catégorie sont certainement les plus fréquents. Je connais un jeune homme qui a été pendant longtemps littéralement obsédé par la mélodie, d'ailleurs charmante, de l'air de Pâris, dans la « Belle Hélène », et cela jusqu'au jour où l'analyse lui eut révélé, dans son intérêt, la lutte qui se livrait dans son âme entre une « Ida » et une « Hélène ».

Si des idées surgissant librement, sans aucune contrainte et sans aucun effort, sont ainsi déterminées, et font partie d'un certain ensemble, nous sommes en droit de conclure que des idées n'ayant qu'une seule attache, celle qui les lie à une représentation initiale, peuvent n'être pas moins déterminées. L'analyse montre en effet, qu'en plus de l'attache par laquelle nous les avons liées à la représentation initiale, elles sont sous la dépendance de certains intérêts et idées passionnels, de complexes dont l'intervention reste inconnue, c'est-à-dire inconsciente, au moment où elle se produit.

Les idées présentant ce mode de dépendance ont fait l'objet de recherches expérimentales très instructives et qui ont joué dans l'histoire de la psychanalyse un rôle considérable. L'école de Wundt avait proposé l'expérience dite de l'association, au cours de laquelle le sujet de l'expérience est invité à répondre aussi rapidement que possible par une réaction quelconque au mot qui lui est adressé à titre d'excitation. On peut ainsi étudier l'intervalle qui s'écoule entre l'excitation et la réaction, la nature de la réponse donnée à titre de réaction, les erreurs pouvant se produire lors de la répétition ultérieure de la même expérience, etc. Sous la direction de Bleuler et Jung, l'école de Zurich a obtenu l'explication des réactions qui se produisent au cours de l'expérience de l'association, en demandant au sujet de l'expérience de rendre ses réactions plus explicites, lorsqu'elles ne l'étaient pas assez, à l'aide d'associations supplémentaires. On trouva alors que ces réactions peu explicites, bizarres, étaient déterminées de la façon la plus rigoureuse par les complexes du sujet de l'expérience. Bleuler et Jung ont, grâce à cette constatation, jeté le premier pont qui a permis le passage de la psychologie expérimentale à la psychanalyse.

Ainsi édifiés, vous pourriez me dire : « Nous reconnaissons maintenant que les idées librement pensées sont déterminées, et non arbitraires, ainsi que nous l'avions cru. Nous reconnaissons également la détermination des idées surgissant en rapport avec les éléments des rêves. Mais ce n'est pas cela qui nous intéresse. Vous prétendez que l'idée naissant à propos de l'élément d'un rêve est déterminée par l'arrière-plan psychique, à nous inconnu, de cet élément. Or, c'est ce qui ne nous parait pas démontré. Nous prévoyons bien que l'idée naissant à propos de l'élément d'un rêve se révélera comme étant déterminée par un des complexes du rêveur. Mais quelle est l'utilité de cette constatation ? Au lieu de nous aider à comprendre le rêve, elle nous fournit seulement, tout comme l'expérience de l'association, la connaissance de ces soi-disant complexes. Et ces derniers, qu'ont-ils à voir avec le rêve ? »

Vous avez raison, mais il y a une chose qui vous échappe, et notamment la raison pour laquelle je n'ai pas pris l'expérience de l'association pour point de départ de cet exposé. Dans cette expérience, c'est nous en effet qui choisissons arbitrairement un des facteurs déterminants de la réaction : le mot faisant office d'excitation. La réaction apparaît alors comme un anneau intermédiaire entre le mot-excitation et le complexus que ce mot éveille chez le sujet de l'expérience. Dans le rêve, le mot-excitation est remplacé par quelque chose qui vient de la vie psychique du rêveur, d'une source qui lui est inconnue, et ce « quelque chose » pourrait bien être lui-même le « produit » d'un complexus. Aussi n'est-il pas exagéré d'admettre que les idées ultérieures qui se rattachent aux éléments d'un rêve ne sont, elles aussi, déterminées que par le complexus de cet élément et peuvent par conséquent nous aider à découvrir celui-ci.

Permettez-moi de vous montrer sur un autre exemple que les choses se passent réellement ainsi que nous l'attendons dans le cas qui nous intéresse. L'oubli de noms propres implique des opérations qui constituent une excellente illustration de celles qui ont lieu dans l'analyse d'un rêve, avec cette réserve toutefois que dans les cas d'oubli toutes les opérations se trouvent réunies chez une seule et même personne, tandis que dans l'interprétation d'un rêve elles sont partagées entre deux personnes. Lorsque j'ai momentanément oublié un nom, je n'en possède pas moins la certitude que je sais ce nom, certitude que nous ne pouvons acquérir pour le rêveur que par un moyen indirect, fourni par l'expérience de Bernheim. Mais le nom oublié et pourtant connu ne m'est pas accessible. J'ai beau faire des efforts pour l'évoquer : l'expérience ne tarde pas à m'en montrer l'inutilité. Je puis cependant évoquer chaque fois, à la place du nom oublié, un ou plusieurs noms de remplacement. Lorsqu'un de ces noms de remplacement me vient spontanément à l'esprit, l'analogie de ma situation avec celle qui existe lors de l'analyse d'un rêve devient évidente. L'élément du rêve n'est pas non plus quelque chose d'authentique : il vient seulement remplacer ce quelque chose que je ne connais pas et que l'analyse du rêve doit me révéler. La seule différence qui existe entre les deux situations consiste en ce que lors de l'oubli d'un nom je reconnais immédiatement et sans hésiter que tel nom évoqué n'est qu'un nom de remplacement, tandis qu'en ce qui concerne l'élément d'un rêve nous ne gagnons cette conviction qu'à la suite de longues et pénibles recherches. Or même, dans les cas d'oublis de noms, nous avons un moyen de retrouver le nom véritable, oublié et plongé dans l'inconscient. Lorsque, concentrant notre attention sur les noms de remplacement, nous faisons surgir à leurs propos d'autres idées, nous parvenons toujours, après des détours plus ou moins longs, jusqu'au nom oublié, et nous constatons que, aussi bien les noms de remplacement surgis spontanément, que ceux que nous avons provoqués, se rattachent étroitement au nom oublié et sont déterminés par lui.

Voici d'ailleurs une analyse de ce genre : je constate un jour que j'ai oublié le nom de ce petit pays de la Riviera dont Monte-Carlo est la ville la plus connue. C'est ennuyeux, mais c'est ainsi. Je passe en revue tout ce que je sais de ce pays, je pense au prince Albert, de la maison de Matignon-Grimaldi, à ses mariages, à sa passion pour les explorations du fond des mers, à beaucoup d'autres choses encore se rapportant à ce pays, mais en vain. Je cesse donc mes recherches et laisse des noms de substitution surgir à la place du nom oublié. Ces noms se succèdent rapidement : Monte-Carlo d'abord, puis Piémont, Albanie, Montevideo, Colico, Dans cette série, le mot Albanie s'impose le premier à mon attention, mais il est aussitôt remplacé par Montenegro, à cause du contraste entre blanc et noir. Je m'aperçois alors que quatre de ces mots de substitution contiennent la syllabe mon ; je retrouve aussitôt le mot oublié et m'écrie : Monaco ! Les noms de substitution furent donc réellement dérivés du nom oublié, les quatre premiers en reproduisant la première syllabe, et le dernier la suite des syllabes et toute la dernière syllabe. Je pus en même temps découvrir la raison qui me fit oublier momentanément le nom de Monaco : c'est le mot *München,* qui n'est que la version allemande de *Monaco, qui* avait exercé l'action inhibitrice.

L'exemple que je viens de citer est certainement beau, mais trop simple. Dans d'autres cas on est obligé, pour rendre apparente l'analogie avec ce qui se passe lors de l'interprétation de rêves, de grouper autour des premiers noms de substitution une série plus longue d'autres noms. J'ai fait des expériences de ce genre. Un étranger m'invite un jour à boire avec lui du vin italien. Une fois au café, il est incapable de se rappeler le nom du vin qu'il avait l'intention de m'offrir, parce qu'il en avait gardé le meilleur souvenir. À la suite d'une longue série de noms de substitution surgis à la place du nom oublié, j'ai cru pouvoir conclure que l'oubli était l'effet d'une inhibition exercée par le souvenir d'une certaine Hedwige. Je fais part de ma découverte à mon compagnon qui, non seulement confirme qu'il avait pour la première fois bu de ce vin en compagnie d'une femme appelée Hedwige, mais réussit encore, grâce à cette découverte, à retrouver le vrai nom du vin en question. À l'époque dont je vous parle il était marié et heureux dans son ménage, et ses relations avec Hedwige remontaient à une époque antérieure dont il ne se souvenait pas volontiers.

Ce qui est possible, lorsqu'il s'agit de l'oubli d'un nom, doit également réussir lorsqu'il s'agit d'interpréter un rêve : on doit notamment pouvoir rendre accessibles les éléments cachés et ignorés, à l'aide d'associations se rattachant à la substitution prise comme point de départ. D'après l'exemple fourni par l'oubli d'un nom, nous devons admettre que les associations se rattachant à l'élément d'un rêve sont déterminées aussi bien par cet élément que par son arrière-fond inconscient. Si notre supposition est exacte, notre technique y trouverait une certaine justification.

CHAPITRE 7

CONTENU MANIFESTE ET IDÉES LATENTES DU RÊVE

Vous voyez que notre étude des actes manqués n'a pas été tout à fait inutile. Grâce aux efforts que nous avons consacrés à cette étude, nous avons, sous la réserve des suppositions que vous connaissez, obtenu deux résultats : une conception de l'élément du rêve et une technique de l'interprétation du rêve. En ce qui concerne l'élément du rêve, nous savons qu'il manque d'authenticité, qu'il ne sert que de substitut à quelque chose que le rêveur ignore, comme nous ignorons les tendances de nos actes manqués, à quelque chose dont le rêveur possède la connaissance, mais une connaissance inaccessible. Nous espérons pouvoir étendre cette conception au rêve dans sa totalité, c'est-à-dire considéré comme un ensemble d'éléments. Notre technique consiste, en laissant jouer librement l'association, à faire surgir d'autres formations substitutives de ces éléments et à nous servir de ces formations pour tirer à la surface le contenu inconscient du rêve.

Je vous propose maintenant d'opérer une modification de notre terminologie, dans le seul but de donner à nos mouvements un peu plus de liberté. Au lieu de dire : caché, inaccessible, inauthentique, nous dirons désormais, pour donner la description exacte : inaccessible à la conscience du rêveur ou inconscient. Comme dans le cas d'un mot oublié ou de la tendance perturbatrice qui provoque un acte manqué, il ne s'agit là que de choses momentanément inconscientes. Il va de soi que les éléments mêmes du rêve et les représentations substitutives obtenues par l'association seront, par contraste avec cet inconscient momentané, appelés conscients. Cette terminologie n'implique encore aucune construction théorique. L'usage du mot inconscient, à titre de description exacte et facilement intelligible, est irréprochable.

Si nous étendons notre manière de voir de l'élément séparé au rêve total, nous trouvons que le rêve total constitue une substitution déformée d'un événement inconscient et que l'interprétation des rêves a pour tâche de découvrir cet inconscient. De cette constatation découlent aussitôt trois principes auxquels nous devons nous conformer dans notre travail d'interprétation : 1º La question de savoir ce que tel rêve donné signifie ne présente pour nous aucun intérêt. Qu'il soit intelligible ou absurde, clair ou embrouillé, peu nous importe, attendu qu'il ne représente en aucune façon l'inconscient que nous cherchons (nous verrons plus tard que cette règle comporte une limitation) ; 2º notre travail doit se borner à éveiller des représentations substitutives autour de chaque élément, sans y réfléchir, sans chercher à savoir si elles contiennent quelque chose d'exact, sans nous préoccuper de savoir si et dans quelle mesure elles nous éloignent de l'élément du rêve ; 3º on attend jusqu'à ce que l'inconscient caché, cherché, surgisse tout seul, comme ce fut le cas du mot *Monaco* dans l'expérience citée plus haut.

Nous comprenons maintenant combien il importe peu de savoir dans quelle mesure, grande ou petite, avec quel degré de fidélité ou d'incertitude, on se souvient d'un rêve. C'est que le rêve dont on se souvient ne constitue pas ce que nous cherchons à proprement parler, qu'il n'en est qu'une substitution déformée qui doit nous permettre, à l'aide d'autres formations substitutives que nous faisons surgir, de nous rapprocher de l'essence même du rêve, de rendre l'inconscient conscient. Si donc notre souvenir a été infidèle, c'est qu'il a fait subir à cette substitution une nouvelle déformation qui, à son tour, peut être motivée.

Le travail d'interprétation peut être fait aussi bien sur ses propres rêves que sur ceux des autres. On apprend même davantage sur ses propres rêves, car ici le processus d'interprétation apparaît plus démonstratif. Dès qu'on essaie ce travail, on s'aperçoit qu'il se heurte à des obstacles. On a bien des idées, mais on ne les laisse pas s'affirmer toutes. On les soumet à des épreuves et à un choix. À propos de l'une on dit : non, elle ne s'accorde pas avec mon rêve, elle n'y convient pas ; à propos d'une autre : elle est trop absurde ; à propos d'une troisième : celle-ci est trop secondaire. Et l'on peut observer que grâce à ces objections, les idées sont étouffées et éliminées avant qu'elles aient le temps de devenir claires. C'est ainsi que, d'un côté, on s'attache trop à la représentation initiale, à l'élément du rêve et, de l'autre, on trouble le résultat de l'association par un parti pris de choix. Lorsque, au lieu d'interpréter soi-même son rêve, on le laisse interpréter par un autre, un nouveau mobile intervient pour favoriser ce choix illicite. On se dit parfois : non, cette idée est trop désagréable, je ne veux pas ou ne peux pas en faire part.

Il est évident que ces objections sont une menace pour la bonne réussite de notre travail. On doit se préserver contre elles : lorsqu'il s'agit de sa propre personne, on peut le faire en prenant la ferme décision de ne pas leur céder ; lorsqu'il s'agit d'interpréter le rêve d'une autre personne, en imposant à celle-ci comme règle inviolable de ne refuser la communication d'aucune idée, alors même que cette personne trouverait une idée donnée trop dépourvue d'importance, trop absurde, sans rapport avec le rêve ou désagréable à communiquer. La personne dont on veut interpréter le rêve promettra d'obéir à cette règle, mais il ne faudra pas se fâcher si l'on voit, le cas échéant, qu'elle tient mal sa promesse. D'aucuns se diraient alors que, malgré toutes les assurances autoritaires, on n'a pas pu convaincre cette personne de la légitimité de la libre association, et penseraient qu'il faut commencer par gagner son adhésion théorique en lui faisant lire des ouvrages ou en l'engageant à assister à des conférences susceptibles de faire d'elle un partisan de nos idées sur la libre association. Ce faisant, on commettrait en fait une erreur et, pour s'en abstenir, il suffira de penser que bien que nous soyons sûrs de notre conviction à nous, nous n'en voyons pas moins surgir en nous, contre certaines idées, les mêmes objections critiques, lesquelles ne se trouvent écartées qu'ultérieurement, autant dire en deuxième instance.

Au lieu de s'impatienter devant la désobéissance du rêveur, on peut utiliser ces expériences pour en tirer de nouveaux enseignements, d'autant plus importants qu'on y était moins préparé. On comprend que le travail d'interprétation s'accomplit à l'encontre d'une certaine *résistance* qui s'y oppose et qui trouve son expression dans les objections critiques dont nous parlons. Cette résistance est indépendante de la conviction théorique du rêveur. On apprend même quelque chose de plus. On constate que ces objections critiques ne sont jamais justifiées. Au contraire, les idées qu'on voudrait ainsi refouler se révèlent *toujours et sans exception* comme étant les plus importantes et les plus décisives au point de vue de la découverte de l'inconscient. Une objection de ce genre constitue pour ainsi dire la marque distinctive de l'idée qu'elle accompagne.

Cette résistance est quelque chose de nouveau, un phénomène que nous avons découvert grâce à nos hypothèses, mais qui n'était nullement impliqué dans celles-ci. Ce nouveau facteur introduit dans nos calculs une surprise qu'on ne saurait qualifier d'agréable. Nous soupçonnons déjà qu'il n'est pas fait pour faciliter notre travail. Il serait de nature à paralyser tous nos efforts en vue de résoudre le problème du rêve. Avoir à faire à une chose aussi peu importante que le rêve et se heurter à des difficultés techniques aussi grandes ! Mais, d'autre part, ces difficultés sont peut-être de nature à nous stimuler et à nous faire entrevoir que le travail vaut les efforts qu'il exige de nous. Nous nous heurtons toujours à des difficultés lorsque nous voulons pénétrer, de la substitution par laquelle se manifeste l'élément du rêve, jusqu'à son inconscient caché. Nous sommes donc en droit de penser que derrière la substitution se cache quelque chose d'important. Quelle est donc l'utilité de ces difficultés si elles doivent contribuer à maintenir dans sa cachette ce quelque chose de caché ? Lorsqu'un enfant ne veut pas desserrer son poing pour montrer ce qu'il cache dans sa main, c'est qu'il y cache quelque chose qu'il ne devrait pas cacher.

Au moment même où nous introduisons dans notre exposé la conception dynamique d'une résistance, nous devons avertir qu'il s'agit là d'un facteur quantitativement variable. La résistance peut être grande ou petite, et nous devons nous attendre à voir ces différences se manifester au cours de notre travail. Nous pouvons peut-être rattacher à ce fait une autre expérience que nous faisons également au cours de notre travail d'interprétation des rêves. C'est ainsi que dans certains cas une seule idée ou un très petit nombre d'idées suffisent à nous conduire de l'élément du rêve à son substrat inconscient, tandis que dans d'autres cas, nous avons besoin, pour arriver à ce résultat, d'aligner de longues chaînes d'associations et de réfuter de nombreuses objections critiques. Nous nous dirons, et avec raison probablement, que ces différences tiennent aux intensités variables de la résistance. Lorsque la résistance est peu considérable, la distance qui sépare la substitution du substrat inconscient est minime ; mais une forte résistance s'accompagne de déformations considérables de l'inconscient, ce qui ne peut qu'augmenter la distance qui sépare la substitution du substrat inconscient.

Il serait peut-être temps d'éprouver notre technique sur un rêve, afin de voir si ce que nous attendons d'elle se vérifie. Oui, mais quel rêve choisirions-nous pour cela ? Vous ne sauriez croire à quel point ce choix m'est difficile, et il m'est encore impossible de vous faire comprendre en quoi ces difficultés résident. Il doit certainement y avoir des rêves qui, dans leur ensemble, n'ont pas subi une grande déformation, et le mieux serait de commencer par eux. Mais quels sont les rêves les moins déformés ? Seraient-ce les rêves raisonnables, non confus, dont je vous ai déjà cité deux exemples ? N'en croyez rien. L'analyse montre que ces rêves avaient subi une déformation extraordinairement grande. Si, cependant, renonçant à toute condition particulière, je choisissais le premier rêve venu, vous seriez probablement déçus. Il se peut que nous ayons à noter ou à observer, à propos de chaque élément d'un rêve, une telle quantité d'idées que notre travail en prendrait une ampleur impossible à embrasser. Si nous transcrivons le rêve et que nous tenions registre de toutes les idées surgissant à son propos, ces dernières sont susceptibles de dépasser plusieurs fois la longueur du texte. Il semblerait donc tout à fait indiqué de rechercher aux fins d'une analyse quelques rêves brefs, dont chacun du moins puisse nous dire ou confirmer quelque chose. C'est à quoi nous nous résoudrons, à moins que l'expérience nous apprenne où nous pouvons trouver les rêves peu déformés.

Un autre moyen s'offre encore à nous, susceptible de faciliter notre travail. Au lieu de viser à l'interprétation de rêves entiers, nous nous contenterons de n'envisager que des éléments isolés de rêves, afin de voir sur une série d'exemples ainsi choisis comme ils se laissent expliquer, grâce à l'application de notre technique.

a) Une dame raconte qu'étant enfant, elle a souvent rêvé que *le bon Dieu avait sur sa tête un bonnet en papier pointu.* Comment comprendre ce rêve sans l'aide de la rêveuse ? Ne paraît-il pas tout à fait absurde ? Mais il le devient moins, lorsque nous entendons la dame nous raconter que lorsqu'elle était enfant, on la coiffait souvent d'un bonnet de ce genre parce qu'elle avait l'habitude, étant à table, de jeter des coups d'œil furtifs dans les assiettes de ses frères et sœurs, afin de s'assurer s'ils n'étaient pas mieux servis qu'elle. Le bonnet était donc destiné à lui servir pour ainsi dire d'œillères. Voilà un renseignement purement historique, fourni sans aucune difficulté. L'interprétation de cet élément et, par conséquent, du rêve tout entier réussit sans peine, grâce à une nouvelle trouvaille de la rêveuse. « Comme j'ai entendu dire que le bon Dieu sait tout et voit tout, mon rêve ne peut signifier qu'une chose, à savoir que, comme le bon Dieu, je sais et vois tout, alors même qu'on veut m'en empêcher. » Mais cet exemple est peut-être trop simple.

b) Une patiente sceptique fait un rêve un peu plus long au cours duquel certaines personnes lui parlent, en en faisant de grands éloges, de mon livre sur les « Mots d'esprit » (« Witz »). Puis il est fait mention d'un « Canal », *peut-être d'un autre livre où il est question d'un canal ou ayant un rapport quelconque avec un canal... elle ne sait plus... c'est tout à fait trouble.*

Vous serez peut-être portés à croire que l'élément « canal » étant si déterminé échappera à toute interprétation. Il est certain que celle-ci se heurte à des difficultés, mais ces difficultés ne proviennent pas du manque de clarté de l'élément : au contraire, le manque de clarté de l'élément et la difficulté de son interprétation proviennent d'une seule et même cause. Aucune idée ne vient à l'esprit de la rêveuse à propos du canal ; en ce qui me concerne, je ne puis naturellement rien dire non plus à son sujet. Un peu plus tard, à vrai dire le lendemain, il lui vient une idée qui a *peut-être* un rapport avec cet élément de son rêve. Il s'agit notamment d'un trait d'esprit qu'elle avait entendu raconter. Sur un bateau faisant le service Douvres-Calais, un écrivain connu s'entretient avec un Anglais qui cite, au cours de la conversation, cette phrase : « Du sublime au ridicule il n'y a qu'un pas [1] » L'écrivain répond : « Oui, le Pas-de-Calais », voulant dire par là qu'il trouve la France sublime et l'Angleterre ridicule. Mais le Pas-de-Calais est un *canal,* le canal de la Manche. Vous allez me demander si je vois un rapport quelconque entre cette idée et le rêve. Mais certainement, car l'idée en question donne réellement la solution de cet énigmatique élément du rêve. Ou bien, si vous doutez que ce trait d'esprit ait existé dès avant le rêve comme le substrat inconscient de l'élément « canal », pouvez-vous admettre qu'il ait été inventé après coup et pour les besoins de la cause ? Cette idée témoigne notamment du scepticisme qui chez elle se dissimule derrière un étonnement involontaire, d'où une résistance qui explique aussi bien la lenteur avec laquelle l'idée avait surgi que le caractère indéterminé de l'élément du rêve correspondant. Considérez ici les rapports qui existent entre l'élément du rêve et son substrat inconscient : celui-là est comme une petite fraction de celui-ci, comme une allusion à ce dernier ; c'est par son isolement du substrat inconscient que l'élément du rêve était devenu tout à fait incompréhensible.

c) Un patient fait un rêve assez long : plusieurs *membres de sa famille sont assis autour d'une table ayant une forme particulière,* etc. À propos de cette table, il se rappelle avoir vu un meuble tout pareil lors d'une visite qu'il fit à une famille. Puis ses idées se suivent ;dans cette famille, les rapports entre le père et le fils n'étaient pas d'une extrême cordialité ; et il ajoute aussitôt que des rapports analogues existent entre son père et lui. C'est donc pour désigner ce parallèle que la table se trouve introduite dans le rêve.

Ce rêveur était depuis longtemps familiarisé avec les exigences de l'interprétation des rêves. Un autre eût trouvé étonnant qu'on fit d'un détail aussi insignifiant que la forme d'une table l'objet d'une investigation. Et, en effet, pour nous il n'y a rien dans le rêve qui soit accidentel ou indifférent, et c'est précisément de l'élucidation de détails aussi insignifiants et non motivés que nous attendons les renseignements qui nous intéressent. Ce qui vous étonne peut-être encore, c'est que le travail qui s'est accompli dans le rêve dont nous nous occupons ait exprimé l'idée : chez *nous les choses se passent comme dans cette famille,* par le choix de la table. Mais vous aurez également l'explication de cette particularité, quand je vous aurai dit que la famille dont il s'agit s'appelait *Tischler* [2]. En rangeant les membres de sa propre famille autour de cette table, le rêveur agit comme si eux aussi s'appelaient *Tischler.* Noter toutefois combien on est parfois obligé d'être indiscret lorsqu'on veut faire part de certaines interprétations de rêves. Vous devez voir là une des difficultés auxquelles, ainsi que je vous l'ai dit, se heurte le choix d'exemples. Il m'eût été facile de remplacer cet exemple par un autre, mais il est probable que je n'aurais évité l'indiscrétion que je commets à propos de ce rêve qu'au prix d'une autre indiscrétion, à propos d'un autre rêve.

Ici, il me semble indiqué d'introduire deux termes dont nous aurions pu nous servir depuis longtemps. Nous appellerons *contenu manifeste du rêve* ce que le rêve nous raconte, et *idées latentes du rêve* ce qui est caché et que nous voulons rendre accessible par l'analyse des idées venant à propos des rêves. Examinons donc les rapports, tels qu'ils se présentent dans les cas cités, entre le contenu manifeste et les idées latentes des rêves. Ces rapports peuvent d'ailleurs être très variés. Dans les exemples *a* et *b* l'élément manifeste fait également partie, mais dans une mesure bien petite, des idées latentes, Une partie du grand ensemble psychique formé par les idées inconscientes du rêve a pénétré dans le rêve manifeste, soit à titre de fragment, soit, dans d'autres cas, à titre d'allusion, d'expression symbolique, d'abréviation télégraphique. Le travail d'interprétation a pour tâche de compléter ce fragment ou cette allusion, comme cela nous a particulièrement bien réussi dans le cas *b.* Le remplacement par un fragment ou une allusion constitue donc une des formes de déformation des rêves. Il existe en outre dans l'exemple *c* une autre circonstance que nous verrons ressortir avec plus de pureté et de netteté dans les exemples qui suivent.

d) Le rêveur entraîne derrière *le lit une dame qu'il connaît.* La première idée qui lui vient à l'esprit lui fournit le sens de cet élément du rêve : il donne à cette dame la *préférence* [3].

e) Un autre rêve que *son frère est enfermé dans un coffre.* La première idée remplace *coffre* par *armoire* (SCHRANK), et l'idée suivante donne aussitôt l'interprétation du rêve : son frère *se restreint* (SCHRÄNKT *Sich* EIN [4]).

f) Le rêveur *fait l'ascension d'une montagne d'où il découvre un panorama extraordinairement vaste.* Rien de plus naturel, et il semble que cela ne nécessite aucune interprétation, qu'il s'agirait seulement de savoir à quelle réminiscence se rattache ce rêve et quelle raison fait surgir cette réminiscence. Erreur ! Il se trouve que ce rêve a tout autant besoin d'interprétation qu'un autre, même confus et embrouillé. Ce ne sont pas des ascensions qu'il aurait faites qui lui viennent à la mémoire, il pense seulement à un de ses amis, éditeur d'une « Revue » qui s'occupe de nos relations avec les régions les plus éloignées de la terre. La pensée latente du rêve consiste donc dans ce cas dans l'identification du rêveur avec « celui qui passe en revue l'espace qui l'entoure » *(Rundschauer*[5]*).*

Nous trouvons ici un nouveau mode de relations entre l'élément manifeste et l'élément latent du rêve. Celui-là est moins une déformation qu'une représentation de celui-ci, son image plastique et concrète ayant sa source dans le monde d'expression verbale. À vrai dire, il s'agit encore cette fois d'une déformation, car lorsque nous prononçons un mot, nous avons depuis longtemps perdu le souvenir de l'image concrète qui lui a donné naissance, de sorte que nous ne le reconnaissons plus, lorsqu'il se trouve remplacé par cette image. Si vous voulez bien tenir compte du fait que le rêve manifeste se compose principalement d'images visuelles, plus rarement d'idées et de mots, vous comprendrez l'importance particulière qu'il convient d'attacher à ce mode de relation, au point de vue de l'interprétation des rêves. Vous voyez aussi qu'il devient de ce fait possible de créer, dans le rêve manifeste, pour toute une série de pensées abstraites, des images de substitution qui ne sont d'ailleurs nullement incompatibles avec la latence des idées. Telle est la technique qui préside à la solution de notre énigme des images. Mais d'où vient cette apparence de jeux d'esprit que présentent les représentations de ce genre ? C'est là une autre question dont nous n'avons pas à nous occuper ici.

Je passerai sous silence un quatrième mode de relation entre l'élément latent et l'élément manifeste. Je vous en parlerai lorsqu'il se sera révélé de lui-même dans la technique. Grâce à cette omission, mon énumération ne sera pas complète ; mais telle qu'elle est, elle suffit à nos besoins.

Avez-vous maintenant le courage d'aborder l'interprétation d'un rêve complet ? Essayons-le, afin de voir si nous sommes bien armés pour cette tâche. Il va sans dire que le rêve que je choisirai, sans être parmi les plus obscurs, présentera toutes les propriétés, aussi prononcées que possible, d'un rêve.

Donc, une dame encore jeune, mariée depuis plusieurs années, fait le rêve suivant *: elle se trouve avec son mari au théâtre, une partie du parterre est complètement vide. Son mari lui raconte qu'Élise L... et son fiancé auraient également voulu venir au théâtre, mais ils n'ont plus trouvé que de mauvaises places (3 places pour 1 florin 50 kreuzer) qu'ils ne pouvaient pas accepter. Elle pense d'ailleurs que ce ne fut pas un grand malheur.*

La première chose dont la rêveuse nous fait part à propos de son rêve montre que le prétexte de ce rêve se trouve déjà dans le contenu manifeste. Son mari lui a bel et bien raconté qu'Élise L..., une amie ayant le même âge qu'elle, venait de se fiancer. Le rêve constitue donc une réaction à cette nouvelle. Nous savons déjà qu'il est facile dans beaucoup de cas de trouver le prétexte du rêve dans les événements de la journée qui le précède et que les rêveurs indiquent sans difficulté cette filiation. Des renseignements du même genre nous sont fournis par la rêveuse pour d'autres éléments du rêve manifeste. D'où vient le détail concernant l'absence de spectateurs dans une partie du parterre ? Ce détail est une allusion à un événement réel de la semaine précédente. S'étant proposée d'assister à une certaine représentation, elle avait acheté les billets à *l'avance,* tellement à l'avance qu'elle a été obligée de payer la location. Lorsqu'elle arriva avec son mari au théâtre, elle s'aperçut qu'elle s'était hâtée à tort, *car une partie du parterre était à peu près vide.* Elle n'aurait rien perdu si elle avait acheté ses billets le jour même de la représentation. Son mari ne manqua d'ailleurs pas de la plaisanter au sujet de cette hâte. Et d'où vient le détail concernant la somme de 1 fl. 50kr. ? Il a son origine dans un ensemble tout différent, n'ayant rien de commun avec le précédent, tout en constituant, lui aussi, une allusion à une nouvelle qui date du jour ayant précédé le rêve. Sa belle-sœur ayant reçu en cadeau de son mari la somme de 150 florins, n'a eu (quelle bêtise !) rien de plus pressé que de courir chez le bijoutier et d'échanger son argent contre un bijou. Et quelle est l'origine du détail relatif au chiffre 3 (3 places) ? Là-dessus notre rêveuse ne sait rien nous dire, à moins que, pour l'expliquer, on utilise le renseignement que la fiancée, Élise L..., est de 3 mois plus jeune qu'elle, qui est mariée depuis dix ans déjà. Et comment expliquer l'absurdité qui consiste à prendre 3 billets pour deux personnes ? La rêveuse ne nous le dit pas et refuse d'ailleurs tout nouvel effort de mémoire, tout nouveau renseignement.

Mais le peu qu'elle nous a dit suffit largement à nous faire découvrir les idées latentes de son rêve. Ce qui doit attirer notre attention, c'est que dans les communications qu'elle nous a faites à propos de son rêve, elle nous fournit à plusieurs reprises des détails qui établissent un lien commun entre différentes parties. Ces détails sont tous d'ordre *temporel.* Elle avait pensé aux billets *trop tôt,* elle les avait achetés *trop à l'avance,* de sorte qu'elle fut obligée de les payer plus cher ; la belle-sœur s'était également *empressée* de porter son argent au bijoutier, pour s'acheter un bijou, comme si elle avait craint de le *manquer.* Si aux notions si accentuées « trop tôt », « à l'avance », nous ajoutons le fait qui a servi de prétexte au rêve, ainsi que le renseignement que l'amie, de 3 mois seulement *moins âgée* qu'elle, est fiancée à un brave homme, et la critique réprobatrice adressée à sa belle-sœur qu'il était *absurde* de tant s'empresser, — nous obtenons la construction suivante des idées latentes du rêve dont le rêve manifeste n'est qu'une mauvaise substitution déformée :

« Ce fut *absurde* de ma part de m'être tant hâtée de me marier. Je vois par l'exemple d'Élise que je n'aurais rien perdu à attendre. » (La hâte est représentée par son attitude lors de l'achat de billets et par celle de sa belle-sœur quant à l'achat du bijou. Le mariage a sa substitution dans le fait d'être allée avec son mari au théâtre.) Telle serait l'idée principale ; nous pourrions continuer, mais ce serait avec moins de certitude, car l'analyse ne pourrait plus s'appuyer ici sur les indications de la rêveuse : « Et pour le même argent j'aurais pu en trouver un 100 fois meilleur » (150 florins forment une somme 100 fois supérieure à 1 fl. 50). Si nous remplaçons le mot *argent* par le mot *dot,* le sens de la dernière phrase serait que c'est avec la dot qu'on s'achète un mari : le bijou et les mauvais billets de théâtre seraient alors des notions venant se substituer à celle de *mari.* Il serait encore plus désirable de savoir si l'élément « 3 billets » se rapporte également à un homme. Mais rien ne nous permet d'aller aussi loin. Nous avons seulement trouvé que le rêve en question exprime la *mésestime* de la femme pour son mari et son regret de *s'être mariée si tôt.*

À mon avis, le résultat de cette première interprétation d'un rêve est fait pour nous surprendre et nous troubler, plutôt que pour nous satisfaire. Trop de choses à la fois s'offrent à nous, ce qui rend notre orientation extrêmement difficile. Nous nous rendons d'ores et déjà compte que nous n'épuiserons pas tous les enseignements qui se dégagent de cette interprétation. Empressons-nous de dégager ce que nous considérons comme des données nouvelles et certaines.

Premièrement : il est étonnant que l'élément de l'empressement se trouve accentué dans les idées latentes, tandis que nous n'en trouvons pas trace dans le rêve manifeste. Sans l'analyse, nous n'aurions jamais soupçonné que cet élément joue un rôle quelconque. Il semble donc possible que la chose principale, le centre même des idées inconscientes manque dans les rêves manifestes, ce qui est de nature à imprimer une modification profonde à l'impression que laisse le rêve dans son ensemble. Deuxièmement, on trouve dans le rêve un rapprochement absurde 3 pour 1 fl. 50 ; dans les idées du rêve nous découvrons cette proposition : ce fut une absurdité (de se marier si tôt). Peut-on nier absolument que l'idée *ce fut une absurdité* soit représentée par l'introduction d'un élément absurde dans le rêve manifeste ? Troisièmement : Un coup d'œil comparé nous révèle que les rapports entre les éléments manifestes et les éléments latents sont loin d'être simples ; en tout cas, il n'arrive pas toujours qu'un élément manifeste remplace un élément latent. Il doit plutôt exister entre les deux camps des rapports d'ensemble, un élément manifeste pouvant remplacer plusieurs éléments latents, et un élément latent pouvant être remplacé par plusieurs éléments manifestes.

Sur le sens du rêve et sur l'attitude de la rêveuse à son égard, il y aurait également des choses surprenantes à dire. Elle adhère bien à notre interprétation, mais s'en montre étonnée. Elle ignorait qu'elle eût si peu d'estime pour son mari ; et elle ignore les raisons pour lesquelles elle doit le mésestimer à ce point. Il y a là encore beaucoup de points incompréhensibles. Je crois décidément que nous ne sommes pas encore suffisamment armés pour pouvoir entreprendre l'interprétation des rêves et que nous avons besoin d'indications et d'une préparation supplémentaires.

---

1. En français dans le texte.
2. Du mot *Tisch*, table.
3. Jeu de mots : entraîner, *hervorziehen ;* préférence, *Vorzug.* (la racine *zug* étant dérivée de *ziehen).*
4. *Sich einschränken : littéralement, s'enfermer dans une armoire.*
5. *En allemand Rundschau, coup d'œil circulaire.*

CHAPITRE 8
RÊVES ENFANTINS

Nous avons l'impression d'avoir avancé trop vite. Revenons un peu en arrière. Avant de tenter le dernier essai de surmonter, grâce à notre technique, les difficultés découlant de la déformation des rêves, nous nous étions dit que le mieux serait de tourner ces difficultés, en nous en tenant seulement aux rêves dans lesquels (à supposer qu'ils existent) la déformation ne s'est pas produite ou n'a été qu'insignifiante. Ce procédé va d'ailleurs à l'encontre de l'histoire du développement de notre connaissance, car, en réalité, c'est seulement après une application rigoureuse de la technique d'interprétation à des rêves déformés et après une analyse complète de ceux-ci que notre attention s'est trouvée attirée sur l'existence de rêves non déformés.

Les rêves que nous cherchons s'observent chez les enfants. Ils sont brefs, clairs, cohérents, facilement intelligibles, non équivoques, et pourtant ce sont incontestablement des rêves. La déformation des rêves s'observe également chez les enfants, même de très bonne heure, et l'on connaît des rêves appartenant à des enfants de 5 à 8 ans et présentant déjà tous les caractères des rêves plus tardifs. Si l'on limite toutefois les observations à l'âge compris entre les débuts discernables de l'activité psychique et la quatrième ou cinquième année, on trouve une série de rêves présentant un caractère qu'on peut appeler enfantin et dont on peut à l'occasion retrouver des échantillons chez des enfants plus âgés. Dans certaines circonstances, on peut observer, même chez des personnes adultes, des rêves ayant tout à fait le type infantile.

Par l'analyse de ces rêves enfantins nous pouvons très facilement et avec beaucoup de certitude obtenir, sur la nature du rêve, des renseignements qui, il est permis de l'espérer, se montreront décisifs et universellement valables.

1°. Pour comprendre ces rêves, on n'a besoin ni d'analyse, ni d'application d'une technique quelconque. On ne doit pas interroger l'enfant qui raconte son rêve.

Mais il faut faire compléter celui-ci par un récit se rapportant à la vie de l'enfant. Il y a toujours un événement qui, ayant eu lieu pendant la journée qui précède le rêve, nous explique celui-ci. Le rêve est la réaction du sommeil à cet événement de l'état de veille.

Citons quelques exemples qui serviront d'appui à nos conclusions ultérieures.

a) Un garçon de 22 mois est chargé d'offrir à quelqu'un, à titre de congratulation, un panier de cerises. Il le fait manifestement très à contrecœur, malgré la promesse de recevoir lui-même quelques cerises en récompense. Le lendemain matin il raconte avoir rêvé que « *He(r)mann* (a) mangé toutes les cerises ».

b) Une fillette âgée de 3 ans et trois mois fait son premier voyage en mer. Au moment du débarquement, elle ne veut pas quitter le bateau et se met à pleurer amèrement. La durée du voyage lui semble avoir été trop courte. Le lendemain matin elle raconte :« Cette nuit, j'ai voyagé en mer. » Nous devons compléter ce récit, en disant que ce voyage avait duré plus longtemps que l'enfant ne le disait.

c) Un garçon âgé de 5 ans et demi est emmené dans une excursion à *Escherntal*, près de *Hallstatt*. Il avait entendu dire que Hallstatt se trouvait au pied du Dachstein, montagne à laquelle il s'intéressait beaucoup. De sa résidence d'Aussee, on voyait très bien le Dachstein et l'on pouvait y distinguer, à l'aide du télescope, la *Simonyhütte*. L'enfant s'était appliqué à plusieurs reprises à l'apercevoir à travers la longue-vue, mais on ne sait avec quel résultat. L'excursion avait commencé dans des dispositions gaies, la curiosité étant très excitée. Toutes les fois qu'on apercevait une montagne, l'enfant demandait : « Est-ce cela le Dachstein ? » Il devenait de plus en plus taciturne à mesure qu'il recevait des réponses négatives ; il finit par ne plus prononcer un mot et refusa de prendre part à une petite ascension qu'on voulait faire pour aller voir le torrent. On l'avait cru fatigué, mais le lendemain matin il raconta tout joyeux : « J'ai rêvé cette nuit que nous avons été à la *Simonghütte.* » C'est donc dans l'attente de cette visite qu'il avait pris part à l'excursion. En ce qui concerne les détails, il ne donna que celui dont il avait entendu parler précédemment, à savoir que pour arriver à la cabane, on monte des marches pendant six heures.

Ces trois rêves suffisent à tous les renseignements que nous pouvons désirer.

2º. On le voit, ces rêves d'enfants ne sont pas dépourvus de sens : ce sont des *actes psychiques intelligibles,* complets. Souvenez-vous de ce que je vous ai dit concernant le jugement que les médecins portent sur les rêves, et notamment de la comparaison avec les doigts que l'habile musicien fait courir sur les touches du clavier. L'opposition flagrante qui existe entre les rêves d'enfants et cette conception ne vous échappera certainement pas. Mais aussi serait-il étonnant que l'enfant fût capable d'accomplir pendant le sommeil des actes psychiques complets, alors que, dans les mêmes conditions, l'adulte se contenterait de réactions convulsiformes. Nous avons d'ailleurs toutes les raisons d'attribuer à l'enfant un sommeil meilleur et plus profond.

3º. Ces rêves d'enfants n'ayant subi aucune déformation n'exigent aucun travail d'interprétation. Le rêve manifeste et le rêve latent se confondent et coïncident ici. La déformation ne constitue donc pas un caractère naturel du rêve. J'espère que cela vous ôtera un poids de la poitrine. Je dois vous avertir toutefois qu'en y réfléchissant de plus près, nous serons obligés d'accorder même à ces rêves une toute petite déformation, une certaine différence entre le contenu manifeste et les pensées latentes.

4º. Le rêve enfantin est une réaction à un événement de la journée qui laisse après lui un regret, une tristesse, un désir insatisfait. Le rêve apporte la réalisation directe, non voilée, de ce désir. Rappelez-vous maintenant ce que nous avons dit concernant le rôle des excitations corporelles extérieures et intérieures, considérées comme perturbatrices du sommeil et productrices de rêves. Nous avons appris là-dessus des faits tout à fait certains, mais seul un petit nombre de faits se prêtait à cette explication. Dans ces rêves d'enfants rien n'indique l'action d'excitations somatiques ; sur ce point, aucune erreur n'est possible, les rêves étant tout à fait intelligibles et faciles à embrasser d'un seul coup d'œil. Mais ce n'est pas là une raison d'abandonner l'explication étiologique des rêves par l'excitation. Nous pouvons seulement demander comment il se fait que nous ayons oublié dès le début que le sommeil peut être troublé par des excitations non seulement corporelles, mais aussi psychiques ? Nous savons cependant que c'est par les excitations psychiques que le sommeil de l'adulte est le plus souvent troublé, car elles l'empêchent de réaliser la condition psychique du sommeil, c'est-à-dire l'abstraction de tout intérêt pour le monde extérieur. L'adulte ne s'endort pas parce qu'il hésite à interrompre sa vie active, son travail sur les choses qui l'intéressent. Chez l'enfant, cette excitation psychique, perturbatrice du sommeil, est fournie par le désir insatisfait auquel il réagit par le rêve.

5º. Partant de là, nous aboutirons, par le chemin le plus court, à des conclusions sur la fonction du rêve. En tant que réaction à l'excitation psychique, le rêve doit avoir pour fonction d'écarter cette excitation, afin que le sommeil puisse se poursuivre. Par quel moyen dynamique le rêve s'acquitte-t-il de cette fonction ? C'est ce que nous ignorons encore ; mais nous pouvons dire d'ores et déjà que, *loin d'être,* ainsi qu'on le lui reproche, un *trouble-sommeil, le rêve est un gardien du sommeil qu'il défend contre ce qui est susceptible de le troubler.* Lorsque nous croyons que sans le rêve nous aurions mieux dormi, nous sommes dans l'erreur ; en réalité, sans l'aide du rêve, nous n'aurions pas dormi du tout. C'est à lui que nous devons le peu de sommeil dont nous avons joui. Il n'a pas pu éviter de nous occasionner certains troubles, de même que le gardien de nuit est obligé de faire lui-même un certain bruit, lorsqu'il poursuit ceux qui par leur tapage nocturne nous auraient troublés dans une mesure infiniment plus grande.

6°. Le désir est l'excitateur du rêve ; la réalisation de ce désir forme le contenu du rêve : tel est un des caractères fondamentaux du rêve. Un autre caractère, non moins constant, consiste en ce que le rêve, non content d'exprimer une pensée, représente ce désir comme réalisé, sous la forme d'un événement psychique hallucinatoire. *Je voudrais voyager en mer* tel est le désir excitateur du rêve. *Je voyage sur mer* tel est le contenu du rêve. Il persiste donc, jusque dans les rêves d'enfants, si simples, une différence entre le rêve latent et le rêve manifeste, une déformation de la pensée latente du rêve : *c'est la transformation de la pensée en événement vécu.* Dans l'interprétation du rêve, il faut avant tout faire abstraction de cette petite transformation. S'il était vrai qu'il s'agit là d'un des caractères les plus généraux du rêve, le fragment de rêve cité plus haut : je *vois mort frère enfermé dans un coffre,* devrait être traduit non par : mon *frère se restreint,* mais par : je *voudrais que mon frère se restreigne, mon frère doit se restreindre* [1]. Des deux caractères généraux du rêve que nous venons de faire ressortir, le second a le plus de chances d'être accepté sans opposition. C'est seulement à la suite de recherches approfondies et portant sur des matériaux abondants que nous pourrons montrer que l'excitateur du rêve doit toujours être un désir, et non une préoccupation, un projet ou un reproche ; mais ceci laissera intact l'autre caractère du rêve qui consiste en ce que celui-ci, au lieu de reproduire l'excitation purement et simplement, la supprime, l'écarte, l'épuise, par une sorte d'assimilation vitale.

7°. Nous rattachant à ces deux caractères du rêve, nous pouvons reprendre la comparaison entre celui-ci et l'acte manqué. Dans ce dernier, nous distinguons une tendance perturbatrice et une tendance troublée, et dans l'acte manqué lui-même nous voyons un compromis entre ces deux tendances. Le même schéma s'applique au rêve. Dans le rêve, la tendance troublée ne peut être autre que la tendance à dormir. Quant à la tendance perturbatrice, nous la remplaçons par l'excitation psychique, donc par le désir qui exige sa satisfaction : effectivement, nous ne connaissons pas jusqu'à présent d'autre excitation psychique susceptible de troubler le sommeil. Le rêve résulterait donc, lui aussi, d'un compromis. Tout en dormant, on éprouve la satisfaction d'un désir ; tout en satisfaisant un désir, on continue à dormir. Il y a satisfaction partielle et suppression partielle de l'un et de l'autre.

8°. Rappelez-vous l'espoir que nous avions conçu précédemment de pouvoir utiliser, comme voie d'accès à l'intelligence du problème du rêve, le fait que certains produits, très transparents, de l'imagination ont reçu le nom de *rêves éveillés.* En effet, ces rêves éveillés ne sont autre chose que des accomplissements de désirs ambitieux et érotiques, qui nous sont bien connus ; mais quoique vivement représentées, ces réalisations de désirs, sont seulement pensées et ne prennent jamais la forme d'événements hallucinatoires de la vie psychique. C'est ainsi que des deux principaux caractères du rêve, c'est le moins certain qui est maintenu ici, tandis que l'autre disparaît, parce qu'il dépend de l'état de sommeil et n'est pas réalisable dans la vie éveillée. Le langage courant lui-même semble soupçonner le fait que le principal caractère des rêves consiste dans la réalisation de désirs. Disons en passant que si les événements vécus dans le rêve ne sont que des représentations transformées et rendues possibles par les conditions de l'état de sommeil, donc des « rêves éveillés nocturnes », nous comprenons que la formation d'un rêve ait pour effet de supprimer l'excitation nocturne et de satisfaire le désir, car l'activité des rêves éveillés implique elle aussi la satisfaction de désirs et ne s'exerce qu'en vue de cette satisfaction.

D'autres manières de parler expriment encore le même sens. Tout le monde connaît le proverbe : « Le porc rêve de glands, l'oie rêve de maïs » ; ou la question : « De quoi rêve la poule ? » et la réponse : « De grains de millet. » C'est ainsi que descendant encore plus bas que nous ne l'avons fait, c'est-à-dire de l'enfant à l'animal, le proverbe voit lui aussi dans le contenu du rêve la satisfaction d'un besoin. Nombreuses sont les expressions impliquant le même sens : « beau comme dans un rêve », « je n'aurais jamais rêvé d'une chose pareille », « c'est une chose dont l'idée ne m'était pas venue, même dans mes rêves les plus hardis ». Il y a là, de la part du langage courant, un parti pris évident. Il y a aussi des rêves qui s'accompagnent d'angoisse, des rêves ayant un contenu pénible ou indifférent, mais ces rêves-là n'ont pas reçu l'hospitalité du langage courant. Ce langage parle bien de rêves « méchants », mais le rêve tout court n'est pour lui que le rêve qui procure la douce satisfaction d'un désir. Il n'est pas de proverbe où il soit question du porc ou de l'oie rêvant qu'ils sont saignés.

Il eût été sans doute incompréhensible que les auteurs qui se sont occupés du rêve ne se fussent pas aperçus que sa principale fonction consiste dans la réalisation de désirs. Ils ont, au contraire, souvent noté ce caractère, mais personne n'a jamais eu l'idée de lui reconnaître une portée générale et d'en faire le point de départ de l'explication du rêve. Nous soupçonnons bien (et nous y reviendrons plus loin) ce qui a pu les en empêcher.

Songez donc à tous les précieux renseignements que nous avons pu obtenir, et cela presque sans peine, de l'examen des rêves d'enfants. Nous savons notamment que le rêve a pour fonction d'être le gardien du sommeil, qu'il résulte de la rencontre de deux tendances opposées, dont l'une, le besoin de sommeil, reste constante, tandis que l'autre cherche à satisfaire une excitation psychique ; nous possédons, en outre, la preuve que le rêve est un acte psychique, significatif, et nous connaissons ses deux principaux caractères : satisfaction de désirs et vie psychique hallucinatoire. En acquérant toutes ces notions, nous étions plus d'une fois tentés d'oublier que nous nous occupions de psychanalyse. En dehors de son rattachement aux actes manqués, notre travail n'avait rien de spécifique. N'importe quel psychologue, même totalement ignorant des prémisses de la psychanalyse, aurait pu donner cette explication des rêves d'enfants. Pourquoi aucun psychologue ne l'a-t-il fait ?

S'il n'y avait que des rêves enfantins, le problème serait résolu, notre tâche terminée, sans que nous ayons besoin d'interroger le rêveur, de faire intervenir l'inconscient, d'avoir recours à la libre association. Nous avons déjà constaté à plusieurs reprises que des caractères, auxquels on avait commencé par attribuer une portée générale, n'appartenaient en réalité qu'à une certaine catégorie et à un certain nombre de rêves. Il s'agit donc de savoir si les caractères généraux que nous offrent les rêves d'enfants sont plus stables, s'ils appartiennent également aux rêves moins transparents et dont le contenu manifeste ne présente aucun rapport avec la survivance d'un désir diurne. D'après notre manière de voir, ces autres rêves ont subi une déformation considérable, ce qui ne nous permet pas de nous prononcer sur leur compte séance tenante. Nous entrevoyons aussi que, pour expliquer cette déformation, nous aurons besoin de la technique psychanalytique dont nous avons pu nous passer lors de l'acquisition de nos connaissances relatives aux rêves d'enfants.

Il existe toutefois un groupe de rêves non déformés qui, tels les rêves d'enfants, apparaissent comme des réalisations de désirs. Ce sont les rêves qui, pendant tout le cours de la vie, sont provoqués par les impérieux besoins organiques : faim, soif, besoins sexuels. Ils constituent donc des réalisations de désirs s'effectuant par réaction à des excitations internes. C'est ainsi qu'une fillette de 19 mois fait un rêve composé d'un menu auquel elle avait ajouté son nom (Anna *F... fraises, framboises, omelette, bouillie) : ce* rêve est une réaction à la diète à laquelle elle avait été soumise pendant une journée à cause d'une indigestion qu'on avait attribuée à l'absorption de fraises et de framboises. La grand-mère de cette fillette, dont l'âge ajouté à l'âge de celle-ci donnait un total de 70 ans, fut obligée, en raison de troubles que lui avait occasionnés son rein flottant, de s'abstenir de nourriture pendant une journée entière : la nuit suivante elle rêve qu'elle est invitée à dîner chez des amis qui lui offrent les meilleurs morceaux. Les observations se rapportant à des prisonniers privés de nourriture ou à des personnes qui, au cours de voyages et d'expéditions, se trouvent soumises à de dures privations, montrent que dans ces conditions tous les rêves ont pour objet la satisfaction des désirs qui ne peuvent être satisfaits dans la réalité. Dans son livre Antarctic (Vol. 1, p. 336, 1904), Otto Nordenskjolld parle ainsi de l'équipage qui avait hiverné avec lui : « Nos rêves, qui n'avaient jamais été plus vifs et plus nombreux qu'alors, étaient très significatifs, en ce qu'ils indiquaient nettement la direction de nos idées. Même ceux de nos camarades qui, dans la vie normale, ne rêvaient qu'exceptionnellement, avaient à nous raconter de longues histoires chaque matin, lorsque nous nous réunissions pour échanger nos dernières expériences puisées dans le monde de l'imagination. Tous ces rêves se rapportaient au monde extérieur dont nous étions si éloignés, mais souvent aussi à notre situation actuelle... Manger et boire : tels étaient d'ailleurs les centres autour desquels nos rêves gravitaient le plus souvent. L'un de nous, qui avait la spécialité de rêver de grands banquets, était enchanté lorsqu'il pouvait nous annoncer le matin qu'il avait pris un repas composé de trois plats ; un autre rêvait de tabac, de montagnes de tabac ; un autre encore voyait dans ses rêves le bateau avancer à pleines voiles sur les eaux libres. Un autre rêve encore mérite d'être mentionné : le facteur apporte le courrier et explique pourquoi il s'est fait attendre aussi longtemps ; il s'est trompé dans sa distribution et n'a réussi qu'avec beaucoup de peine à retrouver les lettres. On s'occupait naturellement dans le sommeil de choses encore plus impossibles, mais dans tous les rêves que j'ai faits moi-même ou que j'ai entendu raconter par d'autres, la pauvreté d'imagination était tout à fait étonnante. Si tous ces rêves avaient pu être notés, on aurait là des documents d'un grand intérêt psychologique. Mais on comprendra sans peine combien le sommeil était le bienvenu pour nous tous, puisqu'il pouvait nous offrir ce que nous désirions le plus ardemment. » Je cite encore d'après Du Prel : « Mungo Park, tombé, au cours d'un voyage à travers l'Afrique, dans un état proche de l'inanition, rêvait tout le temps des vallées et des plaines verdoyantes de son pays natal. C'est ainsi encore que Trenck, tourmenté par la faim, se voyait assis dans une brasserie de Magdebour devant une table chargée de repas copieux. Et George Back, qui avait pris part à la première expédition de Franklin, rêvait toujours et régulièrement de repas copieux, alors qu'à la suite de terribles privations il mourut littéralement de faim. »

Celui qui, ayant mangé le soir des mets épicés, éprouve pendant la nuit une sensation de soif, rêve facilement qu'il boit. Il est naturellement impossible de supprimer par le rêve une sensation de faim ou de soif plus ou moins intense ; on se réveille de ces rêves assoiffé et on est obligé de boire de l'eau réelle. Au point de vue pratique, le service que rendent les rêves dans ces cas est insignifiant, mais il n'est pas moins évident qu'ils ont pour but de maintenir le sommeil à l'encontre de l'excitation qui pousse au réveil et à l'action. Lorsqu'il s'agit de besoins d'une intensité moindre, les rêves de satisfaction exercent souvent une action efficace.

De même, sous l'influence des excitations sexuelles, le rêve procure des satisfactions qui présentent cependant des particularités dignes d'être notées. Le besoin sexuel dépendant moins étroitement de son objet que la faim et la soif des leurs, il peut recevoir, grâce à l'émission involontaire de liquide spermatique, une satisfaction réelle ; et par suite de certaines difficultés, dont il sera question plus tard, inhérentes aux relations avec l'objet, il arrive souvent que le rêve accompagnant la satisfaction réelle présente un contenu vague ou déformé. Cette particularité des émissions involontaires de sperme fait que celles-ci, selon la remarque d'Otto Rank, se prêtent très bien à l'étude des déformations des rêves. Tous les rêves d'adultes ayant pour objet des besoins renferment d'ailleurs, outre la satisfaction, quelque chose de plus, quelque chose qui provient des sources d'excitations psychiques et a besoin, pour être compris, d'être interprété.

Nous n'affirmons d'ailleurs pas que les rêves d'adultes qui, formés sur le modèle des rêves enfantins, impliquent la satisfaction de désirs, ne se présentent qu'à titre de réactions aux besoins impérieux que nous avons énumérés plus haut. Nous connaissons également des rêves d'adultes, brefs et clairs, qui, nés sous l'influence de certaines situations dominantes, proviennent de sources d'excitations incontestablement psychiques. Tels sont, par exemple, les rêves d'impatience : après avoir fait les préparatifs en vue d'un voyage, ou pris toutes les dispositions pour assister à un spectacle qui nous intéresse tout particulièrement, ou à une conférence, ou pour faire une visite, on rêve la nuit que le but qu'on se proposait est atteint, qu'on assiste au théâtre ou qu'on est en conversation avec la personne qu'on se disposait à voir. Tels sont encore les rêves qu'on appelle avec raison « rêves de paresse » : des personnes, qui aiment prolonger leur sommeil, rêvent qu'elles sont déjà levées, qu'elles font leur toilette ou qu'elles sont déjà à leurs occupations, alors qu'en réalité elles continuent de dormir, témoignant par là qu'elles aiment mieux être levées en rêve que réellement. Le désir de dormir qui, ainsi que nous l'avons vu, prend normalement part à la formation de rêves, se manifeste très nettement dans les rêves de ce genre dont il constitue même le facteur essentiel. Le besoin de dormir se place à bon droit à côté des autres grands besoins organiques.

Je vous montre ici sur une reproduction d'un tableau de Schwind, qui se trouve dans la galerie Schack, à Munich, avec quelle puissance d'intuition le peintre a ramené l'origine d'un rêve à une situation dominante. C'est le « Rêve du Prisonnier » qui ne peut naturellement pas avoir d'autre contenu que l'évasion. Ce qui est très bien saisi, c'est que l'évasion doit s'effectuer par la fenêtre, car c'est par la fenêtre qu'a pénétré l'excitation lumineuse qui met fin au sommeil du prisonnier. Les gnomes juchés les uns sur les autres représentent les poses successives que le prisonnier aurait à prendre pour se hausser jusqu'à la fenêtre et, à moins que je me trompe et que j'attribue au peintre des intentions qu'il n'avait pas, il me semble que le gnome qui forme le sommet de la pyramide et qui scie les barreaux de la grille, faisant ainsi ce que le prisonnier lui-même serait heureux de pouvoir faire, présente une ressemblance frappante avec ce dernier.

Dans tous les autres rêves, sauf les rêves d'enfants et ceux du type infantile, la déformation, avons-nous dit, constitue un obstacle sur notre chemin. Nous ne pouvons pas dire de prime abord s'ils représentent, eux aussi, des réalisations de désirs, comme nous sommes portés à le croire ; leur contenu manifeste ne nous révèle rien sur l'excitation psychique à laquelle ils doivent leur origine et il nous est impossible de prouver qu'ils visent également à écarter ou à annuler cette excitation. Ces rêves doivent être interprétés, c'est-à-dire traduits, leur déformation doit être redressée et leur contenu manifeste remplacé par leur contenu latent : alors seulement nous pourrons juger si les données valables pour les rêves infantiles le sont également pour tous les rêves sans exception.

---

1. Au sujet de ce rêve, voir plus haut.

CHAPITRE 9
LA CENSURE DU RÊVE

L'étude des rêves d'enfants nous a révélé le mode d'origine, l'essence et la fonction du rêve. *Le rêve est un moyen de suppression d'excitations (psychiques) venant troubler le sommeil, cette suppression s'effectuant à l'aide de la satisfaction hallucinatoire.* En ce qui concerne les rêves d'adultes, nous n'avons pu en expliquer qu'un seul groupe, ceux notamment que nous avons qualifiés de rêves du type infantile. Quant aux autres, nous ne savons encore rien les concernant ; je dirais même que nous ne les comprenons pas. Nous avons obtenu un résultat provisoire dont il ne faut pas sous-estimer la valeur : toutes les fois qu'un rêve nous est parfaitement intelligible, il se révèle comme étant une satisfaction hallucinatoire d'un désir. Il s'agit là d'une coïncidence qui ne peut être ni accidentelle ni indifférente.

Quand nous nous trouvons en présence d'un rêve d'un autre genre, nous admettons, à la suite de diverses réflexions et par analogie avec la conception des actes manqués, qu'il constitue une substitution déformée d'un contenu qui nous est inconnu et auquel il doit être ramené. Analyser, comprendre cette *déformation du rêve,* telle est donc notre tâche immédiate.

La déformation du rêve est ce qui nous fait apparaître celui-ci comme étrange et incompréhensible. Nous voulons savoir beaucoup de choses à son sujet : d'abord son origine, son dynamisme ; ensuite ce qu'elle fait et, enfin, comment elle le fait. Nous pouvons dire aussi que la déformation du rêve est le produit du travail qui s'accomplit dans le rêve. Nous allons décrire ce travail du rêve et le ramener aux forces dont il subit l'action.

Or, écoutez le rêve suivant. Il a été consigné par une dame de notre cercle [1] et appartient, d'après ce qu'elle nous apprend, à une dame âgée, très estimée, très cultivée. Il n'a pas été fait d'analyse de ce rêve. Notre informatrice prétend que pour les personnes s'occupant de psychanalyse il n'a besoin d'aucune interprétation. La rêveuse elle-même ne l'a pas interprété, mais elle l'a jugé et condamné comme si elle avait su l'interpréter. Voici notamment comment elle s'est prononcée à son sujet : « et c'est une femme de 50 ans qui fait un rêve aussi horrible et stupide, une femme qui nuit et jour n'a pas d'autre souci que celui de son enfant ! »

Et, maintenant, voici le rêve concernant les *services d'amour*. « Elle se rend à l'hôpital militaire N1 et dit au planton qu'elle a à parler au médecin en chef (elle donne un nom qui lui est inconnu) auquel elle veut offrir ses services à l'hôpital. Ce disant, elle accentue le mot *services* de telle sorte que le sous-officier s'aperçoit aussitôt qu'il s'agit de *services d'amour*. Voyant qu'il a affaire à une dame âgée, il la laisse passer après quelque hésitation. Mais au lieu de parvenir jusqu'au médecin en chef, elle échoue dans une grande et sombre pièce où de nombreux officiers et médecins militaires se tiennent assis ou debout autour d'une longue table. Elle s'adresse avec son offre à un médecin-major qui la comprend dès les premiers mots. Voici le texte de son discours tel qu'elle l'a prononcé dans son rêve : « Moi et beaucoup d'autres femmes et jeunes filles de Vienne, nous sommes prêtes, aux soldats, hommes et officiers sans distinction... » À ces mots, elle entend (toujours en rêve) un murmure.

Mais l'expression, tantôt gênée, tantôt malicieuse, qui se peint sur les visages des officiers, lui prouve que tous les assistants comprennent bien ce qu'elle veut dire. La dame continue : « Je sais que notre décision peut paraître bizarre, mais nous la prenons on ne peut plus au sérieux. On ne demande pas au soldat en campagne s'il veut mourir ou non. » Ici une minute de silence pénible. Le médecin-major la prend par la taille et lui dit : « Chère madame, supposez que nous en venions réellement là... » (Murmures.) Elle se dégage de son bras, tout en pensant que celui-ci en vaut bien un autre, et répond : « Mon Dieu, je suis une vieille femme et il se peut que je ne me trouve jamais dans ce cas. Une condition doit toutefois être remplie : il faudra tenir compte de l'âge, il ne faudra pas qu'une femme âgée et un jeune garçon... (murmures) ; ce serait horrible. » — Le médecin-major : « Je vous comprends parfaitement. » Quelques officiers, parmi lesquels s'en trouve un qui lui avait fait la cour dans sa jeunesse, éclatent de rire, et la dame désire être conduite auprès du médecin en chef qu'elle connaît, afin de mettre les choses au clair. Mais elle constate, à son grand étonnement, qu'elle ignore le nom de ce médecin. Néanmoins le médecin-major lui indique poliment et respectueusement un escalier en fer, étroit et en spirale, qui conduit aux étages supérieurs et lui recommande de monter jusqu'au second. En montant, on entend un officier dire : « C'est une décision colossale, que la femme soit jeune ou vieille. Tous mes respects ! » Avec la conscience d'accomplir un devoir, elle monte un escalier interminable.

« Le même rêve se reproduit encore deux fois en l'espace de quelques semaines, avec des changements (selon l'appréciation de la dame) tout à fait insignifiants et parfaitement absurdes. »

Ce rêve se déroule comme une fantaisie diurne ; il ne présente que peu de discontinuité, et tels détails de son contenu auraient pu être éclaircis si l'on avait pris soin de se renseigner, ce qui, vous le savez, n'a pas été fait. Mais ce qui est pour nous le plus important et le plus intéressant, c'est qu'il présente certaines lacunes, non dans les souvenirs, mais dans le contenu. À trois reprises le contenu se trouve comme épuisé, le discours de la dame étant chaque fois interrompu par un murmure. Aucune analyse de ce rêve n'ayant été faite, nous n'avons pas, à proprement parler, le droit de nous prononcer sur son sens. Il y a toutefois des allusions, comme celle impliquée dans les mots *services d'amour,* qui autorisent certaines conclusions, et surtout les fragments de discours qui précèdent immédiatement le murmure ont besoin d'être complétés, ce qui ne peut être fait que dans un seul sens déterminé. En faisant les restitutions nécessaires, nous constatons que, pour remplir un devoir patriotique, la rêveuse est prête à mettre sa personne à la disposition des soldats et des officiers pour la satisfaction de leurs besoins amoureux. Idée des plus scabreuses, modèle d'une invention audacieusement libidineuse ; seulement cette idée, cette fantaisie ne s'exprime pas dans le rêve. Là précisément où le contexte semble impliquer cette confession, celle-ci est remplacée dans le rêve manifeste par un murmure indistinct, se trouve effacée ou supprimée.

Vous soupçonnez sans doute que c'est précisément l'indécence de ces passages qui est la cause de leur suppression. Mais où trouvez-vous une analogie avec cette manière de procéder ? De nos jours, vous n'avez pas à la chercher bien loin [2] Ouvrez n'importe quel journal politique, et vous trouverez de-ci, de-là le texte interrompu et faisant apparaître le blanc du papier. Vous savez que cela a été fait en exécution d'un ordre de la censure. Sur ces espaces blancs devaient figurer des passages qui, n'ayant pas agréé aux autorités supérieures de la censure, ont dû être supprimés. Vous vous dites que c'est dommage, que les passages supprimés pouvaient bien être les plus intéressants, les « meilleurs passages ».

D'autres fois la censure ne s'exerce pas sur des passages tout achevés. L'auteur, ayant prévu que certains passages se heurteront à un *veto* de la censure, les a au préalable atténués, légèrement modifiés, ou s'est contenté d'effleurer ou de désigner par des allusions ce qu'il avait pour ainsi dire au bout de sa plume. Le journal paraît alors avec des blancs, mais certaines périphrases et obscurités vous révéleront facilement les efforts que l'auteur a faits pour échapper à la censure officielle, en s'imposant sa propre censure préalable.

Maintenons cette analogie. Nous disons que les passages du discours de notre dame qui se trouvent omis ou sont couverts par un murmure ont été, eux aussi, victimes d'une censure. Nous parlons directement d'une *censure du rêve* à laquelle on doit attribuer un certain rôle dans la déformation des rêves. Toutes les fois que le rêve manifeste présente des lacunes, il faut incriminer l'intervention de la censure du rêve. Nous pouvons même aller plus loin et dire que toutes les fois que nous nous trouvons en présence d'un élément de rêve particulièrement faible, indéterminé et douteux, alors que d'autres ont laissé des souvenirs nets et distincts, on doit admettre que celui-là a subi l'action de la censure. Mais la censure se manifeste rarement d'une façon aussi ouverte, aussi naïve, pourrait-on dire, que dans le rêve dont nous nous occupons ici. Elle s'exerce le plus souvent selon la deuxième modalité en imposant des atténuations, des approximations, des allusions à la pensée véritable.

La censure des rêves s'exerce encore selon une troisième modalité dont je ne trouve pas l'analogie dans le domaine de la censure de la presse ; mais je puis vous illustrer cette modalité sur un exemple, celui du seul rêve que nous ayons analysé. Vous vous souvenez sans doute du rêve où figuraient « trois mauvaises places de théâtre pour 1,50 fl ». Dans les idées latentes de ce rêve l'élément « à l'avance, trop tôt » occupait le premier plan : ce fut une absurdité de se marier si tôt, il fut, également absurde de se procurer des billets de théâtre si longtemps à *l'avance,* ce fut ridicule de la part de la belle-sœur de mettre une telle *hâte* à dépenser l'argent pour s'acheter un bijou. De cet élément central des idées du rêve rien n'avait passé dans le rêve manifeste, dans lequel tout gravitait autour du fait de se rendre au théâtre et de se procurer des billets. Par ce déplacement du centre de gravité, par ce regroupement des éléments du contenu, le rêve manifeste devient si dissemblable au rêve latent qu'il est impossible de soupçonner celui-ci à travers celui-là. Ce déplacement du centre de gravité est un des principaux moyens par lesquels s'effectue la déformation des rêves ; c'est lui qui imprime au rêve ce caractère bizarre qui le fait apparaître aux yeux du rêveur lui-même comme n'étant pas sa propre production.

Omission, modification, regroupement des matériaux tels sont donc les effets de la censure et les moyens de déformation des rêves. La censure même est la principale cause ou l'une des principales causes de la déformation des rêves dont l'examen nous occupe maintenant. Quant à la modification et au regroupement, nous avons l'habitude de les concevoir également comme des moyens de « déplacement ».

Après ces remarques sur les effets de la censure des rêves, occupons-nous de son dynamisme. Ne prenez pas cette expression dans un sens trop anthropomorphique et ne vous représentez pas le censeur du rêve sous les traits d'un petit bonhomme sévère ou d'un esprit logé dans un compartiment du cerveau d'où ils exerceraient ses fonctions ; ne donnez pas non plus au mot dynamisme un sens trop « localisatoire », en pensant à un centre cérébral d'où émanerait l'influence censurante qu'une lésion ou une ablation de ce centre pourrait supprimer. Ne voyez dans ce mot qu'un terme commode pour désigner une relation dynamique. Il ne nous empêche nullement de demander par quelles tendances et sur quelles tendances s'exerce cette influence ; et nous ne serons pas surpris d'apprendre qu'il nous est déjà arrivé antérieurement de nous trouver en présence de la censure des rêves, sans peut-être nous rendre compte de quoi il s'agissait.

C'est en effet ce qui s'est produit. Souvenez-vous de l'étonnante constatation que nous avions faite lorsque nous avons commencé à appliquer notre technique de la libre association. Nous avons senti alors une résistance s'opposer à nos efforts de passer de l'élément du rêve à l'élément inconscient dont il est la substitution. Cette résistance, avons-nous dit, peut varier d'intensité ; elle peut être notamment d'une intensité tantôt prodigieuse, tantôt tout à fait insignifiante. Dans ce dernier cas, notre travail d'interprétation n'a que peu d'étapes à franchir ; mais lorsque l'intensité est grande, nous devons suivre, à partir de l'élément, une longue chaîne d'associations qui nous en éloigne beaucoup et, chemin faisant, nous devons surmonter toutes les difficultés qui se présentent sous la forme d'objections critiques contre les idées surgissant à propos du rêve. Ce qui, dans notre travail d'interprétation, se présentait sous l'aspect d'une résistance, doit être intégré dans le travail qui s'accomplit dans le rêve, la résistance en question n'étant que l'effet de la censure qui s'exerce sur le rêve. Nous voyons ainsi que la censure ne borne pas sa fonction à déterminer une déformation du rêve, mais qu'elle s'exerce d'une façon permanente et ininterrompue, afin de maintenir et conserver la déformation produite. D'ailleurs, de même que la résistance à laquelle nous nous heurtions lors de l'interprétation variait d'intensité d'un élément à l'autre, la déformation produite par la censure diffère elle aussi, dans le même rêve, d'un élément à l'autre. Si l'on compare le rêve manifeste et le rêve latent, on constate que certains éléments latents ont été complètement éliminés, que d'autres ont subi des modifications plus ou moins importantes, que d'autres encore ont passé dans le contenu manifeste du rêve sans avoir subi aucune modification, peut-être même renforcés.

Mais nous voulions savoir par quelles tendances et contre quelles tendances s'exerce la censure. À cette question, qui est d'une importance fondamentale pour l'intelligence du rêve, et peut-être même de la vie humaine en général, on obtient facilement la réponse si l'on parcourt la série des rêves qui ont pu être soumis à l'interprétation. Les tendances exerçant la censure sont celles que le rêveur, dans son jugement de l'état de veille, reconnaît comme étant siennes, avec lesquelles il se sent d'accord. Soyez certains que lorsque vous refusez de donner votre acquiescement à une interprétation correcte d'un de vos rêves, les raisons qui vous dictent votre refus sont les mêmes que celles qui président à la censure et à la déformation et rendent l'interprétation nécessaire. Pensez seulement au rêve de notre dame quinquagénaire. Sans avoir interprété son rêve, elle le trouve horrible, mais elle aurait été encore plus désolée si Mme la doctoresse V. Hug lui avait fait tant soit peu part des données obtenues par l'interprétation qui dans ce cas s'imposait. Ne doit-on pas voir précisément une sorte de condamnation de ces détails dans le fait que les parties les plus indécentes du rêve se trouvent remplacées par un murmure ?

Mais les tendances contre lesquelles est dirigée la censure des rêves doivent être décrites tout d'abord en se plaçant au point de vue de l'instance même représentée par la censure. On peut dire alors que ce sont là des tendances répréhensibles, indécentes au point de vue éthique, esthétique et social, que ce sont des choses auxquelles on n'ose pas penser ou auxquelles on ne pense qu'avec horreur. Ces désirs censurés et qui reçoivent dans le rêve une expression déformée sont avant tout les manifestations d'un égoïsme sans bornes et sans scrupules. Il n'est d'ailleurs pas de rêve dans lequel le moi du rêveur ne joue le principal rôle, bien qu'il sache fort bien se dissimuler dans le contenu manifeste. Ce « sacro egoismo » du rêve n'est certainement pas sans rapport avec notre disposition au sommeil qui consiste précisément dans le détachement de tout intérêt pour le monde extérieur.

Le moi débarrassé de toute entrave morale cède à toutes les exigences de l'instinct sexuel, à celles que notre éducation esthétique a depuis longtemps condamnées et à celles qui sont en opposition avec toutes les règles de restriction morale. La recherche du plaisir, ce que nous appelons la *libido,* choisit ses objets sans rencontrer aucune résistance, et elle choisit de préférence les objets défendus ; elle choisit non seulement la femme d'autrui, mais aussi les objets auxquels l'accord unanime de l'humanité a conféré un caractère sacré : l'homme porte son choix sur sa mère et sa sœur, la femme sur son père et son frère (le rêve de notre dame quinquagénaire est également incestueux, sa *libido* était incontestablement dirigée sur son fils). Des convoitises que nous croyons étrangères à la nature humaine se montrent suffisamment fortes pour provoquer des rêves.

La haine se donne librement carrière. Les désirs de vengeance, les souhaits de mort à l'égard de personnes qu'on aime le plus dans la vie, parents, frères, sœurs, époux, enfants, sont loin d'être des manifestations exceptionnelles dans les rêves. Ces désirs censurés semblent remonter d'un véritable enfer ; l'interprétation faite à l'état de veille montre que les sujets ne s'arrêtent devant aucune censure pour les réprimer.

Mais ce méchant contenu ne doit pas être imputé au rêve lui-même. N'oubliez pas que ce contenu remplit une fonction inoffensive, utile même, qui consiste à défendre le sommeil contre toutes les causes de trouble. Cette méchanceté n'est pas inhérente à la nature même du rêve car vous n'ignorez pas qu'il y a des rêves dans lesquels on peut reconnaître la satisfaction de désirs légitimes et de besoins organiques impérieux. Ces derniers rêves ne subissent d'ailleurs aucune déformation ; ils n'en ont pas besoin, étant à même de remplir leur fonction sans porter la moindre atteinte aux tendances morales et esthétiques du moi. Sachez également que la déformation du rêve s'accomplit en fonction de deux facteurs. Elle est d'autant plus prononcée que le désir ayant à subir la censure est plus répréhensible et que les exigences de la censure à un moment donné sont plus sévères. C'est pourquoi une jeune fille bien élevée et d'une pudeur farouche déformera, en leur imposant une censure impitoyable, des tentations éprouvées dans le rêve, alors que ces tentations nous apparaissent à nous autres médecins comme des désirs innocemment libidineux et apparaîtront comme tels à la rêveuse elle-même quand elle sera de dix ans plus vieille.

Du reste, nous n'avons aucune raison suffisante de nous indigner à propos de ce résultat de notre travail d'interprétation. Je crois que nous ne le comprenons pas encore bien ; mais nous avons avant tout pour tâche de le préserver contre certaines attaques. Il n'est pas difficile d'y trouver des points faibles. Nos interprétations de rêves ont été faites sous la réserve d'un certain nombre de suppositions, à savoir que le rêve en général a un sens, qu'on doit attribuer au sommeil normal des processus psychiques inconscients analogues à ceux qui se manifestent dans le sommeil hypnotique et que toutes les idées qui surgissent à propos des rêves sont déterminées. Si, partant de ces hypothèses, nous avions abouti, dans nos interprétations des rêves, à des résultats plausibles, nous aurions le droit de conclure que les hypothèses en question répondent à la réalité des faits. Mais, en présence des résultats que nous avons effectivement obtenus, plus d'un serait tenté de dire : ces résultats étant impossibles, absurdes ou, tout au moins, très invraisemblables, les hypothèses qui leur servent de base ne peuvent être que fausses. Ou le rêve n'est pas mi-phénomène psychique, ou l'état normal ne comporte aucun processus inconscient, ou enfin votre technique est quelque part en défaut. Ces conclusions ne sont-elles pas plus simples et satisfaisantes que toutes les horreurs que vous avez soi-disant découvertes en partant de vos hypothèses ?

Elles sont en effet et plus simples et plus satisfaisantes, mais il ne s'ensuit pas qu'elles soient plus exactes.

Patientons : la question n'est pas encore mûre pour la discussion. Avant d'aborder celle-ci, nous ne pouvons que renforcer la critique dirigée contre nos interprétations des rêves. Que les résultats de ces interprétations soient peu réjouissants et appétissants, voilà ce qui importe encore relativement peu. Mais il y a un argument plus solide : c'est que les rêveurs que nous mettons au courant des désirs et des tendances que nous dégageons de l'interprétation de leurs rêves repoussent ces désirs et tendances avec la plus grande énergie et en s'appuyant sur de bonnes raisons. « Comment ? dit l'un, vous voulez me démontrer, d'après mon rêve, que je regrette les sommes que j'ai dépensées pour doter mes sœurs et élever mon frère ? Mais c'est là chose impossible, car je ne travaille que pour ma famille, je n'ai pas d'autre intérêt dans la vie que l'accomplissement de mon devoir envers elle, ainsi que je l'avais promis, en ma qualité d'aîné, à notre pauvre mère. » Ou voici une rêveuse qui nous dit : « Vous osez prétendre que je souhaite la mort de mon mari Mais c'est là une absurdité révoltante ! Je ne vous dirai pas seulement, et vous n'y croirez probablement pas, que nous formons un ménage des plus heureux ; mais sa mort me priverait du coup de tout ce que je possède au monde. » Un autre encore nous dirait : « Vous avez l'audace de m'attribuer des convoitises sensuelles à l'égard de ma sœur ? Mais c'est ridicule ; elle ne m'intéresse en aucune façon, car nous sommes en mauvais termes et il y a des années que nous n'avons pas échangé une parole. » Passe encore si ces rêveurs se contentaient de ne pas confirmer ou de nier les tendances que nous leur attribuons : nous pourrions dire alors qu'il s'agit là de choses qu'ils ignorent. Mais ce qui devient à la fois déconcertant, c'est qu'ils prétendent éprouver des désirs diamétralement opposés à ceux que nous leur attribuons d'après leurs rêves et qu'ils sont à même de nous démontrer la prédominance de ces désirs opposés dans toute la conduite de leur vie. Ne serait-il pas temps de renoncer une fois pour toutes à notre travail d'interprétation dont les résultats nous ont amenés *ad absurdum ?*

Non, pas encore. Pas plus que les autres, cet argument, malgré sa force en apparence plus grande, ne résistera à notre critique. À supposer qu'il existe dans la vie psychique des tendances inconscientes, quelle preuve peut-on tirer contre elles du fait de l'existence de tendances diamétralement opposées dans la vie consciente ? Il y a peut-être place dans la vie psychique pour des tendances contraires, pour des antinomies existant côte à côte ; et il est possible que la prédominance d'une tendance soit la condition du *refoulement* dans l'inconscient de celle qui lui est contraire. Reste cependant l'objection d'après laquelle les résultats de l'interprétation des rêves ne seraient ni simples, ni encourageants. En ce qui concerne la simplicité, je vous ferai remarquer que ce n'est pas elle qui vous aidera à résoudre les problèmes relatifs aux rêves, chacun de ces problèmes nous mettant dès le début en présence de circonstances compliquées ; et quant au caractère peu encourageant de nos résultats, je dois vous dire que vous avez tort de vous laisser guider par la sympathie ou l'antipathie dans vos jugements scientifiques. Les résultats de l'interprétation des rêves vous apparaissent peu agréables, voire honteux et repoussants ? Quelle importance cela a-t-il : « Ça ne les empêche pas d'exister [3] », ai-je entendu dire dans un cas analogue à mon maître Charcot, alors que, jeune médecin, j'assistais à ses démonstrations cliniques. Il faut avoir l'humilité de refouler ses sympathies et antipathies si l'on veut connaître la réalité des choses de ce monde. Si un physicien venait vous démontrer que la vie organique doit s'éteindre sur la terre dans un délai très rapproché, vous aviseriez-vous de lui répondre : « Non, ce n'est pas possible ; cette perspective est trop décourageante ? » Je crois plutôt que vous observerez le silence, jusqu'à ce qu'un autre physicien ait réussi à démontrer que la conclusion du premier repose sur de fausses suppositions ou de faux calculs. En repoussant ce qui vous est désagréable, vous reproduisez le mécanisme de la formation de rêves, au lieu de chercher à le comprendre et à le dominer.

Vous vous déciderez peut-être à faire abstraction du caractère repoussant des désirs censurés des rêves, mais pour vous rabattre sur l'argument d'après lequel il serait invraisemblable que le mal occupe une si large place dans la constitution de l'homme. Mais vos propres expériences vous autorisent-elles à vous servir de cet argument ? Je ne parle pas de l'opinion que vous pouvez avoir de vous-mêmes ; mais vos supérieurs et vos concurrents ont-ils fait preuve à votre égard de tant de bienveillance, vos ennemis se sont-ils montrés à votre égard assez chevaleresques et avez-vous constaté chez les gens qui vous entourent si peu de jalousie, pour que vous croyiez de votre devoir de protester contre la part que nous assignons au mal égoïste dans la nature humaine ? Ne savez-vous donc pas à quel point la moyenne de l'humanité est incapable de dominer ses passions, dès qu'il s'agit de la vie sexuelle ? Ou ignorez-vous que tous les excès et toutes les débauches dont nous rêvons la nuit sont journellement commis (dégénérant souvent en crimes) par des hommes éveillés ? La psychanalyse fait-elle autre chose que confirmer la vieille maxime de Platon que les bons sont ceux qui se contentent de rêver ce que les autres, les méchants, font en réalité ?

Et maintenant, vous détournant de l'individuel, rappelez-vous la Grande Guerre qui vient de dévaster l'Europe et songez à toute la brutalité, à toute la férocité et à tous les mensonges qu'elle a déchaînés sur le monde civilisé. Croyez-vous qu'une poignée d'ambitieux et de meneurs sans scrupules aurait suffi à déchaîner tous ces mauvais esprits sans la complicité de millions de menés ? Auriez-vous le courage, devant ces circonstances, de rompre quand même une lance en faveur de l'exclusion du mal de la constitution psychique de l'homme ?

Vous me direz que je porte sur la guerre un jugement unilatéral ; que la guerre a fait ressortir ce qu'il y a dans l'homme de plus beau et de plus noble : son héroïsme, son esprit de sacrifice, son sentiment social. Sans doute ; mais ne vous rendez pas coupables de l'injustice qu'on a souvent commise à l'égard de la psychanalyse en lui reprochant de nier une chose, pour la seule raison qu'elle en affirme une autre. Loin de nous l'intention de nier les nobles tendances de la nature humaine, et nous n'avons rien fait pour en rabaisser la valeur. Au contraire . je vous parle non seulement des mauvais désirs censurés dans le rêve, mais aussi de la censure même qui refoule ces désirs et les rend méconnaissables. Si nous insistons sur ce qu'il y a de mauvais dans l'homme, c'est uniquement parce que d'autres le nient, ce qui n'améliore pas la nature humaine, mais la rend seulement inintelligible. C'est en renonçant à l'appréciation morale unilatérale que nous avons des chances de trouver la formule exprimant exactement les rapports qui existent entre ce qu'il y a de bon et ce qu'il y a de mauvais dans la nature humaine.

Tenons-nous-en donc là. Alors même que nous trouverons

étranges les résultats de notre travail d'interprétation des rêves, nous ne devrons pas les abandonner. Peut-être nous sera-t-il possible plus tard de nous rapprocher de leur compréhension en suivant une autre voie. Pour le moment, nous maintenons ceci : la déformation du rêve est une conséquence de la censure que les tendances avouées du moi exercent contre des tendances et des désirs indécents qui surgissent en nous la nuit, pendant le sommeil. Pourquoi ces désirs et tendances naissent-ils la nuit et d'où proviennent-ils ? Cette question reste ouverte et attend de nouvelles recherches.

Mais il serait injuste de notre part de ne pas faire ressortir sans retard un autre résultat de nos recherches. Les désirs qui, surgissant dans les rêves, viennent troubler notre sommeil nous sont inconnus ; nous n'apprenons leur existence qu'à la suite de l'interprétation du rêve. On peut donc provisoirement les qualifier d'inconscients au sens courant du mot. Mais nous devons nous dire qu'ils sont plus que provisoirement inconscients. Ainsi que nous l'avons vu dans beaucoup de cas, le rêveur les nie, après même que l'interprétation les a rendus manifestes. Nous avons ici la même situation que lors de l'interprétation du lapsus « Aufstossen [4] » où l'orateur indigné nous affirmait qu'il ne se connaissait et ne s'était jamais connu aucun sentiment irrespectueux envers son chef. Nous avions déjà à ce moment-là mis en doute la valeur de cette assurance, et nous avons seulement admis que l'orateur pouvait n'avoir pas conscience de l'existence en lui d'un pareil sentiment. La même situation se reproduit chaque fois que nous interprétons un rêve fortement déformé, ce qui ne peut qu'augmenter son importance pour notre conception. Aussi sommes-nous tout disposés à admettre qu'il existe dans la vie psychique des processus, des tendances dont on ne sait généralement rien, dont on ne sait rien depuis longtemps, dont on n'a peut-être jamais rien su. De ce fait, l'inconscient se présente à nous avec un autre sens ; le facteur d'« actualité » ou de « momentanéité » cesse d'être un de ses caractères fondamentaux ; l'inconscient peut être inconscient d'une façon *permanente,* et non seulement « momentanément latent ». Il va sans dire que nous aurons à revenir là-dessus plus tard et avec plus de détails.

1. Mme la doctoresse V. Hug-Hellmuth.
2. Nous rappelons aux lecteurs français que ces leçons ont été faites pendant la guerre.
3. En français dans le texte.
4. Voir plus haut, chapitre 2.

CHAPITRE 10

LE SYMBOLISME DANS LE RÊVE

Nous avons trouvé que la déformation qui nous empêche de comprendre le rêve est l'effet d'une censure exerçant son activité contre les désirs inacceptables, inconscients. Mais nous n'avons naturellement pas affirmé que la censure soit le seul facteur produisant la déformation, et l'étude plus approfondie du rêve nous permet en effet de constater que d'autres facteurs prennent part, à côté de la censure, à la production de ce phénomène. Ceci, disions-nous, est tellement vrai qu'alors même que la censure serait totalement éliminée, notre intelligence du rêve ne s'en trouverait nullement facilitée, et le rêve manifeste ne coïnciderait pas alors davantage avec les idées latentes du rêve.

C'est en tenant compte d'une lacune de notre technique que nous parvenons à découvrir ces autres facteurs qui contribuent à obscurcir et à déformer les rêves. Je vous ai déjà accordé que chez les sujets analysés les éléments particuliers d'un rêve n'éveillent parfois aucune idée. Certes, ce fait est moins fréquent que les sujets ne l'affirment ; dans beaucoup de cas on fait surgir des idées à force de persévérance et d'insistance. Mais il n'en reste pas moins que dans certains cas l'association se trouve en défaut ou, lorsqu'on provoque son fonctionnement, ne donne pas ce qu'on en attendait. Lorsque ce fait se produit au cours d'un traitement psychanalytique, il acquiert une importance particulière dont nous n'avons pas à nous occuper ici. Mais il se produit aussi lors de l'interprétation de rêves de personnes normales ou de celle de nos propres rêves. Dans les cas de ce genre, lorsqu'on a acquis l'assurance que toute insistance est inutile, on finit par découvrir que cet accident indésirable se produit régulièrement à propos de certains éléments déterminés du rêve. On se rend compte alors qu'il s'agit, non d'une insuffisance accidentelle ou exceptionnelle de la technique, mais d'un fait régi par certaines lois.

En présence de ce fait, on éprouve la tentation d'interpréter soi-même ces éléments « muets » du rêve, d'en effectuer la traduction par ses propres moyens. On a l'impression d'obtenir un sens satisfaisant chaque fois qu'on se fie à pareille interprétation, alors que le rêve reste dépourvu de sens et de cohésion, tant qu'on ne se décide pas à entreprendre ce travail. À mesure que celui-ci s'applique à des cas de plus en plus nombreux, à la condition qu'ils soient analogues, notre tentative, d'abord timide, devient de plus en plus assurée.

Je vous expose tout cela d'une façon quelque peu schématique, mais l'enseignement admet les exposés de ce genre lorsqu'ils simplifient la question sans la déformer.

En procédant comme nous venons de le dire, on obtient, pour une série d'éléments de rêves, des traductions constantes, tout à fait semblables à celles que nos « livres des songes » populaires donnent pour toutes les choses qui se présentent dans les rêves. J'espère, soit dit en passant, que vous n'avez pas oublié qu'avec notre technique de l'association on n'obtient jamais des traductions constantes des éléments de rêves.

Vous allez me dire que ce mode d'interprétation vous semble encore plus incertain et plus sujet à critique que celui à l'aide d'idées librement pensées. Mais là intervient un autre détail. Lorsque, à la suite d'expériences répétées, on a réussi à réunir un nombre assez considérable de ces traductions constantes, on s'aperçoit qu'il s'agit là d'interprétations qu'on aurait pu obtenir en se basant uniquement sur ce qu'on sait soi-même et que pour les comprendre on n'avait pas besoin de recourir aux souvenirs du rêveur. Nous verrons dans la suite de cet exposé d'où nous vient la connaissance de leur signification.

Nous donnons à ce rapport constant entre l'élément d'un rêve et sa traduction le nom de *symbolique,* l'élément lui-même étant un *symbole* de la pensée inconsciente du rêve. Vous vous souvenez sans doute qu'en examinant précédemment les rapports existant entre les éléments des rêves et leurs substrats, j'avais établi que l'élément d'un rêve peut être à son substrat ce qu'une partie est au tout, qu'il peut être aussi une allusion à ce substrat ou sa représentation figurée. En plus de ces trois genres de rapports, j'en avais alors annoncé un quatrième que je n'avais pas nommé. C'était justement le rapport symbolique, celui que nous introduisons ici. Des discussions très intéressantes s'y rattachent dont nous allons nous occuper avant d'exposer nos observations plus spécialement symboliques. Le symbolisme constitue peut-être le chapitre le plus remarquable de la théorie des rêves.

Disons avant tout qu'en tant que traductions permanentes, les symboles réalisent dans une certaine mesure l'idéal de l'ancienne et populaire interprétation des rêves, idéal dont notre technique nous a considérablement éloignés.

Ils nous permettent, dans certaines circonstances, d'interpréter un rêve sans interroger le rêveur qui d'ailleurs ne saurait rien ajouter au symbole. Lorsqu'on connaît les symboles usuels des rêves, la personnalité du rêveur, les circonstances dans lesquelles il vit et les impressions à la suite desquelles le rêve est survenu, on est souvent en état d'interpréter un rêve sans aucune difficulté, de le traduire, pour ainsi dire, à livre ouvert. Un pareil tour de force est fait pour flatter l'interprète et en imposer au rêveur ; il constitue un délassement bienfaisant du pénible travail que comporte l'interrogation du rêveur. Mais ne vous laissez pas séduire par cette facilité. Notre tâche ne consiste pas à exécuter des tours de force. La technique qui repose sur la connaissance des symboles ne remplace pas celle qui repose sur l'association et ne peut se mesurer avec elle. Elle ne fait que compléter cette dernière et lui fournir des données utilisables. Mais en ce qui concerne la connaissance de la situation psychique du rêveur, sachez que les rêves que vous avez à interpréter ne sont pas toujours ceux de personnes que vous connaissez bien, que vous n'êtes généralement pas au courant des événements du jour qui ont pu provoquer le rêve et que ce sont les idées et souvenirs du sujet analysé qui vous fournissent la connaissance de ce qu'on appelle la situation psychique.

Il est en outre tout à fait singulier, même au point de vue des connexions dont il sera question plus tard, que la conception symbolique des rapports entre le rêve et l'inconscient se soit heurtée à une résistance des plus acharnées. Même des personnes réfléchies et autorisées, qui n'avaient à formuler contre la psychanalyse aucune objection de principe, ont refusé de la suivre dans cette voie. Et cette attitude est d'autant plus singulière que le symbolisme n'est pas une caractéristique propre au rêve seulement et que sa découverte n'est pas l'œuvre de la psychanalyse qui a cependant fait par ailleurs beaucoup d'autres découvertes retentissantes. Si l'on veut à tout prix placer dans les temps modernes la découverte du symbolisme dans les rêves, on doit considérer comme son auteur le philosophe K.-A. Scherner (1861). La psychanalyse a fourni une confirmation à la manière de voir de Scherner, en lui faisant d'ailleurs subir de profondes modifications.

Et maintenant vous voudrez sans doute apprendre quelque chose sur la nature du symbolisme dans les rêves et en avoir quelques exemples. Je vous ferai volontiers part de ce que je sais sur ce sujet, tout en vous prévenant que ce phénomène ne nous est pas encore aussi compréhensible que nous le voudrions.

L'essence du rapport symbolique consiste dans une comparaison. Mais il ne suffit pas d'une comparaison quelconque pour que ce rapport soit établi. Nous soupçonnons que la comparaison requiert certaines conditions, sans pouvoir dire de quel genre sont ces conditions. Tout ce qui peut servir de comparaison avec un objet ou un processus n'apparaît pas dans le rêve comme un symbole de cet objet ou processus. D'autre part, le rêve, loin de symboliser sans choix, ne choisit à cet effet que certains éléments des idées latentes du rêve. Le symbolisme se trouve ainsi limité de chaque côté. On doit convenir également que la notion de symbole ne se trouve pas encore nettement délimitée, qu'elle se confond souvent avec celles de substitution, de représentation, etc., qu'elle se rapproche même de celle d'allusion. Dans certains symboles, la comparaison qui sert de base est évidente. Mais il en est d'autres à propos desquels nous sommes obligés de nous demander où il faut chercher le facteur commun, le *tertium comparationis* de la comparaison présumée. Une réflexion plus approfondie nous permettra parfois de découvrir ce facteur commun qui, dans d'autres cas, restera réellement caché. En outre, si le symbole est une comparaison, il est singulier que l'association ne nous fasse pas découvrir cette comparaison, que le rêveur lui-même ne la connaisse pas et s'en serve sans rien savoir à son sujet ; plus que cela : que le rêveur ne se montre nullement disposé à reconnaître cette comparaison lorsqu'elle est mise sous ses yeux. Vous voyez ainsi que le rapport symbolique est une comparaison d'un genre tout particulier et dont les raisons nous échappent encore. Peut-être trouverons-nous plus tard quelques indices relatifs à cet inconnu.

Les objets qui trouvent dans le rêve une représentation symbolique sont peu nombreux. Le corps humain, dans son ensemble, les parents, enfants, frères, sœurs, la naissance, la mort, la nudité, — et quelque chose de plus. C'est la *maison* qui constitue la seule représentation typique, c'est-à-dire régulière, de l'ensemble de la personne humaine. Ce fait a été reconnu déjà par Scherner qui voulait lui attribuer une importance de premier ordre, à tort selon nous. On se voit souvent en rêve glisser le long de façades de maisons, en éprouvant pendant cette descente une sensation tantôt de plaisir, tantôt d'angoisse. Les maisons aux murs lisses sont des hommes ; celles qui présentent des saillies et des balcons, auxquels on peut s'accrocher, sont des femmes. Les parents ont pour symboles *l'empereur* et *l'impératrice,* le *roi* et la *reine* ou d'autres personnages éminents : c'est ainsi que les rêves où figurent les parents évoluent dans une atmosphère de piété. Moins tendres sont les rêves où figurent des enfants, des frères ou sœurs, lesquels ont pour symboles de *petits animaux,* la *vermine.* La naissance est presque toujours représentée par une action dont *l'eau* est le principal facteur : on rêve soit qu'on se jette à l'eau ou qu'on en sort, soit qu'on retire une personne de l'eau ou qu'on en est retiré par elle, autrement dit qu'il existe entre cette personne et le rêveur une relation maternelle. La mort imminente est remplacée dans le rêve par le *départ,* par un *voyage en chemin de fer ;* la mort réalisée par certains présages obscurs, sinistres ; la nudité par des *habits* et *uniformes. Vous* voyez que nous sommes pour ainsi dire à cheval sur les deux genres de représentations : les symboles et les allusions.

En sortant de cette énumération plutôt maigre, nous abordons un domaine dont les objets et contenus sont représentés par un symbolisme extraordinairement riche et varié. C'est le domaine de la vie sexuelle, des organes génitaux, des actes sexuels, des relations sexuelles. La majeure partie des symboles dans le rêve sont des symboles sexuels. Mais ici nous nous trouvons en présence d'une disproportion remarquable. Alors que les contenus à désigner sont peu nombreux, les symboles qui les désignent le sont extraordinairement, de sorte que chaque objet peut être exprimé par des symboles nombreux, ayant tous à peu près la même valeur. Mais au cours de l'interprétation, on éprouve une surprise désagréable. Contrairement aux représentations des rêves qui, elles, sont très variées, les interprétations des symboles sont on ne peut plus monotones. C'est là un fait qui déplaît à tous ceux qui ont l'occasion de le constater. Mais qu'y faire ?

Comme c'est la première fois qu'il sera question, dans cet entretien, de contenus de la vie sexuelle, je dois vous dire comment j'entends traiter ce sujet. La psychanalyse n'a aucune raison de parler à mots couverts ou de se contenter d'allusions, elle n'éprouve aucune honte à s'occuper de cet important sujet, elle trouve correct et convenable d'appeler les choses par leur nom et considère que c'est là le meilleur moyen de se préserver contre des arrière-pensées troublantes. Le fait qu'on se trouve à parler devant un auditoire composé de représentants des deux sexes ne change rien à l'affaire. De même qu'il n'y a pas de science *ad usum delphini, il* ne doit pas y en avoir une à l'usage des jeunes filles naïves, et les dames que j'aperçois ici ont sans doute voulu marquer par leur présence qu'elles veulent être traitées, sous le rapport de la science, à l'égal des hommes.

Le rêve possède donc, pour les organes sexuels de l'homme, une foule de représentations qu'on peut appeler symboliques et dans lesquelles le facteur commun de la comparaison est le plus souvent évident. Pour l'appareil génital de l'homme, dans son ensemble, c'est surtout le nombre sacré 3 qui présente une importance symbolique. La partie principale, et pour les deux sexes la plus intéressante, de l'appareil génital de l'homme, la verge, trouve d'abord ses substitutions symboliques dans des objets qui lui ressemblent par la forme, à savoir : cannes, *parapluies, tiges, arbres,* etc. ; ensuite dans des objets qui ont en commun avec la verge de pouvoir pénétrer à l'intérieur d'un corps et causer des blessures : armes *pointues* de toutes sortes, telles que *couteaux, poignards, lames, sabres,* ou encore *armes à feu,* telles que *fusils, pistolets* et, plus particulièrement, l'arme qui par sa forme se prête tout spécialement à cette comparaison, c'est-à-dire le *revolver.* Dans les cauchemars des jeunes filles la poursuite par un homme armé d'un couteau ou d'une arme à feu joue un grand rôle. C'est là peut-être le cas le plus fréquent du symbolisme des rêves, et son interprétation ne présente aucune difficulté. Non moins compréhensible est la représentation du membre masculin par des objets d'où s'échappe un liquide : *robinets à eau, aiguières, sources jaillissantes,* et par d'autres qui sont susceptibles de s'allonger tels que *lampes à suspension, crayons à coulisse*, etc. Le fait que les *crayons*, les *porte-plumes*, les *limes à ongles,* les *marteaux* et autres instruments sont incontestablement des représentations symboliques de l'organe sexuel masculin tient à son tour à une conception facilement compréhensible de cet organe.

La remarquable propriété que possède celui-ci de pouvoir se redresser contre la pesanteur, propriété qui forme une partie du phénomène de l'érection, a créé la représentation symbolique à l'aide de ballons, d'avions et même de *dirigeables Zeppelin*. Mais le rêve connaît encore un autre moyen, beaucoup plus expressif, de symboliser l'érection. Il fait de l'organe sexuel l'essence même de la personne et fait voler celle-ci tout entière. Ne trouvez pas étonnant si je vous dis que les rêves souvent si beaux que nous connaissons tous et dans lesquels le vol joue un rôle si important doivent être interprétés comme ayant pour base une excitation sexuelle générale, le phénomène de l'érection. Parmi les psychanalystes, c'est P. Federn qui a établi cette interprétation à l'aide de preuves irréfutables, mais même un expérimentateur aussi impartial, aussi étranger et peut-être même aussi ignorant de la psychanalyse que Mourly-Vold est arrivé aux mêmes conclusions, à la suite de ses expériences qui consistaient à donner aux bras et aux jambes, pendant le sommeil, des positions artificielles. Ne m'objectez pas le fait que des femmes peuvent également rêver qu'elles volent. Rappelez-vous plutôt que nos rêves veulent être des réalisations de désirs et que le désir, conscient ou inconscient, d'être un homme est très fréquent chez la femme. Et ceux d'entre vous qui sont plus ou moins versés dans l'anatomie ne trouveront rien d'étonnant à ce que la femme soit à même de réaliser ce désir à l'aide des mêmes sensations que celles éprouvées par l'homme. La femme possède en effet dans son appareil génital un petit membre semblable à la verge de l'homme, et ce petit membre, le clitoris, joue dans l'enfance et dans l'âge qui précède les rapports sexuels le même rôle que le pénis masculin.

Parmi les symboles sexuels masculins moins compréhensibles, nous citerons les *reptiles* et les *poissons,* mais surtout le fameux symbole du *serpent.* Pourquoi le *chapeau* et le *manteau* ont-ils reçu la même application ? C'est ce qu'il n'est pas facile de deviner, mais leur signification symbolique est incontestable. On peut enfin se demander si la substitution à l'organe sexuel masculin d'un autre membre tel que le pied ou la main, doit également être considérée comme symbolique. Je crois qu'en considérant l'ensemble du rêve et en tenant compte des organes correspondants de la femme, on sera le plus souvent obligé d'admettre cette signification.

L'appareil génital de la femme est représenté symboliquement par tous les objets dont la caractéristique consiste en ce qu'ils circonscrivent une cavité dans laquelle quelque chose peut être logé : *mines, fosses, cavernes, vases* et *bouteilles, boîtes de toutes formes, coffres, caisses, poches,* etc. Le *bateau* fait également partie de cette série. Certains symboles tels qu'*armoires, fours* et surtout *chambres* se rapportent à l'utérus plutôt qu'à l'appareil sexuel proprement dit. Le symbole *chambre* touche ici à celui de *maison, porte* et *portail* devenant à leur tour des symboles désignant l'accès de l'orifice sexuel. Ont encore une signification symbolique certains matériaux, tels que le *bois* et le *papier,* ainsi que les objets faits avec ces matériaux, tels que *table* et *livre.* Parmi les animaux, les *escargots* et les *coquillages* sont incontestablement des symboles féminins. Citons encore, parmi les organes du corps, la *bouche* comme symbole de l'orifice génital et, parmi les édifices, *l'église* et la *chapelle*. Ainsi vous le voyez, tous ces symboles ne sont pas également intelligibles.

On doit considérer comme faisant partie de l'appareil génital les seins qui, de même que les autres hémisphères, plus grandes, du corps féminin, trouvent leur représentation symbolique dans les *pommes*, les *pêches*, les *fruits* en général. Les poils qui garnissent l'appareil génital chez les deux sexes sont décrits par le rêve sous l'aspect d'une *forêt*, d'un *bosquet*. La topographie compliquée de l'appareil génital de la femme fait qu'on se le représente souvent comme un *paysage*, avec rocher, forêt, eau, alors que l'imposant mécanisme de l'appareil génital de l'homme est symbolisé sous la forme de toutes sortes de *machines* compliquées, difficiles à décrire.

Un autre symbole intéressant de l'appareil génital de la femme est représenté par le *coffret à bijoux* ; *bijou* et *trésor* sont les caresses qu'on adresse, même dans le rêve, à la personne aimée ; les *sucreries* servent souvent à symboliser la jouissance sexuelle. La satisfaction sexuelle obtenue sans le concours d'une personne du sexe opposé est symbolisée par toutes sortes de *jeux*, entre autres par le *jeu de piano*. Le *glissement*, la *descente brusque*, l'*arrachage d'une branche* sont des représentations finement symboliques de l'onanisme. Nous avons encore une représentation particulièrement remarquable dans la *chute d'une dent*, dans *l'extraction d'une dent : ce* symbole signifie certainement la castration, envisagée comme une punition pour les pratiques contre nature. Les symboles destinés à représenter plus particulièrement les rapports sexuels sont moins nombreux dans les rêves qu'on ne l'aurait cru d'après les communications que nous possédons. On peut citer, comme se rapportant à cette catégorie, des activités rythmiques telles que la *danse*, l'*équitation*, l'*ascension*, ainsi que des accidents violents, comme par exemple le fait *d'être écrasé par une voiture*. Ajoutons encore certaines activités *manuelles et*, naturellement, la *menace avec une arme*.

L'application et la traduction de ces symboles sont moins simples que vous ne le croyez peut-être. L'une et l'autre comportent nombre de détails inattendus. C'est ainsi que nous constatons ce fait incroyable que les différences sexuelles sont souvent à peine marquées dans ces représentations symboliques. Nombre de symboles désignent un organe génital en général-masculin ou féminin, peu importe : tel est le cas des symboles où figurent un *petit enfant,* une *petite fille*, un *petit fils*. D'autres fois, un symbole masculin sert à désigner une partie de l'appareil génital féminin, et inversement. Tout cela reste incompréhensible, tant qu'on n'est pas au courant du développement des représentations sexuelles des hommes. Dans certains cas cette ambiguïté des symboles peut n'être qu'apparente ; et les symboles les plus frappants, tels que *poche, arme, boîte*, n'ont pas cette application bisexuelle.

Commençant, non par ce que le symbole représente, mais par le symbole lui-même, je vais passer en revue les domaines auxquels les symboles sexuels sont empruntés, en faisant suivre cette recherche de quelques considérations relatives principalement aux symboles dont le facteur commun reste incompris. Nous avons un symbole obscur de ce genre dans le *chapeau,* peut-être dans tout couvre-chef en général, à signification généralement masculine, mais parfois aussi féminine. De même *manteau* sert à désigner un homme, quoique souvent à un point de vue autre que le point de vue sexuel. Vous êtes libre d'en demander la raison. La *cravate* qui descend sur la poitrine et qui n'est pas portée par la femme, est manifestement un symbole masculin. *Linge blanc, toile* sont en général des symboles féminins ; *habits, uniformes* sont nous le savons déjà, des symboles destinés à exprimer la nudité, les formes du corps ; *soulier, pantoufle* désignent symboliquement les organes génitaux de la femme. Nous avons déjà parlé de ces symboles énigmatiques, mais sûrement féminins, que sont la *table,* le *bois. Échelle, escalier, rampe,* ainsi que l'acte de monter sur une échelle, etc., sont certainement des symboles exprimant les rapports sexuels. En y réfléchissant de près, nous trouvons comme facteur commun la rythmique de l'ascension, peut-être aussi le *crescendo* de l'excitation : oppression, à mesure qu'on monte.

Nous avons déjà mentionné le *paysage*, en tant que représentation de l'appareil génital de la femme. Mon*tagne et rocher* sont des symboles du membre masculin, *jardin* est un symbole fréquent des organes génitaux de la femme. Le *fruit* désigne, non l'enfant, mais le sein. Les *animaux sauvages* servent à représenter d'abord des hommes passionnés, ensuite les mauvais instincts, les passions. *Boutons et fleurs* désignent les organes génitaux de la femme, et plus spécialement la virginité. Rappelez-vous à ce propos que les boutons sont effectivement les organes génitaux des plantes. Nous connaissons déjà le symbole *chambre. La* représentation se développant, les fenêtres, les entrées et sorties de la chambre acquièrent la signification d'ouvertures, d'orifices du corps. *Chambre ouverte*, *chambre close* font partie du même symbolisme, et la *clef* qui ouvre est incontestablement un symbole masculin.

Tels sont les matériaux qui entrent dans la composition du symbolisme dans les rêves. Ils sont d'ailleurs loin d'être complets, et notre exposé pourrait être étendu aussi bien en largeur qu'en profondeur. Mais je pense que mon énumération vous paraîtra plus que suffisante. Il se peut même que vous me disiez, exaspérés : « À vous entendre, nous ne vivrions que dans un monde de symboles sexuels. Tous les objets qui nous entourent, tous les habits que nous mettons, toutes les choses que nous prenons à la main, ne seraient donc, à votre avis, que des symboles sexuels, rien de plus ? » Je conviens qu'il y a là des choses faites pour étonner, et la première question qui se pose tout naturellement est celle-ci : comment pouvons-nous connaître la signification des symboles des rêves, alors que le rêveur lui-même ne nous fournit à leur sujet aucun renseignement ou que des renseignements tout à fait insuffisants ?

Je réponds : cette connaissance nous vient de diverses sources, des contes et des mythes, de farces et facéties, du folklore, c'est-à-dire de l'étude des mœurs, usages, proverbes et chants de différents peuples, du langage poétique et du langage commun. Nous y retrouvons partout le même symbolisme que nous comprenons souvent, sans la moindre difficulté. En examinant ces sources les unes après les autres, nous y découvrirons un tel parallélisme avec le symbolisme des rêves que nos interprétations sortiront de cet examen avec une certitude accrue.

Le corps humain, avons-nous dit, est souvent représenté d'après Scherner, par le symbole de la maison ; or, font également partie de ce symbole les fenêtres, portes, portes cochères qui symbolisent les accès dans les cavités du corps, les façades, lisses ou garnies de saillies et de balcons pouvant servir de points d'appui. Ce symbolisme se retrouve dans notre langage courant : c'est ainsi que nous saluons familièrement un vieil ami en le traitant de « vieille maison » [1] et que nous disons de quelqu'un que tout n'est pas en ordre à son « étage supérieur » [2].

Il paraît à première vue bizarre que les parents soient représentés dans les rêves sous l'aspect d'un couple royal ou impérial. Ne croyez-vous pas que dans beaucoup de contes qui commencent par la phrase : « Il était une fois un roi et une reine », on se trouve en présence d'une substitution symbolique de la phrase : « Il était une fois un père et une mère ? » Dans les familles, on appelle souvent les enfants, en plaisantant, *princes,* l'aîné recevant le titre de *Kronprinz.* Le roi lui-même se fait appeler le *père.* C'est encore en plaisantant que les petits enfants sont appelés *vers* et que nous disons d'eux avec compassion : les *pauvres petits vers (das arme Wurm).*

Mais revenons au symbole *maison* et à ses dérivés. Lorsqu'en rêve nous utilisons les saillies des maisons comme points d'appui, n'y a-t-il pas là une réminiscence de la réflexion bien connue que les gens du peuple formulent lorsqu'ils rencontrent une femme aux seins fortement développés : il y a là à quoi s'accrocher ? Dans la même occasion, les gens du peuple s'expriment encore autrement, en disant : « Voilà une femme qui a beaucoup de bois devant sa maison », comme s'ils voulaient confirmer notre interprétation qui voit dans le bois un symbole féminin, maternel.

À propos de bois, nous ne réussirons pas à comprendre la raison qui en a fait un symbole du maternel, du féminin, si nous n'invoquons pas l'aide de la linguistique comparée. Le mot allemand *Holz* (bois) aurait la même racine que le mot grec (ὕλη), qui signifie *matière,* matière brute. Mais il arrive souvent qu'un mot générique finit par désigner un objet particulier. Or, il existe dans l'Atlantique une île appelée Madère, nom qui lui a été donné par les Portugais lors de sa découverte, parce qu'elle était alors couverte de forêts. *Madeira* signifie précisément en portugais bois. Vous reconnaissez sans doute dans ce mot *madeira* le mot latin *materia* légèrement modifié et qui à son tour signifie *matière* en général. Or, le mot *materia* est un dérivé de *mater,* mère. La matière dont une chose est faite est comme son apport maternel. C'est donc cette vieille conception qui se perpétue dans l'usage symbolique de bois pour *femme, mère.*

La naissance se trouve régulièrement exprimée dans le rêve par l'intervention de l'eau : on se plonge dans l'eau ou on sort de l'eau, ce qui veut dire qu'on enfante ou qu'on naît. Or, n'oubliez pas que ce symbole peut être considéré comme se rattachant doublement à la vérité transformiste : d'une part (et c'est là un fait très reculé dans le temps) tous les mammifères terrestres, y compris les ancêtres de l'homme, descendent d'animaux aquatiques ; d'autre part, chaque mammifère, chaque homme passe la première phase de son existence dans l'eau, c'est-à-dire que son existence embryonnaire se passe dans le liquide placentaire de l'utérus de sa mère et naître signifie pour lui sortir de l'eau. Je n'affirme pas que le rêveur sache tout cela, mais j'estime aussi qu'il n'a pas besoin de le savoir. Le rêveur sait sans doute des choses qu'on lui avait racontées dans son enfance mais même au sujet de ces connaissances j'affirme qu'elles n'ont contribué en rien à la formation du symbole. On lui a raconté jadis que c'est la cigogne qui apporte les enfants. Mais où les trouve-t-elle ? Dans la rivière, dans le puits, donc toujours dans l'eau. Un de mes patients, alors tout jeune enfant, ayant entendu raconter cette histoire, avait disparu tout un après-midi. On finit par le retrouver au bord de l'étang du château qu'il habitait, le visage penché sur l'eau et cherchant à apercevoir au fond les petits enfants.

Dans les mythes relatifs à la naissance de héros, que O. Rank avait soumis à une analyse comparée (le plus ancien est celui concernant la naissance du roi Sargon, d'Agade, en l'an 2800 av. J.-C.), l'immersion dans l'eau et le sauvetage de l'eau jouent un rôle prédominant. Rank a trouvé qu'il s'agit là de représentations symboliques de la naissance, analogues à celles qui se manifestent dans le rêve. Lorsqu'on rêve qu'on sauve une personne de l'eau, on fait de cette personne sa mère ou une mère tout court ; dans le mythe, une personne qui a sauvé un enfant de l'eau, avoue être la véritable mère de cet enfant. Il existe une anecdote bien connue où l'on demande à un petit Juif intelligent : « Qui fut la mère de Moïse ? » Sans hésiter, il répond : « La princesse. — Mais non, lui objecte-t-on, celle-ci l'a seulement sauvé des eaux. — C'est elle qui le prétend » réplique-t-il, montrant ainsi qu'il a trouvé la signification exacte du mythe.

Le départ symbolise dans le rêve la mort. Et d'ailleurs, lorsqu'un enfant demande des nouvelles d'une personne qu'il n'a pas vue depuis longtemps, on a l'habitude de lui répondre, lorsqu'il s'agit d'une personne décédée, qu'elle est partie en voyage. Ici encore je prétends que le symbole n'a rien à voir avec cette explication à l'usage des enfants. Le poète se sert du même symbole lorsqu'il parle de l'au-delà comme d'un pays inexploré d'où aucun *voyageur* (no traveller) ne revient. Même dans nos conversations journalières, il nous arrive souvent de parler du dernier voyage. Tous les connaisseurs des anciens rites savent que la représentation d'un voyage au pays de la mort faisait partie de la religion de l'Égypte ancienne. Il reste de nombreux exemplaires du livre des morts qui, tel un Baedeker, accompagnait la momie dans ce voyage. Depuis que les lieux de sépulture ont été séparés des lieux d'habitation, ce dernier voyage du mort est devenu une réalité.

De même le symbolisme génital n'est pas propre au rêve seulement. Il est arrivé à chacun de vous de pousser, ne fût-ce qu'une fois dans la vie, l'impolitesse jusqu'à traiter une femme de « vieille boîte », sans savoir peut-être que ce disant vous vous serviez d'un symbole génital. Il est dit dans le Nouveau Testament : la femme est un vase faible. Les livres sacrés des Juifs sont, dans leur style si proche de la poésie, remplis d'expressions empruntées au symbolisme sexuel, expressions qui n'ont pas toujours été exactement comprises et dont l'interprétation, dans le Cantique des Cantiques par exemple, a donné lieu à beaucoup de malentendus. Dans la littérature hébraïque postérieure on trouve très fréquemment le symbole qui représente la femme comme une maison dont la porte correspond à l'orifice génital. Le mari se plaint par exemple, dans le cas de perte de virginité, d'avoir trouvé la *porte ouverte*. La représentation de la femme par le symbole *table* se rencontre également dans cette littérature. La femme dit de son mari : je lui ai dressé la table, *mais il la retourna*. Les enfants estropiés naissent pour la raison que le mari *retourne la table*. J'emprunte ces renseignements à une monographie de M. L. Levy, de Brünn, sur *Le symbolisme sexuel dans la Bible et le Talmud.*

Ce sont les étymologistes qui ont rendu vraisemblable la supposition que le bateau est une représentation symbolique de la femme : le nom *Schilf* (bateau), qui servait primitivement à désigner un *vase* en argile, ne serait en réalité qu'une modification du mot *Schaff* (écuelle). Que *four* soit le symbole de la femme et de la matrice, c'est ce qui nous est confirmé par la légende grecque relative à Périandre de Corinthe et à sa femme Melissa. Lorsque, d'après le récit d'Hérodote, le tyran, après avoir par jalousie tué sa femme bien-aimée, adjura son ombre de lui donner de ses nouvelles, la morte révéla sa présence en rappelant à Périandre qu'il *avait mis son pain dans un four froid,* expression voilée, destinée à désigner un acte qu'aucune autre personne ne pouvait connaître. Dans *l'Anthropophyteia,* publiée par F.-S. Kraus et qui constitue une mine de renseignements incomparables pour tout ce qui concerne la vie sexuelle des peuples, nous lisons que dans certaines régions de l'Allemagne on dit d'une femme qui vient d'accoucher : son *four s'est effondré.* La préparation du feu, avec tout ce qui s'y rattache, est pénétrée profondément de symbolisme sexuel. La flamme symbolise toujours l'organe génital de l'homme, et le foyer le giron féminin.

Si vous trouvez étonnant que les paysages servent si fréquemment dans les rêves à représenter symboliquement l'appareil génital de la femme, laissez-vous instruire par les mythologistes qui vous diront quel grand rôle la *terre nourricière* a toujours joué dans les représentations et les cultes des peuples anciens et à quel point la conception de l'agriculture a été déterminée à ce symbolisme. Vous serez tentés de chercher dans le langage la représentation symbolique de la femme : ne dit-on pas (en allemand) *Frauenzimmer* (chambre de la femme), au lieu de *Frau* (femme), remplaçant ainsi la personne humaine par l'emplacement qui lui est destiné ? Nous disons de même la « *Sublime Porte* », désignant par cette expression le sultan et son gouvernement ; de même encore le mot *Pharaon* qui servait à désigner les souverains de l'ancienne Égypte signifiait « grande cour » (dans l'ancien Orient les cours disposées entre les doubles portes de la ville étaient des lieux de réunion, tout comme les places de marché dans le monde classique). Je pense cependant que cette filiation est un peu trop superficielle. Je croirais plutôt que c'est en tant qu'elle désigne l'espace dans lequel l'homme se trouve enfermé que *chambre* est devenu symbole de *femme.* Le symbole *maison* nous est déjà connu sous ce rapport ; la mythologie et le style poétique nous autorisent à admettre comme autres représentations symboliques de la femme : *château-fort, forteresse, château, ville.* Le doute, en ce qui concerne cette interprétation, n'est permis que lorqu'on se trouve en présence de personnes ne parlant pas allemand et, par conséquent, incapables de nous comprendre. Or, j'ai eu, au cours de ces dernières années, l'occasion de traiter un grand nombre de patients étrangers et je crois me rappeler que dans leurs rêves, malgré l'absence de toute analogie entre ces deux mots dans leurs langues maternelles respectives, *chambre* signifiait toujours *femme (Zimmer* pour *Frauenzimmer).* Il y a encore d'autres raisons d'admettre que le rapport symbolique peut dépasser les limites linguistiques, fait qui a déjà été reconnu par l'interprète des rêves Schubert (1862). Je dois dire toutefois qu'aucun de mes rêveurs n'ignorait totalement la langue allemande, de sorte que je dois laisser le soin d'établir cette distinction aux psychanalystes à même de réunir dans d'autres pays des observations relatives à des personnes ne parlant qu'une seule langue.

En ce qui concerne les représentations symboliques de l'organe sexuel de l'homme, il n'en est pas une qui ne se trouve exprimée dans le langage courant sous une forme comique, vulgaire ou, comme parfois chez les poètes de l'antiquité, sous une forme poétique. Parmi ces représentations figurent non seulement les symboles qui se manifestent dans les rêves, mais d'autres encore, comme par exemple divers outils, et principalement la charrue. Du reste, la représentation symbolique de l'organe sexuel masculin touche à un domaine très étendu, très controversé et dont, pour des raisons d'économie, nous voulons nous tenir à distance. Nous ne ferons quelques remarques qu'à propos d'un seul de ces symboles hors série : du symbole de la trinité (3). Laissons de côté la question de savoir si c'est à ce rapport symbolique que le nombre 3 doit son caractère sacré. Mais ce qui est certain, c'est que si des objets composés de trois parties (trèfles à trois feuilles, par exemple) ont donné leur forme à certaines armes et à certains emblèmes, ce fut uniquement en raison de leur signification symbolique.

La fleur de lys française à trois branches et la *Triskèle* (trois jambes demi-courbes partant d'un centre commun), ces bizarres armoiries de deux îles aussi éloignées l'une de l'autre que la Sicile et l'île de Man, ne seraient également, à mon avis, que des reproductions symboliques, stylisées, de l'appareil génital de l'homme. Les reproductions de l'organe sexuel masculin étaient considérées dans l'antiquité comme de puissants moyens de défense *(Apotropaea)* contre les mauvaises influences, et il faut peut-être voir une survivance de cette croyance dans le fait que même de nos jours toutes les amulettes porte-bonheur ne sont autre chose que des symboles génitaux ou sexuels. Examinez une collection de ces amulettes portées autour du cou en forme de collier : vous trouverez un trèfle à quatre feuilles, un cochon, un champignon, un fer à cheval, une échelle, un ramoneur de cheminée. Le trèfle à quatre feuilles remplace le trèfle plus proprement symbolique à trois feuilles ; le cochon est un ancien symbole de la fécondité ; le champignon est un symbole incontestable du pénis, et il est des champignons qui, tel le *Phallus impudicus*, doivent leur nom à leur ressemblance frappante avec l'organe sexuel de l'homme ; le fer à cheval reproduit les contours de l'orifice génital de la femme, et le ramoneur qui porte l'échelle fait partie de la collection, parce qu'il exerce une de ces professions auxquelles le vulgaire compare les rapports sexuels (voir *l'Anthropophyteia). Nous* connaissons déjà l'échelle comme faisant partie du symbolisme sexuel des rêves ; la langue allemande nous vient ici en aide en nous montrant que le mot « monter » est employé dans un sens essentiellement sexuel. On dit en allemand : « monter après les femmes » et « un vieux monteur ». En français, où le mot allemand *Stufe* se traduit par le mot *marche,* on appelle un vieux noceur un « vieux marcheur ». Le fait que chez beaucoup d'animaux l'accouplement s'accomplit le mâle étant à califourchon sur la femelle, n'est sans doute pas étranger à ce rapprochement.

L'arrachage d'une branche, comme représentation symbolique de l'onanisme, ne correspond pas seulement aux désignations vulgaires de l'acte onanique, mais possède aussi de nombreuses analogies mythologiques. Mais ce qui est particulièrement remarquable, c'est la représentation de l'onanisme ou, plutôt, de la castration envisagée comme un châtiment pour ce péché, par la chute ou l'extraction d'une dent : l'anthropologie nous offre en effet un pendant à cette représentation, pendant que peu de rêveurs doivent connaître. Je ne crois pas me tromper en voyant dans la circoncision pratiquée chez tant de peuples un équivalent ou un succédané de la castration. Nous savons en outre que certaines tribus primitives du continent africain pratiquent la circoncision à titre de rite de la puberté (pour célébrer l'entrée du jeune homme dans l'âge viril), tandis que d'autres tribus, voisines de celles-là, remplacent la circoncision par l'arrachement d'une dent.

Je termine mon exposé par ces exemples. Ce ne sont que des exemples ; nous savons davantage là-dessus, et vous vous imaginez sans peine combien plus variée et intéressante serait une collection de ce genre faite, non par des dilettantes comme nous, mais par des spécialistes en anthropologie, mythologie, linguistique et ethnologie. Mais le peu que nous avons dit comporte certaines conclusions qui, sans prétendre épuiser le sujet, sont de nature à faire réfléchir.

Et tout d'abord, nous sommes en présence de ce fait que le rêveur a à sa disposition le mode d'expression symbolique qu'il ne connaît ni ne reconnaît à l'état de veille. Ceci n'est pas moins fait pour vous étonner que si vous appreniez que votre femme de chambre comprend le sanscrit, alors que vous savez pertinemment qu'elle est née dans un village de Bohême et n'a jamais étudié cette langue. Il n'est pas facile de nous rendre compte de ce fait à l'aide de nos conceptions psychologiques. Nous pouvons dire seulement que chez le rêveur la connaissance du symbolisme est inconsciente, qu'elle fait partie de sa vie psychique inconsciente. Mais cette explication ne nous mène pas bien loin. Jusqu'à présent nous n'avions besoin d'admettre que des tendances inconscientes, c'est-à-dire des tendances qu'on ignore momentanément ou pendant une durée plus ou moins longue. Mais cette fois il s'agit de quelque chose de plus : de connaissances inconscientes, de rapports inconscients entre certaines idées, de comparaisons inconscientes entre divers objets, comparaisons à la suite desquelles un de ces objets vient s'installer d'une façon permanente à la place de l'autre. Ces comparaisons ne sont pas effectuées chaque fois pour les besoins de la cause, elles sont faites une fois pour toutes et toujours prêtes. Nous en avons la preuve dans le fait qu'elles sont identiques chez les personnes les plus différentes, malgré les différences de langue.

D'où peut venir la connaissance de ces rapports symboliques ? Le langage courant n'en fournit qu'une petite partie. Les nombreuses analogies que peuvent offrir d'autres domaines sont le plus souvent ignorées du rêveur ; et ce n'est que péniblement que nous avons pu nous-mêmes en réunir un certain nombre.

En deuxième lieu, ces rapports symboliques n'appartiennent pas en propre au rêveur et ne caractérisent pas uniquement le travail qui s'accomplit au cours des rêves. Nous savons déjà que les mythes et les contes, le peuple dans ses proverbes et ses chants, le langage courant et l'imagination poétique utilisent le même symbolisme. Le domaine du symbolisme est extraordinairement grand, et le symbolisme des rêves n'en est qu'une petite province ; et rien n'est moins indiqué que de s'attaquer au problème entier en partant du rêve. Beaucoup des symboles employés ailleurs ne se manifestent pas dans les rêves ou ne s'y manifestent que rarement ; quant aux symboles des rêves, il en est beaucoup qu'on ne retrouve pas ailleurs ou qu'on ne retrouve, ainsi que vous l'avez vu, que çà et là, On a l'impression d'être en présence d'un mode d'expression ancien, mais disparu, sauf quelques restes disséminés dans différents domaines, les uns ici, les autres ailleurs, d'autres encore conservés , sous des formes légèrement modifiées, dans plusieurs domaines. Je me souviens à ce propos de la fantaisie d'un intéressant aliéné qui avait imaginé l'existence d'une « langue fondamentale » dont tous ces rapports symboliques étaient, à son avis, les survivances.

En troisième lieu, vous devez trouver surprenant que le symbolisme dans tous les autres domaines ne soit pas nécessairement et uniquement sexuel, alors que dans les rêves les symboles servent presque exclusivement à l'expression d'objets et de rapports sexuels. Ceci n'est pas facile à expliquer non plus. Des symboles primitivement sexuels auraient-ils reçu dans la suite une autre application, et ce changement d'application aurait-il entraîné peu à peu leur dégradation, jusqu'à la disparition de leur caractère symbolique ? Il est évident qu'on ne peut répondre à ces questions tant qu'on ne s'occupe que du symbolisme des rêves. On doit seulement maintenir le principe qu'il existe des rapports particulièrement étroits entre les symboles véritables et la vie sexuelle.

Nous avons reçu récemment, concernant ces rapports, une importante contribution. Un linguiste, M. H. Sperber (d'Upsala), qui travaille indépendamment de la psychanalyse, a prétendu que les besoins sexuels ont joué un rôle des plus importants dans la naissance et le développement de la langue. Les premiers sons articulés avaient servi à communiquer des idées et à appeler le partenaire sexuel ; le développement ultérieur des racines de la langue avait accompagné l'organisation du travail dans l'humanité primitive. Les travaux étaient effectués en commun avec un accompagnement de mots et d'expressions rythmiquement répétés. L'intérêt sexuel s'était ainsi déplacé pour se porter sur le travail. On dirait que l'homme primitif ne s'est résigné au travail qu'en en faisant l'équivalent et la substitution de l'activité sexuelle. C'est ainsi que le mot lancé au cours du travail en commun avait deux sens, l'un exprimant l'acte sexuel, l'autre le travail actif qui était assimilé à cet acte. Peu à peu le mot s'est détaché de sa signification sexuelle pour s'attacher définitivement au travail. Il en fut de même chez des générations ultérieures qui, après avoir inventé un mot nouveau ayant une signification sexuelle, l'ont appliqué à un nouveau genre de travail. De nombreuses racines se seraient ainsi formées, ayant toutes une origine sexuelle et ayant fini par abandonner leur signification sexuelle. Si ce schéma que nous venons d'esquisser est exact, il nous ouvre une possibilité de comprendre le symbolisme des rêves, de comprendre pourquoi le rêve, qui garde quelque chose de ces anciennes conditions, présente tant de symboles se rapportant à la vie sexuelle, pourquoi, d'une façon générale, les armes et les outils servent de symboles masculins, tandis que les étoffes et les objets travaillés sont des symboles féminins. Le rapport symbolique serait une survivance de l'ancienne identité de mots ; des objets qui avaient porté autrefois les mêmes noms que les objets se rattachant à la sphère et à la vie génitale apparaîtraient maintenant dans les rêves à titre de symboles de cette sphère et de cette vie.

Toutes ces analogies évoquées à propos du symbolisme des rêves vous permettront de vous faire une idée de la psychanalyse qui apparaît ainsi comme une discipline d'un intérêt général, ce qui n'est le cas ni de la psychologie ni de la psychiatrie. Le travail psychanalytique nous met en rapport avec une foule d'autres sciences morales, telles que la mythologie, la linguistique, l'ethnologie, la psychologie des peuples, la science des religions, dont les recherches sont susceptibles de nous fournir les données les plus précieuses. Aussi ne trouverez-vous pas étonnant que le mouvement psychanalytique ait abouti à la création d'un périodique consacré uniquement à l'étude de ces rapports : je veux parler de la revue *Imago*, fondée en 1912 par Hans Sachs et Otto Rank. Dans tous ses rapports avec les autres sciences, la psychanalyse donne plus qu'elle ne reçoit. Certes, les résultats souvent bizarres annoncés par la psychanalyse deviennent plus acceptables du fait de leur confirmation par les recherches effectuées dans d'autres domaines ; mais c'est la psychanalyse qui fournit les méthodes techniques et établit les points de vue dont l'application doit se montrer féconde dans les autres sciences. La recherche psychanalytique découvre dans la vie psychique de l'individu humain des faits qui nous permettent de résoudre ou de mettre sous leur vrai jour plus d'une énigme de la vie collective des hommes.

Mais je ne vous ai pas encore dit dans quelles circonstances nous pouvons obtenir la vision la plus profonde de cette présumée « langue fondamentale », quel est le domaine qui en a conservé les restes les plus nombreux. Tant que vous ne le saurez pas, il vous sera impossible de vous rendre compte de toute l'importance du sujet. Or, ce domaine est celui des névroses ; ses matériaux sont constitués par les symptômes et autres manifestations des sujets nerveux, symptômes et manifestations dont l'explication et le traitement forment précisément l'objet de la psychanalyse.

Mon quatrième point de vue nous ramène donc à notre point de départ et nous oriente dans la direction qui nous est tracée. Nous avons dit qu'alors même que la censure des rêves n'existerait pas, le rêve ne nous serait pas plus intelligible, car nous aurions alors à résoudre le problème qui consiste à traduire le langage symbolique du rêve dans la langue de notre pensée éveillée. Le symbolisme est donc un autre facteur de déformation des rêves, indépendant de la censure. Mais nous pouvons supposer qu'il est commode pour la censure de se servir du symbolisme qui concourt au même but : rendre le rêve bizarre et incompréhensible.

L'étude ultérieure du rêve peut nous faire découvrir encore un autre facteur de déformation. Mais je ne veux pas quitter la question du symbolisme sans vous rappeler une fois de plus l'attitude énigmatique que les personnes cultivées ont cru devoir adopter à son égard : attitude toute de résistance, alors que l'existence du symbolisme est démontrée avec certitude dans le mythe, la religion, l'art et la langue qui sont d'un bout à l'autre pénétrés de symboles. Faut-il voir la raison de cette attitude dans les rapports que nous avons établis entre le symbolisme des rêves et la sexualité ?

---

1. Traduction littérale de « altes Haus » qui correspond à « mon vieux » ou, mieux peut-être, à « vieille branche ».
2. Traduction littérale d'une locution allemande.

CHAPITRE II
L'ÉLABORATION DU RÊVE

Si vous avez réussi à vous faire une idée du mécanisme de la censure et de la représentation symbolique, vous serez à même de comprendre la plupart des rêves, sans toutefois connaître à fond le mécanisme de la déformation des rêves. Pour comprendre les rêves, vous vous servirez en effet des deux techniques qui se complètent mutuellement : vous ferez surgir chez le rêveur des souvenirs, jusqu'à ce que vous soyez amenés de la substitution au substrat même du rêve, et vous remplacerez, d'après vos connaissances personnelles, les symboles par leur signification. Vous vous trouverez, au cours de ce travail, en présence de certaines incertitudes. Mais il en sera question plus tard.

Nous pouvons maintenant reprendre un travail que nous avons essayé d'aborder antérieurement avec des moyens insuffisants. Nous voulions notamment établir les rapports existant entre les éléments des rêves et leurs substrats et nous avons trouvé que ces rapports étaient au nombre de quatre : rapport d'une partie au tout, approximation ou allusion, rapport symbolique et représentation verbale plastique. Nous allons entreprendre le même travail sur une échelle plus vaste, en comparant le contenu manifeste du rêve dans son ensemble au rêve latent tel que nous le révèle l'interprétation.

J'espère qu'il ne vous arrivera plus de confondre le rêve manifeste et le rêve latent. En maintenant cette distinction toujours présente à l'esprit, vous aurez gagné, au point de vue de la compréhension des rêves, plus que la plupart des lecteurs de mon *Interprétation des rêves.* Laissez-moi vous rappeler que le travail qui transforme le rêve latent en rêve manifeste s'appelle *élaboration du rêve.* Le travail opposé, celui qui veut du rêve manifeste arriver au rêve latent, s'appelle *travail d'interprétation.* Le travail d'interprétation cherche à supprimer le travail d'élaboration. Les rêves du type infantile, dans lesquels nous avons reconnu sans peine des réalisations de désirs, n'en ont pas moins subi une certaine élaboration, et notamment la transformation du désir en une réalité, et le plus souvent aussi celle des idées en images visuelles. Ici nous avons besoin, non d'une interprétation, mais d'un simple coup d'œil derrière ces deux transformations. Ce qui, dans les autres rêves, vient s'ajouter au travail d'élaboration, constitue ce que nous appelons la *déformation du rêve,* et celle-ci ne peut être supprimée que par notre travail d'interprétation.

Ayant eu l'occasion de comparer un grand nombre d'interprétations de rêves, je suis à même de vous exposer d'une façon synthétique ce que le travail d'élaboration fait avec les matériaux des idées latentes des rêves. Je vous prie cependant de ne pas tirer de conclusions trop rapides de ce que je vais vous dire. Je vais seulement vous présenter une description qui demande à être suivie avec une calme attention.

Le premier effet du travail d'élaboration d'un rêve consiste dans la *condensation* de ce dernier. Nous voulons dire par là que le contenu du rêve manifeste est plus petit que celui du rêve latent, qu'il représente par conséquent une sorte de traduction abrégée de celui-ci. La condensation peut parfois faire défaut, mais elle existe d'une façon générale et est souvent considérable. On n'observe jamais le contraire, c'est-à-dire qu'il n'arrive jamais que le rêve manifeste soit plus étendu que le rêve latent et ait un contenu plus riche. La condensation s'effectue par un des trois procédés suivants : 1° certains éléments latents sont tout simplement éliminés ; 2° le rêve manifeste ne reçoit que des fragments de certains ensembles du rêve latent ; 3° des éléments latents ayant des traits communs se trouvent fondus ensemble dans le rêve manifeste.

Si vous le voulez, vous pouvez réserver le terme « condensation » à ce dernier procédé seul. Ses effets sont particulièrement faciles à démontrer. En vous remémorant vos propres rêves, vous trouverez facilement des cas de condensation de plusieurs personnes en une seule. Une personne composée de ce genre a l'aspect de A, est mise comme B, fait quelque chose qui rappelle C, et avec tout cela nous savons qu'il s'agit de D. Dans ce mélange se trouve naturellement mis en relief un caractère ou attribut commun aux quatre personnes. On peut de même former un composé de plusieurs objets ou localités, à la condition que les objets ou les localités en question possèdent un trait ou des traits communs que le rêve latent accentue d'une façon particulière. Il se forme là comme une notion nouvelle et éphémère ayant pour noyau l'élément commun. De la superposition des unités fondues en un tout composite résulte en général une image aux contours vagues, analogue à celle qu'on obtient en tirant plusieurs photographies sur la même plaque. Le travail d'élaboration doit être fortement intéressé à la production de ces formations composites, car il est facile de trouver que les traits communs qui en sont la condition sont créés intentionnellement là où ils font défaut, et cela, par exemple, par le choix de l'expression verbale pour une idée. Nous connaissons déjà des condensations et des formations composites de ce genre ; nous les avons vues notamment jouer un rôle dans certains cas de lapsus. Rappelez-vous le jeune homme qui voulait *begleit-digen* (mot composé de *begleiten,* accompagner et *beleidigen,* manquer de respect) une dame. Il existe en outre des traits d'esprit dont la technique se réduit à une condensation de ce genre. Mais, abstraction faite de ces cas, le procédé en question apparaît comme tout à fait extraordinaire et bizarre. La formation de personnes composites dans les rêves a, il est vrai, son pendant dans certaines créations de notre fantaisie qui fond souvent ensemble des éléments qui ne se trouvent pas réunis dans l'expérience : tels les centaures et les animaux légendaires de la mythologie ancienne ou des tableaux de Böcklin. D'ailleurs, l'imagination « créatrice » est incapable d'inventer quoi que ce soit : elle se contente de réunir des éléments séparés les uns des autres. Mais le procédé mis en œuvre par le travail d'élaboration présente ceci de particulier que les matériaux dont il dispose consistent en idées, dont certaines peuvent être indécentes et inacceptables, mais qui sont toutes formées et exprimées correctement. Le travail d'élaboration donne à ces idées une autre forme, et il est remarquable et incompréhensible que dans cette transcription ou traduction comme en une autre langue, il se serve du procédé de la fusion ou de la combinaison. Une traduction s'applique généralement à tenir compte des particularités du texte et à ne pas confondre les similitudes. Le travail d'élaboration, au contraire, s'efforce de condenser deux idées différentes, en cherchant, comme dans un calembour, un mot à plusieurs sens dans lequel puissent se rencontrer les deux idées. Il ne faut pas se hâter de tirer des conclusions de cette particularité qui peut d'ailleurs devenir importante pour la conception du travail d'élaboration.

Bien que la condensation rende le rêve obscur, on n'a cependant pas l'impression qu'elle soit un effet de la censure. On pourrait plutôt lui assigner des causes mécaniques et économiques ; mais la censure y trouve son compte quand même.

Les effets de la condensation peuvent être tout à fait extraordinaires. Elle rend à l'occasion possible de réunir dans un rêve manifeste deux séries d'idées latentes tout à fait différentes, de sorte qu'on peut obtenir une interprétation apparemment satisfaisante d'un rêve sans s'apercevoir de la possibilité d'une interprétation au deuxième degré.

La condensation a encore pour effet de troubler, de compliquer les rapports entre les éléments du rêve latent et ceux du rêve manifeste. C'est ainsi qu'un élément manifeste peut correspondre simultanément à plusieurs latents, de même qu'un élément latent peut participer à plusieurs manifestes : il s'agirait donc d'une sorte de croisement. On constate également, au cours de l'interprétation d'un rêve, que les idées surgissant à propos d'un élément manifeste ne doivent pas être utilisées au fur et à mesure, dans l'ordre de leur succession. Il faut souvent attendre que tout le rêve ait reçu son interprétation.

Le travail d'élaboration opère donc une transcription peu

commune des idées des rêves ; une transcription qui n'est ni une traduction mot à mot ou signe par signe, ni un choix guidé par une certaine règle, comme lorsqu'on ne reproduit que les consonnes d'un mot, en omettant les voyelles, ni ce qu'on pourrait appeler un remplacement, comme lorsqu'on fait toujours ressortir un élément aux dépens de plusieurs autres : nous nous trouvons en présence de quelque chose de tout à fait différent et beaucoup plus compliqué.

Un autre effet du travail d'élaboration consiste dans le *déplacement*. Celui-ci nous est heureusement déjà connu ; nous savons notamment qu'il est entièrement l'œuvre de la censure des rêves. Le déplacement s'exprime de deux manières : en premier lieu, un élément latent est remplacé, non par un de ses propres éléments constitutifs, mais par quelque chose de plus éloigné, donc par une allusion ; en deuxième lieu, l'accent psychique est transféré d'un élément important sur un autre, peu important, de sorte que le rêve reçoit un autre centre et apparaît étrange.

Le remplacement par une allusion existe également dans notre pensée éveillée, mais avec une certaine différence. Dans la pensée éveillée, l'allusion doit être facilement intelligible, et il doit y avoir entre l'allusion et la pensée véritable un rapport de contenu. Le trait d'esprit se sert souvent de l'allusion, sans observer la condition de l'association entre les contenus ; il remplace cette association par une association extérieure peu usitée, fondée sur la similitude tonale, sur la multiplicité des sens que possède un mot, etc. Il observe cependant rigoureusement la condition de l'intelligibilité ; le trait d'esprit manquerait totalement son effet si l'on ne pouvait remonter sans difficulté de l'allusion à son objet. Mais le déplacement par allusion qui s'effectue dans le rêve se soustrait à ces deux limitations. Ici l'allusion ne présente que des rapports tout extérieurs et très éloignés de l'élément qu'elle remplace ; aussi est-elle inintelligible, et lorsqu'on veut remonter à l'élément, l'interprétation de l'allusion fait l'impression d'un trait d'esprit raté ou d'une explication forcée, tirée par les cheveux. La censure des rêves n'atteint son but que lorsqu'elle réussit à rendre introuvable le chemin qui conduit de l'allusion à son substrat.

Le déplacement de l'accent constitue le moyen par excellence de l'expression des pensées. Nous nous en servons parfois dans la pensée éveillée, pour produire un effet comique. Pour vous donner une idée de cet effet, je vous rappellerai l'anecdote suivante : il y avait dans un village un maréchal-ferrant qui s'était rendu coupable d'un crime grave. Le tribunal décida que ce crime devait être expié ; mais comme le maréchal-ferrant était le seul dans le village et, par conséquent, indispensable, mais que, par contre, il y avait dans le même village trois tailleurs, ce fut un de ceux-ci qui fut pendu à la place du maréchal.

Le troisième effet du travail d'élaboration est, au point de vue psychologique, le plus intéressant. Il consiste en une transformation d'idées en images visuelles. Cela ne veut pas dire que tous les éléments constitutifs des idées des rêves subissent cette transformation ; beaucoup d'idées conservent leur forme et apparaissent comme telles ou à titre de connaissances dans le rêve manifeste ; d'un autre côté les images visuelles ne sont pas la seule forme que revêtent les idées. Il n'en reste pas moins que les images visuelles jouent un rôle essentiel dans la formation des rêves. Cette partie du travail d'élaboration est la plus constante ; nous le savons déjà, de même que nous connaissons déjà la « représentation verbale plastique » des éléments individuels d'un rêve.

Il est évident que cet effet n'est pas facile à obtenir. Pour vous faire une idée des difficultés qu'il présente, imaginez-vous que vous ayez entrepris de remplacer un article de fond politique par une série d'illustrations, c'est-à-dire de remplacer les caractères d'imprimerie par des signes figurés. En ce qui concerne les personnes et les objets concrets dont il est question dans cet article, il vous sera facile et, peut-être même, commode de les remplacer par des images, mais vous vous heurterez aux plus grandes difficultés dès que vous aborderez la représentation concrète des mots abstraits et des parties du discours qui expriment les relations entre les idées : particules, conjonctions, etc. Pour les mots abstraits, vous pourrez vous servir de toutes sortes d'artifices. Vous chercherez, par exemple, à transcrire le texte de l'article sous une autre forme verbale peu usitée peut-être, mais contenant plus d'éléments concrets et susceptibles de représentation. Vous vous rappellerez alors que la plupart des mots abstraits sont des mots qui furent autrefois concrets et vous chercherez, pour autant que vous le pourrez, à remonter à leur sens primitivement concret. Vous serez, par exemple, enchantés de pouvoir représenter la « possession » (*Besitzen*) d'un objet par sa signification concrète qui est celle d'être assis sur *(daraufsitzen)* cet objet. Le travail d'élaboration ne procède pas autrement. À une représentation faite dans ces conditions, il ne faut pas demander une trop grande précision. Aussi ne tiendrez-vous pas rigueur au travail d'élaboration s'il remplace un élément aussi difficile à exprimer à l'aide d'images concrètes que l'adultère *(Ehebruch)* [1] par une fracture du bras *(Armbruch)* [2].Connaissant ces détails, vous pourrez dans une certaine mesure corriger les maladresses de l'écriture figurée lorsqu'elle est appelée à remplacer l'écriture verbale.

Mais ces moyens auxiliaires manquent lorsqu'il s'agit de représenter des parties du discours qui expriment des relations entre des idées : *parce que, pour la raison que,* etc. Ces éléments du texte ne pourront donc pas être transformés en images. De même le travail d'élaboration des rêves réduit le contenu des idées des rêves à leur matière brute faite d'objets et d'activités. Vous devez être contents si vous avez la possibilité de traduire par une plus grande finesse des images les relations qui ne sont pas susceptibles de représentation concrète. C'est ainsi en effet que le travail d'élaboration réussit à exprimer certaines parties du contenu des idées latentes du rêve par les propriétés formelles du rêve manifeste, par le degré plus ou moins grand de clarté ou d'obscurité qu'il lui imprime, par sa division en plusieurs fragments, etc. Le nombre des rêves partiels en lesquels se décompose un rêve latent correspond généralement au nombre des thèmes principaux, des séries d'idées dont se compose ce dernier ; un bref rêve préliminaire joue par rapport au rêve principal subséquent le rôle d'une introduction ou d'une motivation ; une idée secondaire venant s'ajouter aux idées principales est remplacée dans le rêve manifeste par un changement de scène intercalé dans le décor principal dans lequel évoluent les événements du rêve latent. Et ainsi de suite. La forme même des rêves n'est pas dénuée d'importance et exige, elle aussi, une interprétation. Plusieurs rêves se produisant au cours de la même nuit présentent souvent la même importance et témoignent d'un effort de maîtriser de plus en plus une excitation d'une intensité croissante. Dans un seul et même rêve, un élément particulièrement difficile peut être représenté par plusieurs symboles, par des « doublets ».

En poursuivant notre confrontation entre les idées des rêves et les rêves manifestes qui les remplacent, nous apprenons une foule de choses auxquelles nous ne nous attendions pas ; c'est ainsi que nous apprenons par exemple que l'absurdité même des rêves a sa signification particulière. On peut dire que sur ce point l'opposition entre la conception médicale et la conception psychanalytique du rêve atteint un degré d'acuité tel qu'elle devient à peu près absolue. D'après la première, le rêve serait absurde parce que l'activité psychique dont il est l'effet a perdu toute faculté de formuler un jugement critique ; d'après notre conception, au contraire, le rêve devient absurde dès que se trouve exprimée la critique contenue dans les idées du rêve, dès que se trouve formulé le jugement : c'est absurde. Vous en avez un bon exemple dans le rêve, que vous connaissez déjà, relatif à l'intention d'assister à une représentation théâtrale (trois billets pour 1 florin 50). Le jugement formulé à cette occasion était : ce fut une *absurdité* de se marier si tôt.

Nous apprenons de même, au cours du travail d'interprétation, ce qui correspond aux doutes et incertitudes si souvent exprimés par le rêveur, à savoir si un certain élément donné s'est réellement manifesté dans le rêve, si c'était bien l'élément allégué ou supposé, et non un autre. Rien dans les idées latentes du rêve ne correspond généralement à ces doutes et incertitudes ; ils sont uniquement l'effet de la censure et doivent être considérés comme correspondant à une tentative, partiellement réussie, de suppression, de refoulement.

Une des constatations les plus étonnantes est celle relative à la manière dont le travail d'élaboration traite les oppositions existant au sein du rêve latent. Nous savons déjà que les éléments analogues des matériaux latents sont remplacés dans le rêve manifeste par des condensations. Or, les contraires sont traités de la même manière que les analogies et sont exprimés de préférence par le même élément manifeste. C'est ainsi qu'un élément du rêve manifeste qui a son contraire peut aussi bien signifier lui-même que ce contraire, ou l'un et l'autre à la fois, ce n'est que d'après le sens général que nous pouvons décider notre choix quant à l'interprétation. C'est ce qui explique qu'on ne trouve pas dans le rêve de représentation, univoque tout au moins, du « non ».

Cette étrange manière d'opérer qui caractérise le travail d'élaboration trouve une heureuse analogie dans le développement de la langue. Beaucoup de linguistes ont constaté que dans les langues les plus anciennes les oppositions : fort-faible, clair-obscur, grand-petit sont exprimées par le même radical (« opposition de sens dans les mots primitifs »). C'est ainsi que dans le vieil égyptien *ken* signifiait primitivement *fort* et *faible.* Pour éviter des malentendus pouvant résulter de l'emploi de mots aussi ambivalents, on avait recours, dans le langage parlé, à une intonation et à un geste qui variaient avec le sens qu'on voulait donner au mot ; et dans l'écriture on faisait suivre le mot d'un « déterminatif », c'est-à-dire d'une image qui, elle, n'était pas destinée à être prononcée. On écrivait donc *ken-fort, en* faisant suivre le mot d'une image représentant la figurine d'un homme redressé ; et on écrivait ken-faible, en faisant suivre le mot de la figurine d'un homme nonchalamment accroupi. C'est seulement plus tard qu'on a obtenu, à la suite de légères modifications imprimées au mot primitif, une désignation spéciale pour chacun des contraires qu'il englobait. On arriva ainsi à dédoubler *ken (fort-faible),* en *ken-fort et* ken-*faible.* Quelques langues plus jeunes et certaines langues vivantes de nos jours ont conservé de nombreuses traces de cette primitive opposition de sens. Je vous en citerai quelques exemples, d'après C. Abel (1884).

Le latin présente toujours les mots ambivalents suivants :

altus (haut, profond) et *sacer* (sacré, damné).

Voici quelques exemples de modifications du même radical :

clamare (crier) ; *clam* (silencieux, doux, secret)

siccus (sec) ; *succas* (site).

Et en allemand :

Stimme (voix) ; stumm (muet).

Le rapprochement de langues parentes fournit de nombreux exemples du même genre :

Anglais *lock* (fermer) ; allemand : *Loch* (trou), *Lücke* (lacune) ;

Anglais *cleave* (fendre) ; allemand : *kleben* (coller).

Le mot anglais *without,* dont le sens littéral est *avec/sans,* n'est employé aujourd'hui qu'au sens *sans ;* que le mot *with* fût employé pour désigner non seulement une adjonction, mais aussi une soustraction, c'est ce que prouvent les mots composés *withdraw, withhold.* Il en est de même du mot allemand *wieder.*

Une autre particularité encore du travail d'élaboration trouve son pendant dans le développement de la langue. Dans l'ancien égyptien, comme dans d'autres langues plus récentes, il arrive souvent que, d'une langue à l'autre, le même mot présente, pour le même sens, les sons rangés dans des ordres opposés. Voici quelques exemples tirés de la comparaison entre l'anglais et l'allemand :

Topf (pot) - *pot* ; *boat* (bateau) - *tub* ; *hurry* (se presser) -*Ruhe* (repos) ; *Balken* (poutre) - *Kloben* (bûche), *club* ; wait (attendre) - *täuwen.*

Et la comparaison entre le latin et l'allemand donne *capere* (saisir) - *packen ; ren* (rein) - *Niere.*

Les inversions dans le genre de celles-ci se produisent dans le rêve de plusieurs manières différentes. Nous connaissons déjà l'inversion du sens, le remplacement d'un sens par son contraire. Il se produit, en outre, dans les rêves, des inversions de situations, de rapports entre deux personnes, comme si tout se passait dans un « monde renversé ». Dans le rêve, c'est le lièvre qui fait souvent la chasse au chasseur. La succession des événements subit également une inversion, de sorte que la série antécédente ou causale vient prendre place après celle qui normalement devrait la suivre. C'est comme dans les pièces qui se jouent dans des théâtres de foire et où le héros tombe raide mort, avant qu'ait retenti dans la coulisse le coup de feu qui doit le tuer. Il y a encore des rêves où l'ordre des éléments est totalement interverti, de sorte que si l'on veut trouver leur sens, on doit les interpréter en commençant par le dernier élément, pour finir par le premier. Vous vous rappelez sans doute nos études sur le symbolisme des rêves où nous avons montré que se plonger ou tomber dans l'eau signifie la même chose que sortir de l'eau, c'est-à-dire accoucher ou naître, et que grimper sur une échelle où monter un escalier a le même sens que descendre l'un ou l'autre.

On aperçoit facilement les avantages que la déformation des rêves peut tirer de cette liberté de représentation.

Ces particularités du travail d'élaboration doivent être considérées comme des traits *archaïques.* Elles sont également inhérentes aux anciens systèmes d'expression, aux anciennes langues et écritures où elles présentent les mêmes difficultés dont il sera encore question plus tard, en rapport avec quelques remarques critiques.

Et pour terminer, formulons quelques considérations supplémentaires. Dans le travail d'élaboration, il s'agit évidemment de transformer en images concrètes, de préférence de nature visuelle, les idées latentes conçues verbalement. Or, toutes nos idées ont pour point de départ des images concrètes ; leurs premiers matériaux, leurs phases préliminaires sont constitués par des impressions sensorielles ou, plus exactement, par les images-souvenirs de ces impressions. C'est seulement plus tard que des mots ont été attachés à ces images et reliés en idées. Le travail d'élaboration fait donc subir aux idées une marche *régressive,* un développement rétrograde et, au cours de cette régression, doit disparaître tout ce que le développement des images-souvenirs et leur transformation en idées ont pu apporter à titre de nouvelles acquisitions.

Tel serait donc le travail d'élaboration des rêves. En présence des processus qu'il nous a révélés, notre intérêt pour le rêve manifeste a forcément reculé à l'arrière-plan. Mais comme le rêve manifeste est la seule chose que nous connaissions d'une façon directe, je vais lui consacrer encore quelques remarques.

Que le rêve manifeste perde de son importance à nos yeux, rien de plus naturel. Peu nous importe qu'il soit bien composé ou qu'il se laisse dissocier en une suite d'images isolées, sans lien entre elles. Alors même qu'il a une apparence significative, nous savons que celle-ci doit son origine à la déformation du rêve et ne présente pas, avec le contenu interne du rêve, plus de rapport organique qu'il n'en existe entre la façade d'une église italienne et sa structure et son plan. Dans certains cas, cette façade du rêve présente, elle aussi, une signification qu'elle emprunte à ce qu'elle reproduit sans déformation ou à peine déformé un élément constitutif important des idées latentes du rêve. Ce fait nous échappe cependant tant que nous n'avons pas effectué l'interprétation du rêve qui nous permette d'apprécier le degré de déformation. Un doute analogue s'applique au cas où deux éléments du rêve semblent rapprochés au point de se trouver en contact intime. On peut tirer de ce fait la conclusion que les éléments correspondants du rêve latent doivent également être rapprochés, mais dans d'autres cas il est possible de constater que les éléments unis dans les idées latentes sont dissociés dans le rêve manifeste.

On doit se garder, d'une façon générale, de vouloir expliquer une partie du rêve manifeste par une autre, comme si le rêve était conçu comme un tout cohérent et formait une représentation pragmatique. Le rêve ressemble plutôt, dans la majorité des cas, à une mosaïque faite avec des fragments de différentes pierres réunis par un ciment, de sorte que les dessins qui en résultent ne correspondent pas du tout aux contours des minéraux auxquels ces fragments ont été empruntés. Il existe en effet une élaboration *secondaire* des rêves qui se charge de transformer en un tout à peu près cohérent les données les plus immédiates du rêve, mais en rangeant les matériaux dans un ordre souvent absolument incompréhensible et en les complétant là où cela paraît nécessaire.

D'autre part, il ne faut pas exagérer l'importance du travail d'élaboration ni lui accorder une confiance sans réserves. Son activité s'épuise dans les effets que nous avons énumérés ; condenser, déplacer, effectuer une représentation plastique, soumettre ensuite le tout à une élaboration secondaire, c'est tout ce qu'il peut faire, et rien de plus. Les jugements, les appréciations critiques, l'étonnement, les conclusions qui se produisent dans les rêves, ne sont jamais les effets du travail d'élaboration, ne sont que rarement les effets d'une réflexion sur le rêve : ce sont le plus souvent des fragments d'idées latentes qui sont passés dans le rêve manifeste, après avoir subi certaines modifications et une certaine adaptation réciproque. Le travail d'élaboration ne peut pas davantage composer des discours. À part quelques rares exceptions, les discours entendus ou prononcés dans les rêves sont des échos ou des juxtapositions de discours entendus ou prononcés le jour qui a précédé le rêve, ces discours ayant été introduits dans les idées latentes en qualité de matériaux ou à titre d'excitateurs du rêve. Les calculs échappent également à la compétence du travail d'élaboration ; ceux qu'on retrouve dans le rêve manifeste sont le plus souvent des juxtapositions de nombres, des apparences de calculs, totalement dépourvues de sens ou, encore, de simples copies de calculs effectués dans les idées latentes du rêve. Dans ces conditions, on ne doit pas s'étonner de voir l'intérêt qu'on avait porté au travail d'élaboration s'en détourner pour se diriger vers les idées latentes que le rêve manifeste révèle dans un état plus ou moins déformé. Mais on a tort de pousser ce changement d'orientation jusqu'à ne parler, dans les considérations théoriques, que des idées latentes du rêve, en les mettant à la place du rêve tout court et à formuler, à propos de ce dernier, des propositions qui ne s'appliquent qu'aux premières. Il est bizarre qu'on ait pu abuser des données de la psychanalyse pour opérer cette confusion. Le « rêve » n'est pas autre chose que l'effet du travail d'élaboration ; il est donc la *forme* que ce travail imprime aux idées latentes.

Le travail d'élaboration est un processus d'un ordre tout à fait particulier et dont on ne connaît pas encore d'analogue dans la vie psychique. Ces condensations, déplacements, transformations régressives d'idées en images sont des nouveautés dont la connaissance constitue la principale récompense des efforts psychanalytiques. Et, d'autre part, nous pouvons, par analogie avec le travail d'élaboration, constater les liens qui rattachent les études psychanalytiques à d'autres domaines tels que l'évolution de la langue et de la pensée. Vous ne serez à même d'apprécier toute l'importance de ces notions que lorsque vous saurez que les mécanismes qui président au travail d'élaboration sont les prototypes de ceux qui règlent la production des symptômes névrotiques.

Je sais également que nous ne pouvons pas encore embrasser d'un coup d'œil d'ensemble toutes les nouvelles acquisitions que la psychologie peut retirer de ces travaux. J'attire seulement votre attention sur les nouvelles preuves que nous avons pu obtenir en faveur de l'existence d'actes psychiques inconscients (et les idées latentes des rêves ne sont que cela) et sur l'accès insoupçonné que l'interprétation des rêves ouvre à ceux qui veulent acquérir la connaissance de la vie psychique inconsciente.

Et, maintenant, je vais analyser devant vous quelques petits exemples de rêves afin de vous montrer en détail ce que je ne vous ai présenté jusqu'à présent, à titre de préparation, que d'une façon synthétique et générale.

---

1. *Ehebruch*, littéralement : rupture de mariage.
2. Pendant que je corrigeais les épreuves de ces feuilles, il m'est tombé par hasard sous les yeux un fait divers que je transcris *ici*, parce qu'il apporte une confirmation inattendue aux considérations qui précèdent :

   Le Châtiment de Dieu.

   Fracture de bras *(Armbruch)* comme expiation pour un adultère *(Ehebruch)*.

   La femme Anna M..., épouse d'un réserviste, dépose contre la femme Clémentine K... une plainte en adultère. Elle dit dans sa plainte que la femme K... avait entretenu avec M... des relations coupables, alors que son propre mari était sur le front d'où il lui envoyait même 70 couronnes par mois. La femme K... avait déjà reçu du mari de la plaignante beaucoup d'argent, alors que la plaignante elle-même et son enfant souffrent de la faim et de la misère. Les camarades de M... ont rapporté à la plaignante que son mari a fréquenté avec la femme K... des débits de vin où il restait jusqu'à une heure tardive de la nuit. Une fois même *la* femme K... a demandé au mari de la plaignante, en présence de plusieurs fantassins, s'il ne se déciderait pas bientôt à quitter sa « vieille », pour venir vivre avec elle. La logeuse de K... a souvent vu le mari de la plaignante dans le logement de sa maîtresse, en tenue plus que négligée. Devant un juge de Leopoldstadt, la femme K... a prétendu hier ne pas connaître M... et nié par conséquent et à plus forte raison toutes relations intimes avec lui.

   Mais le témoin Albertine M... déposa qu'elle avait surpris la femme K... en train d'embrasser le mari de la plaignante.

   Déjà entendu au cours d'une séance antérieure à titre de témoin, M... avait, à son tour, nié toutes relations avec la femme K... Mais hier le juge reçoit une lettre dans laquelle M... retire son témoignage fait précédemment et avoue avoir eu la femme K... pour maîtresse jusqu'au mois de juin dernier. S'il a nié toutes relations avec cette femme, lors du précédent interrogatoire, ce fut parce qu'elle était venue le trouver et l'avait supplié à genoux de la sauver en n'avouant rien. or Aujourd'hui, écrivait le témoin, je me sens forcé à dire au tribunal toute la vérité car, m'étant fracturé le bras gauche, je considère cet accident comme un châtiment que Dieu m'inflige pour mon péché. »

   Le juge ayant constaté que l'action punissable remontait à plus d'une année, la plaignante a retiré sa plainte et l'inculpée a bénéficié d'un non-lieu.

CHAPITRE 12

ANALYSE DE QUELQUES EXEMPLES DE RÊVES

Ne soyez pas déçus si, au lieu de vous inviter à assister à l'interprétation d'un grand et beau rêve, je ne vous présente encore cette fois que des fragments d'interprétations. Vous pensez sans doute qu'après tant de préparation vous avez le droit d'être traités avec plus de confiance et qu'après l'heureuse interprétation de tant de milliers de rêves on aurait dû pouvoir, depuis longtemps, réunir une collection d'excellents exemples de rêves offrant toutes les preuves voulues en faveur de tout ce que nous avons dit concernant le travail d'élaboration et les idées des rêves. Vous avez peut-être raison, mais je dois vous avertir que de nombreuses difficultés s'opposent à la réalisation de votre désir.

Et avant tout, je tiens à vous dire qu'il n'y a pas de personnes faisant de l'interprétation des rêves leur occupation principale. Quand a-t-on l'occasion d'interpréter un rêve ? On s'occupe parfois, sans aucune intention spéciale, des rêves d'une personne amie, ou bien on travaille pendant quelque temps sur ses propres rêves, afin de s'entraîner à la technique psychanalytique ; mais le plus souvent on a affaire aux rêves de personnes nerveuses, soumises au traitement psychanalytique. Ces derniers rêves constituent des matériaux excellents et ne le cèdent en rien aux rêves de personnes saines, mais la technique du traitement nous oblige à subordonner l'interprétation des rêves aux exigences thérapeutiques et à abandonner en cours de route un grand nombre de rêves, dès qu'on réussit à en extraire des données susceptibles de recevoir une utilisation thérapeutique. Certains rêves, ceux notamment qui se produisent pendant la cure, échappent tout simplement à une interprétation complète. Comme ils surgissent de l'ensemble total des matériaux psychiques que nous ignorons encore, nous ne pouvons les comprendre qu'une fois la cure terminée. La communication de ces rêves nécessiterait la mise sous vos yeux de tous les mystères d'une névrose ; ceci ne cadre pas avec nos intentions, puisque nous voyons dans l'étude du rêve une préparation à celle des névroses.

Cela étant, vous renoncerez peut-être volontiers à ces rêves, pour entendre l'explication de rêves d'hommes sains ou de vos propres rêves. Mais cela n'est guère faisable, vu le contenu des uns et des autres. Il n'est guère possible de se confesser soi-même ou de confesser ceux qui ont mis en vous leur confiance, avec cette franchise et cette sincérité qu'exigerait une interprétation complète de rêves, lesquels, ainsi que vous le savez, relèvent de ce qu'il y a de plus intime dans notre personnalité. En dehors de cette difficulté de se procurer des matériaux, il y a encore une autre raison qui s'oppose à la communication des rêves. Le rêve, vous le savez, apparaît au rêveur comme quelque chose d'étrange : à plus forte raison doit-il apparaître comme tel à ceux qui ne connaissent pas la personne du rêveur. Notre littérature ne manque pas de bonnes et complètes analyses de rêves ; j'en ai publié moi-même quelques-unes à propos d'observations de malades ; le plus bel exemple d'interprétation est peut-être celui publié par Otto Rank. Il s'agit de deux rêves d'une jeune fille, se rattachant l'un à l'autre. Leur exposé n'occupe que deux pages imprimées, alors que leur analyse en comprend soixante-seize. Il me faudrait presque un semestre pour effectuer avec vous un travail de ce genre. Lorsqu'on aborde l'interprétation d'un rêve un peu long et plus ou moins considérablement déformé, on a besoin de tant d'éclaircissements, il faut tenir compte de tant d'idées et de souvenirs surgissant chez le rêveur, s'engager dans tant de digressions qu'un compte rendu d'un travail de ce genre prendrait une extension considérable et ne vous donnerait aucune satisfaction. Je dois donc vous prier de vous contenter de ce qui est plus facile à obtenir, à savoir de la communication de petits fragments de rêves appartenant à des personnes névrosées et dont on peut étudier isolément tel ou tel élément. Ce sont les symboles des rêves et certaines particularités de la représentation régressive des rêves qui se prêtent le plus facilement à la démonstration. Je vous dirai, à propos de chacun des rêves qui suivent, les raisons pour lesquelles il me semble mériter une communication.

1. Voici un rêve qui se compose de deux brèves images : *Son oncle fume une cigarette, bien qu'on soit un samedi. — Une femme l'embrasse et le caresse comme son enfant.*

À propos de la première image, le rêveur, qui est Juif, nous dit que son oncle, homme pieux, n'a jamais commis et n'aurait jamais été capable de commettre un péché pareil [1]. À propos de la femme qui figure dans la seconde image, il ne pense qu'à sa mère. Il existe certainement un rapport entre ces deux images ou idées. Mais lequel ? Comme il exclut formellement la réalité de l'acte de son oncle, on est tenté de réunir les deux images par la relation de dépendance temporelle. « Au *cas où* mon oncle, le saint homme, se déciderait à fumer une cigarette un samedi, je devrais me laisser caresser par ma mère. » Cela signifie que les caresses échangées avec la mère constituent une chose aussi peu permise que le fait pour un Juif pieux de fumer un samedi. Je vous ai déjà dit, et vous vous en souvenez sans doute, qu'au cours du travail d'élaboration toutes les relations entre les idées des rêves se trouvent supprimées, que ces idées mêmes sont réduites à l'état de matériaux bruts et que c'est la tâche de l'interprétation de reconstituer ces relations disparues.

2. À la suite de mes publications sur le rêve, je suis devenu, dans une certaine mesure, un consultant officiel pour les affaires se rapportant aux rêves, et je reçois depuis des années des épîtres d'un peu partout, dans lesquelles on me communique des rêves ou demande mon avis sur des rêves. Je suis naturellement reconnaissant

à tous ceux qui m'envoient des matériaux suffisants pour rendre l'interprétation possible ou qui proposent eux-mêmes une interprétation. De cette catégorie fait partie le rêve suivant qui m'a été communiqué en 1910 par un étudiant en médecine de Munich. Je le cite pour vous montrer combien un rêve est en général difficile à comprendre, tant que le rêveur n'a pas fourni tous les renseignements nécessaires. Je vais également vous épargner une grave erreur, car je vous crois enclins à considérer l'interprétation des rêves qui souligne l'importance des symboles comme l'interprétation idéale et à refouler au second plan la technique fondée sur les associations surgissant à propos des rêves.

13 juillet 1910 : Vers le matin je fais le rêve suivant : *Je descends à bicyclette une rue de Tubingue, lorsqu'un basset noir se précipite derrière moi et me saisit au talon. Je descends un peu plus loin, m'assieds sur une marche et commence à me défendre contre l'animal qui aboie avec rage. (Ni la morsure ni la scène qui la suit ne me font éprouver de sensation désagréable.) Vis-à-vis de moi sont assises deux dames âgées qui me regardent d'un air moqueur. Je me réveille alors et, chose qui m'est déjà arrivée plus d'une fois, au moment même du passage du sommeil à l'état de veille, tout mon rêve m'apparaît clair.*

Les symboles nous seraient ici de peu de secours. Mais le rêveur nous apprend ceci : « J'étais, depuis quelque temps, amoureux d'une jeune fille que je ne connaissais que pour l'avoir rencontrée souvent dans la rue et sans jamais avoir eu l'occasion de l'approcher. J'aurais été très heureux que cette occasion me fût fournie par le basset, car j'aime beaucoup les bêtes et croyais avec plaisir avoir surpris le même sentiment chez la jeune fille. » Il ajoute qu'il lui est souvent arrivé d'intervenir, avec beaucoup d'adresse et au grand étonnement des spectateurs, pour séparer des chiens qui se battaient. Nous apprenons encore que la jeune fille qui lui plaisait était toujours vue en compagnie de ce chien particulier. Seulement, dans le rêve manifeste cette jeune fille était écartée et seul y était maintenu le chien qui lui était associé. Il se peut que les dames qui se moquaient de lui aient été évoquées à la place de la jeune fille. Ses renseignements ultérieurs ne suffisent pas à éclaircir ce point. Le fait qu'il se voit dans le rêve voyager à bicyclette constitue la reproduction directe de la situation dont il se souvient : il ne rencontrait la jeune fille avec son chien que lorsqu'il était à bicyclette.

3. Lorsque quelqu'un perd un parent qui lui est cher, il fait pendant longtemps des rêves singuliers dans lesquels on trouve les compromis les plus étonnants entre la certitude de la mort et le besoin de faire revivre le mort. Tantôt le disparu, tout en étant mort, continue de vivre, car il ne sait pas qu'il est mort, alors qu'il mourrait tout à fait s'il le savait ; tantôt il est à moitié mort, à moitié vivant, et chacun de ces états se distingue par des signes particuliers. On aurait tort de traiter ces rêves d'absurdes, car la résurrection n'est pas plus inadmissible dans le rêve que dans le conte, par exemple, où elle constitue un événement ordinaire. Pour autant que j'ai pu analyser ces rêves, j'ai trouvé qu'ils se prêtaient à une explication rationnelle, mais que le pieux désir de rappeler le mort à la vie sait se satisfaire par les moyens les plus extraordinaires. Je vais vous citer un rêve de ce genre, qui paraît bizarre et absurde et dont l'analyse vous révélera certains détails que nos considérations théoriques étaient de nature à vous faire prévoir. C'est le rêve d'un homme qui a perdu son père depuis plusieurs années.

Le père est mort, mais il a été exhumé et a mauvaise mine. Il reste en vie depuis son exhumation et le rêveur fait tout son possible pour qu'il ne s'en aperçoive pas. (Ici le rêve passe à d'autres choses, très éloignées en apparence.)

Le père est mort : nous le savons. Son exhumation ne correspond pas plus à la réalité que les détails ultérieurs du rêve. Mais le rêveur raconte : lorsqu'il fut revenu des obsèques de son père, il éprouva un mal de dents. Il voulait traiter la dent malade selon la prescription de la religion juive : « Lorsqu'une dent te fait souffrir, arrache-la », et se rendit chez le dentiste. Mais celui-ci lui dit : « On ne fait pas arracher une dent ; il faut avoir patience. Je vais vous mettre dans la dent quelque chose qui la tuera. Revenez dans trois jours : j'extrairai cela. »

C'est cette « extraction », dit tout à coup le rêveur, qui correspond à l'exhumation.

Le rêveur aurait-il raison ? Pas tout à fait, car ce n'est pas la dent qui devait être extraite, mais sa partie morte. Mais c'est là une des nombreuses imprécisions que, d'après nos expériences, on constate souvent dans les rêves. Le rêveur aurait alors opéré une condensation, en fondant en un seul le père mort et la dent tuée et cependant conservée. Rien d'étonnant s'il en est résulté dans le rêve manifeste quelque chose d'absurde, car tout ce qui est de la dent ne peut pas s'appliquer au père. Où se trouverait en général entre le père et la dent, ce *tertium comparationis* qui a rendu possible la condensation que nous trouvons dans le rêve manifeste ?

Il doit pourtant y avoir un rapport entre le père et la dent, car le rêveur nous dit qu'il sait que lorsqu'on rêve d'une dent tombée, cela signifie qu'on perdra un membre de sa famille.

Nous savons que cette interprétation populaire est inexacte ou n'est exacte que dans un sens spécial, c'est-à-dire en tant que boutade. Aussi serons-nous d'autant plus étonnés de retrouver ce thème derrière tous les autres fragments du contenu du rêve.

Sans y être sollicité, notre rêveur se met maintenant à nous parler de la maladie et de la mort de son père, ainsi que de son attitude à l'égard de celui-ci. La maladie du père a duré longtemps, les soins et le traitement ont coûté au fils beaucoup d'argent. Et, pourtant, lui, le fils, ne s'en était jamais plaint, n'avait jamais manifesté la moindre impatience, n'avait jamais exprimé le désir de voir la fin de tout cela. Il se vante d'avoir toujours éprouvé à l'égard de son père un sentiment de piété vraiment juive, de s'être toujours rigoureusement conformé à la loi juive. N'êtes-vous pas frappés de la contradiction qui existe dans les idées se rapportant aux rêves ? Il a identifié dent et père. À l'égard de la dent il voulait agir selon la loi juive qui ordonnait de l'arracher dès l'instant où elle était une cause de douleur et contrariété. À l'égard du père, il voulait également agir selon la loi qui, cette fois, ordonne cependant de ne pas se plaindre de la dépense et de la contrariété, de supporter patiemment l'épreuve et de s'interdire toute intention hostile envers l'objet qui est cause de la douleur. L'analogie entre les deux situations aurait cependant été plus complète si le fils avait éprouvé à l'égard du père les mêmes sentiments qu'à l'égard de la dent, c'est-à-dire s'il avait souhaité que la mort vînt mettre fin à l'existence inutile, douloureuse et coûteuse de celui-ci.

Je suis persuadé que tels furent effectivement les sentiments de notre rêveur à l'égard de son père pendant la pénible maladie de celui-ci et que ses bruyantes protestations de piété filiale n'étaient destinées qu'à le détourner de ces souvenirs. Dans des situations de ce genre, on fait généralement le souhait de voir venir la mort, mais ce souhait se couvre du masque de la pitié : la mort, se dit-on, serait une délivrance pour le malade qui souffre. Remarquez bien cependant qu'ici nous franchissons la limite des idées latentes elles-mêmes. La première intervention de celles-ci ne fut certainement inconsciente que pendant peu de temps, c'est-à-dire pendant la durée de la formation du rêve ; mais les sentiments hostiles à l'égard du père ont dû exister à l'état inconscient depuis un temps assez long, peut-être même depuis l'enfance, et ce n'est qu'occasionnellement, pendant la maladie, qu'ils se sont, timides et marqués, insinués dans la conscience. Avec plus de certitude encore nous pouvons affirmer la même chose concernant d'autres idées latentes qui ont contribué à constituer le contenu du rêve. On ne découvre dans le rêve nulle trace de sentiments hostiles à l'égard du père. Mais si nous cherchons la racine d'une pareille hostilité à l'égard du père en remontant jusqu'à l'enfance, nous nous souvenons qu'elle réside dans la crainte que nous inspire le père, lequel commence de très bonne heure à réfréner l'activité sexuelle du garçon et continue à lui opposer des obstacles, pour des raisons sociales, même à l'âge qui suit la puberté. Ceci est également vrai de l'attitude de notre rêveur à l'égard de son père : son amour était mitigé de beaucoup de respect et de crainte qui avaient leur source dans le contrôle exercé par le père sur l'activité sexuelle du fils.

Les autres détails du rêve manifeste s'expliquent par le complexe de l'onanisme. « Il a mauvaise mine » : cela peut bien être une allusion aux paroles du dentiste que c'est une mauvaise perspective que de perdre une dent en cet endroit. Mais cette phrase se rapporte peut-être également à la mauvaise mine par laquelle le jeune homme ayant atteint l'âge de la puberté trahit ou craint de trahir son activité sexuelle exagérée. Ce n'est pas sans un certain soulagement pour lui-même que le rêveur a, dans le contenu du rêve manifeste, transféré la mauvaise mine au père, et cela en vertu d'une inversion du travail d'élaboration que vous connaissez déjà. « Il continue à vivre » : cette idée correspond aussi bien au souhait de résurrection qu'à la promesse du dentiste que la dent pourra être conservée. Mais la proposition : « le rêveur fait tout son possible, *pour qu'il (le père) ne s'en aperçoive pas* », est tout à fait raffinée, car elle a pour but de nous suggérer la conclusion qu'il est mort. La seule conclusion significative découle cependant du « complexe de l'onanisme », puisqu'il est tout à fait compréhensible que le jeune homme fasse tout son possible pour dissimuler au père sa vie sexuelle. Rappelez-vous à ce propos que nous avons toujours été amenés à recourir à l'onanisme et à la crainte du châtiment pour les pratiques qu'elle comporte, pour interpréter les rêves ayant pour objet le mal de dent.

Vous voyez maintenant comment a pu se former ce rêve incompréhensible. Plusieurs procédés ont été mis en œuvre à cet effet : condensation singulière et trompeuse, déplacement de toutes les idées hors de la série latente, création de plusieurs formations substitutives pour les plus profondes et les plus reculées dans le temps d'entre ces idées.

4. Nous avons déjà essayé à plusieurs reprises d'aborder ces rêves sobres et banals qui ne contiennent rien d'absurde ou d'étrange, mais à propos desquels la question se pose : pourquoi rêve-t-on de choses aussi indifférentes ? Je vais, en conséquence, vous citer un nouvel exemple de ce genre, trois rêves assortis l'un à l'autre et faits par une jeune femme au cours de la même nuit.

a) *Elle traverse le salon de son appartement et se cogne la tête contre le lustre suspendu au plafond. Il en résulte une plaie saignante.*

Nulle réminiscence ; aucun souvenir d'un événement réellement arrivé. Les renseignements qu'elle fournit indiquent une tout autre direction. « Vous savez à quel point mes cheveux tombent. Mon enfant, m'a dit hier ma mère, si cela continue, ta tête sera bientôt nue comme un derrière. » La tête apparaît ici comme le symbole de la partie opposée au corps. La signification symbolique du lustre est évidente : tous les objets allongés sont des symboles de l'organe sexuel masculin. Il s'agirait donc d'une hémorragie de la partie inférieure du tronc, à la suite de la blessure occasionnée par le pénis. Ceci pourrait encore avoir plusieurs sens ; les autres renseignements fournis par la rêveuse montrent qu'il s'agit de la croyance d'après laquelle les règles seraient provoquées par les rapports sexuels avec l'homme, théorie sexuelle qui compte beaucoup d'adeptes parmi les jeunes filles n'ayant pas encore atteint la maturité.

b) *Elle voit dans la vigne une fosse profonde qui, elle le sait, provient de l'arrachement d'un arbre.* Elle remarque à ce propos que l'arbre lui-même manque. Elle croit n'avoir pas vu l'arbre dans son rêve, mais toute sa phrase sert à l'expression d'une autre idée qui en révèle la signification symbolique. Ce rêve se rapporte notamment à une autre théorie sexuelle d'après laquelle les petites filles auraient au début les mêmes organes sexuels que les garçons et que c'est à la suite de la castration (arrachement d'un arbre) que les organes sexuels de la femme prendraient la forme que l'on sait.

c) *Elle se tient devant le tiroir de son bureau dont le contenu lui est tellement familier qu'elle s'aperçoit aussitôt de la moindre intervention d'une main étrangère.* Le tiroir du bureau est, comme tout tiroir, boîte ou caisse, la représentation symbolique de l'organe sexuel de la femme. Elle sait que les traces de rapports sexuels (et, comme elle le croit, de l'attouchement) sont faciles à reconnaître et elle avait longtemps redouté cette épreuve. Je croîs que l'intérêt de ces trois rêves réside principalement dans les connaissances dont la rêveuse fait preuve ; elle se rappelle l'époque de ses réflexions enfantines sur les mystères de la vie sexuelle, ainsi que les résultats auxquels elle était arrivée et dont elle était alors très fière.

5. Encore un peu de symbolisme. Mais cette fois je dois au préalable exposer brièvement la situation psychique. Un monsieur, qui a passé une nuit dans l'intimité d'une dame, parle de cette dernière comme d'une de ces natures maternelles chez lesquelles le sentiment amoureux est fondé uniquement sur le désir d'avoir un enfant. Mais les circonstances dans lesquelles a eu lieu la rencontre dont il s'agit étaient telles que des précautions contre l'éventuelle maternité durent être prises, et l'on sait que la principale de ces précautions consiste à empêcher le liquide séminal de pénétrer dans les organes

génitaux de la femme. Au réveil qui suit la rencontre en question, la dame raconte le rêve suivant :

Un officier vêtu d'un manteau rouge la poursuit dans la rue. Elle se met à courir, monte l'escalier de sa maison ; il la suit toujours. Essoufflée, elle arrive devant son appartement, s'y glisse et referme derrière elle la porte à clef. Il reste dehors et, en regardant par la fenêtre, elle le voit assis sur un banc et pleurant.

Vous reconnaissez sans difficulté dans la poursuite par l'officier au manteau rouge et dans l'ascension précipitée de l'escalier la représentation de l'acte sexuel. Le fait que la rêveuse s'enferme à clef pour se mettre à l'abri de la poursuite représente un exemple de ces inversions qui se produisent si fréquemment dans les rêves : il est une allusion au non-achèvement de l'acte sexuel par l'homme. De même, elle a déplacé sa tristesse en l'attribuant à son partenaire : c'est lui qu'elle voit pleurer dans le rêve, ce qui constitue également une allusion à l'émission du sperme.

Vous avez sans doute entendu dire que d'après la psychanalyse tous les rêves auraient une signification sexuelle. Maintenant vous êtes à même de vous rendre compte à quel point ce jugement est incorrect. Vous connaissez des rêves qui sont des réalisations de désirs, des rêves dans lesquels il s'agit de la satisfaction des besoins les plus fondamentaux, tels que la faim, la soif, le besoin de liberté, vous connaissez aussi des rêves que j'ai appelés rêves de commodité et d'impatience, des rêves de cupidité, des rêves égoïstes. Mais vous devez considérer comme un autre résultat de la recherche psychanalytique le fait que les rêves très déformés (pas tous d'ailleurs) servent principalement à l'expression de désirs sexuels.

6. J'ai d'ailleurs une raison spéciale d'accumuler les exemples d'application de symboles dans les rêves. Dès notre première rencontre, je vous ai dit combien il était difficile, dans l'enseignement de la psychanalyse, de fournir les preuves de ce qu'on avance et de gagner ainsi la conviction des auditeurs. Vous avez eu depuis plus d'une occasion de vous assurer que j'avais raison. Or, il existe entre les diverses propositions et affirmations de la psychanalyse un lien tellement intime que la conviction acquise sur un point peut s'étendre à une partie plus ou moins grande du tout. On peut dire de

la psychanalyse qu'il suffit de lui tendre le petit doigt pour qu'elle saisisse la main entière. Celui qui a compris et adopté l'explication des actes manqués doit, pour être logique, adopter tout le reste. Or, le symbolisme des rêves nous offre un autre point aussi facilement accessible. Je vais vous exposer le rêve, déjà publié, d'une femme du peuple, dont le mari est agent de police et qui n'a certainement jamais entendu parler de symbolisme des rêves et de psychanalyse. Jugez vous-mêmes si l'interprétation de ce rêve à l'aide de symboles sexuels doit ou non être considérée comme arbitraire et forcée.

« ... *Quelqu'un s'est alors introduit dans le logement et, pleine d'angoisse, elle appelle un agent de police. Mais celui-ci, d'accord avec deux « larrons », est entré dans une église à laquelle conduisaient plusieurs marches. Derrière l'église, il y avait une montagne couverte d'une épaisse forêt. L'agent de police était coiffé d'un casque et portait un hausse-col et un manteau. Il portait toute sa barbe qui était noire. Les deux vagabonds, qui accompagnaient paisiblement l'agent, portaient autour des reins des tabliers ouverts en forme de sacs. Un chemin conduisait de l'église à la montagne. Ce chemin était couvert des deux côtés d'herbe et de broussailles qui devenaient de plus en plus épaisses et formaient une véritable forêt au sommet de la montagne.* »

Vous reconnaissez sans peine les symboles employés. Les organes génitaux masculins sont représentés par une trinité de personnes, les organes féminins par un paysage, avec chapelle, montagne et forêt. Vous trouvez ici les marches comme symbole de l'acte sexuel. Ce qui est appelé montagne dans le rêve porte le même nom en anatomie : mont de Vénus.

7. Encore un rêve devant être interprété à l'aide de symboles, remarquable et probant par le fait que c'est le rêveur lui-même qui a traduit tous les symboles, sans posséder la moindre connaissance théorique relative à l'interprétation des rêves, circonstance tout à fait extraordinaire et dont les conditions ne sont pas connues exactement.

« *Il se promène avec son père dans un endroit qui est certainement le Prater* [2], *car on voit la rotonde et devant celle-ci une petite saillie à laquelle est attaché un ballon captif qui semble assez dégonflé. Son père lui demande à quoi tout cela sert ; la question l'étonne, mais il n'en donne pas moins l'explication qu'on lui demande. Ils arrivent ensuite dans une cour dans laquelle est étendue une grande plaque de fer blanc. Le père voudrait en détacher un grand morceau, mais regarde autour de lui pour savoir si personne ne le remarque. Il lui dit qu'il lui suffit de prévenir le surveillant : il pourra alors en emporter tant qu'il voudra. De cette cour un escalier conduit dans une fosse dont les parois sont capitonnées comme, par exemple, un fauteuil en cuir. Au bout de cette fosse se trouve une longue plate-forme après laquelle commence une autre fosse. »*

Le rêveur interprète lui-même : « La rotonde, ce sont mes organes génitaux, le ballon captif qui se trouve devant n'est autre chose que ma verge dont la faculté d'érection se trouve diminuée depuis quelque temps. » Pour traduire plus exactement : la rotonde, c'est la région fessière que l'enfant considère généralement comme faisant partie de l'appareil génital ; la petite saillie devant cette rotonde, ce sont les bourses. Dans le rêve, le père lui demande ce que tout cela signifie, c'est-à-dire quels sont le but et la fonction des organes génitaux. Nous pouvons, sans risque de nous tromper, intervertir les situations et admettre que c'est le fils qui interroge. Le père n'ayant jamais, dans la vie réelle, posé de question pareille, on doit considérer cette idée du rêve comme un désir ou ne l'accepter que conditionnellement : « Si j'avais demandé à mon père des renseignements relatifs aux organes sexuels... » Nous retrouverons bientôt la suite et le développement de cette idée. La cour dans laquelle est étendue la plaque de fer blanc ne doit pas être considérée comme étant essentiellement un symbole : elle fait partie du local où le père exerce son commerce. Par discrétion, j'ai remplacé par le fer blanc l'article dont il fait commerce, sans rien changer au texte du rêve. Le rêveur, qui assiste son père dans ses affaires, a été dès le premier jour choqué par l'incorrection des procédés sur lesquels repose en grande partie le gain. C'est pourquoi on doit donner à l'idée dont nous avons parlé plus haut la suite suivante : « (Si j'avais demandé à mon père), il m'aurait trompé, comme il trompe ses clients. » Le père voulait détacher un morceau de la plaque de fer blanc : on peut bien voir dans ce désir la représentation de la malhonnêteté commerciale, mais le rêveur lui-même en donne une autre explication : il signifie l'onanisme. Cela, nous le savons depuis longtemps, mais, en outre, cette interprétation s'accorde avec le fait que le secret de l'onanisme est exprimé par son contraire (le fils disant au père que s'il veut emporter un morceau de fer blanc, il doit le faire ouvertement, en demandant la permission au surveillant). Aussi ne sommes-nous pas étonnés de voir le fils attribuer au père les pratiques onaniques, comme il lui a attribué l'interrogation dans la première scène du rêve. Quant à la fosse, le rêveur l'interprète en évoquant le mou capitonnage des parois vaginales. Et j'ajoute de ma part que la descente, comme dans d'autres cas la montée, signifie l'acte du coït.

La première fosse, nous disait le rêveur, était suivie d'une longue plate-forme au bout de laquelle commençait une autre fosse : il s'agit là de détails biographiques. Après avoir eu des rapports sexuels fréquents, le rêveur se trouve actuellement gêné dans l'accomplissement de l'acte sexuel et espère, grâce au traitement, recouvrer sa vigueur d'autrefois.

8. Les deux rêves qui suivent appartiennent à un étranger aux dispositions polygamiques très prononcées. Je les cite pour vous montrer que c'est toujours le *moi* du rêveur qui apparaît dans le rêve alors même qu'il se trouve dissimulé dans le rêve manifeste. Les malles qui figurent dans ces rêves sont des symboles de femmes.

a) Il part en voyage, ses bagages sont apportés à la gare par une voiture. Ils se composent d'un grand nombre de malles, parmi lesquelles se trouvent deux grandes malles noires, dans le genre « malles à échantillons ». Il dit à quelqu'un d'un ton de consolation : Celles-ci ne vont que jusqu'à la gare.

Il voyage en effet avec beaucoup de bagages, mais fait aussi intervenir dans le traitement beaucoup d'histoires de femmes. Les deux malles noires correspondent à deux femmes brunes, qui jouent actuellement dans sa vie un rôle de première importance. L'une d'elles voulait le suivre à Vienne ; sur mon conseil, il lui a télégraphié de n'en rien faire.

b) Une scène à la douane : *Un de ses compagnons de voyage ouvre sa malle et dit en fumant négligemment sa cigarette : il n'y a rien là-dedans. Le douanier semble le croire, mois recommence à fouiller et trouve quelque chose de tout à fait défendu. Le voyageur dit alors avec résignation : rien à faire.* C'est lui-même qui est le voyageur ; moi, je suis le douanier.

Généralement très sincère dans ses confessions, il a voulu me dissimuler les relations qu'il venait de nouer avec une dame, car il pouvait supposer avec raison que cette dame ne m'était pas inconnue. Il a transféré sur une autre personne la pénible situation de quelqu'un qui reçoit un démenti, et c'est ainsi qu'il semble ne pas figurer dans ce rêve.

9. Voici l'exemple d'un symbole que je n'ai pas encore mentionné :

Il rencontre sa sœur en compagnie de deux amies, sœurs elles-mêmes. Il tend la main à celles-ci, mais pas à sa propre sœur.

Ce rêve ne se rattache à aucun événement connu. Ses souvenirs le reportent plutôt à une époque où il avait observé pour la première fois, en recherchant la cause de ce fait, que la poitrine se développe tard chez les jeunes filles. Les deux sœurs représentent donc deux seins qu'il saisirait volontiers pourvu que ce ne soit pas les seins de sa sœur.

10. Et voici un exemple de symbolisme de la mort dans le rêve :

Il marche sur un pont de fer élevé et raide avec deux personnes qu'il connaît, mais dont il a oublié les noms au réveil. Tout d'un coup ces deux personnes disparaissent, et il voit un homme spectral portant un bonnet et un costume de toile. Il lui demande s'il est le télégraphiste... Non. S'il est le voiturier. Non. Il continue son chemin, éprouve encore pendant le rêve une grande angoisse et, même une fois réveillé, il prolonge son rêve en imaginant que le pont de fer s'écroule et qu'il est précipité dans l'abîme.

Les personnes dont on dit qu'on ne les connaît pas ou qu'on a oublié leurs noms sont le plus souvent des personnes très proches. Le rêveur a un frère et une sœur ; s'il avait souhaité leur mort, il n'eût été que juste qu'il en éprouvât lui-même une angoisse mortelle. Au sujet du télégraphiste, il fait observer que ce sont toujours des porteurs de mauvaises nouvelles. D'après l'uniforme, ce pouvait être aussi bien un allumeur de réverbères, mais les allumeurs de réverbères sont aussi chargés de les éteindre, comme le génie de la mort éteint le flambeau de la vie. À l'idée du voiturier il associe le poème d'Uhland sur le voyage en mer du roi Charles et se souvient à ce propos d'un dangereux voyage en mer avec deux camarades, voyage au cours duquel il avait joué le rôle du roi dans le poème. À propos du pont de fer, il se rappelle un grave accident survenu dernièrement et l'absurde aphorisme, la vie est un pont suspendu.

11. Autre exemple de représentation symbolique de la mort *: un monsieur inconnu dépose à son intention une carte de visite. bordée de noir.*

12. Le rêve suivant qui a d'ailleurs, parmi ses antécédents, un état, névrotique, vous intéressera sous plusieurs rapports.

Il voyage en chemin de fer. Le train s'arrête en pleine campagne. Il pense qu'il s'agit d'un accident, qu'il faut songer à se sauver, traverse tous les compartiments du train et tue tous ceux qu'il rencontre : conducteur, mécanicien, etc.

À cela se rattache le souvenir d'un récit fait par un ami. Sur un chemin de fer italien on transportait un fou dans un compartiment réservé, mais par mégarde on avait laissé entrer un voyageur dans le même compartiment. Le fou tua le voyageur. Le rêveur s'identifie donc avec le fou et justifie son acte par la représentation obsédante, qui le tourmente de temps à autre, qu'il doit « supprimer tous les témoins ». Mais il trouve ensuite une meilleure motivation qui forme le point de départ du rêve. Il a revu la veille au théâtre la jeune fille qu'il devait épouser, mais dont il s'était détaché parce qu'elle le rendait jaloux. Vu l'intensité que, peut atteindre chez lui la jalousie, il serait réellement devenu fou s'il avait épousé cette jeune fille. Cela signifie : il la considère comme si peu sûre qu'il aurait été obligé de tuer tous ceux qu'il aurait trouvés sur son chemin, car il eût été jaloux de tout le monde. Nous savons déjà que le fait de traverser une série de pièces (ici de compartiments) est le symbole du mariage.

À propos de l'arrêt du train en pleine campagne et de la peur d'un accident, il nous raconte qu'un jour où il voyageait réellement en chemin de fer, le train s'était subitement arrêté entre deux stations. Une jeune dame qui se trouvait à côté de lui déclare qu'il va probablement se produire une collision avec un autre train et que dans ce cas la première précaution à prendre est de lever les jambes en l'air. Ces « jambes en l'air » ont aussi joué un rôle dans les nombreuses promenades et excursions à la campagne qu'il fit avec la jeune fille au temps heureux de leurs premières amours. Nouvelle preuve qu'il faudrait qu'il fût fou pour l'épouser à présent. Et pourtant la connaissance que j'avais de la situation me permet d'affirmer que le désir de commettre cette folie n'en persistait pas moins chez lui.

1. Fumer et, en général, manier le feu un samedi est considéré par les Juifs comme un péché.
2. Le « Bois de Boulogne » de Vienne.

CHAPITRE 13

TRAITS ARCHAÏQUES ET INFANTILISME DU RÊVE

Revenons à notre résultat, d'après lequel, sous l'influence de la censure, le travail d'élaboration communique aux idées latentes du rêve un autre mode d'expression. Les idées latentes ne sont que les idées conscientes de notre vie éveillée, idées que nous connaissons. Le nouveau mode d'expression présente de nombreux traits qui nous sont inintelligibles. Nous avons dit qu'il remonte à des états, depuis longtemps dépassés, de notre développement intellectuel, au langage figuré, aux relations symboliques, peut-être à des conditions qui avaient existé avant le développement de notre langage abstrait. C'est pourquoi nous avons qualifié *d'archaïque* ou *régressif* le mode d'expression du travail d'élaboration.

Vous pourriez en conclure que l'étude plus approfondie du travail d'élaboration nous permettra de recueillir des données précieuses sur les débuts peu connus de notre développement intellectuel. J'espère qu'il en sera ainsi, mais ce travail n'a pas encore été entrepris. La préhistoire à laquelle nous ramène le travail d'élaboration est double : il, y a d'abord la préhistoire individuelle, l'enfance ; il y a ensuite, dans la mesure où chaque individu reproduit en abrégé, au cours de son enfance, tout le développement de l'espèce humaine, la préhistoire phylogénique. Qu'on réussisse un jour à établir la part qui, dans les processus psychiques latents, revient à la préhistoire individuelle et les éléments qui, dans cette vie, proviennent de la préhistoire phylogénique, la chose ne me semble pas impossible. C'est ainsi, par exemple, qu'on est autorisé, à mon avis, à considérer comme un legs phylogénique la symbolisation que l'individu comme tel n'a jamais apprise.

Mais ce n'est pas là le seul caractère archaïque du rêve. Vous connaissez tous par expérience la remarquable amnésie de l'enfance. Je parle du fait que les cinq, six ou huit premières années de la vie ne laissent pas, comme les événements de la vie ultérieure, de traces dans la mémoire. On rencontre bien des individus croyant pouvoir se vanter d'une continuité mnémonique s'étendant sur toute la durée de leur vie, depuis ses premiers commencements, mais le cas contraire, celui de lacunes dans la mémoire, est de beaucoup le plus fréquent. Je crois que ce fait n'a pas suscité l'étonnement qu'il mérite. À l'âge de deux ans, l'enfant sait déjà bien parler ; il montre bientôt après qu'il sait s'orienter dans des situations psychiques compliquées et il manifeste ses idées et sentiments par des propos et des actes qu'on lui rappelle plus tard, mais qu'il a lui-même oubliés. Et pourtant, la mémoire de l'enfant étant moins surchargée pendant les premières années que pendant les années qui suivent, par exemple la huitième, elle devrait être plus sensible et plus souple, donc plus apte à retenir les faits et les impressions. D'autre part, rien ne nous autorise à considérer la fonction de la mémoire comme une fonction psychique élevée et difficile : on trouve, au contraire, une bonne mémoire même chez des personnes dont le niveau intellectuel est très bas.

À cette particularité s'en superpose une autre, à savoir que le vide mnémonique qui s'étend sur les premières années de l'enfance n'est pas complet : certains souvenirs bien conservés émergent, souvenirs correspondant le plus souvent à des impressions plastiques et dont rien d'ailleurs ne justifie la conservation. Les souvenirs se rapportant à des événements ultérieurs subissent dans la mémoire une sélection : ce qui est important est conservé, et le reste est rejeté. Il n'en est pas de même des souvenirs conservés qui remontent à la première enfance. Ils ne correspondent pas nécessairement à des événements importants de cette période de la vie, pas même à des événements qui pourraient paraître importants au point de vue de l'enfant. Ces souvenirs sont souvent tellement banals et insignifiants que nous nous demandons avec étonnement pourquoi ces détails ont échappé à l'oubli. J'avais essayé jadis de résoudre à l'aide de l'analyse l'énigme de l'amnésie infantile et des restes de souvenirs conservés malgré cette amnésie, et je suis arrivé à la conclusion que même chez l'enfant les souvenirs importants sont les seuls qui aient échappé à la disparition. Seulement, grâce aux processus que vous connaissez déjà et qui sont celui de condensation et surtout celui de déplacement, l'important se trouve remplacé dans la mémoire, par des éléments qui paraissent moins importants. En raison de ce fait, j'ai donné aux souvenirs de l'enfance le nom de *souvenirs de couverture ;* une analyse approfondie permet d'en dégager tout ce qui a été oublié.

Dans les traitements psychanalytiques on se trouve toujours dans la nécessité de combler les lacunes que présentent les souvenirs infantiles ; et, dans la mesure où le traitement donne des résultats à peu près satisfaisants, c'est-à-dire dans un très grand nombre de cas, on réussit à évoquer le contenu des années d'enfance couvert par l'oubli. Les impressions reconstituées n'ont en réalité jamais été oubliées : elles sont seulement restées inaccessibles, latentes, refoulées dans la région de l'inconscient. Mais il arrive aussi qu'elles émergent spontanément de l'inconscient, et cela souvent à l'occasion de rêves. Il apparaît alors que la vie de rêve sait trouver l'accès à ces événements infantiles latents. On en trouve de beaux exemples dans la littérature et j'ai pu moi-même apporter à l'appui de ce fait un exemple personnel. Je rêvais une nuit, entre autres, d'une certaine personne qui m'avait rendu un service et que je voyais nettement devant mes yeux. C'était un petit homme borgne, gros, ayant la tête enfoncée dans les épaules. J'avais conclu, d'après le contexte du rêve, que cet homme était un médecin. Heureusement j'ai pu demander à ma mère, qui vivait encore, quel était l'aspect extérieur du médecin de ma ville natale que j'avais quittée à l'âge de 3 ans, et j'ai appris qu'il était en effet borgne, petit, gros, qu'il avait la tête enfoncée dans les épaules ; j'ai appris en outre par ma mère dans quelle occasion, oubliée par moi, il m'avait soigné. Cet accès aux matériaux oubliés des premières années de l'enfance constitue donc un autre trait archaïque du rêve.

La même explication vaut pour une autre des énigmes auxquelles nous nous étions heurtés jusqu'à présent. Vous vous rappelez l'étonnement que vous avez éprouvé lorsque je vous ai produit la preuve que les rêves sont excités par des désirs sexuels foncièrement mauvais et d'une licence souvent effrénée, au point qu'ils ont rendu nécessaire l'institution d'une censure des rêves et d'une déformation des rêves. Lorsque nous avons interprété au rêveur un rêve de ce genre, il ne manque presque jamais d'élever une protestation contre notre interprétation ; dans le cas le plus favorable, c'est-à-dire alors même qu'il s'incline devant cette interprétation, il se demande toujours d'où a pu lui venir un désir pareil qu'il sent incompatible avec son caractère, contraire même à l'ensemble de ses tendances et sentiments. Nous ne devons pas tarder à montrer l'origine de ces désirs. Ces mauvais désirs ont leurs racines dans le passé, et souvent dans un passé qui n'est pas très éloigné. Il est possible de prouver qu'ils furent jadis connus et conscients. La femme dont le rêve signifie qu'elle désire la mort de sa fille âgée de 17 ans trouve, sous notre direction, qu'elle a réellement eu ce désir à une certaine époque. L'enfant était née d'un mariage malheureux et qui avait fini par une rupture. Alors qu'elle était encore enceinte de sa fille, elle eut, à la suite d'une scène avec son mari, un accès de rage tel qu'ayant perdu toute retenue elle se mit à se frapper le ventre à coups de poings, dans l'espoir d'occasionner ainsi la mort de l'enfant qu'elle portait. Que de mères qui aiment aujourd'hui leurs enfants avec tendresse, peut-être avec même une tendresse exagérée, ne les ont cependant conçus qu'à contrecœur et ont souhaité qu'ils fussent morts avant de naître, combien d'entre elles n'ont-elles pas donné à leur désir un commencement, par bonheur inoffensif, de réalisation ! Et c'est ainsi que le désir énigmatique de voir mourir une personne aimée remonte aux débuts mêmes des relations avec cette personne.

Le père, dont le rêve nous autorise à admettre qu'il souhaite la mort de son enfant aîné et préféré, finit également par se souvenir que ce souhait ne lui a pas toujours été étranger. Alors que l'enfant était encore au sein, le père qui n'était pas content de son mariage se disait souvent que si ce petit être, qui n'était rien pour lui, mourait, il redeviendrait libre et ferait de sa liberté un meilleur usage. On peut démontrer la même origine dans un grand nombre de cas de haine ; il s'agit dans ces cas de souvenirs se rapportant à des faits qui appartiennent au passé, qui furent jadis conscients et ont joué leur rôle dans la vie psychique. Vous me direz que lorsqu'il n'y a pas eu de modifications dans l'attitude à l'égard d'une personne, lorsque cette attitude a toujours été bienveillante, les désirs et les rêves en question ne devraient pas exister. Je suis tout disposé à vous accorder cette conclusion, tout en vous rappelant que vous devez tenir compte, non de l'expression verbale du rêve, mais du sens qu'il acquiert à la suite de l'interprétation. Il peut arriver que le rêve manifeste ayant pour objet la mort d'une personne aimée ait seulement revêtu un masque effrayant, mais signifie en réalité tout autre chose ou ne se soit servi de la personne aimée qu'à titre de substitution trompeuse pour une autre personne.

Mais cette même situation soulève encore une autre question beaucoup plus sérieuse. En admettant même, me direz-vous, que ce souhait de mort ait existé et se trouve confirmé par le souvenir évoqué, en quoi cela constitue-t-il une explication ? Ce souhait, depuis longtemps vaincu, ne peut plus exister actuellement dans l'inconscient qu'à titre de souvenir indifférent, dépourvu de tout pouvoir de stimulation. Rien ne prouve en effet ce pouvoir. Pourquoi ce souhait est-il alors évoqué dans le rêve ? Question tout à fait justifiée. La tentative d'y répondre nous mènerait loin et nous obligerait à adopter une attitude déterminée sur un des points les plus importants de la théorie des rêves. Je suis forcé de rester dans le cadre de mon exposé et de pratiquer l'abstention momentanée. Contentons-nous donc d'avoir démontré le fait que ce souhait étouffé joue le rôle d'excitateur du rêve et poursuivons nos recherches dans le but de nous rendre compte si d'autres mauvais désirs ont également leurs origines dans le passé de l'individu.

Tenons-nous-en aux désirs de suppression que nous devons ramener le plus souvent à l'égoïsme illimité du rêveur. Il est très facile de montrer que ce désir est le plus fréquent créateur de rêves.

Toutes les fois que quelqu'un nous barre le chemin dans la vie (et qui ne sait combien ce cas est fréquent dans les conditions si compliquées de notre vie actuelle), le rêve se montre prêt à le supprimer, ce quelqu'un fût-il le père, la mère, un frère ou une sœur, un époux ou une épouse, etc. Cette méchanceté de la nature humaine nous avait étonnés et nous n'étions certes pas disposés à admettre sans réserves la justesse de ce résultat de l'interprétation des rêves. Mais dès l'instant où nous devons chercher l'origine de ces désirs dans le passé, nous découvrons aussitôt la période du passé individuel dans lequel cet égoïsme et ces désirs, même à l'égard des plus proches, ne présentent plus rien de déconcertant. C'est l'enfant dans ses premières années, qui se trouvent plus tard voilées par l'amnésie, — c'est l'enfant, disons-nous, qui fait souvent preuve au plus haut degré de cet égoïsme, mais qui en tout temps en présente des signes ou, plutôt, des restes très marqués. C'est lui-même que l'enfant aime tout d'abord ; il n'apprend que plus tard à aimer les autres, à sacrifier à d'autres une partie de son *moi*. Même les personnes que l'enfant semble aimer dès le début, il ne les aime tout d'abord que parce qu'il a besoin d'elles, ne peut se passer d'elles, donc pour des raisons égoïstes. C'est seulement plus tard que l'amour chez lui se détache de l'égoïsme. En fait, *c'est l'égoïsme qui lui enseigne l'amour.*

Il est très instructif d'établir sous ce rapport une comparaison entre l'attitude de l'enfant à l'égard de ses frères et sœurs et celle à l'égard de ses parents. Le jeune enfant n'aime pas nécessairement ses frères et sœurs, et généralement il ne les aime pas du tout. Il est incontestable qu'il voit en eux des concurrents, et l'on sait que cette attitude se maintient sans interruption pendant de longues années, jusqu'à la puberté et même au-delà. Elle est souvent remplacée ou, plutôt, recouverte par une attitude plus tendre, mais, d'une façon générale, c'est l'attitude hostile qui est la plus ancienne. On l'observe le plus facilement chez des enfants de 2 ans et demi à 5 ans, lorsqu'un nouveau frère ou une nouvelle sœur vient au monde. L'un ou l'autre reçoit le plus souvent un accueil peu amical. Des protestations, comme : « Je *n'en veux pas, que la cigogne le remporte »*, sont tout à fait fréquentes. Dans la suite, l'enfant profite de toutes les occasions pour disqualifier l'intrus, et les tentatives de nuire, les attentats directs ne sont pas rares dans ces cas. Si la différence d'âge n'est pas très grande, l'enfant, lorsque son activité psychique atteint plus d'intensité, se trouve en présence d'une concurrence tout installée et s'en accommode. Si la différence d'âge est suffisamment grande, le nouveau venu peut dès le début éveiller certaines sympathies : il apparaît alors comme un objet intéressant, comme une sorte de poupée vivante ; et lorsque la différence comporte huit années ou davantage, on peut voir se manifester, surtout chez les petites filles, une sollicitude quasi maternelle. Mais à parler franchement, lorsqu'on découvre, derrière un rêve, le souhait de voir mourir un frère ou une sœur, il s'agit rarement d'un souhait énigmatique et on en trouve sans peine la source dans la première enfance, souvent même à une époque plus tardive de la vie en commun.

On trouverait difficilement une *nursery* sans conflits violents entre ses habitants. Les raisons de ces conflits sont : le désir de chacun de monopoliser à son profit l'amour des parents, la possession des objets et de l'espace disponible. Les sentiments hostiles se portent aussi bien sur les plus âgés que sur les plus jeunes des frères et des sœurs. C'est, je crois, Bernard Shaw qui l'a dit : s'il est un être qu'une jeune femme anglaise haïsse plus que sa mère, c'est certainement sa sœur aînée. Dans cette remarque il y a quelque chose qui nous déconcerte. Nous pouvons, à la rigueur, concevoir encore l'existence d'une haine et d'une concurrence entre frères et sœurs. Mais comment les sentiments de haine peuvent-ils se glisser dans les relations entre fille et mère, entre parents et enfants ?

Sans doute, les enfants eux-mêmes manifestent plus de bienveillance à l'égard de leurs parents qu'à l'égard de leurs frères et sœurs. Ceci est d'ailleurs tout à fait conforme à notre attente : nous trouvons l'absence d'amour entre parents et enfants comme un phénomène beaucoup plus contraire à la nature que l'inimitié entre frères et sœurs. Nous avons, pour ainsi dire, consacré dans le premier cas ce que nous avons laissé à l'état profane dans l'autre. Et cependant l'observation journalière nous montre combien les relations sentimentales entre parents et enfants restent souvent en deçà de l'idéal posé par la société, combien elles recèlent d'inimitié qui ne manquerait pas de se manifester sans l'intervention inhibitrice de la piété et de certaines tendances affectives. Les raisons de ce fait sont généralement connues : il s'agit avant tout d'une force qui tend à séparer les membres d'une famille appartenant au même sexe, la fille de la mère, le fils du père. La fille trouve dans la mère une autorité qui restreint sa volonté et est chargée de la mission de lui imposer le renoncement, exigé par la société, à la liberté sexuelle ; d'ailleurs, dans certains cas il s'agit entre la mère et la fille d'une sorte de rivalité, d'une véritable concurrence. Nous retrouvons les mêmes relations, avec plus d'acuité encore, entre père et fils. Pour le fils, le père apparaît comme la personnification de toute contrainte sociale impatiemment supportée ; le père s'oppose à l'épanouissement de la volonté du fils, il lui ferme l'accès aux jouissances sexuelles et, dans les cas de communauté des biens, à la jouissance de ceux-ci. L'attente de la mort du père s'élève, dans le cas du successeur au trône, à une véritable hauteur tragique. En revanche, les relations entre pères et filles, entre mères et fils semblent plus franchement amicales. C'est surtout dans les relations de mère à fils et inversement que nous trouvons les plus purs exemples d'une tendresse invariable, exempte de toute considération égoïste.

Vous vous demandez sans doute pourquoi je vous parle de ces choses qui sont cependant banales et généralement, connues ? Parce qu'il existe une forte tendance à nier leur importance dans la vie et à considérer que l'idéal social est toujours et dans tous les cas suivi et obéi. Il est préférable que ce soit le psychologue qui dise la vérité, au lieu de s'en remettre de ce soin au cynique. Il est bon de dire toutefois que la négation dont nous venons de parler ne se rapporte qu'à la vie réelle, mais on laisse à l'art de la poésie narrative et dramatique toute liberté de se servir des situations qui résultent des atteintes portées à cet idéal.

Aussi ne devons-nous pas nous étonner si, chez beaucoup de personnes, le rêve révèle le désir de suppression des parents, surtout de parents du même sexe. Nous devons admettre que ce désir existe également dans la vie éveillée et devient même parfois conscient, lorsqu'il peut prendre le masque d'un autre mobile, comme dans le cas de notre rêveur de l'exemple N° 3, où le souhait de voir mourir le père était masqué par la pitié éveillée soi-disant par les souffrances inutiles de celui-ci.

Il est rare que l'hostilité domine seule la situation : le plus souvent elle se cache derrière des sentiments plus tendres qui la refoulent, et elle doit attendre que le rêve vienne pour ainsi dire l'isoler, ce qui, à la suite de cet isolement, prend dans le rêve des proportions exagérées, se rétrécit de nouveau après que l'interprétation l'a fait entrer dans l'ensemble de la vie (H. Sachs). Mais nous retrouvons ce souhait de mort même dans les cas où la vie ne lui offre aucun point d'appui et où l'homme éveillé ne consent jamais à se l'avouer. Ceci s'explique par le fait que la raison la plus profonde et la plus habituelle de l'hostilité, surtout entre personnes de même sexe, s'est affirmée dès la première enfance.

Cette raison n'est autre que la concurrence amoureuse dont il convient de faire ressortir plus particulièrement le caractère sexuel. Alors qu'il est encore tout enfant, le fils commence à éprouver pour la mère une tendresse particulière : il la considère comme son bien à lui, voit dans le père une sorte de concurrent qui lui dispute la possession de ce bien ; de même que la petite fille voit dans la mère une personne qui trouble ses relations affectueuses avec le père et occupe une place dont elle, la fille, voudrait avoir le monopole. C'est par les observations qu'on apprend à quel âge on doit faire remonter cette attitude à laquelle nous donnons *le* nom d'*Œdipe-complexe,* parce que la légende qui a pour héros Œdipe réalise, en ne leur imprimant qu'une très légère atténuation, les deux désirs extrêmes découlant de la situation du fils : le désir de tuer le père et celui d'épouser la mère. Je n'affirme pas que l'*Œdipe-complexe* épuise tout ce qui se rapporte à l'attitude réciproque de parents et d'enfants, cette attitude pouvant être beaucoup plus compliquée. D'autre part, l'*Œdipe-complexe* lui-même est plus ou moins accentué, il peut même subir des modifications ; mais il n'en reste pas moins un facteur régulier et très important de la vie psychique de l'enfant et on court le risque d'estimer au-dessous de sa valeur plutôt que d'exagérer son influence et les effets qui en découlent. D'ailleurs si les enfants réagissent par l'attitude correspondant à l'*Œdipe-complexe,* c'est souvent sur la provocation des parents eux-mêmes qui, dans leurs préférences, se laissent fréquemment guider par la différence sexuelle qui fait que le père préfère la fille et que la mère préfère le fils ou que le père reporte sur la fille et la mère sur le fils l'affection que l'un ou l'autre cesse de trouver dans le foyer conjugal.

On ne saurait dire que le monde fût reconnaissant à la recherche psychanalytique pour sa découverte de l'*Œdipe-complexe.* Cette découverte avait, au contraire, provoqué la résistance la plus acharnée, et ceux qui avaient un peu tardé à se joindre au chœur des négateurs de ce sentiment défendu et tabou ont racheté leur faute en donnant de ce « complexe » des interprétations qui lui enlevaient toute valeur. Je reste inébranlablement convaincu qu'il n'y a rien à y nier, rien à y atténuer. Il faut se familiariser avec ce fait, que la légende grecque elle-même reconnaît comme une fatalité inéluctable. Il est intéressant, d'autre part, de constater que cet *Œdipe-complexe,* qu'on voudrait éliminer de la vie, est abandonné à la poésie, laissé à sa libre disposition. O. Rank a montré, dans une étude consciencieuse, que l'*Œdipe-complexe* a fourni à la littérature dramatique de beaux sujets qu'elle a traités, en leur imprimant toutes sortes de modifications, d'atténuations, de travestissements, c'est-à-dire de déformations analogues à celles que produit la censure des rêves. Nous devons donc attribuer l'*Œdipe-complexe* même aux rêveurs qui ont eu le bonheur d'éviter plus tard des conflits avec leurs parents, et ce *complexe* est étroitement lié à un autre que nous appelons *castration-complexe* et qui est une réaction aux entraves et aux limitations que le père imposerait à l'activité sexuelle précoce du fils.

Ayant été amenés, par les recherches qui précèdent, à l'étude de la vie psychique infantile, nous pouvons nous attendre à trouver une explication analogue en ce qui concerne l'origine de l'autre groupe de désirs défendus qui se manifestent dans les rêves : nous voulons parler des tendances sexuelles excessives. Encouragés ainsi à étudier également la vie sexuelle de l'enfant, nous apprenons de plusieurs sources les faits suivants : on commet avant tout une grande erreur en niant la réalité d'une vie sexuelle chez l'enfant et en admettant que la sexualité n'apparaît qu'au moment de la puberté, lorsque les organes génitaux ont atteint leur plein développement. Au contraire, l'enfant a dès le début une vie sexuelle très riche, qui diffère sous plusieurs rapports de la vie sexuelle ultérieure, considérée comme normale. Ce que nous qualifions de *pervers* dans la vie de l'adulte s'écarte de l'état normal par les particularités suivantes : méconnaissance de barrière spécifique (de l'abîme qui sépare l'homme de la bête), de la barrière opposée par le sentiment de dégoût, de la barrière formée par l'inceste (c'est-à-dire par la défense de chercher à satisfaire les besoins sexuels sur des personnes auxquelles on est lié par des liens consanguins), homosexualité et enfin transfert du rôle génital à d'autres organes et parties du corps. Toutes ces barrières, loin d'exister dès le début, sont édifiées peu à peu au cours du développement et de l'éducation progressive de l'humanité. Le petit enfant ne les connaît pas. Il ignore qu'il existe entre l'homme et la bête un abîme infranchissable ; la fierté avec laquelle l'homme s'oppose à la bête ne lui vient que plus tard. Il ne manifeste au début aucun dégoût de ce qui est excrémentiel : ce dégoût ne lui vient que peu à peu, sous l'influence de l'éducation. Loin de soupçonner les différences sexuelles, il croit au début à l'identité des organes sexuels ; ses premiers désirs sexuels et sa première curiosité se portent sur les personnes qui lui sont les plus proches ou sur celles qui, sans lui être proches, lui sont le plus chères : parents, frères, sœurs, personnes chargées de lui donner des soins, en dernier lieu, se manifeste chez lui un fait qu'on retrouve au paroxysme des relations amoureuses, à savoir que ce n'est pas seulement dans les organes génitaux qu'il place la source du plaisir qu'il attend, mais que d'autres parties du corps prétendent chez lui à la même sensibilité, fournissent des sensations de plaisir analogues et peuvent ainsi jouer le rôle d'organes génitaux. L'enfant peut donc présenter ce que nous appellerions une « perversité polymorphe », et si toutes ces tendances ne se manifestent chez lui qu'à l'état de traces, cela tient, d'une part, à leur intensité moindre en comparaison de ce qu'elle est à un âge plus avancé et, d'autre part, à ce que l'éducation supprime avec énergie, au fur et à mesure de leur manifestation, toutes les tendances sexuelles de l'enfant. Cette suppression passe, pour ainsi dire, de la pratique dans la théorie, les adultes s'efforçant de fermer les yeux sur une partie des manifestations sexuelles de l'enfant et de dépouiller, à l'aide d'une certaine interprétation, l'autre partie de ces manifestations de leur nature sexuelle : ceci fait, rien n'est plus facile que de nier le tout. Et ces négateurs sont souvent les mêmes gens qui, dans la *nursery,* sévissent contre tous les débordements sexuels des enfants ; ce qui ne les empêche pas, une fois devant leur table de travail, de défendre la pureté sexuelle des enfants. Toutes les fois que les enfants sont abandonnés à eux-mêmes ou subissent des influences démoralisantes, on observe des manifestations souvent très prononcées de perversité sexuelle. Sans doute, les grandes personnes ont-elles raison de ne pas prendre trop au sérieux ces « enfantillages » et ces « amusements », l'enfant ne devant compte de ses actes ni au tribunal des mœurs ni à celui des lois ; il n'en reste pas moins que ces choses existent, qu'elles ont leur importance, autant comme symptômes d'une constitution congénitale que comme antécédents et facteurs d'orientation de l'évolution ultérieure et qu'enfin, elles nous renseignent sur la vie sexuelle de l'enfant et, avec elle, sur la vie sexuelle humaine en général. C'est ainsi que si nous retrouvons tous ces désirs pervers derrière nos rêves déformés, cela signifie seulement que dans ce domaine encore le rêve a accompli une régression vers l'état infantile.

Parmi ces désirs défendus, on doit accorder une mention particulière aux désirs incestueux, c'est-à-dire aux désirs sexuels dirigés sur les parents, sur les frères et sœurs. Vous savez l'aversion que les sociétés humaines éprouvent ou, tout au moins, affichent à l'égard de l'inceste et quelle force de contrainte présentent les défenses relatives. On a fait des efforts inouïs pour expliquer cette phobie de l'inceste. Les uns ont vu dans la défense de l'inceste une représentation psychique de la sélection naturelle, les relations sexuelles entre proches parents devant avoir pour effet une dégénérescence des caractères sociaux, d'autres ont prétendu que la vie en commun pratiquée dès la plus tendre enfance détourne les désirs sexuels des personnes avec lesquelles on se trouve en contact permanent. Mais dans un cas comme dans l'autre, l'inceste se trouverait éliminé automatiquement, sans qu'on ait besoin de recourir à de sévères prohibitions, lesquelles témoigneraient plutôt de l'existence d'un fort penchant pour l'inceste. Les recherches psychanalytiques ont établi d'une manière incontestable que l'amour incestueux est le premier en date et existe d'une façon régulière et que c'est seulement plus tard qu'il se heurte à une opposition dont les raisons sont fournies par la psychologie individuelle.

Récapitulons maintenant les données qui, fournies par l'étude approfondie de la psychologie infantile, sont de nature à nous faciliter la compréhension du rêve. Non seulement nous avons trouvé que les matériaux dont se composent les événements oubliés de la vie infantile sont accessibles au rêve, mais nous avons vu en outre que la vie psychique des enfants, avec toutes ses particularités, avec son égoïsme, avec ses tendances incestueuses, etc., survit dans l'inconscient, pour se révéler dans le rêve et que celui-ci nous ramène chaque nuit à la vie infantile. Ceci nous est une confirmation que *l'inconscient de la vie psychique n'est autre chose que la phase infantile de cette vie.* La pénible impression que nous laisse la constatation de l'existence de tant de mauvais traits dans la nature humaine commence à s'atténuer. Ces traits si terriblement mauvais sont tout simplement les premiers éléments, les éléments primitifs, infantiles de la vie psychique, éléments que nous pouvons trouver chez l'enfant en état d'activité, mais qui nous échappent à cause de leurs petites dimensions, sans parler que dans beaucoup de cas nous ne les prenons pas au sérieux, le niveau moral que nous exigeons de l'enfant n'étant pas très élevé. En rétrogradant jusqu'à cette phase, le rêve semble dévoiler ce qu'il y a de plus mauvais dans notre nature. Mais ce n'est là qu'une trompeuse apparence qui ne doit pas nous effrayer. Nous sommes moins mauvais que nous ne serions tentés de le croire d'après l'interprétation de nos rêves.

Puisque les tendances qui se manifestent dans les rêves ne sont que des survivances infantiles, qu'un retour aux débuts de notre développement moral, le rêve nous transformant pour ainsi dire en enfants au point de vue de la pensée et du sentiment, nous n'avons aucune raison plausible d'avoir honte de ces rêves. Mais comme le rationnel ne forme qu'un compartiment de la vie psychique, laquelle renferme beaucoup d'autres éléments qui ne sont rien moins que rationnels, il en résulte que nous éprouvons quand même une honte irrationnelle de nos rêves. Aussi les soumettons-nous à la censure et sommes-nous honteux et contrariés lorsqu'un de ces désirs prohibés dont les rêves sont remplis a réussi à pénétrer jusqu'à la conscience sous une forme assez inaltérée pour pouvoir être reconnu ; et dans certains cas nous avons honte même de nos rêves déformés, comme si nous les comprenions. Souvenez-vous seulement du jugement plein de déception que la brave vieille dame avait formulé au sujet de son rêve non interprété, relatif aux « services d'amour ». Le problème ne peut donc pas être considéré comme résolu, et il est possible qu'en poursuivant notre étude sur les mauvais éléments qui se manifestent dans les rêves, nous soyons amenés à formuler un autre jugement et une autre appréciation concernant la nature humaine.

Au terme de toute cette recherche, nous nous trouvons en présence de deux données qui constituent cependant le point de départ de nouvelles énigmes, de nouveaux doutes. Premièrement : la régression qui caractérise le travail d'élaboration est non seulement formelle, mais aussi matérielle. Elle ne se contente pas de donner à nos idées un mode d'expression primitif : elle réveille encore les propriétés de notre vie psychique primitive, l'ancienne prépondérance du moi, les tendances primitives de notre vie sexuelle, voire notre ancien bagage intellectuel, si nous voulons bien considérer comme tels les symboles. Deuxièmement : tout cet ancien infantilisme, qui fut jadis dominant et prédominant, doit être aujourd'hui situé dans l'inconscient, ce qui modifie et élargit la conception que nous en avons. N'est plus seulement inconscient ce qui est momentanément latent : l'inconscient forme un domaine psychique particulier, ayant ses tendances propres, son mode d'expression spécial et des mécanismes psychiques qui ne manifestent leur activité que dans ce domaine. Mais les idées latentes du rêve que nous a révélées l'interprétation des rêves ne font pas partie de ce domaine : nous pourrions aussi bien avoir les mêmes idées dans la vie éveillée. Et pourtant, elles sont inconscientes. Comment résoudre cette contradiction ? Nous commençons à soupçonner qu'il y a là une séparation à faire : quelque chose qui provient de notre vie consciente — appelons-le « les traces des événements du jour » — et partage ses caractères, s'associe à quelque chose qui provient du domaine de l'inconscient, et c'est de cette association que résulte le rêve. Le travail d'élaboration s'effectue entre ces deux groupes d'éléments.

L'influence exercée par l'inconscient sur les traces des événements du jour fournit la condition de la régression. Telle est, concernant la nature du rêve, l'idée la plus adéquate que nous puissions nous former, en attendant que nous ayons exploré d'autres domaines psychiques. Mais il sera bientôt temps d'appliquer au caractère inconscient des idées latentes du rêve une autre qualification qui permette de la différencier des éléments inconscients provenant du domaine de l'infantilisme.

Nous pouvons naturellement poser encore la question suivante : qu'est-ce qui impose à l'activité psychique cette régression pendant le sommeil ? Pourquoi ne supprime-t-elle pas les excitations perturbatrices du sommeil, sans l'aide de cette régression ? Et si, pour exercer la censure, elle est obligée de travestir les manifestations du rêve en leur donnant une expression ancienne, aujourd'hui incompréhensible, à quoi lui sert-il de faire revivre les tendances psychiques, les désirs et les traits de caractère depuis longtemps dépassés, autrement dit d'ajouter la régression matérielle à la régression formelle ? La seule réponse susceptible de nous satisfaire serait que c'est là le seul moyen de former un rêve, qu'au point de vue dynamique il est impossible de concevoir autrement la suppression de l'excitation qui trouble le sommeil. Mais, dans l'état actuel de nos connaissances, nous n'avons pas encore le droit de donner cette réponse.

CHAPITRE 14
RÉALISATIONS DES DÉSIRS

Dois-je vous rappeler une fois de plus le chemin que nous avons déjà parcouru ? Dois-je vous rappeler comment, l'application de notre technique nous ayant mis en présence de la déformation des rêves, nous avons eu l'idée de la laisser momentanément de côté et de demander aux rêves infantiles des données décisives sur la nature du rêve ? Dois-je vous rappeler enfin comment, une fois en possession des résultats de ces recherches, nous avons attaqué directement la déformation des rêves dont nous avons vaincu les difficultés une à une ? Et maintenant, nous sommes obligés de nous dire que ce que nous avons obtenu en suivant la première de ces voies ne concorde pas tout à fait avec les résultats fournis par les recherches faites dans la seconde direction. Aussi avons-nous pour tâche de confronter ces deux groupes de résultats et de les ajuster l'un à l'autre.

Des deux côtés nous avons appris que le travail d'élaboration des rêves consiste essentiellement en une transformation d'idées en événements hallucinatoires. Cette transformation constitue un fait énigmatique ; mais il s'agit là d'un problème de psychologie générale dont nous n'avons pas à nous occuper ici. Les rêves infantiles nous ont montré que le travail d'élaboration vise à supprimer par la réalisation d'un désir une excitation qui trouble le sommeil. Nous ne pouvions pas en dire autant des déformations des rêves, avant d'avoir appris à les interpréter. Mais nous nous attendions dès le début à pouvoir ramener les rêves déformés au même point de vue que les rêves infantiles. La première réalisation de cette attente nous a été fournie par le résultat qu'à vrai dire tous les rêves sont des rêves infantiles, travaillant avec des matériaux infantiles, des tendances et des mécanismes infantiles. Puisque nous considérons maintenant comme résolue la question de la déformation des rêves, il nous reste à rechercher si la conception de la réalisation de désirs s'applique également aux rêves déformés.

Nous avons, plus haut, soumis à l'interprétation une série de rêves, sans tenir compte de la réalisation de désirs. Je suis convaincu que vous vous êtes demandé plus d'une fois : « Mais que devient donc la réalisation de désirs dont vous prétendez qu'elle est le but du travail d'élaboration ? » Cette question est significative : elle est devenue notamment la question de nos critiques profanes. Ainsi que vous le savez, l'humanité éprouve une aversion instinctive pour les nouveautés intellectuelles. Cette aversion se manifeste, entre autres, par le fait que chaque nouveauté se trouve aussitôt réduite à ses plus petites dimensions, condensée en un cliché. Pour la nouvelle théorie des rêves, c'est la réalisation de désirs qui est devenue ce cliché. Ayant entendu dire que le rêve est une réalisation de désirs on demande aussitôt : mais où est-elle, cette réalisation ? Et, dans le temps même où on pose cette question, on la résout dans le sens négatif. Se rappelant aussitôt d'innombrables expériences personnelles où le déplaisir allant jusqu'à la plus profonde angoisse était rattaché aux rêves, on déclare que l'affirmation de la théorie psychanalytique des rêves est tout à fait invraisemblable. Il nous est facile de répondre que dans les rêves déformés la réalisation de désirs peut ne pas être évidente, qu'elle doit d'abord être recherchée, de sorte qu'il est impossible de la démontrer avant l'interprétation du rêve. Nous savons également que les désirs de ces rêves déformés sont des désirs défendus, refoulés par la censure, des désirs dont l'existence constitue précisément la cause de la déformation du rêve, la raison de l'intervention de la censure. Mais il est difficile de faire entrer dans la tête du critique profane cette vérité qu'il n'y a pas lieu de rechercher la réalisation de désirs avant d'avoir interprété le rêve. Il ne se lassera pas de l'oublier. Son attitude négative à l'égard de la théorie de la réalisation de désirs n'est au fond qu'une conséquence de la censure des rêves ; elle vient se substituer chez lui aux désirs censurés des rêves et est un effet de la négation de ces désirs.

Nous aurons naturellement à nous expliquer l'existence de tant de rêves à contenu pénible, et plus particulièrement de rêves angoissants, de cauchemars. À ce propos, nous nous trouvons pour la première fois en présence du problème des sentiments dans le rêve, problème qui mériterait d'être étudié pour lui-même, ce que nous ne pouvons malheureusement pas faire ici. Si le rêve est une réalisation de désirs, il ne devrait pas y avoir dans le rêve de sensations pénibles : là-dessus les critiques profanes semblent avoir raison. Mais il est trois complications auxquelles ceux-ci n'ont pas pensé.

Premièrement : il peut arriver que le travail d'élaboration n'ayant pas pleinement réussi à créer une réalisation de désir, un résidu de sentiments pénibles passe des idées latentes dans le rêve manifeste. L'analyse devrait montrer alors que ces idées latentes étaient beaucoup plus pénibles que celles dont se compose le rêve manifeste. Nous admettons alors que le travail d'élaboration n'a pas plus atteint son but qu'on n'éteint la soif lorsqu'on rêve qu'on boit. On a beau rêver de boissons, mais, quand on a réellement soif, il faut s'éveiller pour boire. On a cependant fait un rêve véritable, un rêve qui n'a rien perdu de son caractère de rêve, du fait de la non-réalisation du désir. Nous devons dire : « *Ut desint vires, tamen est laudanda voluntas.* » Si le désir n'a pas été satisfait, l'intention n'en reste pas moins louable. Ces cas de non-réussite sont loin d'être rares. Ce qui y contribue, c'est que les sentiments étant parfois très résistants, le travail d'élaboration réussit d'autant plus difficilement à en changer le sens. Et il arrive ainsi, alors que le travail d'élaboration a réussi à transformer en réalisation de désir le contenu pénible des idées latentes, que le sentiment pénible qui accompagne ces idées passe tel quel dans le rêve manifeste. Dans les rêves manifestes de ce genre, il y a donc désaccord entre le sentiment et le contenu, et nos critiques sont en droit de dire que le rêve est si peu une réalisation d'un désir que même un contenu inoffensif y est accompagné d'un sentiment pénible. Nous objecterons à cette absurde observation que c'est précisément dans les rêves en question que la tendance à la réalisation de désirs se manifeste avec le plus de netteté, parce qu'elle s'y trouve à l'état isolé. L'erreur provient de ce que ceux qui ne connaissent pas les névroses s'imaginent qu'il existe entre le contenu et le sentiment un lien indissoluble et ne comprennent pas qu'un contenu puisse être modifié, sans que le sentiment qui y est attaché le soit.

Une autre complication, beaucoup plus importante et profonde, dont le profane ne tient pas compte, est la suivante. Une réalisation du désir devrait certainement être une cause de plaisir. Mais pour qui ? Pour celui naturellement qui a ce désir. Or, nous savons que l'attitude du rêveur à l'égard de ses désirs est une attitude tout à fait particulière. Il les repousse, les censure, bref n'en veut rien savoir. Leur réalisation ne peut donc lui procurer de plaisir : bien au contraire. Et l'expérience montre que ce contraire, qui reste encore à expliquer, se manifeste sous la forme de l'angoisse. Dans son attitude à l'égard des désirs de ses rêves, le rêveur apparaît ainsi comme composé de deux personnes, réunies cependant par une intime communauté. Au lieu de me livrer à ce sujet à de nouveaux développements, je vous rappellerai un conte connu où l'on trouve exactement la même situation. Une bonne fée promet à un pauvre couple humain, homme et femme, la réalisation de leurs trois premiers désirs. Heureux, ils se mettent en devoir de choisir ces trois désirs. Séduite par l'odeur de saucisse qui se dégage de la chaumière voisine, la femme est prise d'envie d'avoir une paire de saucisses. Un instant, et les saucisses sont là : c'est la réalisation du premier désir. Furieux, l'homme souhaite voir ces saucisses suspendues au nez de sa femme. Aussitôt dit, aussitôt fait, et les saucisses ne peuvent plus être détachées du nez de la femme : réalisation du deuxième désir, qui est celui du mari. Inutile de vous dire qu'il n'y a là pour la femme rien d'agréable. Vous connaissez la suite. Comme, au fond, l'homme et la femme ne font qu'un, le troisième désir doit être que les saucisses se détachent du nez de la femme. Nous pourrions encore utiliser ce conte dans beaucoup d'autres occasions, nous nous en servons ici pour montrer que la réalisation du désir de l'un peut être une source de désagréments pour l'autre, lorsqu'il n'y a pas d'entente entre les deux.

Il ne vous sera pas difficile maintenant d'arriver à une compréhension meilleure des cauchemars. Nous utiliserons encore une observation, après quoi nous nous déciderons en faveur d'une hypothèse à l'appui de laquelle on peut citer plus d'un argument. L'observation à laquelle je fais allusion se rapporte au fait que les cauchemars ont souvent un contenu exempt de toute déformation, un contenu pour ainsi dire échappé à la censure. Le cauchemar est souvent une réalisation non voilée d'un désir, mais d'un désir qui, loin d'être le bienvenu, est un désir refoulé, repoussé. L'angoisse, qui accompagne cette réalisation, prend la place de la censure. Alors qu'on peut dire du rêve infantile qu'il est la réalisation franche d'un désir admis et avancé et du rêve déformé ordinaire qu'il est la réalisation voilée d'un désir refoulé, le cauchemar, lui, ne peut être défini que comme la réalisation *franche* d'un désir repoussé. L'angoisse est une indication que le désir repoussé s'est montré plus fort que la censure, qu'il s'est réalisé ou était en train de se réaliser malgré la censure. On comprend que pour nous, qui nous plaçons au point de vue de la censure, cette réalisation n'apparaît que comme une source de sensations pénibles et une occasion de se mettre en état de défense. Le sentiment d'angoisse qu'on éprouve ainsi dans le rêve est, si l'on veut, l'angoisse devant la force de ces désirs, qu'on avait réussi à réprimer jusqu'alors.

Ce qui est vrai des cauchemars non déformés doit l'être également de ceux qui ont subi une déformation partielle, ainsi que des autres rêves désagréables dont les sensations pénibles se rapprochent probablement plus ou moins de l'angoisse. Le cauchemar est généralement suivi du réveil ; notre sommeil se trouve le plus souvent interrompu avant que le désir réprimé du rêve ait atteint, à l'encontre de la censure, sa complète réalisation. Dans ce cas le rêve a manqué à sa fonction, sans que sa nature s'en trouve modifiée. Nous avons comparé le rêve au veilleur de nuit, à celui qui est chargé de protéger notre sommeil contre les causes de trouble. Il arrive au veilleur de réveiller le dormeur lorsqu'il se sent trop faible pour écarter tout seul le trouble ou le danger. Il nous arrive cependant de maintenir le sommeil, alors même que le rêve commence à devenir suspect et à tourner à l'angoisse. Nous nous disons, tout en dormant : « Ce n'est qu'un rêve », et nous continuons de dormir.

Comment se fait-il que le désir soit assez puissant pour échapper à la censure ? Cela peut tenir aussi bien au désir qu'à la censure. Pour des raisons inconnues, le désir peut, à un moment donné, acquérir une intensité excessive ; mais on a l'impression que c'est le plus souvent à la censure qu'est dû ce changement dans les rapports réciproques des forces en présence. Nous savons déjà que l'intensité avec laquelle la censure se manifeste varie d'un cas à l'autre, chaque élément étant traité avec une sévérité dont le degré est également variable. Nous pouvons ajouter maintenant que cette variabilité va beaucoup plus loin et que la censure ne s'applique pas toujours avec la même vigueur au même élément répressible. S'il lui est arrivé, dans un cas donné, de se trouver impuissante à l'égard d'un désir qui cherche à la surprendre, elle se sert du dernier moyen qui lui reste, à défaut de la déformation, et fait intervenir le sentiment d'angoisse.

Nous nous apercevons, à ce propos, que nous ignorons pourquoi ces désirs réprimés se manifestent précisément pendant la nuit, pour troubler notre sommeil. On ne peut répondre à cette question qu'en tenant compte de la nature de l'état de sommeil. Pendant le jour ces désirs sont soumis à une rigoureuse censure qui leur interdit en général toute manifestation extérieure. Mais pendant la nuit cette censure, comme beaucoup d'autres intérêts de la vie psychique, se trouve supprimée ou tout au moins considérablement diminuée, au profit du seul désir du rêve. C'est à cette diminution de la censure pendant la nuit que les désirs défendus doivent la possibilité de se manifester. Il est des nerveux souffrant d'insomnie qui nous ont avoué que leur insomnie était voulue au début. La peur des rêves et la crainte des conséquences de cet affaiblissement de la censure les empêchent de s'endormir. Que cette suppression de la censure ne constitue pas un grossier manque de prévoyance, c'est ce qu'il est facile de voir. L'état de sommeil paralyse notre motilité ; nos mauvaises intentions, alors même qu'elles entrent en action, ne peuvent précisément produire rien d'autre que le rêve, qui est pratiquement inoffensif, et cette situation rassurante trouve son expression dans l'observation tout à fait raisonnable du dormeur, observation faisant partie de la vie nocturne, mais non de la vie de rêve : « Ce n'est qu'un rêve. » Et puisque ce n'est qu'un rêve, laissons-le faire et continuons de dormir.

Si vous vous rappelez, en troisième lieu, l'analogie que nous avons établie entre le rêveur luttant contre ses désirs et le personnage fictif composé de deux individualités distinctes, mais étroitement rattachées l'une à l'autre, vous verrez facilement qu'il existe une autre raison pour que la réalisation d'un désir ait un effet extrêmement désagréable, à savoir celui d'une punition. Reprenons notre conte des trois désirs : les saucisses sur l'assiette constituent la réalisation directe du désir de la première personne, c'est-à-dire de la femme ; les saucisses sur le nez de celle-ci sont la réalisation du désir de la deuxième personne, c'est-à-dire du mari, mais constituent aussi la punition infligée à la femme pour son absurde désir. Dans les névroses nous retrouvons la motivation du troisième des désirs dont parle le conte. Or, nombreuses sont ces tendances pénales dans la vie psychique de l'homme ; elles sont très fortes et responsables d'une bonne partie des rêves pénibles. Vous me direz maintenant que tout ceci admis, il ne reste plus grand-chose de la fameuse réalisation de désirs. Mais en y regardant de plus près, vous constaterez que vous avez tort. Si l'on songe à la variété (dont il sera question plus loin) de ce que le rêve pourrait être et, d'après certains auteurs, de ce qu'il est réellement, notre définition : réalisation d'un désir, d'une crainte, d'une punition, est vraiment une définition bien délimitée. À cela s'ajoute encore le fait que la crainte, l'angoisse est tout à fait l'opposé du désir, que dans l'association les contraires se trouvent très rapprochés l'un de l'autre et se confondent même, ainsi que nous le savons, dans l'inconscient. Il va sans dire que la punition est, elle aussi, la réalisation d'un désir, du désir d'une autre personne, de celle qui exerce la censure.

C'est ainsi qu'à tout prendre je n'ai fait aucune concession à votre parti pris contre la théorie de la réalisation de désirs. Mais j'ai le devoir, auquel je n'entends pas me soustraire, de vous montrer que n'importe quel rêve déformé n'est autre chose que la réalisation d'un désir. Rappelez-vous le rêve que nous avons déjà interprété et à propos duquel nous avons appris tant de choses intéressantes : le rêve tournant autour de 3 mauvaises places de théâtre pour 1 fl. 50. Une dame, à laquelle son mari annonce dans la journée que son amie Élise, de 3 mois seulement plus jeune qu'elle, s'est fiancée, rêve qu'elle se trouve avec son mari au théâtre. Une partie du parterre est à peu près vide. Le mari lui dit qu'Élise et son fiancé auraient voulu également venir au théâtre, mais qu'ils ne purent le faire, n'ayant trouvé que trois mauvaises places pour 1 fl. 50. Elle pense que le malheur n'a pas été grand. Nous avons appris que les idées du rêve se rapportaient à son regret de s'être mariée trop tôt et au mécontentement que lui causait son mari. Nous devons avoir la curiosité de rechercher comment ces tristes idées ont été élaborées et transformées en réalisation d'un désir et où se trouvent leurs traces dans le contenu manifeste. Or, nous savons déjà que l'élément « trop tôt », « hâtivement », a été éliminé du rêve par la censure. Le parterre vide y est une allusion. Le mystérieux « trois pour 1 fl. 50 » nous devient maintenant plus compréhensible, grâce au symbolisme que nous avons depuis appris à connaître [1]. Le 3 signifie réellement un homme et l'élément manifeste se laisse traduire facilement : s'acheter un mari avec la dot (« Avec ma dot, j'aurais pu m'acheter un mari dix fois meilleur. ») Le mariage est manifestement remplacé par le fait de se rendre au théâtre. « Les billets ont été achetés trop tôt » est un déguisement de l'idée : « Je me suis mariée trop tôt. » Mais cette substitution est l'effet de la réalisation du désir. Notre rêveuse n'a jamais été aussi mécontente de son mariage précoce que le jour où elle a appris la nouvelle des fiançailles de son amie. Il fut un temps où elle était fière d'être mariée et se considérait comme supérieure à Élise. Les jeunes filles naïves sont souvent fières, une fois fiancées, de manifester leur joie à propos du fait que tout leur devient permis, qu'elles peuvent voir toutes les pièces de théâtre, assister à tous les spectacles. La curiosité de tout voir, qui se manifeste ici, a été très certainement au début une curiosité sexuelle, tournée vers la vie sexuelle, surtout vers celle des parents, et devient plus tard un puissant motif qui décida la jeune fille à se marier de bonne heure.

C'est ainsi que le fait d'assister au spectacle devient une substitution dans laquelle on devine une allusion au fait d'être mariée. En regrettant actuellement son précoce mariage, elle se trouve ramenée à l'époque où ce mariage était pour elle la réalisation d'un désir, parce qu'il devait lui procurer la possibilité de satisfaire son amour des spectacles et, guidée par ce désir de jadis, elle remplace le fait d'être mariée par celui d'aller au théâtre.

Nous pouvons dire que voulant démontrer l'existence d'une réalisation de désir dissimulée, nous n'avons pas précisément choisi l'exemple le plus commode. Nous aurions à procéder d'une manière analogue dans tous les autres rêves déformés. Je ne puis le faire devant vous et me contenterai de vous assurer que la recherche sera toujours couronnée de succès. Je tiens cependant à m'attarder un peu à ce détail de la théorie. L'expérience m'a montré qu'il est un des plus exposés aux attaques et que c'est à lui que se rattachent la plupart des contradictions et des malentendus. En outre, vous pourriez avoir l'impression que j'ai retiré une partie de mes affirmations, en disant que le rêve est un désir réalisé ou son contraire, c'est-à-dire une angoisse ou une punition réalisée, et vous pourriez juger l'occasion favorable pour m'arracher d'autres concessions. On m'avait aussi adressé le reproche d'exposer trop succinctement et, par conséquent, d'une façon trop peu persuasive, des choses qui me paraissent à moi-même évidentes.

Beaucoup de ceux qui m'ont suivi dans l'interprétation des rêves et ont accepté les résultats qu'elle a donnés s'arrêtent souvent au point où finit ma démonstration que le rêve est un désir réalisé, et demandent : « Étant admis que le rêve a toujours un sens et que ce sens peut être révélé par la technique psychanalytique, pourquoi doit-il, contre toute évidence, être toujours moulé dans la formule de la réalisation d'un désir ? Pourquoi la pensée nocturne n'aurait-elle pas des sens aussi variés et multiples que la pensée diurne ? Autrement dit, pourquoi le rêve ne correspondrait-il pas une fois à un désir réalisé, une autre fois, comme vous en convenez vous-mêmes, à son contraire, c'est-à-dire à une appréhension réalisée, pourquoi n'exprimerait-il pas un projet, un avertissement, une réflexion avec ses *pour et contre,* ou encore un reproche, un remords, une tentative de se préparer à un travail imminent, etc. ? Pourquoi exprimerait-il toujours et uniquement un désir ou, tout au plus, son contraire ? »

Vous pourriez penser qu'une divergence sur ce point est sans importance, dès l'instant où l'on est d'accord sur les autres, qu'il suffit que nous ayons découvert le sens du rêve et le moyen de le découvrir et qu'il importe peu, après cela, que nous ayons trop étroitement délimité ce sens. Mais il n'en est pas ainsi. Un malentendu sur ce point est de nature à porter atteinte à toutes nos connaissances acquises sur le rêve et à diminuer la valeur qu'elles pourraient avoir pour nous lorsqu'il s'agira de comprendre les névroses. Il est permis d'être « coulant » dans les affaires commerciales ; mais lorsqu'il s'agit de questions scientifiques, pareille attitude n'est pas de mise et pourrait même être nuisible.

Donc, pourquoi un rêve ne correspondrait-il pas à autre chose qu'à la réalisation d'un désir ? Ma première réponse à cette question sera, comme toujours dans les cas analogues : je n'en sais rien. Je ne verrais nul inconvénient à ce qu'il en fût ainsi. Mais en réalité il n'en est pas ainsi, et c'est le seul détail qui s'oppose à cette conception plus large et plus commode du rêve. Ma deuxième réponse sera que je ne suis pas moi-même loin d'admettre que le rêve correspond à des formes de pensée et à des opérations intellectuelles multiples. J'ai relaté un jour l'observation d'un rêve qui s'était reproduit pendant trois nuits consécutives, ce que j'ai expliqué par le fait que ce rêve correspondait à un *projet* et que, celui-ci exécuté, le rêve n'avait plus aucune raison de se reproduire. Plus tard j'ai publié un rêve qui correspondait à une confession. Comment puis-je donc me contredire et affirmer que le rêve n'est qu'un désir réalisé ?

Je le fais pour écarter un naïf malentendu qui pourrait rendre vains tous les efforts que nous a coûtés le rêve, un malentendu qui confond le rêve avec les idées latentes du rêve et applique à celui-là ce qui appartient uniquement à celles-ci. Il est parfaitement exact que le rêve peut représenter tout ce que nous avons énuméré plus haut et y servir de substitution : projet, avertissement, réflexion, préparatifs, essai de résoudre un problème, etc. Mais, en y regardant de près, vous ne manquerez pas de vous rendre compte que cela n'est exact qu'en ce qui concerne les idées latentes du rêve qui se sont transformées pour devenir le rêve. Vous apprenez par l'interprétation des rêves que la pensée inconsciente de l'homme est préoccupée par ces projets, préparatifs, réflexions que le travail d'élaboration transforme en rêves. Si vous ne vous intéressez pas, à un moment donné, au travail d'élaboration, et que vous portiez tout votre intérêt sur l'idéation inconsciente de l'homme, vous éliminez celui-là et vous dites avec raison que le rêve correspond à un projet, à un avertissement, etc. Ce cas est fréquent dans l'activité psychanalytique : on cherche à détruire la forme qu'a revêtue le rêve et, à sa place, à introduire dans l'ensemble les idées latentes qui ont donné naissance au rêve.

Et c'est ainsi qu'en ne tenant compte que des idées latentes, nous apprenons en passant que tous ces actes psychiques si compliqués, que nous venons de nommer, s'accomplissent en dehors de la conscience : résultat aussi magnifique que troublant !

Mais, pour en revenir à la multiplicité des sens que peuvent avoir les rêves, vous n'avez le droit d'en parler que dans la mesure où vous savez pertinemment que vous vous servez d'une expression abrégée et où vous ne croyez pas devoir étendre cette multiplicité à la nature même du rêve. Lorsque vous parlez du « rêve », vous devez penser soit au rêve manifeste, c'est-à-dire au produit du travail d'élaboration, soit, et tout au plus, à ce travail lui-même, c'est-à-dire au processus psychique qui forme le rêve manifeste avec les idées latentes du rêve. Tout autre emploi de ce mot ne peut créer que confusion et malentendus. Si vos affirmations se rapportent, au-delà du rêve, aux idées latentes, dites-le directement, sans masquer le problème du rêve derrière le mode d'expression vague dont vous vous servez. Les idées latentes sont la matière que le travail d'élaboration transforme en rêve manifeste. Pourquoi voudriez-vous confondre la matière avec le travail qui lui donne une forme ? En quoi vous distinguez-vous alors de ceux qui ne connaissaient que le produit de ce travail, sans pouvoir s'expliquer d'où ce produit vient et comment il est fait ?

Le seul élément essentiel du rêve est constitué par le travail d'élaboration qui agit sur la matière formée par les idées. Nous n'avons pas le droit de l'ignorer en théorie, bien que nous soyons obligés de le négliger dans certaines situations pratiques. L'observation analytique montre également que le travail d'élaboration ne se borne pas à donner à ces idées l'expression archaïque ou régressive que vous connaissez : il y ajoute régulièrement quelque chose qui ne fait pas partie des idées latentes de la journée, mais constitue pour ainsi dire la force motrice de la formation du rêve. Cette indispensable addition n'est autre que le désir, également inconscient, et le contenu du rêve subit une transformation ayant pour but la réalisation de ce désir. Dans la mesure où vous envisagez le rêve en vous plaçant au point de vue des idées qu'il représente, il peut donc signifier tout ce que l'on voudra : avertissement, projet, préparatifs, etc. ; mais il est toujours en même temps la réalisation d'un désir inconscient, et il n'est que cela, si vous le considérez comme l'effet du travail d'élaboration. Un rêve n'est donc jamais un simple projet, un simple avertissement, etc., mais toujours un projet ou un avertissement ayant reçu, grâce à un désir inconscient, un mode d'expression archaïque et ayant été transformé en vue de la réalisation de ce désir. Un des caractères, la réalisation du désir, est un caractère constant ; l'autre peut varier ; il peut être également un désir, auquel cas le rêve représente un désir latent de la journée réalisé à l'aide d'un désir inconscient.

Je comprends tout cela très bien, mais je ne sais si j'ai réussi à vous le rendre également intelligible. C'est qu'il m'est difficile de vous le démontrer. Cette démonstration exige, d'une part, une analyse minutieuse d'un grand nombre de rêves et, d'autre part, ce point le plus épineux et le plus significatif de notre conception du rêve ne peut pas être exposé d'une manière persuasive sans être rattaché à ce qui va suivre. Croyez-vous vraiment qu'étant donné les liens étroits qui rattachent les choses les unes aux autres, on puisse approfondir la nature de l'une sans se soucier des autres ayant une nature analogue ? Comme nous ne savons encore rien des phénomènes qui se rapprochent le plus du rêve, à savoir des symptômes névrotiques, nous devons nous contenter des points momentanément acquis. Je vais seulement élucider devant vous encore un exemple et vous soumettre une nouvelle considération.

Reprenons une fois de plus le rêve dont nous nous sommes déjà occupés à plusieurs reprises, du rêve ayant pour objet 3 places de théâtre pour 1 fl. 50. Je puis vous assurer que lorsque je l'ai choisi comme exemple pour la première fois, ce fut sans aucune intention. Vous connaissez les idées latentes de ce rêve : regret de s'être mariée trop tôt, regret éprouvé à la nouvelle des fiançailles de l'amie ; sentiment de mépris à l'égard du mari ; idée qu'elle aurait pu avoir un meilleur mari si elle avait voulu attendre. Vous connaissez également le désir qui a fait de toutes ces idées un rêve : c'est l'amour des spectacles, le désir de fréquenter les théâtres, ramification probablement de l'ancienne curiosité d'apprendre enfin ce qui se passe lorsqu'on est mariée. On sait que chez les enfants cette curiosité est en général dirigée vers la vie sexuelle des parents ; c'est donc une curiosité infantile et, dans la mesure où elle persiste plus tard, elle est une tendance dont les racines plongent dans la phase infantile de la vie. Mais la nouvelle apprise pendant la journée ne fournissait aucun prétexte à cet amour des spectacles : elle était seulement de nature à éveiller le regret et le remords. Ce désir ne faisait pas tout d'abord partie des idées latentes du rêve et nous pûmes, sans en tenir compte, ranger dans l'analyse le résultat de l'interprétation du rêve. Mais la contrariété en elle-même n'était pas non plus capable de produire le rêve. L'idée : « ce fut une absurdité de ma part de me marier si tôt » ne purent donner lieu à un rêve qu'après avoir réveillé l'ancien désir de voir enfin ce qui se passe lorsqu'on est mariée. Ce désir forma alors le contenu du rêve, en remplaçant le mariage par une visite au théâtre, et lui donna la forme d'une réalisation d'un rêve antérieur : oui, moi je puis aller au théâtre et voir tout ce qui est défendu, tandis que toi, tu ne le peux pas. Je suis mariée, et toi, tu dois encore attendre. C'est ainsi que la situation actuelle a été transformée en son contraire et qu'un ancien triomphe a pris la place d'une déception récente. Mélange d'une satisfaction de l'amour des spectacles et d'une satisfaction égoïste procurée par le triomphe sur une concurrente. C'est cette satisfaction qui détermine le contenu manifeste du rêve, ce contenu étant qu'elle se trouve au théâtre, alors que son amie ne peut y avoir accès. Sur cette situation de satisfaction sont greffées, à titre de modifications, sans rapport avec elle et incompréhensibles, les parties du contenu du rêve derrière lesquelles se dissimulent encore les idées latentes. L'interprétation du rêve doit faire abstraction de tout ce qui sert à représenter la satisfaction du désir et reconstituer d'après les seules allusions dont nous venons de parler les pénibles idées latentes du rêve.

La considération que je me propose de vous soumettre est destinée à attirer votre attention sur les idées latentes qui se trouvent maintenant occuper le premier plan. Je vous prie de ne pas oublier : en premier lieu, que le rêveur n'a aucune conscience de ces idées ; en deuxième lieu, qu'elles sont parfaitement intelligibles et cohérentes, de sorte qu'elles peuvent être conçues comme des réactions tout à fait naturelles à l'événement qui a servi de prétexte au rêve ; et enfin, en troisième lieu, qu'elles peuvent avoir la même valeur que n'importe quelle tendance psychique ou opération intellectuelle. J'appellerai maintenant ces idées « restes diurnes », en donnant à ces mots un sens plus rigoureux que précédemment. Peu importe d'ailleurs que le rêveur convienne ou non de ces restes. Ceci fait, j'établis une distinction entre restes diurnes et idées latentes et, conformément à l'usage que nous avons fait précédemment de ce dernier terme, je désignerai par idées latentes tout ce que nous apprenons par l'interprétation des rêves, les restes diurnes n'étant qu'une partie des idées latentes. Nous disons alors que quelque chose appartenant également à la région de l'inconscient est venu s'ajouter aux restes diurnes, que ce quelque chose est un désir intense, mais réprimé, et que c'est ce désir seul qui a rendu possible la formation du rêve. L'action exercée par ce désir sur les restes diurnes fait surgir d'autres idées latentes qui, elles, ne peuvent plus être considérées comme rationnelles et explicables par la vie éveillée.

Pour illustrer les rapports existant entre les restes diurnes et le désir inconscient, je m'étais servi d'une comparaison que je ne puis que reproduire ici. Chaque entreprise a besoin d'un capitaliste subvenant aux dépenses et d'un entrepreneur ayant une idée et sachant la réaliser. C'est le désir inconscient qui, dans la formation d'un rêve, joue toujours le rôle du capitaliste ; c'est lui qui fournit l'énergie psychique nécessaire à cette formation. L'entrepreneur est représenté ici par le reste diurne qui décide de l'emploi de ces fonds, de cette énergie. Or, dans certains cas, c'est le capitaliste lui-même qui peut avoir l'idée et posséder les connaissances spéciales qu'exige sa réalisation, de même que dans d'autres cas, c'est l'entrepreneur lui-même qui peut posséder les capitaux nécessaires pour mener à bien l'entreprise. Ceci simplifie la situation pratique, tout en rendant plus difficile sa compréhension théorique. Dans l'économie politique, on décompose toujours cette personne unique, pour l'envisager séparément sous l'aspect du capitaliste et sous celui de l'entrepreneur ; ce que faisant on rétablit la situation fondamentale qui a servi de point de départ à notre comparaison. Les mêmes variations, dont je vous laisse libres de suivre les modalités, se produisent lors de la formation de rêves.

Nous ne pouvons pas, pour le moment, aller plus loin, car vous êtes sans doute depuis longtemps tourmentés par une question qui mérite d'être enfin prise en considération. Les restes diurnes, demandez-vous, sont-ils vraiment inconscients dans le même sens que le désir inconscient, dont l'intervention est nécessaire pour les rendre aptes à provoquer un rêve ? Rien de plus fondé que cette question. En la posant, vous prouvez que vous voyez juste, car là est le point saillant de toute l'affaire. Eh bien, les restes diurnes ne sont pas inconscients dans le même sens que le désir inconscient. Le désir fait partie d'un autre inconscient, de celui que nous avons reconnu comme étant d'origine infantile et pourvu de mécanismes spéciaux. Il serait d'ailleurs indiqué de distinguer ces deux variétés d'inconscient en donnant à chacune une désignation spéciale. Mais nous attendrons pour le faire, de nous être familiarisés avec la phénoménologie des névroses. On reproche déjà à notre théorie son caractère fantaisiste, parce que nous admettons un seul inconscient ; que dira-t-on quand nous aurons avoué que pour nous satisfaire il nous en faut au moins deux ?

Arrêtons-nous là. Vous n'avez encore entendu que des choses incomplètes ; mais n'est-il pas rassurant de penser que ces connaissances sont susceptibles d'un développement qui sera effectué un jour soit par nos propres travaux, soit par les travaux de ceux qui viendront après nous ? Et ce que nous avons déjà appris n'est-il pas suffisamment nouveau et surprenant ?

1. Je ne mentionne pas ici, faute de matériaux qu'aurait pu fournir l'analyse, une autre interprétation possible de ce 3 chez une femme stérile.

CHAPITRE 15

INCERTITUDES ET CRITIQUES

Je ne veux pas abandonner le domaine du rêve sans m'occuper des principaux doutes et des principales incertitudes auxquels les nouvelles conceptions exposées dans les pages qui précèdent peuvent donner lieu. Ceux d'entre mes auditeurs qui m'ont suivi avec quelque attention ont déjà sans doute d'eux-mêmes réuni certains matériaux se rapportant à cette question.

1. Vous avez pu avoir l'impression que, malgré l'application correcte de notre technique, les résultats fournis par notre travail d'interprétation des rêves sont entachés de tant d'incertitudes qu'une réduction certaine du rêve manifeste aux idées latentes en devient impossible. Vous direz, à l'appui de votre opinion, qu'en premier lieu on ne sait jamais si tel élément donné du rêve doit être compris au sens propre ou au sens symbolique, car les objets employés à titre de symboles ne cessent pas pour cela d'être ce qu'ils sont. Et puisque, sur ce point, nous ne possédons aucun critère de décision objectif, l'interprétation se trouve abandonnée à l'arbitraire de l'interprète. En outre, par suite de la juxtaposition de contraires effectuée par le travail d'élaboration, on ne sait jamais d'une façon certaine si tel élément donné du rêve doit être compris au sens négatif ou au sens positif, s'il doit être considéré comme étant lui-

même ou comme étant son contraire : nouvelle occasion pour l'interprète d'exercer son arbitraire. En troisième lieu, vu la fréquence des inversions dans le rêve, il est loisible à l'interprète de considérer comme une inversion n'importe quel passage du rêve. Enfin, vous invoquerez le fait d'avoir entendu dire qu'on peut rarement affirmer avec certitude que l'interprétation trouvée soit la seule possible : on court ainsi le risque de passer à côté de l'interprétation la plus vraisemblable. Et votre conclusion sera que, dans ces conditions, l'arbitraire de l'interprète peut s'exercer dans un champ excessivement vaste, dont l'extension semble incompatible avec la certitude objective des résultats. Ou encore vous pouvez supposer que l'erreur ne tient pas au rêve, mais que les insuffisances de notre interprétation découlent des inexactitudes de nos conceptions et de nos présuppositions.

Ces objections sont irréprochables, mais je ne pense pas qu'elles justifient vos conclusions, d'après lesquelles l'interprétation, telle que nous la pratiquons, serait abandonnée à l'arbitraire, tandis que les défauts que présentent nos résultats mettraient en question la légitimité de notre méthode. Si, au lieu de parler de l'arbitraire de l'interprète, vous disiez que l'interprétation dépend de l'habileté, de l'expérience, de l'intelligence de celui-ci, je ne pourrais que me ranger à votre avis. Le facteur personnel ne peut être éliminé, du moins lorsqu'on se trouve en présence de faits d'une interprétation quelque peu difficile. Qu'un tel manie mieux ou moins bien qu'un autre une certaine technique, c'est là une chose qu'il est impossible d'empêcher. Il en est d'ailleurs ainsi dans toutes les manipulations techniques. Ce qui, dans l'interprétation des rêves, apparaît comme arbitraire, se trouve neutralisé par le fait qu'en règle générale le lien qui existe entre les idées du rêve, celui qui existe entre le rêve lui-même et la vie du rêveur et, enfin, toute la situation psychique au milieu de laquelle le rêve se déroule permettent, de toutes les interprétations possibles, de n'en choisir qu'une et de rejeter toutes les autres comme étant sans rapport avec le cas dont il s'agit. Mais le raisonnement qui conclut des imperfections de l'interprétation à l'inexactitude de nos déductions trouve sa réfutation dans une remarque qui fait précisément ressortir comme une propriété nécessaire du rêve son indétermination même et la multiplicité des sens qu'on peut lui attribuer.

J'ai dit plus haut, et vous vous en souvenez sans doute, que le travail d'élaboration donne aux idées latentes un mode d'expression primitif, analogue à l'écriture figurée. Or, tous les systèmes d'expression primitifs présentent de ces indéterminations et doubles sens, sans que nous ayons pour cela le droit de mettre en doute la possibilité de leur utilisation. Vous savez que la rencontre des contraires dans le travail d'élaboration est analogue à ce qu'on appelle l'« opposition de sens » des radicaux dans les langues les plus anciennes. Le linguiste R. Abel (1884), auquel nous devons d'avoir signalé ce point de vue, nous prévient qu'il ne faut pas croire que la communication qu'une personne fait à une autre à l'aide de mots aussi ambivalents possède de ce fait un double sens. Le ton et le geste sont là pour indiquer, dans l'ensemble du discours, d'une façon indiscutable, celle des deux oppositions que la personne qui parle veut communiquer à celle qui écoute. Dans l'écriture où le geste manque, le sens est désigné par un signe figuré qui n'est pas destiné à être prononcé, par exemple par l'image d'un homme paresseusement accroupi ou vigoureusement redressé, selon que le mot *Ken,* à double sens, de l'écriture hiéroglyphique doit désigner « faible » ou « fort ». C'est ainsi qu'on évitait les malentendus, malgré la multiplicité de sens des syllabes et des signes.

Les anciens systèmes d'expression, par exemple les écritures des langues les plus anciennes, présentent de nombreuses indéterminations que nous ne tolérerions pas dans nos langues actuelles. C'est ainsi que dans certaines langues sémitiques les consonnes des mots sont seules désignées. Quant aux voyelles omises, c'est au lecteur de les placer, selon ses connaissances et d'après l'ensemble de la phrase. L'écriture hiéroglyphique procédant, sinon tout à fait de même, du moins d'une façon très analogue, la prononciation de l'ancien égyptien nous est inconnue. L'écriture sacrée des Égyptiens connaît encore d'autres indéterminations. C'est ainsi qu'il est laissé à l'arbitraire de l'écrivain de ranger les images de droite à gauche ou de gauche à droite. Pour pouvoir lire, on doit s'en tenir au précepte que la lecture doit être faite en suivant les visages des figures, des oiseaux, etc. Mais l'écrivain pouvait encore ranger les signes figurés dans le sens vertical, et lorsqu'il s'agissait de faire des inscriptions sur de petits objets, des considérations d'esthétique ou de symétrie pouvaient lui faire adopter une autre succession des signes. Le facteur le plus troublant dans l'écriture hiéroglyphique, c'est qu'elle ignore la séparation des mots. Les signes se succèdent sur la feuille à égale distance les uns des autres et l'on ne sait à peu près jamais si tel signe fait encore partie de celui qui le précède ou constitue le commencement d'un mot nouveau. Dans l'écriture cunéiforme persane, au contraire, les mots sont séparés par un coin oblique.

La langue et l'écriture chinoises, très anciennes, sont aujourd'hui encore employées par 400 millions d'hommes. Ne croyez pas que j'y comprenne quoi que ce soit. Je me suis seulement documenté, dans l'espoir d'y trouver des analogies avec les indéterminations des rêves, et mon attente n'a pas été déçue. La langue chinoise est pleine de ces indéterminations, propres à nous faire frémir. On sait qu'elle se compose d'un grand nombre de syllabes qui peuvent être prononcées soit isolément, soit combinées en couples. Un des principaux dialectes possède environ 400 de ces syllabes. Le vocabulaire de ce dialecte disposant de 4 000 mots environ, il en résulte que chaque syllabe a en moyenne dix significations, donc certaines en ont moins et d'autres davantage. Comme l'ensemble ne permet pas toujours de deviner celle des dix significations que la personne qui prononce une syllabe donnée veut éveiller chez celle qui l'écoute, on a inventé une foule de moyens destinés à parer aux malentendus. Parmi ces moyens, il faut citer l'association de deux syllabes en un seul mot et la prononciation de la même syllabe sur quatre « tons » différents. Une circonstance encore plus intéressante pour notre comparaison, c'est que cette langue ne possède pour ainsi dire pas de grammaire. Il n'est pas un seul mot monosyllabique dont on puisse dire s'il est substantif, adjectif ou verbe et aucun mot ne présente les modifications destinées à désigner le genre, le nombre, le temps, le mode. La langue ne se compose ainsi que de matériaux bruts, de même que notre langue abstraite est décomposée par le travail d'élaboration en ses matériaux bruts, par l'élimination de l'expression des relations. Dans la langue chinoise, la décision, dans tous les cas d'indétermination, dépend de l'intelligence de l'auditeur qui se laisse guider par l'ensemble. J'ai noté l'exemple d'un proverbe chinois dont voici la traduction littérale :

peu (que) voir, beaucoup (qui) merveilleux.

Ce proverbe n'est pas difficile à comprendre. Il peut signifier : moins on a vu de choses, et plus on est porté à admirer. Ou : il y a beaucoup à admirer pour celui qui a peu vu. Il ne peut naturellement pas être question d'une décision entre ces deux traductions qui ne diffèrent que grammaticalement. On nous assure cependant que, malgré ces indéterminations, la langue chinoise constitue un excellent moyen d'échange d'idées. L'indétermination n'a donc pas pour conséquence nécessaire la multiplicité de sens.

Nous devons cependant reconnaître qu'en ce qui concerne le système d'expression du rêve, la situation est beaucoup moins favorable que dans le cas des langues et écritures anciennes. C'est que ces dernières sont, après tout, destinées à servir de moyen de communication, donc à être comprises d'une façon ou d'une autre. Or, c'est précisément ce caractère qui manque au rêve. Le rêve ne se propose de rien dire à personne et, loin d'être un moyen de communication, il est destiné à rester incompris. Aussi ne devons-nous ni nous étonner ni nous laisser induire en erreur par le fait qu'un grand nombre de polyvalences et d'indéterminations du rêve échappent à notre décision. Le seul résultat certain de notre comparaison est que les indéterminations, qu'on avait voulu utiliser comme un argument contre le caractère concluant de nos interprétations de rêves, sont normalement inhérentes à tous les systèmes d'expression primitifs.

Le degré de compréhensibilité réel du rêve ne peut être déterminé que par l'exercice et l'expérience. À mon avis, cette détermination peut être poussée assez loin, et les résultats obtenus par des analystes ayant reçu une bonne discipline ne peuvent que me confirmer dans mon opinion. Le public profane, même à tendances scientifiques, se complaît à opposer un scepticisme dédaigneux aux difficultés et incertitudes d'une contribution scientifique. Bien injustement, à mon avis. Beaucoup d'entre vous ignorent peut-être qu'une situation analogue s'était produite lors du déchiffrement des inscriptions babyloniennes. Il fut même un temps où l'opinion publique alla jusqu'à taxer de « fumistes » les déchiffreurs d'inscriptions cunéiformes et à traiter toute cette recherche de « charlatanisme ». Mais en 1857 la *Royal Asiatic Society* fit une épreuve décisive. Elle invita quatre des plus éminents spécialistes, Rawlinson, Hincks, Fox Talbot et Oppert à lui adresser, sous enveloppe cachetée, quatre traductions indépendantes d'une inscription cunéiforme qui venait d'être découverte et, après avoir comparé les quatre lectures, elle put annoncer qu'elles s'accordaient suffisamment pour justifier la confiance dans les résultats déjà obtenus et la certitude de nouveaux progrès. Les railleries des profanes cultivés se sont alors peu à peu éteintes et le déchiffrage des documents cunéiformes s'est poursuivi avec une certitude croissante.

2. Une autre série d'objections se rattache étroitement à l'impression à laquelle vous n'avez pas échappé vous-mêmes, à savoir que beaucoup de solutions que nous sommes obligés d'accepter à la suite de nos interprétations paraissent forcées, artificielles, tirées par les cheveux, donc déplacées et souvent même comiques. Les objections de ce genre sont tellement fréquentes que je n'aurais que l'embarras du choix si je voulais vous en citer quelques-unes je prends au hasard la dernière qui soit venue à ma connaissance. Écoutez donc : en Suisse un directeur de séminaire a été récemment relevé de son poste pour s'être occupé de psychanalyse. Il a naturellement protesté contre cette mesure, et un journal bernois a rendu public le jugement formulé sur son compte par les autorités scolaires. Je n'extrais de ce jugement que quelques propositions se rapportant à la psychanalyse : « En outre, beaucoup des exemples qui se trouvent dans le livre cité du Dr Pfister frappent par leur caractère recherché et artificieux... Il est vraiment étonnant qu'un directeur de séminaire accepte sans critique toutes ces affirmations et tous ces semblants de preuves. » On veut nous faire accepter ces propositions comme la décision d'un « juge impartial ». Je crois plutôt que c'est cette « impartialité » qui est « artificieuse ». Examinons d'un peu plus près ces jugements, dans l'espoir qu'un peu de réflexion et de compétence ne peuvent pas faire de mal, même à un esprit impartial.

Il est vraiment amusant de voir la rapidité et l'assurance avec lesquelles les gens se prononcent sur, une question épineuse de la psychologie de l'inconscient, en n'écoutant que leur première impression. Les interprétations leur paraissent recherchées et forcées, elles leur déplaisent ; donc elles sont fausses, et tout ce travail ne vaut rien. Pas une minute l'idée ne leur vient à l'esprit qu'il puisse y avoir de bonnes raisons pour que les interprétations aient cette apparence et qu'il vaille la peine de chercher ces raisons.

La situation dont nous nous occupons caractérise principalement les résultats du déplacement qui, ainsi que vous le savez, constitue le moyen le plus puissant dont dispose la censure des rêves. C'est à l'aide de ce moyen que la censure crée des formations substitutives que nous avons désignées comme étant des allusions. Mais ce sont là des allusions difficiles à reconnaître comme telles, des allusions dont il est difficile de trouver le substrat et qui se rattachent à ce substrat par des associations extérieures très singulières et souvent tout à fait inaccoutumées. Mais il s'agit dans tous ces cas de choses destinées à rester cachées, et c'est ce que la censure veut obtenir. Or, lorsqu'une chose a été cachée, on ne doit pas s'attendre à la trouver à l'endroit où elle devrait se trouver normalement. Les commissions de surveillance des frontières qui fonctionnent aujourd'hui sont sous ce rapport beaucoup plus rusées que les autorités scolaires suisses. Elles ne se contentent pas de l'examen de portefeuilles et de poches pour chercher des documents et des dessins : elles supposent que les espions et les contrebandiers, pour mieux déjouer la surveillance, peuvent cacher ces objets défendus dans des endroits où on s'attend le moins à les trouver, comme, par exemple, entre les doubles semelles de leurs chaussures. Si les objets cachés y sont retrouvés, on peut dire qu'on s'est donné beaucoup de mal pour les chercher, mais aussi que les recherches n'ont pas été vaines.

En admettant qu'il puisse y avoir entre un élément latent du rêve et sa substitution manifeste les liens les plus éloignés, les plus singuliers, tantôt comiques, tantôt ingénieux en apparence, nous ne faisons que nous conformer aux nombreuses expériences fournies par des exemples dont nous n'avons généralement pas trouvé la solution nous-mêmes. Il est rarement possible de trouver par soi-même des interprétations de ce genre ; nul homme sensé ne serait capable de découvrir le lien qui rattache tel élément latent à sa substitution manifeste. Tantôt le rêveur nous fournit la traduction d'emblée, grâce à une idée qui lui vient directement à propos du rêve (et cela, il le peut, car c'est chez lui que s'est produite cette formation substitutive), tantôt il nous fournit assez de matériaux, grâce auxquels la solution, loin d'exiger une pénétration particulière, s'impose d'elle-même avec une sorte de nécessité. Si le rêveur ne nous vient pas en aide par l'un ou par l'autre de ces deux moyens, l'élément manifeste donné nous reste à jamais incompréhensible. Permettez-moi de vous citer à ce propos encore un cas que j'ai eu l'occasion d'observer récemment. Une de mes patientes, pendant qu'elle est en traitement, perd son père. Tout prétexte lui est bon depuis pour le faire revivre en rêve. Dans un de ces rêves, dont les autres conditions ne se prêtent d'ailleurs à aucune utilisation, son père lui apparaît et lui dit : « Il est onze heures un quart, onze heures et demie, midi moins le quart. » Elle put interpréter cette particularité du rêve en se souvenant que son père aimait bien voir ses enfants être exacts à l'heure du déjeuner. Il y avait certainement un rapport entre ce souvenir et l'élément du rêve, sans que celui-là permît de formuler une conclusion quelconque quant à l'origine de celui-ci. Mais la marche du traitement autorisait le soupçon qu'une certaine attitude critique, mais refoulée, à l'égard du père aimé et vénéré, qui n'était pas étrangère à la production de ce rêve. En continuant à évoquer ses souvenirs, en apparence de plus en plus éloignés du rêve, la rêveuse raconte qu'elle avait assisté la veille à une conversation sur la psychologie, conversation au cours de laquelle un de ses parents avait dit : « L'homme primitif *(der Urmensch)* survit en nous tous. » Et maintenant, nous croyons la comprendre. Il y eut là pour elle une excellente occasion de faire revivre de nouveau son père. Elle le transforma dans son rêve en *homme de l'heure (Uhrmensch)* [1] et lui fit annoncer les quarts de l'heure méridienne.

Il y a là évidemment quelque chose qui fait penser à un jeu de mots, et il est arrivé souvent qu'on ait attribué à l'interprète des jeux de mots qui avaient pour auteur le rêveur. Il existe encore d'autres exemples où il n'est pas du tout facile de décider si l'on se trouve en présence d'un jeu de mots ou d'un rêve. Mais nous avons déjà connu les mêmes doutes à propos de certains lapsus de la parole. Un homme raconte avoir rêvé que son oncle lui avait donné un baiser pendant qu'ils étaient assis ensemble dans *l'auto* (mobile) de celui-ci. Il ne tarde d'ailleurs pas à donner l'interprétation de ce rêve. Il signifie *autoérotisme* (terme emprunté à la théorie de la libido et signifiant la satisfaction érotique sans participation d'un objet étranger). Cet homme se serait-il permis de plaisanter et nous aurait-il donné pour un rêve ce qui n'était de sa part qu'un jeu de mots ? Je n'en crois rien. À mon avis, il a réellement eu ce rêve. Mais d'où vient cette frappante ressemblance ? Cette question m'a fait faire autrefois une longue digression, en m'obligeant à soumettre à une étude approfondie le jeu de mots lui-même. J'ai abouti à ce résultat qu'une série d'idées conscientes est abandonnée momentanément à l'élaboration inconsciente d'où elle ressort ensuite à l'état de jeu de mots. Sous l'influence de l'inconscient, ces idées conscientes subissent l'action des mécanismes qui y dominent, à savoir de la condensation et du déplacement, c'est-à-dire des processus mêmes que nous avons trouvés à l'œuvre dans le travail d'élaboration : c'est uniquement à ce fait qu'on doit attribuer la ressemblance (lorsqu'elle existe) entre le jeu de mots et le rêve. Mais le « rêve-jeu de mots », phénomène non intentionnel, ne procure rien de ce plaisir qu'on éprouve lorsqu'on a réussi un « jeu de mots » pur et simple. Pourquoi ? C'est ce que vous apprendrez si vous avez l'occasion de faire une étude approfondie du jeu de mots. Le « rêve-calembour » manque d'esprit ; loin de nous faire rire, il nous laisse froids.

Nous nous rapprochons, sur ce point, de l'ancienne interprétation des songes qui, à côté de beaucoup de matériaux inutilisables, nous a laissé pas mal d'excellents exemples que nous ne saurions nous-mêmes dépasser. Je ne vous citerai qu'un seul rêve de ce genre, à cause de sa signification historique. Ce rêve, qui appartient à Alexandre le Grand, est raconté, avec certaines variantes, par Plutarque et par Artémidore d'Éphèse. Alors que le roi assiégeait la ville de Tyr qui se défendait avec acharnement (322 av. J.-C.), il vit en rêve un satyre dansant. Le devin Aristandre, qui suivait l'armée, interpréta ce rêve, en décomposant le mot « satyros » en σά Τύρος (Tyr est à toi) ; il crut ainsi promettre au roi la prise de la ville. À la suite de cette interprétation, Alexandre se décida à continuer le siège et finit par conquérir Tyr. L'interprétation, qui paraît assez artificieuse, était incontestablement exacte.

3. Vous serez sans doute singulièrement impressionnés d'apprendre que des objections ont été soulevées contre notre conception du rêve, même par des personnes qui se sont en qualité de psychanalystes, occupées pendant longtemps de l'interprétation des rêves. Il eût été étonnant qu'une source aussi abondante de nouvelles erreurs fût restée inutilisée, et c'est ainsi que la confusion de notions et les généralisations injustifiées auxquelles on s'était livré à ce propos ont engendré des propositions qui, par leur inexactitude, se rapprochent beaucoup de la conception médicale du rêve. Vous connaissez déjà une de ces propositions. Elle prétend que le rêve consiste en tentatives d'adaptation au présent et de solution de tâches futures, qu'il poursuit, par conséquent, une « tendance prospective » (A. Maeder). Nous avons déjà montré que cette proposition repose sur la confusion entre le rêve et les idées latentes du rêve, qu'elle ne tient par conséquent pas compte du travail d'élaboration. En tant qu'elle se propose de caractériser la vie psychique inconsciente dont font partie les idées latentes du rêve, elle n'est ni nouvelle, ni complète, car l'activité psychique inconsciente s'occupe, outre la préparation de l'avenir, de beaucoup d'autres choses encore. Sur une confusion bien plus fâcheuse repose l'affirmation qu'on trouve derrière chaque rêve la « clause de la mort ». Je ne sais exactement ce que cette formule signifie, mais je suppose qu'elle découle de la confusion entre le rêve et toute la personnalité du rêveur.

Comme échantillon d'une généralisation injustifiée tirée de quelques bons exemples, je citerai la proposition d'après laquelle chaque rêve serait susceptible de deux interprétations : l'interprétation dite psychanalytique, telle que nous l'avons exposée, et l'interprétation dite anagogique qui fait abstraction des désirs et vise à la représentation des fonctions psychiques supérieures (V. Silberer). Les rêves de ce genre existent, mais vous tenteriez en vain d'étendre cette conception, ne fût-ce qu'à la majorité des rêves. Et après tout ce que vous avez entendu, vous trouverez tout à fait inconcevable l'affirmation d'après laquelle tous les rêves seraient bisexuels et devraient être interprétés dans le sens d'une rencontre entre les tendances qu'on peut appeler mâles et femelles (A. Adler). Il existe naturellement quelques rêves isolés de ce genre et vous pourriez apprendre plus tard qu'ils présentent la même structure que certains symptômes hystériques. Je mentionne toutes ces découvertes de nouveaux caractères généraux des rêves, afin de vous mettre en garde contre elles ou tout au moins de ne pas vous laisser le moindre doute quant à mon opinion à leur sujet.

4. On avait essayé de compromettre la valeur objective des recherches sur le rêve en alléguant que les sujets soumis au traitement psychanalytique arrangent leurs rêves conformément aux théories préférées de leurs médecins, les uns prétendant avoir surtout des rêves sexuels, d'autres des rêves de puissance et d'autres encore des rêves de palingénésie (W. Stekel). Mais cette observation perd, à son tour, de la valeur, lorsqu'on songe que les hommes avaient rêvé avant que fût inventé le traitement psychanalytique susceptible de guider, de diriger leurs rêves et que les sujets aujourd'hui en traitement avaient l'habitude de rêver avant qu'ils fussent soumis au traitement. Les faits sur lesquels se fonde cette objection sont tout à fait compréhensibles et nullement préjudiciables à la théorie du rêve. Les restes diurnes qui suscitent le rêve sont fournis par les intérêts intenses de la vie éveillée. Si les paroles et les suggestions du médecin ont acquis pour l'analysé une certaine importance, elles s'intercalent dans l'ensemble des restes diurnes et peuvent, tout comme les autres intérêts affectifs du jour, non encore satisfaits, fournir au rêve des excitations psychiques et agir à l'égal des excitations somatiques qui influencent le dormeur pendant le sommeil. De même que les autres agents excitateurs de rêves, les idées éveillées par le médecin peuvent apparaître dans le rêve manifeste ou être découvertes dans le contenu latent du rêve. Nous savons qu'il est possible de provoquer expérimentalement des rêves ou, plus exactement, d'introduire dans le rêve une partie des matériaux du rêve. Dans ces influences exercées sur les patients, l'analyste joue un rôle identique à celui de l'expérimentateur qui, comme Mourly-Vold,

fait adopter aux membres des sujets de ses expériences certaines attitudes déterminées.

On peut suggérer au rêveur l'objet de son rêve, mais il est impossible d'agir sur ce qu'il va rêver. Le mécanisme du travail d'élaboration et le désir inconscient du rêve échappent à toute influence étrangère. En examinant les excitations somatiques des rêves, nous avons reconnu que la particularité et l'autonomie de la vie de rêve se révèlent dans la réaction par laquelle le rêve répond aux excitations corporelles et psychiques qu'il reçoit. C'est ainsi que l'objection dont nous nous occupons ici et qui voudrait mettre en doute l'objectivité des recherches sur le rêve est fondée à son tour sur une confusion, qui est celle du rêve avec les matériaux du rêve.

C'est là tout ce que je voulais vous dire concernant les problèmes qui se rattachent au rêve. Vous devinez sans doute que j'ai omis pas mal de choses et vous vous êtes aperçus que j'ai été obligé d'être incomplet sur beaucoup de points. Mais ces défauts de mon exposé tiennent aux rapports qui existent entre les phénomènes du rêve et les névroses. Nous avons étudié le rêve à titre d'introduction à l'étude des névroses, ce qui était beaucoup plus correct que si nous avions fait le contraire. Mais de même que le rêve prépare à la compréhension des névroses, il ne peut, à son tour, être compris dans tous ses détails, que si l'on a acquis une connaissance exacte des phénomènes névrotiques.

J'ignore ce que vous en pensez, mais je puis vous assurer que je ne regrette nullement de vous avoir tant intéressés aux problèmes du rêve et d'avoir consacré. à l'étude de ces problèmes une si grande partie du temps dont nous disposons. Il n'est pas d'autre question dont l'étude puisse fournir aussi rapidement la conviction de l'exactitude des propositions de la psychanalyse. Il faut plusieurs mois, voire plusieurs années de travail assidu pour montrer que les symptômes d'un cas de maladie névrotique possèdent un sens, servent à une intention et s'expliquent par l'histoire de la personne souffrante. Au contraire, il faut seulement un effort de plusieurs heures pour obtenir le même résultat en présence d'un rêve qui se présente tout d'abord comme confus et incompréhensible, et pour obtenir ainsi une confirmation de toutes les présuppositions de la psychanalyse concernant l'inconscient des processus psychiques, les mécanismes auxquels ils obéissent et les tendances qui se manifestent à travers ces processus. Et si, à la parfaite analogie qui existe entre la formation d'un rêve et celle d'un symptôme névrotique, nous ajoutons la rapidité de la transformation qui fait du rêveur un homme éveillé et raisonnable, nous acquerrons la certitude que la névrose repose, elle aussi, sur une altération des rapports existant normalement entre les différentes forces de la vie psychique.

---

1. Jeu de mots : *Urmensch* (homme primitif) et *Uhrmensch* (homme de l'heure).

PARTIE TROIS
THÉORIE GÉNÉRALE DES NÉVROSES

CHAPITRE 16

PSYCHANALYSE ET PSYCHIATRIE

Je me réjouis de pouvoir reprendre avec vous le fil de nos causeries. Je vous ai parlé précédemment de la conception psychanalytique des actes manqués et des rêves ; je voudrais vous familiariser maintenant avec les phénomènes névrotiques qui, ainsi que vous le verrez par la suite, ont plus d'un trait commun avec les uns et avec les autres. Mais je vous préviens qu'en ce qui concerne ces derniers phénomènes, je ne puis vous suggérer à mon égard la même attitude que précédemment. Alors je m'étais imposé l'obligation de ne point faire un pas sans m'être mis au préalable d'accord avec vous ; j'ai beaucoup discuté avec vous et j'ai tenu compte de vos objections ; je suis même allé jusqu'à voir en vous et dans votre « bon sens » l'instance décisive. Il ne peut plus en être de même aujourd'hui, et cela pour une raison bien simple. Et tant que phénomènes, actes manqués et rêves ne vous étaient pas tout à fait inconnus, on pouvait dire que vous possédiez ou pouviez posséder à leur sujet la même expérience que moi. Mais le domaine des phénomènes névrotiques vous est étranger ; si vous n'êtes pas médecins, vous n'y avez pas d'autre accès que celui que peuvent vous ouvrir mes renseignements, et le jugement le meilleur en apparence est sans valeur lorsque celui qui le formule n'est pas familiarisé avec les matériaux à juger.

Ne croyez cependant pas que je me propose de vous faire des conférences dogmatiques ni que j'exige de vous une adhésion sans conditions. Si vous le croyiez, il en résulterait un malentendu qui me ferait le plus grand tort. Il n'entre pas dans mes intentions d'imposer des convictions : il me suffit d'exercer une action stimulante et d'ébranler des préjugés. Lorsque, par suite d'une ignorance matérielle, vous n'êtes pas à même de juger, vous ne devez ni croire ni rejeter. Vous n'avez qu'à écouter et à laisser agir sur vous ce qu'on vous dit. Il n'est pas facile d'acquérir des convictions, et celles auxquelles on arrive sans peine se montrent le plus souvent sans valeur et sans résistance. Celui-là seul a le droit d'avoir des convictions qui a, pendant des années, travaillé sur les mêmes matériaux et assisté personnellement à la répétition de ces expériences nouvelles et surprenantes dont j'aurai à vous parler. À quoi servent, dans le domaine intellectuel, ces convictions rapides, ces conversions s'accomplissant avec l'instantanéité d'un éclair, ces répulsions violentes ? Ne voyez-vous donc pas que le « coup de foudre », l'amour instantané font partie d'une région tout à fait différente, du domaine affectif notamment ? Nous ne demandons pas à nos patients d'être convaincus de l'efficacité de la psychanalyse ou de donner leur adhésion à celle-ci. S'ils le faisaient, cela nous les rendrait suspects. L'attitude que nous apprécions le plus chez eux est celle d'un scepticisme bienveillant. Essayez donc, vous aussi, de laisser lentement mûrir en vous la conception psychanalytique, à côté de la conception populaire ou psychologique, jusqu'à ce que l'occasion se présente où l'une et l'autre puissent entrer dans une relation réciproque, se mesurer et en s'associant faire naître finalement une conception décisive.

D'autre part, vous auriez tort de croire que ce que je vous expose comme étant la conception psychanalytique soit un système spéculatif. Il s'agit plutôt d'un fait d'expérience, d'une expression directe de l'observation ou du résultat de l'élaboration de celle-ci. C'est par les progrès de la science que nous pourrons juger si cette élaboration a été suffisante et justifiée et, sans vouloir me vanter, je puis dire, ayant derrière moi une vie déjà assez longue et une carrière s'étendant sur 25 années environ, qu'il m'a fallu, pour réunir les expériences sur lesquelles repose ma conception, un travail intensif et approfondi. J'ai souvent eu l'impression que nos adversaires ne voulaient tenir aucun compte de cette source de nos affirmations, comme s'il s'agissait d'idées purement subjectives auxquelles on pourrait, à volonté, en opposer d'autres. Je n'arrive pas à bien comprendre cette attitude de nos adversaires. Elle tient peut-être au fait que les médecins répugnent à entrer en relations trop étroites avec leurs patients atteints de névroses et que, ne prêtant pas une attention suffisante à ce que ceux-ci leur disent, ils se mettent dans l'impossibilité de tirer de leurs communications des renseignements précieux et de faire sur leurs malades des observations susceptibles de servir de point de départ à des déductions d'ordre général. Je vous promets, à cette occasion, de me livrer, au cours des leçons qui vont suivre, aussi peu que possible à des discussions polémiques, surtout avec tel ou tel auteur en particulier. Je ne crois pas à la vérité de la maxime qui proclame que la guerre est mère de toutes choses. Cette maxime me paraît être un produit de la sophistique grecque et pécher, comme celle-ci, par l'attribution d'une valeur exagérée à la dialectique. J'estime, quant à moi, que ce qu'on appelle la polémique scientifique est une œuvre tout à fait stérile, d'autant plus qu'elle a toujours une tendance à revêtir un caractère personnel. Je pouvais me vanter, jusqu'à il y a quelques années, de n'avoir usé des armes de la polémique que contre un seul savant (Löwenfeld, de Munich), avec ce résultat que d'adversaires, nous sommes devenus amis et que notre amitié se maintient toujours. Et comme je n'étais pas sûr d'arriver toujours au même résultat, je m'étais longtemps gardé de recommencer l'expérience.

Vous pourriez croire qu'une pareille répugnance pour toute discussion littéraire atteste soit une impuissance devant les objections, soit un extrême entêtement ou, pour me servir d'une expression de l'aimable langage scientifique courant, un « fourvoiement ». À quoi je vous répondrais que lorsqu'on a, aux prix de pénibles efforts, acquis une conviction, on a aussi, jusqu'à un certain point, le droit de vouloir la maintenir envers et contre tout. Je tiens d'ailleurs à ajouter que sur plus d'un point important j'ai, au cours de mes travaux, changé, modifié ou remplacé par d'autres certaines de mes opinions et que je n'ai jamais manqué de faire de ces variations une déclaration publique. Et quel fut le résultat de ma franchise ? Les uns n'ont eu aucune connaissance de corrections que j'ai introduites et me critiquent encore aujourd'hui pour des propositions auxquelles je n'attache plus le même sens que jadis. D'autres me reprochent précisément ces variations et déclarent qu'on ne peut pas me prendre au sérieux. On dirait que celui qui modifie de temps à autre ses idées ne mérite aucune confiance, car il laisse supposer que ces dernières propositions sont aussi erronées que les précédentes. Mais, d'autre part, celui qui maintient ses idées premières et ne s'en laisse pas détourner facilement passe pour un entêté et un fourvoyé. Devant ces deux jugements opposés de la critique, il n'y a qu'un parti à prendre : rester ce qu'on est et ne suivre que son propre jugement. C'est bien à quoi je suis décidé, et rien ne m'empêchera de modifier et de corriger mes théories avec le progrès de mon expérience. Quant à mes idées fondamentales, je n'ai encore rien trouvé à y changer, et j'espère qu'il en sera de même à l'avenir.

Je dois donc vous exposer la conception psychanalytique des phénomènes névrotiques. Il m'est facile de rattacher cet exposé à celui des phénomènes dont je vous ai déjà parlé, à cause aussi bien des analogies que des contrastes qui existent entre les uns et les autres. Je prends une action symptomatique que j'ai vu beaucoup de personnes accomplir au cours de ma consultation. Les gens qui viennent exposer en un quart d'heure toutes les misères de leur vie plus ou moins longue n'intéressent pas le psychanalyste. Ses connaissances plus approfondies ne lui permettent pas de se débarrasser du malade en lui disant qu'il n'a pas grand-chose et en lui ordonnant une légère cure hydrothérapique. Un de nos collègues, à qui l'on avait demandé comment il se comportait à l'égard des patients venant à sa consultation, a répondu en haussant les épaules : je le frappe d'une contribution de tant de couronnes. Aussi ne vous étonnerai-je pas en vous disant que les consultants du psychanalyste, même le plus occupé, ne sont généralement pas très nombreux. J'ai fait doubler et capitonner la porte qui sépare ma salle d'attente de mon cabinet. Il s'agit là d'une précaution dont le sens n'est pas difficile à saisir. Or, il arrive toujours que les personnes que je fais passer de la salle d'attente dans mon cabinet oublient de fermer derrière elles les deux portes. Dès que je m'en aperçois, et quelle que soit la qualité sociale de la personne, je ne manque pas, sur un ton d'irritation, de lui en faire la remarque et de la prier de réparer sa négligence. Vous lirez que c'est là du pédantisme poussé à l'excès. Je me suis parfois reproché moi-même cette exigence, car il s'agissait souvent de personnes incapables de toucher à un bouton de porte et contentes de se décharger de cette besogne sur d'autres. Mais j'avais raison dans la majorité des cas, car ceux qui se conduisent de la sorte et laissent ouvertes derrière eux les portes qui séparent la salle d'attente du médecin de son cabinet de consultations sont des gens mal élevés et ne méritent pas un accueil amical. Ne vous prononcez cependant pas avant de connaître le reste. Cette négligence du patient ne se produit que lorsqu'il se trouve seul dans la salle d'attente et qu'en la quittant il ne laisse personne derrière lui. Mais le patient a, au contraire, bien soin de fermer les portes lorsqu'il laisse dans la salle d'attente d'autres personnes qui ont attendu en même temps que lui. Dans ce dernier cas, il comprend fort bien qu'il n'est pas dans son intérêt de permettre à d'autres d'écouter sa conversation avec le médecin.

Ainsi déterminée, la négligence du patient n'est ni accidentelle, ni dépourvue de sens et même d'importance, car, ainsi que nous le verrons, elle illustre son attitude à l'égard du médecin. Le patient appartient à la nombreuse catégorie de ceux qui ne rêvent que célébrités médicales, qui veulent être éblouis, secoués. Il a peut-être déjà téléphoné pour savoir à quelle heure il sera le plus facilement reçu et il s'imagine trouver devant la maison du médecin une queue de clients aussi longue que devant une succursale d'une grande maison d'épicerie. Or, le voilà qui entre dans une salle d'attente vide et, par-dessus le marché, très modestement meublée. Il est déçu et, voulant se venger sur le médecin du respect exagéré qu'il se proposait de lui témoigner, il exprime son état d'âme en négligeant de fermer les portes qui séparent la salle d'attente du cabinet de consultations. Ce faisant, il semble vouloir dire au médecin : « À quoi bon fermer les portes, puisqu'il n'y a personne dans la salle d'attente et que personne probablement n'y entrera, tant que je serai dans votre cabinet ? » Il arrive même qu'il fasse preuve, pendant la consultation, d'un grand sans-gêne et de manque de respect, si l'on ne prend garde de le remettre incontinent à sa place.

L'analyse de cette petite action symptomatique ne nous apprend rien que vous ne sachiez déjà, à savoir qu'elle n'est pas accidentelle, qu'elle a son mobile, un sens et une intention, qu'elle fait partie d'un ensemble psychique défini, qu'elle est une petite indication d'un état psychique important. Mais cette action symptomatique nous apprend surtout que le processus dont elle est l'expression se déroule en dehors de la connaissance de celui qui l'accomplit, car pas un des patients qui laissent les deux portes ouvertes n'avouerait qu'il veut par cette négligence me témoigner son mépris. Il est probable que plus d'un conviendra avoir éprouvé un sentiment de déception en entrant dans la salle d'attente, mais il est certain que le lien entre cette impression et l'action symptomatique qui la suit échappe à la conscience.

Je vais mettre en parallèle avec cette petite action symptomatique une observation faite sur une malade. L'observation que je choisis est encore fraîche dans ma mémoire et se prête à une description brève. Je vous préviens d'ailleurs que dans toute communication de ce genre certaines longueurs sont inévitables.

Un jeune officier en permission me prie de me charger du traitement de sa belle-mère qui, quoique vivant dans des conditions on ne peut plus heureuses, empoisonne son existence et l'existence de tous les siens par une idée absurde. Je me trouve en présence d'une dame âgée de 53 ans, bien conservée, d'un abord aimable et simple. Elle me raconte volontiers l'histoire suivante. Elle vit très heureuse à la campagne avec son mari qui dirige une grande usine. Elle n'a qu'à se louer des égards et prévenances que son mari a pour elle. Ils ont fait un mariage d'amour il y a 30 ans et, depuis le jour du mariage, nulle discorde, aucun motif de jalousie ne sont venus troubler la paix du ménage. Ses deux enfants sont bien mariés et son mari, voulant remplir ses devoirs de chef de famille jusqu'au bout, ne consent pas encore à se retirer des affaires. Un fait incroyable, à elle-même incompréhensible, s'est produit il y a un an : elle n'hésita pas à ajouter foi à une lettre anonyme qui accusait son excellent mari de relations amoureuses avec une jeune fille. Depuis qu'elle a reçu cette lettre, son bonheur est brisé. Une enquête un peu serrée révéla qu'une femme de chambre, que cette dame admettait peut-être trop dans son intimité, poursuivait d'une haine féroce une autre jeune fille qui, étant de même extraction qu'elle, avait infiniment mieux réussi dans sa vie : au lieu de se faire domestique, elle avait fait des études qui lui avaient permis d'entrer à l'usine en qualité d'employée. La mobilisation ayant raréfié le personnel de l'usine, cette jeune fille avait fini par occuper une belle situation : elle était logée à l'usine même, ne fréquentait que des « messieurs » et tout le monde l'appelait « mademoiselle ». Jalouse de cette supériorité, la femme de chambre était prête à dire tout le mal possible de son ancienne compagne d'école. Un jour sa maîtresse lui parle d'un vieux monsieur qui était venu en visite et qu'on savait séparé de sa femme et vivant avec une maîtresse. Notre malade ignore ce qui la poussa, à ce propos, à dire à sa femme de chambre qu'il n'y aurait pour elle rien de plus terrible que d'apprendre que son bon mari a une liaison. Le lendemain, elle reçoit par la poste la lettre anonyme dans laquelle lui était annoncée, d'une écriture déformée, la fatale nouvelle. Elle soupçonna aussitôt que cette lettre était l'œuvre de sa méchante femme de chambre, car c'était précisément la jeune fille que celle-ci poursuivait de sa haine qui y était accusée d'être la maîtresse du mari. Mais bien que la patiente ne tardât pas à deviner l'intrigue et qu'elle eût assez d'expérience pour savoir combien sont peu dignes de foi ces lâches dénonciations, cette lettre ne l'en a pas moins profondément bouleversée. Elle eut une crise d'excitation terrible et envoya chercher son mari auquel elle adressa, dès son apparition, les plus amers reproches. Le mari accueillit l'accusation en riant et fit tout ce qu'il put pour calmer sa femme.

Il fit venir le médecin de la famille et de l'usine qui joignit ses efforts aux siens. L'attitude ultérieure du mari et de la femme fut des plus naturelles : la femme de chambre fut renvoyée, mais la prétendue maîtresse resta en place. Depuis ce jour, la malade prétendait souvent qu'elle était calmée et ne croyait plus au contenu de la lettre anonyme. Mais son calme n'était jamais profond ni durable. Il lui suffisait d'entendre prononcer le nom de la jeune fille ou de rencontrer celle-ci dans la rue pour entrer dans une nouvelle crise de méfiance, de douleurs et de reproches.

Telle est l'histoire de cette brave dame. Il ne faut pas posséder une grande expérience psychiatrique pour comprendre que, contrairement à d'autres malades nerveux, elle était plutôt encline à atténuer son cas ou, comme nous le disons, à dissimuler, et qu'elle n'a jamais réussi à vaincre sa foi dans l'accusation formulée dans la lettre anonyme.

Quelle attitude peut adopter le psychiatre en présence d'un cas pareil ? Nous savons déjà comment il se comporterait à l'égard de l'action symptomatique du patient qui ne ferme pas les portes de la salle d'attente. Il voit dans cette action un accident dépourvu de tout intérêt psychologique. Mais il ne peut maintenir la même attitude en présence de la femme morbidement jalouse. L'action symptomatique apparaît comme une chose indifférente, mais le symptôme s'impose à nous comme un phénomène important. Au point de vue subjectif, ce symptôme est accompagné d'une douleur intense ; au point de vue objectif, il menace le bonheur d'une famille. Aussi présente-t-il un intérêt psychiatrique indéniable. Le psychiatre essaie d'abord de caractériser le symptôme par une de ses propriétés essentielles. On ne peut pas dire que l'idée qui tourmente cette femme soit absurde en elle-même, car il arrive que des hommes mariés, même âgés, aient pour maîtresses des jeunes filles. Mais il y a autre chose qui est absurde et inconcevable. En dehors des affirmations contenues dans la lettre anonyme, la patiente n'a aucune raison de croire que son tendre et fidèle mari fasse partie de cette catégorie des époux infidèles. Elle sait aussi que la lettre ne mérite aucune confiance et elle en connaît la provenance. Elle devrait donc se dire que sa jalousie n'est justifiée par rien ; elle se le dit, en effet, mais elle n'en souffre pas moins, comme si elle possédait des preuves irréfutables de l'infidélité de son mari. On est convenu d'appeler *obsessions* les idées de ce genre, c'est-à-dire les idées réfractaires aux arguments logiques et aux arguments tirés de la réalité. La brave dame souffre donc de *l'obsession de la jalousie.*

Telle est en effet la caractéristique essentielle de notre cas morbide.

À la suite de cette première constatation, notre intérêt psychiatrique se trouve encore plus éveillé. Si une obsession résiste aux épreuves de la réalité, c'est qu'elle n'a pas sa source dans la réalité. D'où vient-elle donc ? Le contenu des obsessions varie à l'infini ; pourquoi dans notre cas l'obsession a-t-elle précisément pour contenu la jalousie ? Ici nous écouterions volontiers le psychiatre, mais celui-ci n'a rien à nous dire. De toutes nos questions, une seule l'intéresse. Il recherchera les antécédents héréditaires de cette femme et nous donnera *peut-être* la réponse suivante : les obsessions se produisent chez des personnes qui accusent dans leurs antécédents héréditaires des troubles analogues ou d'autres troubles psychiques. Autrement dit, si une obsession s'est développée chez cette femme, c'est qu'elle y était prédisposée héréditairement. Ce renseignement est sans doute intéressant, mais est-ce tout ce que nous voulons savoir ? N'y a-t-il pas d'autres causes ayant déterminé la production de notre cas morbide ? Nous constatons qu'une obsession de la jalousie s'est développée de préférence à toute autre : serait-ce là un fait indifférent, arbitraire ou inexplicable ? Et la proposition qui proclame la toute-puissance de l'hérédité doit-elle également être comprise au sens négatif, autrement dit devons-nous admettre que dès l'instant où une âme est prédisposée à devenir la proie d'une obsession, peu importent les événements susceptibles d'agir sur elle ? Vous seriez sans doute désireux de savoir pourquoi la psychiatrie scientifique se refuse à nous renseigner davantage. À cela je vous répondrai : celui qui donne plus qu'il n'a est malhonnête. Le psychiatre ne possède pas de moyen de pénétrer plus avant dans l'interprétation d'un cas de ce genre. Il est obligé de se borner à formuler le diagnostic et, malgré sa riche expérience, un pronostic incertain quant à la marche ultérieure de la maladie.

Pouvons-nous attendre davantage de la psychanalyse ? Certainement, et j'espère pouvoir vous montrer que même dans un cas aussi difficilement accessible que celui qui nous occupe, elle est capable de mettre au jour des faits propres à nous le rendre intelligible. Veuillez d'abord vous souvenir de ce détail insignifiant en apparence qu'à vrai dire la patiente a provoqué la lettre anonyme, point de départ de son obsession : n'a-t-elle pas notamment dit la veille à la jeune intrigante que son plus grand malheur serait d'apprendre que son mari a une maîtresse ? En disant cela, elle avait suggéré à la femme de chambre l'idée d'envoyer la lettre anonyme. L'obsession devient ainsi, dans une certaine mesure, indépendante de la lettre ; elle a dû exister antérieurement chez la malade, à l'état d'appréhension (ou de désir ?). Ajoutez à cela les quelques petits faits que j'ai pu dégager à la suite de deux heures d'analyse. La malade se montrait très peu disposée à obéir lorsque, son histoire racontée, je l'avais priée de me faire part d'autres idées et souvenirs pouvant s'y rattacher. Elle prétendait qu'elle n'avait plus rien à dire et, au bout de deux heures, il a fallu cesser l'expérience, la malade ayant déclaré qu'elle se sentait tout à fait bien et qu'elle était certaine d'être débarrassée de son idée morbide. Il va sans dire que cette déclaration lui a été dictée par la crainte de me voir poursuivre l'analyse. Mais, au cours de ces deux heures, elle n'en a pas moins laissé échapper quelques remarques qui autorisèrent, qui imposèrent même une certaine interprétation projetant une vive lumière sur la genèse de son obsession. Elle éprouvait elle-même un profond sentiment pour un jeune homme, pour ce gendre sur les instances duquel je m'étais rendu auprès d'elle. De ce sentiment, elle ne se rendait pas compte, ; elle en était à peine consciente : vu les liens de parenté qui l'unissaient à ce jeune homme, son affection amoureuse n'eut pas de peine à revêtir le masque d'une tendresse inoffensive. Or, nous possédons une expérience suffisante de ces situations pour pouvoir pénétrer sans difficulté dans la vie psychique de cette honnête femme et excellente mère de 53 ans. L'affection qu'elle éprouvait était trop monstrueuse et impossible pour être consciente ; elle en persistait pas moins à l'état inconscient et exerçait ainsi une forte pression. Il lui fallait quelque chose pour la délivrer de cette pression, et elle dut son soulagement au mécanisme du déplacement qui joue si souvent un rôle dans la production de la jalousie obsédante. Une fois convaincue que si elle, vieille femme, était amoureuse d'un jeune homme, son mari, en revanche, avait pour maîtresse une jeune fille, elle se sentit délivrée du remords que pouvait lui causer son infidélité. L'idée fixe de l'infidélité du mari devait agir comme un baume calmant appliqué sur une plaie brûlante. Inconsciente de son propre amour, elle avait une conscience obsédante, allant jusqu'à la manie, du reflet de cet amour, reflet dont elle retirait un si grand avantage. Tous les arguments qu'on pouvait opposer à son idée devaient rester sans effet, car ils étaient dirigés non contre le modèle, mais contre son image réfléchie, celui-là communiquant sa force à celle-ci et restant caché inattaquable, dans l'inconscient.

Récapitulons les données que nous avons pu obtenir par ce bref et difficile effort psychanalytique. Elles nous permettront peut-être de comprendre ce cas morbide, à supposer naturellement que nous ayons procédé correctement, ce dont vous ne pouvez pas être juges ici. Première donnée : l'idée fixe n'est plus quelque chose d'absurde ni d'incompréhensible ; elle a un sens, elle est bien motivée, fait partie d'un événement affectif survenu dans la vie de la malade. Deuxième donnée : cette idée fixe est un fait nécessaire, en tant que réaction contre un processus psychique inconscient que nous avons pu dégager d'après d'autres signes ; et c'est précisément au lien qui la rattache à ce processus psychique inconscient qu'elle doit son caractère obsédant, sa résistance à tous les arguments fournis par la logique et la réalité. Cette idée fixe est même quelque chose de bienvenu, une sorte de consolation. Troisième donnée : si la malade a fait la veille à la jeune intrigante la confidence que vous savez, il est incontestable qu'elle y a été poussée par le sentiment secret qu'elle éprouvait à l'égard de son gendre et qui forme comme l'arrière-fond de sa maladie. Ce cas présente ainsi, avec l'action symptomatique que nous avons analysée plus haut, des analogies importantes, car, ici comme là, nous avons réussi à dégager le sens ou l'intention de la manifestation psychique, ainsi que ces rapports avec un élément inconscient faisant partie de la situation.

Il va sans dire que nous n'avons pas résolu toutes les questions se rattachant à notre cas. Celui-ci est plutôt hérissé de problèmes dont quelques-uns ne sont pas encore susceptibles de solution, tandis que d'autres n'ont pu être résolus, à cause des circonstances défavorables particulières à ce cas. Pourquoi, par exemple, cette femme, si heureuse en ménage, devient-elle amoureuse de son gendre et pourquoi la délivrance, qui aurait bien pu revêtir une autre forme quelconque, se produit-elle sous la forme d'un reflet, d'une projection sur son mari de son état à elle ? Ne croyez pas que ce soit là des questions oiseuses et malicieuses. Elles comportent des réponses en vue desquelles nous disposons déjà de nombreux éléments. Notre malade se trouve à l'âge critique qui comporte une exaltation subite et indésirée du besoin sexuel : ce fait pourrait, à la rigueur, suffire à lui seul à expliquer tout le reste. Mais il se peut encore que le bon et fidèle mari ne soit plus, depuis quelques années, en possession d'une puissance sexuelle en rapport avec le besoin de sa femme, mieux conservée. Nous savons par expérience que ces maris, dont la fidélité n'a d'ailleurs pas besoin d'autre explication, témoignent précisément à leurs femmes une tendresse particulière et se montrent d'une grande indulgence pour leurs troubles nerveux. De plus, il n'est pas du tout indifférent que l'amour morbide de cette dame se soit précisément porté sur le jeune mari de sa fille. Un fort attachement érotique à la fille, attachement qui peut être ramené, en dernière analyse, à la constitution sexuelle de la mère, trouve souvent le moyen de se maintenir à la faveur d'une pareille transformation. Dois-je vous rappeler, à ce propos, que les relations sexuelles entre belle-mère et gendre ont toujours été considérées comme particulièrement abjectes et étaient frappées chez les peuples primitifs d'interdictions *tabou* et de « flétrissures » rigoureuses [1] ? Aussi bien dans le sens positif que dans le sens négatif, ces relations dépassent souvent la mesure socialement désirable. Comme il ne m'a pas été possible de poursuivre l'analyse de ce cas pendant plus de deux heures, je ne saurais vous dire lequel de ces trois facteurs doit être incriminé chez la malade qui nous occupe ; sa névrose a pu être produite par l'action de l'un ou de deux d'entre eux, comme par celle de tous les trois réunis.

Je m'aperçois maintenant que je viens de vous parler de choses que vous n'êtes pas encore préparés à comprendre. Je l'ai fait pour établir un parallèle entre la psychiatrie et la psychanalyse. Eh bien, vous êtes-vous aperçus quelque part d'une opposition entre l'une et l'autre ? La psychiatrie n'applique pas les méthodes techniques de la psychanalyse, elle ne se soucie pas de rattacher quoi que ce soit à l'idée fixe et se contente de nous montrer dans l'hérédité un facteur étiologique général et éloigné, au lieu de se livrer à la recherche de causes plus spéciales et plus proches. Mais y a-t-il là une contradiction, une opposition ? Ne voyez-vous pas que, loin de se contredire, la psychiatrie et la psychanalyse se complètent l'une l'autre en même temps que le facteur héréditaire et l'événement psychique, loin de se combattre et de s'exclure, collaborent de la manière la plus efficace en vue du même résultat ? Vous m'accorderez qu'il n'y a rien dans la nature du travail psychiatrique qui puisse servir d'argument contre la recherche psychanalytique. C'est le psychiatre, et non la psychiatrie, qui s'oppose à la psychanalyse. Celle-ci est à la psychiatrie à peu près ce que l'histologie est à l'anatomie : l'une étudie les formes extérieures des organes, l'autre les tissus et les cellules dont ces organes sont faits. Une contradiction entre ces deux ordres d'études, dont l'une continue l'autre, est inconcevable. L'anatomie constitue aujourd'hui la base de la médecine scientifique, mais il fut un temps où la dissection de cadavres humains, en vue de connaître la structure intime du corps, était défendue, de même qu'on trouve de nos jours presque condamnable de se livrer à la psychanalyse, en vue de connaître le fonctionnement intime de la vie psychique. Tout porte cependant à croire que le temps n'est pas loin où l'on se rendra compte que la psychiatrie vraiment scientifique suppose une bonne connaissance des processus profonds et inconscient de la vie psychique.

Cette psychanalyse tant combattue a peut-être parmi vous quelques amis qui la verraient avec plaisir s'affirmer aussi comme un procédé thérapeutique. Vous savez que les moyens psychiatriques dont nous disposons n'ont aucune action sur les idées fixes. La psychanalyse, qui connaît le mécanisme de ces symptômes, seraitelle plus heureuse sous ce rapport ? Non ; elle n'a pas plus de prise sur ces affections que n'importe quel autre moyen thérapeutique. Actuellement du moins. Nous pouvons, grâce à la psychanalyse, comprendre ce qui se passe chez le malade, mais nous n'avons aucun moyen de le faire comprendre au malade lui-même. Je vous ai déjà dit que, dans le cas dont je vous ai entretenus dans cette leçon, je n'ai pas pu pousser l'analyse au-delà des premières couches. Doit-on en conclure que l'analyse de cas de ce genre soit à abandonner, parce que stérile ? Je ne le pense pas. Nous avons le droit et même le devoir de poursuivre nos recherches, sans nous préoccuper de leur utilité immédiate. À la fin, nous ne savons ni où ni quand le peu de savoir que nous aurons acquis se trouvera transformé en pouvoir thérapeutique. Alors même qu'à l'égard des autres affections nerveuses et psychiques la psychanalyse se serait montrée aussi impuissante qu'à l'égard des idées fixes, elle n'en resterait pas moins parfaitement justifiée comme moyen irremplaçable de recherche scientifique. Il est vrai que nous ne serions pas alors en mesure de l'exercer ; les hommes sur lesquels nous voulons apprendre, les hommes qui vivent, qui sont doués de volonté propre et ont besoin de motifs personnels pour nous aider, nous refuseraient leur collaboration. Aussi ne veux-je pas terminer cette leçon sans vous dire qu'il existe de vastes groupes de troubles nerveux où une meilleure compréhension se laisse facilement transformer en pouvoir thérapeutique et que, sous certaines conditions, la psychanalyse nous permet d'obtenir dans ces affections difficilement accessibles des résultats qui ne le cèdent en rien à ceux qu'on obtient dans n'importe quelle autre branche de la thérapeutique interne.

---

1. Cf. *Totem et tabou*, Payot, Paris.

CHAPITRE 17
LE SENS DES SYMPTÔMES

Je vous ai montré dans le chapitre précédent qu'alors que la psychiatrie ne se préoccupe pas du mode de manifestation et du contenu de chaque symptôme, la psychanalyse porte sa principale attention sur l'un et sur l'autre et a réussi à établir que chaque symptôme a un sens et se rattache étroitement à la vie psychique du malade. C'est J. Breuer qui, grâce à l'étude et à l'heureuse reconstitution d'un cas d'hystérie devenu depuis lors célèbre (1880-1882), a le premier découvert des symptômes névrotiques. Il est vrai que P. Janet a fait la même découverte, et indépendamment de Breuer ; au savant français appartient même la priorité de la publication, Breuer n'ayant publié son observation que dix ans plus tard (1893-95), à l'époque de sa collaboration avec moi. Il importe d'ailleurs peu de savoir à qui appartient la découverte, car une découverte est toujours faite plusieurs fois ; aucune n'est faite en une fois et le succès n'est pas toujours attaché au mérite. L'Amérique n'a pas reçu son nom de Colomb. Avant Breuer et Janet, le grand psychiatre Leuret a émis l'opinion qu'on trouverait un sens même aux délires des aliénés si l'on savait les traduire. J'avoue que j'ai été longtemps disposé à attribuer à P. Janet un mérite tout particulier pour son explication des symptômes névrotiques qu'il concevait comme des expressions des « idées inconscientes » qui dominent les malades. Mais plus tard, faisant preuve d'une réserve exagérée, Janet s'est exprimé comme s'il avait voulu faire comprendre que l'inconscient n'était pour lui qu'une « façon de parler » et que dans son idée ce terme ne correspondait à rien de réel. Depuis lors, je ne comprends plus les déductions de Janet, mais je pense qu'il s'est fait beaucoup de tort, alors qu'il aurait pu avoir beaucoup de mérite.

Les symptômes névrotiques ont donc leur sens, tout comme les actes manqués et les rêves et, comme ceux-ci, ils sont en rapport avec la vie des personnes qui les présentent. Je voudrais vous rendre familière cette importante manière de voir à l'aide de quelques exemples. Qu'il en soit ainsi toujours et dans tous les cas, c'est ce que je puis seulement affirmer, sans être à même de le prouver. Ceux qui cherchent eux-mêmes des expériences finiront par être convaincus de ce que je dis. Mais, pour certaines raisons, j'emprunterai mes exemples non à l'hystérie, mais à une autre névrose, tout à fait remarquable, au fond très voisine de l'hystérie, et dont je dois vous dire quelques mots à titre d'introduction. Cette névrose, qu'on appelle névrose obsessionnelle, n'est pas aussi populaire que l'hystérie que tout le monde connaît. Elle est, si je puis m'exprimer ainsi, moins importunément bruyante, se comporte plutôt comme une affaire privée du malade, renonce presque complètement aux manifestations somatiques et concentre tous ses symptômes dans le domaine psychique. La névrose obsessionnelle et l'hystérie sont les formes de névrose qui ont fourni la première base à l'étude de la psychanalyse, et c'est dans le traitement de ces névroses que notre thérapeutique a remporté ses plus beaux succès. Mais la névrose obsessionnelle, à laquelle manque cette mystérieuse extension du psychique au corporel, nous est rendue par la psychanalyse plus claire et plus familière que l'hystérie, et nous avons pu constater qu'elle manifeste avec beaucoup plus de netteté certains caractères extrêmes des affections névrotiques.

La névrose obsessionnelle se manifeste en ce que les malades sont préoccupés par des idées auxquelles ils ne s'intéressent pas, éprouvent des impulsions qui leur paraissent tout à fait bizarres et sont poussés à des actions dont l'exécution ne leur procure aucun plaisir, mais auxquelles ils ne peuvent pas échapper. Les idées (représentations obsédantes) peuvent être en elles-mêmes dépourvues de sens ou seulement indifférentes pour l'individu, elles sont souvent tout à fait absurdes et déclenchent dans tous les cas une activité intellectuelle intense qui épuise le malade et à laquelle il se livre à son corps défendant. Il est obligé, contre sa volonté, de scruter et de spéculer, comme s'il s'agissait de ses affaires vitales les plus importantes. Les impulsions que le malade éprouve peuvent également paraître enfantines et absurdes, mais elles ont le plus souvent un contenu terrifiant, le malade se sentant incité à commettre des crimes graves, de sorte qu'il ne les repousse pas seulement comme lui étant étrangères, mais les fuit effrayé et se défend contre la tentation par toutes sortes d'interdictions, de renoncements et de limitations de sa liberté. Il est bon de dire que ces crimes et mauvaises actions ne reçoivent jamais même un commencement d'exécution : la fuite et la prudence finissent toujours par en avoir raison. Les actions que le malade accomplit réellement, les actes dits obsédants, ne sont que des actions inoffensives, vraiment insignifiantes, le plus souvent des répétitions, des enjolivements cérémonieux des actes ordinaires de la vie courante, avec ce résultat que les démarches les plus nécessaires, telles que le fait de se coucher, de se laver, de faire sa toilette, d'aller se promener deviennent des problèmes pénibles, à peine solubles. Les représentations, impulsions et actions morbides ne sont pas, dans chaque forme et cas de névrose obsessionnelle, mélangées dans des proportions égales : le plus souvent, c'est l'un ou l'autre de ces facteurs qui domine le tableau et donne son nom à la maladie, mais toutes les formes et tous les cas ont des traits communs qu'il est impossible de méconnaître.

Il s'agit là certainement d'une maladie bizarre. Je pense que la fantaisie la plus extravagante d'un psychiatre en délire n'aurait jamais réussi à construire quelque chose de semblable et si l'on n'avait pas l'occasion de voir tous les jours des cas de ce genre, on ne croirait pas à leur existence. Ne croyez cependant pas que vous rendez service au malade en lui conseillant de se distraire, de ne pas se livrer à ses idées absurdes et de mettre à leur place quelque chose de raisonnable. Il voudrait lui-même faire ce que vous lui conseillez, il est parfaitement lucide, partage votre opinion sur ses symptômes obsédants, il vous l'exprime même avant que vous l'ayez formulée. Seulement, il ne peut rien contre son état : ce qui, dans la névrose obsessionnelle, s'impose à l'action, est supporté par une énergie pour laquelle nous manquons probablement de comparaison dans la vie normale. Il ne peut qu'une chose : déplacer, échanger, mettre à la place d'une idée absurde une autre, peut-être atténuée, remplacer une précaution ou une interdiction par une autre, accomplir un cérémonial à la place d'un autre. Il peut déplacer la contrainte, mais il est impuissant à la supprimer. Le déplacement des symptômes, grâce à quoi ils s'éloignent souvent beaucoup de leur forme primitive, constitue un des principaux caractères de sa maladie ; on est frappé, en outre, par ce fait que les oppositions (polarités) qui caractérisent la vie psychique sont particulièrement prononcées dans son cas. À côté de la contrainte ou obsession à contenu négatif ou positif, on voit apparaître, dans le domaine intellectuel, le doute qui s'attache aux choses généralement les plus certaines. Et cependant, notre malade fut jadis un homme très énergique, excessivement persévérant, d'une intelligence au-dessus de la moyenne. Il présente le plus souvent un niveau moral très élevé, se montre très scrupuleux, d'une rare correction. Vous vous doutez bien du travail qu'il faut accomplir pour arriver à s'orienter dans cet ensemble contradictoire de traits de caractère et de symptômes morbides. Aussi n'ambitionnons-nous pour le moment que peu de chose : pouvoir comprendre et interpréter quelques-uns de ces symptômes.

Vous seriez peut-être désireux de savoir, en vue de la discussion qui va suivre, comment la psychiatrie actuelle se comporte à l'égard des problèmes de la névrose obsessionnelle. Le chapitre qui se rapporte à ce sujet est bien maigre. La psychiatrie distribue des noms aux différentes obsessions, et rien de plus. Elle insiste, en revanche, sur le fait que les porteurs de ces symptômes sont des « dégénérés ». Affirmation peu satisfaisante : elle constitue, non une explication, mais un jugement de valeur, une condamnation. Sans doute, les gens qui sortent de l'ordinaire peuvent présenter toutes les singularités possibles, et nous concevons fort bien que des personnes chez lesquelles se développent des symptômes comme ceux de la névrose obsessionnelle doivent avoir reçu de la nature une constitution différente de celle des autres hommes. Mais, demanderons-nous, sont-ils plus « dégénérés » que les autres nerveux, par exemple les hystériques et les malades atteints de psychoses ? La caractéristique est évidemment trop générale. On peut même se demander si elle est justifiée, lorsqu'on apprend que des hommes excellents, d'une très haute valeur sociale, peuvent présenter les mêmes symptômes. Généralement, nous savons peu de chose sur la vie intime de nos grands hommes : cela est dû aussi bien à leur propre discrétion qu'au manque de sincérité de leurs biographes. Il arrive cependant qu'un fanatique de la vérité, comme Émile Zola, mette à nu devant nous sa vie, et alors nous apprenons de combien d'habitudes obsédantes il a été tourmenté. [1]

Pour ces névrosés supérieurs, la psychiatrie a créé la catégorie des « dégénérés supérieurs ». Rien de mieux. Mais la Psychanalyse nous a appris qu'il est possible de faire disparaître définitivement ces symptômes obsédants singuliers, comme on fait disparaître beaucoup d'autres affections, et cela aussi bien que chez des hommes non dégénérés. J'y ai moi-même réussi plus d'une fois.

Je vais vous citer deux exemples d'analyse d'un symptôme obsédant. Un de ces exemples est emprunté à une observation déjà ancienne et je ne saurais lui en substituer de plus beau ; l'autre est plus récent. Je me contente de ces deux exemples, car les cas de ce genre demandent à être exposés tout au long, sans négliger aucun détail.

Une dame âgée de 30 ans environ, qui souffrait de phénomènes d'obsession très graves et que j'aurais peut-être réussi à soulager, sans un perfide accident qui a rendu vain tout mon travail (je vous en parlerai peut-être un jour), exécutait plusieurs fois par jour, entre beaucoup d'autres, l'action obsédante suivante, tout à fait remarquable. Elle se précipitait de sa chambre dans une autre pièce contiguë, s'y plaçait dans un endroit déterminé devant la table occupant le milieu de la pièce, sonnait sa femme de chambre, lui donnait un ordre quelconque ou la renvoyait purement et simplement et s'enfuyait de nouveau précipitamment dans sa chambre. Certes, ce symptôme morbide n'était pas grave, mais il était de nature à exciter la curiosité. L'explication a été obtenue de la façon la plus certaine et irréfutable, sans la moindre intervention du médecin. Je ne vois même pas comment j'aurais pu même soupçonner le sens de cette action obsédante, entrevoir la moindre possibilité de son interprétation. Toutes les fois que je demandais à la malade : « pourquoi le faites-vous ? » elle me répondait : « je n'en sais rien ». Mais un jour, après que j'eus réussi à vaincre chez elle un grave scrupule de conscience, elle trouva subitement l'explication et me raconta des faits se rattachant à cette action obsédante. Il y a plus de dix ans, elle avait épousé un homme beaucoup plus âgé qu'elle et qui, la nuit de noces, se montra impuissant. Il avait passé la nuit à courir de sa chambre dans celle de sa femme, pour renouveler la tentative, mais chaque fois sans succès. Le matin il dit, contrarié : « j'ai honte devant la femme de chambre qui va faire le lit ». Ceci dit, il saisit un flacon d'encre rouge, qui se trouvait par hasard dans la chambre, et en versa le contenu sur le drap de lit, mais pas à l'endroit précis où auraient dû se trouver les taches de sang. je n'avais pas compris tout d'abord quel rapport il y avait entre ce souvenir et l'action obsédante de ma malade ; le passage répété d'une pièce dans une autre et l'apparition de la femme de chambre étaient les seuls faits qu'elle avait en commun avec l'événement réel. Alors la malade, m'amenant dans la deuxième chambre et me plaçant devant la table, me fit découvrir sur le tapis de celle-ci une grande tache rouge. Et elle m'expliqua qu'elle se mettait devant la table dans une position telle que la femme de chambre qu'elle appelait ne pût pas ne pas apercevoir la tache. Je n'eus plus alors de doute quant aux rapports étroits existant entre la scène de la nuit de noces et l'action obsédante actuelle. Mais ce cas comportait encore beaucoup d'autres enseignements.

Il est avant tout évident que la malade s'identifie avec son mari ; elle joue son rôle en imitant sa course d'une pièce à l'autre. Mais pour que l'identification soit complète, nous devons admettre qu'elle remplace le lit et le drap de lit par la table et le tapis de table. Ceci peut paraître arbitraire, mais ce n'est pas pour rien que nous avons étudié le symbolisme des rêves. Dans le rêve aussi on voit souvent une table qui doit être interprétée comme figurant un lit. Table et lit réunis figurent le mariage. Aussi l'un remplace-t-il facilement l'autre. La preuve serait ainsi faite que l'action obsédante a un sens ; elle paraît être une représentation, une répétition de la scène significative que nous avons décrite plus haut. Mais rien ne nous oblige à nous en tenir à cette apparence ; en soumettant à un examen plus approfondi les rapports entre la scène et l'action obsédante, nous obtiendrons peut-être des renseignements sur des faits plus éloignés, sur l'intention de l'action. Le noyau de celle-ci consiste manifestement dans l'appel adressé à la femme de chambre dont le regard est attiré sur la tache, contrairement à l'observation du mari : « nous devrions avoir honte devant la femme de chambre ». Jouant le rôle du mari, elle le représente donc comme n'ayant pas honte devant la femme de chambre, la tache se trouvant à la bonne place. Nous voyons donc que notre malade ne s'est pas contentée de reproduire la scène : elle l'a continuée et corrigée, elle l'a rendue réussie. Mais, ce faisant, elle corrige également un autre accident pénible de la fameuse nuit, accident qui avait rendu nécessaire le recours à l'encre rouge : l'impuissance du mari. L'action obsédante signifie donc : « Non, ce n'est pas vrai ; il n'avait pas à avoir honte ; il ne fut pas impuissant. » Tout comme dans un rêve, elle représente ce désir comme réalisé dans une action actuelle, elle obéit à la tendance consistant à élever son mari au-dessus de son échec de jadis.

À l'appui de ce que je viens de dire, je pourrais vous citer tout ce que je sais encore sur cette femme. Autrement dit : tout ce que nous savons encore sur son compte nous impose cette interprétation de son action obsédante, en elle-même inintelligible. Cette femme vit depuis des années séparée de son mari et lutte contre l'intention de demander une rupture légale du mariage. Mais il ne peut être question pour elle de se libérer de son mari ; elle se sent contrainte de lui rester fidèle, elle vit dans la retraite, afin de ne pas succomber à une tentation, elle excuse son mari et le grandit dans son imagination. Mieux que cela, le mystère le plus profond de sa maladie consiste en ce que par celle-ci elle protège son mari contre de méchants propos, justifie leur séparation dans l'espace et lui rend possible une existence séparée agréable. C'est ainsi que l'analyse d'une anodine action obsédante nous conduit directement jusqu'au noyau le plus caché d'un cas morbide et nous révèle en même temps une partie non négligeable du mystère de la névrose obsessionnelle. Je me suis volontiers attardé à cet exemple parce qu'il réunit des conditions auxquelles on ne peut pas raisonnablement s'attendre dans tous les cas. L'interprétation des symptômes a été trouvée ici d'emblée par la malade, en dehors de toute direction ou intervention de l'analyse, et cela en corrélation avec un événement qui s'était produit, non à une période reculée de l'enfance, mais alors que la malade était déjà en pleine maturité, cet événement ayant persisté intact dans sa mémoire. Toutes les objections que la critique adresse généralement à nos interprétations de symptômes, se brisent contre ce seul cas. Il va sans dire qu'on n'a pas toujours la chance de rencontrer des cas pareils.

Quelques mots encore, avant de passer au cas suivant. N'avez-vous pas été frappés par le fait que cette action obsédante peu apparente nous a introduits dans la vie la plus intime de la malade ? Quoi de plus intime dans la vie d'une femme que l'histoire de sa nuit de noces ?

Et serait-ce un fait accidentel et sans importance que notre analyse nous ait introduits dans l'intimité de la vie sexuelle de la malade ? Il se peut, sans doute, que j'aie eu dans mon choix la main heureuse. Mais ne concluons pas trop vite et abordons notre deuxième exemple, d'un genre tout à fait différent, un échantillon d'une espèce très commune : un cérémonial accompagnant le coucher.

Il s'agit d'une belle jeune fille de 19 ans, très douée, enfant unique de ses parents, auxquels elle est supérieure par son instruction et sa vivacité intellectuelle. Enfant, elle était d'un caractère sauvage et orgueilleux et était devenue, au cours des dernières années et sans aucune cause extérieure apparente, morbidement nerveuse. Elle se montre particulièrement irritée contre sa mère ; elle est mécontente, déprimée, portée à l'indécision et au doute et finit par avouer qu'elle ne peut plus traverser seule des places et des rues un peu larges. Il y a là un état morbide compliqué, qui comporte au moins deux diagnostics : celui d'agoraphobie et celui de névrose obsessionnelle. Nous ne nous y arrêterons pas longtemps : la seule chose qui nous intéresse dans le cas de cette malade, c'est son cérémonial du coucher qui est une source de souffrances pour ses parents. On peut dire que, dans un certain sens, tout sujet normal a son cérémonial du coucher ou tient à la réalisation de certaines conditions dont la non-exécution l'empêche de s'endormir ; il a entouré le passage de l'état de veille à l'état de sommeil de certaines formes qu'il reproduit exactement tous les soirs. Mais toutes les conditions dont l'homme sain entoure le sommeil sont rationnelles et, comme telles, se laissent facilement comprendre ; et, lorsque les circonstances extérieures lui imposent un changement, il s'y adapte facilement et sans perte de temps. Mais, le cérémonial pathologique manque de souplesse, il sait s'imposer au prix des plus grands sacrifices, s'abriter derrière des raisons en apparence rationnelles et, à l'examen superficiel, il ne semble se distinguer du cérémonial normal que par une minutie exagérée. Mais, à un examen plus attentif, on constate que le cérémonial morbide comporte des conditions que nulle raison ne justifie, et d'autres qui sont nettement antirationnelles. Notre malade justifie les précautions qu'elle prend pour la nuit par cette raison que pour dormir elle a besoin de calme ; elle doit donc éliminer toutes les sources de bruit. Pour réaliser ce but, elle prend tous les soirs, avant le sommeil, les deux précautions suivantes : en premier lieu, elle arrête la grande pendule qui se trouve dans sa chambre et fait emporter toutes les autres pendules, sans même faire une exception pour sa petite montre-bracelet dans son écrin ; en deuxième lieu, elle réunit sur son bureau tous les pots à fleurs et vases, de telle sorte qu'aucun d'entre eux ne puisse, pendant la nuit, se casser en tombant et ainsi troubler son sommeil. Elle sait parfaitement bien que le besoin de repos ne justifie ces mesures qu'en apparence ; elle se rend compte que la petite montre-bracelet, laissée dans son écrin, ne saurait troubler son sommeil par son tic-tac, et nous savons tous par expérience que le tic-tac régulier et monotone d'une pendule, loin de troubler le sommeil, ne fait que le favoriser. Elle convient, en outre, que la crainte pour les pots à fleurs et les vases ne repose sur aucune vraisemblance. Les autres conditions du cérémonial n'ont rien à voir avec le besoin de repos. Au contraire : la malade exige, par exemple, que la porte qui sépare sa chambre de celle de ses parents reste entrouverte et, pour obtenir ce résultat, elle immobilise la porte ouverte à l'aide de divers objets, précaution susceptible d'engendrer des bruits qui, sans elle, pourraient être évités. Mais les précautions les plus importantes portent sur le lit même. L'oreiller qui se trouve à la tête du lit ne doit pas toucher au bois de lit. Le petit coussin de tête doit être disposé en losange sur le grand, et la malade place sa tête dans la direction du diamètre longitudinal de ce losange. L'édredon de plumes doit au préalable être secoué, de façon à ce que le côté correspondant aux pieds devienne plus épais que le côté opposé ; mais, cela fait, la malade ne tarde pas à défaire son travail et à aplatir cet épaississement.

Je vous fais grâce des autres détails, souvent très minutieux, de ce cérémonial ; ils ne nous apprendraient d'ailleurs rien de nouveau et nous entraîneraient trop loin du but que nous nous proposons. Mais sachez bien que tout cela ne s'accomplit pas aussi facilement et aussi simplement qu'on pourrait le croire. Il y a toujours la crainte que tout ne soit pas fait avec les soins nécessaires : chaque acte doit être contrôlé, répété, le doute s'attaque tantôt à l'une, tantôt à une autre précaution, et tout ce travail dure une heure ou deux pendant lesquelles ni la jeune fille ni ses parents terrifiés ne peuvent s'endormir.

L'analyse de ces tracasseries n'a pas été aussi facile que celle de l'action obsédante de notre précédente malade. J'ai été obligé de guider la jeune fille et de lui proposer des projets d'interprétation qu'elle repoussait invariablement par un non catégorique ou qu'elle n'accueillait qu'avec un doute méprisant. Mais cette première réaction de négation fut suivie d'une période pendant laquelle elle était préoccupée elle-même par les possibilités qui lui étaient proposées, cherchant à faire surgir des idées se rapportant à ces possibilités, évoquant des souvenirs, reconstituant des ensembles, et elle a fini par accepter toutes nos interprétations, mais à la suite d'une élaboration personnelle. À mesure que ce travail s'accomplissait en elle, elle devenait de moins en moins méticuleuse dans l'exécution de ses actions obsédantes, et avant même la fin du traitement tout son cérémonial était abandonné. Vous devez savoir aussi que le travail analytique, tel que nous le pratiquons aujourd'hui, ne s'attache pas à chaque symptôme en particulier jusqu'à sa complète élucidation. On est obligé à chaque instant d'abandonner tel thème donné, car on est sûr d'y être ramené en abordant d'autres ensembles d'idées. Aussi l'interprétation des symptômes que je vais vous soumettre aujourd'hui, constitue-t-elle une synthèse de résultats qu'il a fallu, en raison d'autres travaux entrepris entre-temps, des semaines et des mois pour obtenir.

Notre malade commence peu à peu à comprendre que c'est à titre de symbole génital féminin qu'elle ne supportait pas, pendant la nuit, la présence de la pendule dans sa chambre. La pendule, dont nous connaissons encore d'autres interprétations symboliques, assume ce rôle de symbole génital féminin à cause de la périodicité de son fonctionnement qui s'accomplit à des intervalles égaux. Une femme peut souvent se vanter en disant que ses menstrues s'accomplissent avec la régularité d'une pendule. Mais ce que notre malade craignait surtout, c'était d'être troublée dans son sommeil par le tic-tac de la pendule. Ce tic-tac peut être considéré comme une représentation symbolique des battements du clitoris lors de l'excitation sexuelle. Elle était en effet souvent réveillée par cette sensation pénible, et c'est la crainte de l'érection qui lui avait fait écarter de son voisinage, pendant la nuit, toutes les pendules et montres en marche. Pots à fleurs et vases sont, comme tous les récipients, également des symboles féminins. Aussi la crainte de les exposer pendant la nuit à tomber et à se briser n'est-elle pas tout à fait dépourvue de sens. Vous connaissez tous cette coutume très répandue qui consiste à briser, pendant les fiançailles, un vase ou une assiette. Chacun des assistants s'en approprie un fragment, ce que nous devons considérer, en nous plaçant au point de vue d'une organisation matrimoniale pré-monogamique, comme un renoncement aux droits que chacun pouvait ou croyait avoir sur la fiancée. À cette partie de son cérémonial se rattachaient, chez notre jeune fille, un souvenir et plusieurs idées. Étant enfant, elle tomba, pendant qu'elle avait à la main un vase en verre ou en terre, et se fit au doigt une blessure qui saigna abondamment. Devenue jeune fille et ayant eu connaissance des faits se rattachant aux relations sexuelles, elle fut obsédée par la crainte angoissante qu'elle pourrait ne pas saigner pendant sa nuit de noces, ce qui ferait naître dans l'esprit de son mari des doutes quant à sa virginité. Ses précautions contre le bris des vases constituent donc une sorte de protestation contre tout le complexe en rapport avec la virginité et l'hémorragie consécutive aux premiers rapports sexuels, une protestation aussi bien contre la crainte de saigner que contre la crainte opposée, celle de ne pas saigner. Quant aux précautions contre le bruit, auxquelles elle subordonnait ces mesures, elles n'avaient rien, ou à peu près rien, à voir avec celles-ci.

Elle révéla le sens central de son cérémonial un jour où elle eut la compréhension subite de la raison pour laquelle elle ne voulait pas que l'oreiller touchât au bois de lit : l'oreiller, disait-elle, est toujours femme, et la paroi verticale du lit est homme. Elle voulait ainsi, par une sorte d'action magique, pourrions-nous dire, séparer l'homme et la femme, c'est-à-dire empêcher ses parents d'avoir des rapports sexuels. Longtemps avant d'avoir établi son cérémonial, elle avait cherché à atteindre le même but d'une manière plus directe. Elle avait simulé la peur ou utilisé une peur réelle pour obtenir que la porte qui séparait la chambre à coucher des parents de la sienne fût laissée ouverte pendant la nuit. Et elle avait conservé cette mesure dans son cérémonial actuel. Elle s'offrait ainsi l'occasion d'épier les parents et, à force de vouloir profiter de cette occasion, elle s'était attiré une insomnie qui avait duré plusieurs mois. Non contente de troubler ainsi ses parents, elle venait de temps à autre s'installer dans leur lit, entre le père et la mère. Et c'est alors que l'« oreiller » et le « bois de lit » se trouvaient réellement séparés. Lorsqu'elle eut enfin grandi, au point de ne plus pouvoir coucher avec ses parents sans les gêner et sans être gênée elle-même, elle s'ingéniait encore à simuler la peur, afin d'obtenir que la mère lui cédât sa place auprès du père et vint elle-même coucher dans le lit de sa fille. Cette situation fut certainement le point de départ de quelques inventions dont nous retrouvons la trace dans son cérémonial.

Si un oreiller est un symbole féminin, l'acte consistant à secouer l'édredon jusqu'à ce que toutes les plumes s'étant amassées dans sa partie inférieure y forment une boursouflure, avait également un sens : il signifiait rendre la femme enceinte ; mais notre malade ne tardait pas à dissiper cette grossesse, car elle avait vécu pendant des années dans la crainte que des rapports de ses parents ne naquît un nouvel enfant qui lui aurait fait concurrence. D'autre part, si le grand oreiller, symbole féminin, représentait la mère, le petit oreiller de tête ne pouvait représenter que la fille. Pourquoi ce dernier oreiller devait-il être disposé en losange, et pourquoi la tête de notre malade devait-elle être placée dans le sens de la ligne médiane de ce losange ? Parce que le losange représente la forme de l'appareil génital de la femme, lorsqu'il est ouvert. C'est donc elle-même qui jouait le rôle du mâle, sa tête remplaçant l'appareil sexuel masculin. (Cf. : « La décapitation comme représentation symbolique de la castration. »)

Ce sont là de tristes choses, direz-vous, que celles qui ont germé dans la tête de cette jeune fille vierge. J'en conviens, mais n'oubliez pas que ces choses-là, je ne les ai pas inventées : je les ai seulement interprétées. Le cérémonial que je viens de vous décrire est également une chose singulière et il existe une correspondance que vous ne devez pas méconnaître entre ce cérémonial et les idées fantaisistes que nous révèle l'interprétation. Mais ce qui m'importe davantage, c'est que vous ayez compris que le cérémonial en question était inspiré, non par une seule et unique idée fantaisiste, mais par un grand nombre de ces idées qui convergeaient toutes en un point situé quelque part. Et vous vous êtes sans doute aperçus également que les prescriptions de ce cérémonial traduisaient les désirs sexuels dans un sens tantôt positif, à titre de substitutions, tantôt négatif, à titre de moyens de défense.

L'analyse de ce cérémonial aurait pu nous fournir d'autres résultats encore si nous avions tenu exactement compte de tous les autres symptômes présentés par la malade. Mais ceci ne se rattachait pas au but que nous nous étions proposé. Contentez-vous de savoir que cette jeune fille éprouvait pour son père une attirance érotique dont les débuts remontaient à son enfance, et il faut peut-être voir dans ce fait la raison de son attitude peu amicale envers sa mère. C'est ainsi que l'analyse de ce symptôme nous a encore introduits dans la vie sexuelle de la malade, et nous trouverons ce fait de moins en moins étonnant, à mesure que nous apprendrons à mieux connaître le sens et l'intention des symptômes névrotiques.

Je vous ai donc montré sur deux exemples choisis que, tout

comme les actes manqués et les rêves, les symptômes névrotiques ont un sens et se rattachent étroitement à la vie intime des malades. Je ne puis certes pas vous demander d'adhérer à ma proposition sur la foi de ces deux exemples. Mais, de votre côté, vous ne pouvez pas exiger de moi de vous produire des exemples en nombre illimité, jusqu'à ce que votre conviction soit faite. Vu en effet les détails avec lesquels je suis obligé de traiter chaque cas, il me faudrait un cours semestriel de cinq heures par semaine pour élucider ce seul point de la théorie des névroses. Je me contente donc de ces deux preuves en faveur de ma proposition et vous renvoie pour le reste aux communications qui ont été publiées dans la littérature sur ce sujet, et notamment aux classiques interprétations de symptômes par J. Breuer *(Hystérie)*, aux frappantes explications de très obscurs symptômes observés dans la démence précoce, explications publiées par C.-G. Jung à l'époque où cet auteur n'était encore que psychanalyste et ne prétendait pas au rôle de prophète ; je vous renvoie en outre à tous les autres travaux qui ont depuis rempli nos périodiques. Les recherches de ce genre ne manquent précisément pas. L'analyse, l'interprétation et la traduction des symptômes névrotiques ont accaparé l'attention des psychanalystes au point de leur faire négliger tous les autres problèmes se rattachant aux névroses.

Ceux d'entre vous qui voudront bien s'imposer ce travail de documentation seront certainement impressionnés par la quantité et la force des matériaux réunis sur cette question. Mais ils se heurteront aussi à une difficulté. Nous savons que le sens d'un symptôme réside dans les rapports qu'il présente avec la vie intime des malades. Plus un symptôme est individualisé, et plus nous devons nous attacher à définir ces rapports. La tâche qui nous incombe, lorsque nous nous trouvons en présence d'une idée dépourvue de sens et d'une action sans but, consiste à retrouver la situation passée dans laquelle l'idée en question était justifiée et l'action conforme à un but. L'action obsessionnelle de notre malade, qui courait à la table et sonnait la femme de chambre, constitue le prototype direct de ce genre de symptômes. Mais on observe aussi, et très fréquemment, des symptômes ayant un tout autre caractère. On doit les désigner comme les symptômes « typiques » de la maladie, car ils sont à peu près les mêmes dans tous les cas, les différences individuelles ayant disparu ou s'étant effacées au point qu'il devient difficile de rattacher ces symptômes à la vie individuelle des malades ou de les mettre en relation avec des situations vécues. Déjà le cérémonial de notre deuxième malade présente beaucoup de ces traits typiques ; mais il présente aussi pas mal de traits individuels qui rendent possible l'interprétation pour ainsi dire historique de ce cas. Mais tous ces malades obsédés ont une tendance à répéter les mêmes actions, à les rythmer, à les isoler des autres. La plupart d'entre eux ont la manie de laver. Les malades atteints d'agoraphobie (topophobie, peur de l'espace), affection qui ne rentre plus dans le cadre de la névrose obsessionnelle, mais que nous désignons sous le nom d'hystérie d'angoisse, reproduisent dans leurs tableaux nosologiques, avec une monotonie souvent fatigante, les mêmes traits : peur des espaces confinés, de grandes places découvertes, de rues et allées s'allongeant à perte de vue. Ils se croient protégés lorsqu'ils sont accompagnés par une personne de leur connaissance ou lorsqu'ils entendent une voiture derrière eux. Mais sur ce fond uniforme chaque malade présente ses conditions individuelles, des fantaisies, pourrait-on dire, qui sont souvent diamétralement opposées d'un cas à l'autre. Tel redoute les rues étroites, tel autre les rues larges ; l'un ne peut marcher dans la rue que lorsqu'il y a peu de monde, tel autre ne se sent à l'aise que lorsqu'il y a foule dans les rues. De même l'hystérie, malgré toute sa richesse en traits individuels, présente de très nombreux caractères généraux et typiques qui semblent rendre difficile la rétrospection historique. N'oublions cependant pas que c'est sur ces symptômes typiques que nous nous guidons pour l'établissement de notre diagnostic. Si, dans un cas donné d'hystérie, nous avons réellement réussi à ramener un symptôme typique à un événement personnel ou à une série d'événements personnels analogues, par exemple un vomissement hystérique à une série d'impressions de nausées, nous sommes tout à fait désorientés lorsque l'analyse nous révèle dans un autre cas de vomissements l'action présumée d'événements personnels d'une nature toute différente. On est alors porté à admettre que les vomissements des hystériques tiennent à des causes que nous ignorons, les données historiques révélées par l'analyse n'étant pour ainsi dire que des prétextes qui, lorsqu'ils se présentent, sont utilisés par cette nécessité interne.

C'est ainsi que nous arrivons à cette conclusion décourageante que s'il nous est possible d'obtenir une explication satisfaisante du sens des symptômes névrotiques individuels à la lumière des faits et événements vécus par le malade, notre art ne suffit pas à trouver le sens des symptômes typiques, beaucoup plus fréquents. En outre, je suis loin de vous avoir fait connaître toutes les difficultés auxquelles on se heurte lorsqu'on veut poursuivre rigoureusement l'interprétation historique des symptômes. Je m'abstiendrai d'ailleurs de cette énumération, non que je veuille enjoliver les choses ou vous dissimuler les choses désagréables, mais parce que je ne me soucie pas de vous décourager ou de vous embrouiller dès le début de nos études communes. Il est vrai que nous n'avons encore fait que les premiers pas dans la voie de la compréhension de ce que les symptômes signifient, mais nous devons nous en tenir provisoirement aux résultats acquis et n'avancer que progressivement dans la direction de l'inconnu. Je vais donc essayer de vous consoler en vous disant qu'une différence fondamentale entre les deux catégories de symptômes est difficilement admissible. Si les symptômes individuels dépendent incontestablement des événements vécus par le malade, il est permis d'admettre que les symptômes typiques peuvent être ramenés à des événements également typiques, c'est-à-dire communs à tous les hommes. Les autres traits qu'on observe régulièrement dans les névroses peuvent être des réactions générales que la nature même des altérations morbides impose au malade, comme par exemple la répétition et le doute dans la névrose obsessionnelle. Bref, nous n'avons aucune raison de nous laisser aller au découragement, avant de connaître les résultats que nous pourrons obtenir ultérieurement.

Dans la théorie des rêves, nous nous trouvons en présence d'une difficulté toute pareille, que je n'ai pas pu faire ressortir dans nos précédents entretiens sur le rêve. Le contenu manifeste des rêves présente des variations et différences individuelles considérables, et nous avons montré tout au long ce qu'on peut, grâce à l'analyse, tirer de ce contenu. Mais, à côté de ces rêves, il en existe d'autres qu'on peut également appeler « typiques » et qui se produisent d'une manière identique chez tous les hommes. Ce sont des rêves à contenu uniforme qui opposent à l'interprétation les mêmes difficultés : rêves dans lesquels on se sent tomber, voler, planer, nager, dans lesquels on se sent entravé ou dans lesquels on se voit tout nu, et autres rêves angoissants se prêtant, selon les personnes, à diverses interprétations, sans qu'on trouve en même temps l'explication de leur monotonie et de leur production typique. Mais dans ces rêves nous constatons, comme dans les névroses typiques, que le fond commun est animé par des détails individuels et variables, et il est probable qu'en élargissant notre conception nous réussirons à les faire entrer, sans leur infliger la moindre violence, dans le cadre que nous avons obtenu à la suite de l'étude des autres rêves.

---

1. E. Toulouse. - *Émile Zola, Enquête médico-psychologique.* Paris, 1896

CHAPITRE 18

RATTACHEMENT À UNE ACTION TRAUMATIQUE. L'INCONSCIENT

Je vous ai dit plus haut que, pour poursuivre notre travail, je voulais prendre pour point de départ, non nos doutes, mais nos données acquises. Les deux analyses que je vous ai données dans le chapitre précédent comportent deux conséquences très intéressantes dont je ne vous ai pas encore parlé.

Premièrement : les deux malades nous laissent l'impression d'être pour ainsi dire fixées à un certain fragment de leur passé, de ne pas pouvoir s'en dégager et d'être par conséquent étrangères au présent et au futur. Elles sont enfoncées dans leur maladie, comme on avait jadis l'habitude de se retirer dans des couvents pour fuir un mauvais destin. Chez notre première malade, c'est l'union non consommée avec son mari qui fut la cause de tout le malheur. C'est dans ses symptômes que s'exprime le procès qu'elle engage contre son mari ; nous avons appris à connaître les voix qui plaident pour lui, qui l'excusent, le relèvent, regrettent sa perte. Bien que jeune et désirable, elle a recours à toutes les précautions réelles et imaginaires (magiques) pour lui conserver sa fidélité. Elle ne se montre pas devant des étrangers, néglige son extérieur, éprouve de la difficulté à se relever du fauteuil dans lequel elle est assise, hésite lorsqu'il s'agit de signer son nom, est incapable de faire un cadeau à quelqu'un, sous prétexte que personne ne doit rien avoir d'elle.

Chez notre deuxième malade, c'est un attachement érotique à son père qui, s'étant déclaré pendant les années de puberté, exerce la même influence décisive sur sa vie ultérieure. Elle a tiré de son état la conclusion qu'elle ne peut pas se marier tant qu'elle restera malade. Mais nous avons tout lieu de soupçonner que c'est pour ne pas se marier et pour rester auprès du père qu'elle est devenue malade.

Nous ne devons pas négliger la question de savoir comment, par quelles voies et pour quels motifs, on assume une attitude aussi étrange et aussi désavantageuse à l'égard de la vie ; à supposer toutefois que cette attitude constitue un caractère général de la névrose, et non un caractère particulier à nos deux malades. Or, nous savons qu'il s'agit là d'un trait commun à toutes les névroses et dont l'importance pratique est considérable. La première malade hystérique de Breuer était également fixée à l'époque où elle avait perdu son père gravement malade. Malgré sa guérison, elle avait depuis, dans une certaine mesure, renoncé à la vie ; tout en ayant recouvré la santé et l'accomplissement normal de toutes ses fonctions, elle s'est soustraite au sort normal de la femme. En analysant chacune de nos malades, nous pourrons constater que, par ses symptômes morbides et les conséquences qui en découlent, elle se trouve replacée dans une certaine période de son passé. Dans la majorité des cas, le malade choisit même à cet effet une phase très précoce de sa vie, sa première enfance, et même, tout ridicule que cela puisse paraître, la période où il était encore nourrisson.

Les névroses traumatiques dont on a observé tant de cas au cours de la guerre présentent, sous ce rapport, une grande analogie avec les névroses dont nous nous occupons. Avant la guerre, on a naturellement vu se produire des cas du même genre à la suite de catastrophes de chemin de fer et d'autres désastres terrifiants. Au fond, les névroses traumatiques ne peuvent être entièrement assimilées aux névroses spontanées que nous soumettons généralement à l'examen et au traitement analytique ; il ne nous a pas encore été possible de les ranger sous nos critères et j'espère pouvoir vous en donner un jour la raison. Mais l'assimilation des unes aux autres est complète sur un point : les névroses traumatiques sont, tout comme les névroses spontanées, fixées au moment de l'accident traumatique. Dans leurs rêves, les malades reproduisent régulièrement la situation traumatique ; et dans les cas accompagnés d'accès hystériformes accessibles à l'analyse, on constate que chaque accès correspond à, un replacement complet dans cette situation. On dirait que les malades n'en ont pas encore fini avec la situation traumatique, que celle-ci se dresse encore devant eux comme une tâche actuelle, urgente, et nous prenons cette conception tout à fait au sérieux : elle nous montre le chemin d'une conception pour ainsi dire *économique* des processus psychiques. Et même, le terme *traumatique* n'a pas d'autre sens qu'un sens économique. Nous appelons ainsi un événement vécu qui, en l'espace de peu de temps, apporte dans la vie psychique un tel surcroît d'excitation que sa suppression ou son assimilation par les voies normales devient une tâche impossible, ce qui a pour effet des troubles durables dans l'utilisation de l'énergie.

Cette analogie nous encourage à désigner également comme traumatiques les événements vécus auxquels nos nerveux paraissent fixés. Nous obtenons ainsi pour l'affection névrotique une condition très simple : la névrose pourrait être assimilée à une affection traumatique et s'expliquerait par l'incapacité où se trouve le malade de réagir normalement à un événement psychique d'un caractère affectif très prononcé. C'est ce qui était en effet énoncé dans la première formule dans laquelle nous avons, Breuer et moi, résumé en 1893-1895 les résultats de nos nouvelles observations. Un cas comme celui de notre première malade, de la jeune femme séparée de son mari, cadre très bien avec cette manière de voir. Elle n'a pas obtenu la cicatrisation de la plaie morale occasionnée par la non-consommation de son mariage et est restée comme suspendue à ce traumatisme. Mais déjà notre deuxième cas, celui de la jeune fille érotiquement attachée à son père, montre que notre formule n'est pas assez compréhensive. D'une part, l'amour d'une petite fille pour son père est un fait tellement courant et un sentiment si facile à vaincre que la désignation « traumatique », appliquée à ce cas, risque de perdre toute signification ; d'autre part, il résulte de l'histoire de la malade que cette première fixation érotique semblait avoir au début un caractère tout à fait inoffensif et ne s'exprima que beaucoup plus tard par les symptômes de la névrose obsessionnelle. Nous prévoyons donc ici des complications, les conditions de l'état morbide devant être plus nombreuses et variées que nous ne l'avions supposé ; mais nous avons aussi la conviction que le point de vue traumatique ne doit pas être abandonné comme étant erroné : il occupera seulement une autre place et sera soumis à d'autres conditions.

Nous abandonnons donc de nouveau la voie dans laquelle nous nous étions engagés. D'abord, elle ne conduit pas plus loin ; et ensuite, nous aurons encore beaucoup de choses à apprendre avant de pouvoir retrouver sa suite exacte. À propos de la fixation à une phase déterminée du passé, faisons encore remarquer que ce fait déborde les limites de la névrose. Chaque névrose comporte une fixation de ce genre, mais toute fixation ne conduit pas nécessairement à la névrose, ne se confond pas avec la névrose, ne s'introduit pas furtivement au cours de la névrose. Un exemple frappant d'une fixation affective au passé nous est donné dans la tristesse qui comporte même un détachement complet du passé et du futur. Mais, même au jugement du profane, la tristesse se distingue nettement de la névrose. Il y a en revanche des névroses qui peuvent être considérées comme une forme pathologique de la tristesse.

Il arrive encore qu'à la suite d'un événement traumatique ayant secoué la base même de leur vie, les hommes se trouvent abattus au point de renoncer à tout intérêt pour le présent et pour le futur, toutes les facultés de leur âme étant fixées sur le passé. Mais ces malheureux ne sont pas névrotiques pour cela. Nous n'allons donc pas, en caractérisant la névrose, exagérer la valeur de ce trait, quelles que soient et son importance et la régularité avec laquelle il se manifeste.

Nous arrivons maintenant au second résultat de nos analyses pour lequel nous n'avons pas à prévoir une limitation ultérieure. Nous avons dit, à propos de notre première malade, combien était dépourvue de sens l'action obsessionnelle qu'elle accomplissait et quels souvenirs intimes de sa vie elle y rattachait ; nous avons ensuite examiné les rapports pouvant exister entre cette action et ces souvenirs et découvert l'intention de celle-là d'après la nature de ceux-ci. Mais nous avons alors complètement laissé de côté un détail qui mérite toute notre attention. Tant que la malade accomplissait l'action obsessionnelle, elle ignorait que ce faisant elle se reportait à l'événement en question. Le lien existant entre l'action et l'événement lui échappait ; elle disait la vérité, lorsqu'elle affirmait qu'elle ignorait les mobiles qui la font agir. Et voilà que, sous l'influence du traitement, elle eut un jour la révélation de ce lien dont elle devient capable de nous faire part. Mais elle ignorait toujours l'intention au service de laquelle elle accomplissait son action obsessionnelle : il s'agissait notamment pour elle de corriger un pénible événement du passé et d'élever le mari qu'elle aimait à un niveau supérieur. Ce n'est qu'après un travail long et pénible qu'elle a fini par comprendre et convenir que ce motif-là pouvait bien être la seule cause déterminante de son action obsessionnelle.

C'est du rapport avec la scène qui a suivi l'infortunée nuit de noces et des mobiles de la malade inspirés par la tendresse, que nous déduisons ce que nous avons appelé le « sens » de l'action obsessionnelle. Mais pendant qu'elle exécutait celle-ci, ce sens lui était inconnu aussi bien en ce qui concerne l'origine de l'action que son but. Des processus psychiques agissaient donc en elle, processus dont l'action obsessionnelle était le produit. Elle percevait bien ce produit par son organisation psychique normale, mais aucune de ses conditions psychiques n'était parvenue à sa connaissance consciente. Elle se comportait exactement comme cet hypnotisé auquel Bernheim avait ordonné d'ouvrir un parapluie dans la salle de démonstrations cinq minutes après son réveil et qui, une fois réveillé, exécuta cet ordre sans pouvoir motiver son acte. C'est à des situations de ce genre que nous pensons lorsque nous parlons de *processus psychiques inconscients*. Nous défions n'importe qui de rendre compte de cette situation d'une manière scientifique plus correcte et, quand ce sera fait, nous renoncerons volontiers à l'hypothèse des processus psychiques inconscients. D'ici là, nous la maintiendrons et nous accueillerons avec un haussement d'épaules résigné l'objection d'après laquelle l'inconscient n'aurait aucune réalité au sens scientifique du mot, qu'il ne serait qu'un pis aller, une façon de parler. Objection inconcevable dans le cas qui nous occupe, puisque cet inconscient auquel on veut contester toute réalité produit des effets d'une réalité aussi palpable et saisissable que l'action obsessionnelle.

La situation est au fond identique dans le cas de notre deuxième patiente. Elle a créé un principe d'après lequel l'oreiller ne doit pas toucher à la paroi du lit, et elle doit obéir à ce principe, sans connaître son origine, sans savoir ce qu'il signifie ni à quels motifs il est redevable de sa force. Qu'elle le considère elle-même comme indifférent, qu'elle s'indigne ou se révolte contre lui ou qu'elle se propose enfin de lui désobéir, tout cela n'a aucune importance au point de vue de l'exécution de l'acte. Elle se sent poussée à obéir et se demande en vain pourquoi. Eh bien, dans ces symptômes de la névrose obsessionnelle, dans ces représentations et impulsions qui surgissent on ne sait d'où, qui se montrent si réfractaires à toutes les influences de la vie normale et qui apparaissent au malade lui-même comme des hôtes tout-puissants venant d'un monde étranger, comme des immortels venant se mêler au tumulte de la vie des mortels, comment ne pas reconnaître l'indice d'une région psychique particulière, isolée de tout le reste, de toutes les autres activités et manifestations de la vie intérieure ? Ces symptômes, représentations et impulsions, nous amènent infailliblement à la conviction de l'existence de l'inconscient psychique, et c'est pourquoi la psychiatrie clinique, qui ne connaît qu'une psychologie du conscient, ne sait se tirer d'affaire autrement qu'en déclarant que toutes ces manifestations ne sont que des produits de dégénérescence. Il va sans dire qu'en elles-mêmes les représentations et les impulsions obsessionnelles ne sont pas inconscientes, de même que l'exécution d'actions obsessionnelles n'échappe pas à la perception consciente. Ces représentations et impulsions ne seraient pas devenues des symptômes si elles n'avaient pas pénétré jusqu'à la conscience. Mais les conditions psychiques auxquelles, d'après l'analyse que nous en avons faite, elles sont soumises, ainsi que les ensembles dans lesquels notre interprétation permet de les ranger, sont inconscients, du moins jusqu'au moment où nous les rendons conscients au malade par notre travail d'analyse.

Si vous ajoutez à cela que cet état de choses que nous avons constaté chez nos deux malades se retrouve dans tous les symptômes de toutes les affections névrotiques, que partout et toujours le sens des symptômes est inconnu au malade, que l'analyse révèle toujours que ces symptômes sont des produits de processus inconscients qui peuvent cependant, dans certaines conditions variées et favorables, être rendus conscients, vous comprendrez sans peine que la psychanalyse ne puisse se passer de l'hypothèse de l'inconscient et que nous ayons pris l'habitude de manier l'inconscient comme quelque chose de palpable. Et vous comprendrez peut-être aussi combien peu compétents dans cette question sont tous ceux qui ne connaissent l'inconscient qu'à titre de notion, qui n'ont jamais pratiqué d'analyse, jamais interprété un rêve, jamais cherché le sens et l'intention de symptômes névrotiques. Disons-le donc une fois de plus : le fait seul qu'il est possible, grâce à une interprétation analytique, d'attribuer un sens aux symptômes névrotiques constitue une preuve irréfutable de l'existence de processus psychiques inconscients ou, si vous aimez mieux, de la nécessité d'admettre l'existence de ces processus.

Mais ce n'est pas tout. Une autre découverte de Breuer, découverte que je trouve encore plus importante que la première et qu'il a faite sans collaboration aucune, nous en apprend encore davantage sur les rapports entre l'inconscient et les symptômes névrotiques. Non seulement le sens des symptômes est généralement inconscient ; mais il existe, entre cette inconscience et la possibilité d'existence des symptômes, une relation de remplacement réciproque. Vous allez bientôt me comprendre. J'affirme avec Breuer ceci : toutes les fois que nous nous trouvons en présence d'un symptôme, nous devons conclure à l'existence chez le malade de certains processus inconscients qui contiennent précisément le sens de ce symptôme. Mais il faut aussi que ce sens soit inconscient pour que le symptôme se produise. Les processus conscients n'engendrent pas de symptômes névrotiques ; et d'autre part, dès que les processus inconscients deviennent conscients, les symptômes disparaissent. Vous avez là un accès à la thérapeutique, un moyen de faire disparaître les symptômes. C'est en effet par ce moyen que Breuer avait obtenu la guérison de sa malade hystérique, autrement dit la disparition de ses symptômes ; il avait trouvé une technique qui lui a permis d'amener à la conscience les processus inconscients qui cachaient le sens des symptômes et, cela fait, d'obtenir la disparition de ceux-ci.

Cette découverte de Breuer fut le résultat, non d'une spéculation logique, mais d'une heureuse observation due à la collaboration de la malade. Ne cherchez pas à comprendre cette découverte en la ramenant à un autre fait déjà connu : acceptez-la plutôt comme un fait fondamental qui permet d'en expliquer beaucoup d'autres. Aussi vous demanderai-je la permission de vous l'exprimer sous d'autres formes.

Un symptôme se forme à titre de substitution à la place de quelque chose qui n'a pas réussi à se manifester au-dehors. Certains processus psychiques n'ayant pas pu se développer normalement, de façon à arriver jusqu'à la conscience, ont donné lieu à un symptôme névrotique. Celui-ci est donc le produit d'un processus dont le développement a été interrompu, troublé par une cause quelconque. Il y a eu là une sorte de permutation ; et la thérapeutique des symptômes névrotiques a rempli sa tâche lorsqu'elle a réussi à supprimer ce rapport.

La découverte de Breuer forme encore de nos jours la base du traitement psychanalytique. La proposition que les symptômes disparaissent lorsque leurs conditions inconscientes ont été rendues conscientes a été confirmée par toutes les recherches ultérieures, malgré les complications les plus bizarres et les plus inattendues auxquelles on se heurte dans son application pratique. Notre thérapeutique agit en transformant l'inconscient en conscient, et elle n'agit que dans la mesure où elle est à même d'opérer cette transformation.

Ici permettez-moi une brève digression destinée à vous mettre en garde contre l'apparente facilité de ce travail thérapeutique.

D'après ce que nous avons dit jusqu'à présent, la névrose serait la conséquence d'une sorte d'ignorance, de non-connaissance de processus psychiques dont on devrait avoir connaissance. Cette proposition rappelle beaucoup la théorie socratique d'après laquelle le vice lui-même serait un effet de l'ignorance. Or, un médecin ayant l'habitude de l'analyse n'éprouvera généralement aucune difficulté à découvrir les mouvements psychiques dont tel malade particulier n'a pas conscience. Aussi devrait-il pouvoir facilement rétablir son malade, en le délivrant de son ignorance par la communication de ce qu'il sait. Il devrait du moins pouvoir supprimer de la sorte une partie du sens inconscient des symptômes : quant aux rapports existant entre les symptômes et les événements vécus, le médecin, qui ne connaît pas ces derniers, ne peut naturellement pas les deviner et doit attendre que le malade se souvienne et parle. Mais sur ce point encore on peut, dans certains cas, obtenir des renseignements par une voie détournée, en s'adressant notamment à l'entourage du malade qui, étant au courant de la vie de ce dernier, pourra souvent reconnaître, parmi les événements de cette vie, ceux qui présentent un caractère traumatique, et même nous renseigner sur des événements que le malade ignore, parce qu'ils se sont produits à une époque très reculée de sa vie. En combinant ces deux procédés, on pourrait espérer aboutir, en peu de temps et avec un minimum d'effort, au résultat voulu qui consiste à amener à la conscience du malade ses processus psychiques inconscients.

Ce serait en effet parfait ! Nous avons acquis là des expériences auxquelles nous n'étions pas préparés dès l'abord. De même que, d'après Molière, il y a fagots et fagots, il y a savoir et savoir, il y a différentes sortes de savoir qui n'ont pas toutes la même valeur psychologique. Le savoir du médecin n'est pas celui du malade et ne peut pas manifester les mêmes effets. Lorsque le médecin communique au malade le savoir qu'il a acquis, il n'obtient aucun succès. Ou, plutôt, le succès qu'il obtient consiste, non à supprimer les symptômes, mais à mettre en marche l'analyse dont les premiers indices sont souvent fournis par les contradictions exprimées par le malade. Le malade sait alors quelque chose qu'il ignorait auparavant, à savoir le sens de son symptôme, et pourtant il ne le sait pas plus qu'auparavant. Nous apprenons ainsi qu'il y a plus d'une sorte de non-savoir. Il faut des connaissances psychologiques profondes pour se rendre compte en quoi consistent les différences. Mais notre proposition que les symptômes disparaissent dès que leur sens devient conscient n'en reste pas moins vraie. Seulement, le savoir doit avoir pour base un changement intérieur du malade, changement qui ne peut être provoqué que par un travail psychique poursuivi en vue d'un but déterminé. Nous sommes ici en présence de problèmes dont la synthèse nous apparaîtra bientôt comme une dynamique de la formation de symptômes.

Et maintenant, je vous demande : ce que je vous dis là, ne le trouvez-vous pas trop obscur et compliqué ? N'êtes-vous pas désorientés de me voir si souvent retirer ce que je viens d'avancer, entourer mes propositions de toutes sortes de limitations, m'engager dans des directions pour aussitôt les abandonner ? Je regretterais qu'il en fût ainsi. Mais je n'ai aucun goût pour les simplifications aux dépens de la vérité, ne vois aucun inconvénient à ce que vous sachiez que le sujet que nous traitons présente des côtés multiples et une complication extraordinaire, et je pense en outre qu'il n'y a pas de mal à ce que je vous dise sur chaque point plus de choses que vous n'en pourriez utiliser momentanément. Je sais parfaitement bien que chaque auditeur ou lecteur arrange en idées le sujet qu'on lui expose, abrège l'exposé, le simplifie et en extrait ce qu'il désire en conserver. Il est vrai, dans une certaine mesure, que plus il y a de choses, plus il en reste. Laissez-moi donc espérer que, malgré tous les accessoires dont j'ai cru devoir la surcharger, vous avez réussi à vous faire une idée claire de la partie essentielle de mon exposé, c'est-à-dire de celle relative au sens des symptômes, à l'inconscient et aux rapports existant entre ceux-là et celui-ci. Sans doute avez-vous également compris que nos efforts ultérieurs tendront dans deux directions : apprendre, d'une part, comment les hommes deviennent malades, tombent victimes d'une névrose qui dure parfois toute la vie, ce qui est un problème clinique ; rechercher, d'autre part, comment les symptômes morbides se développent à partir des conditions de la névrose, ce qui reste un problème de dynamique psychique. Il doit d'ailleurs y avoir quelque part un point où ces deux problèmes se rencontrent.

Je ne voudrais pas aller plus loin aujourd'hui, mais, comme il nous reste encore un peu de temps, j'en profite pour attirer votre attention sur un autre caractère de nos deux analyses, caractère dont vous ne saisirez toute la portée que plus tard : il s'agit des lacunes de la mémoire ou amnésies. Je vous ai dit que toute la tâche du traitement psychanalytique pouvait être résumée dans la formule : transformer tout l'inconscient pathogénique en conscient. Or, vous serez peut-être étonnés d'apprendre que cette formule peut être remplacée par cette autre : combler toutes les lacunes de la mémoire des malades, supprimer leurs amnésies. Cela reviendrait au même. Les amnésies des névrotiques auraient donc une grande part dans la production de leurs symptômes. En réfléchissant cependant au cas qui a fait l'objet de notre première analyse, vous trouverez que ce rôle attribué à l'amnésie n'est pas justifiée. La malade, loin d'avoir oublié la scène à laquelle se rattache son action obsessionnelle, en garde le souvenir le plus vif, et il ne s'agit d'aucun autre oubli dans la production de son symptôme. Moins nette, mais tout à fait analogue est la situation dans le cas de notre deuxième malade, de la jeune fille au cérémonial obsessionnel. Elle aussi se souvient nettement, bien qu'avec hésitation et peu volontiers, de sa conduite d'autrefois, alors qu'elle insistait pour que la porte qui séparait la chambre à coucher de ses parents de la sienne restât ouverte la nuit et pour que sa mère lui cédât sa place dans le lit conjugal. La seule chose qui puisse nous paraître étonnante, c'est que la première malade, qui a pourtant accompli son action obsessionnelle un nombre incalculable de fois, n'ait jamais eu la moindre idée de ses rapports avec l'événement survenu la nuit de noces, et que le souvenir de cet événement ne lui soit pas venu, alors même qu'elle a été amenée, par un interrogatoire direct, à rechercher les motifs de son action. On peut en dire autant de la jeune fille qui rapporte d'ailleurs son cérémonial et les occasions qui le provoquaient à la situation qui se reproduisait identique tous les soirs. Dans aucun de ces cas, il ne s'agit d'amnésie proprement dite, de perte de souvenirs : il y a seulement rupture d'un lien qui devrait amener la reproduction, la réapparition de l'événement dans la mémoire. Mais si ce trouble de la mémoire suffit à expliquer la névrose obsessionnelle, il n'en est pas de même de l'hystérie. Cette dernière névrose se caractérise le plus souvent par des amnésies de très grande envergure. En analysant chaque symptôme hystérique, on découvre généralement toute une série d'impressions de la vie passée que le malade affirme expressément avoir oubliées. D'une part, cette série s'étend jusqu'aux premières années de la vie, de sorte que l'amnésie hystérique peut être considérée comme une suite directe de l'amnésie infantile qui cache les premières phases de la vie psychique, même aux sujets normaux. D'autre part, nous apprenons avec étonnement que les événements les plus récents de la vie des malades peuvent également succomber à l'oubli et qu'en particulier les occasions qui ont favorisé l'explosion de la maladie ou renforcé celle-ci sont entamées, sinon complètement absorbées, par l'amnésie. Le plus souvent, ce sont des détails importants qui ont disparu de l'ensemble d'un souvenir récent de ce genre ou y ont été remplacés par des souvenirs faux. Il arrive même, et presque régulièrement, que c'est peu de temps avant la fin d'une analyse qu'on voit surgir certains souvenirs d'événements récents, souvenirs qui ont pu rester si longtemps refoulés en laissant dans l'ensemble des lacunes considérables.

Ces troubles de la mémoire sont, nous l'avons dit, caractéristiques de l'hystérie qui présente aussi, à titre de symptômes, des états (crises d'hystérie) ne laissant généralement aucune trace dans la mémoire. Et puisqu'il en est autrement dans la névrose obsessionnelle, vous êtes autorisés à en conclure que ces amnésies constituent un caractère psychologique de l'altération hystérique, et non un trait commun à toutes les névroses. L'importance de cette différence se trouve diminuée par la considération suivante. Le « sens » d'un symptôme peut être conçu et envisagé de deux manières : au point de vue de ses origines et au point de vue de son but, autrement dit en considérant, d'une part, les impressions et les événements qui lui ont donné naissance et, d'autre part, l'intention qu'il sert. L'origine d'un symptôme se ramène donc à des impressions venues de l'extérieur, qui ont été nécessairement conscientes à un moment donné, mais sont devenues ensuite inconscientes par suite de l'oubli dans lequel elles sont tombées. Le but du symptôme, sa tendance est, au contraire, dans tous les cas, un processus endopsychique qui a pu devenir conscient à un moment donné, mais qui peut tout aussi bien rester toujours enfoui dans l'inconscient. Peu importe donc que l'amnésie ait porté sur les origines, c'est-à-dire sur les événements sur lesquels le symptôme s'appuie, comme c'est le cas dans l'hystérie ; c'est le but, c'est la tendance du symptôme, but et tendance qui ont pu être inconscients dès le début, ce sont eux, disons-nous, qui déterminent la dépendance du symptôme à l'égard de l'inconscient, et cela dans la névrose obsessionnelle non moins que dans l'hystérie.

C'est en attribuant une importance pareille à l'inconscient dans la vie psychique que nous avons dressé contre la psychanalyse les plus méchants esprits de la critique. Ne vous en étonnez pas et ne croyez pas que la résistance qu'on nous oppose tienne à la difficulté de concevoir l'inconscient ou à l'inaccessibilité des expériences qui s'y rapportent. Dans le cours des siècles, la science a infligé à l'égoïsme naïf de l'humanité deux graves démentis. La première fois, ce fut lorsqu'elle a montré que la terre, loin d'être le centre de l'univers, ne forme qu'une parcelle insignifiante du système cosmique dont nous pouvons à peine nous représenter la grandeur. Cette première démonstration se rattache pour nous au nom de Copernic, bien que la science alexandrine ait déjà annoncé quelque chose de semblable. Le second démenti fut infligé à l'humanité par la recherche biologique, lorsqu'elle a réduit à rien les prétentions de l'homme à une place privilégiée dans l'ordre de la création, en établissant sa descendance du règne animal et en montrant l'indestructibilité de sa nature animale. Cette dernière révolution s'est accomplie de nos jours, à la suite des travaux de Ch. Darwin, de Wallace et de leurs prédécesseurs, travaux qui ont provoqué la résistance la plus acharnée des contemporains. Un troisième démenti sera infligé à la mégalomanie humaine par la recherche psychologique de nos jours qui se propose de montrer au *moi* qu'il n'est seulement pas maître dans sa propre maison, qu'il en est réduit à se contenter de renseignements rares et fragmentaires sur ce qui se passe, en dehors de sa conscience, dans sa vie psychique. Les psychanalystes ne sont ni les premiers ni les seuls qui aient lancé cet appel à la modestie et au recueillement, mais c'est à eux que semble échoir la mission d'étendre cette manière de voir avec le plus d'ardeur et de produire à son appui des matériaux empruntés à l'expérience et accessibles à tous. D'où la levée générale de boucliers contre notre science, l'oubli de toutes les règles de politesse académique, le déchaînement d'une opposition qui secoue toutes les entraves d'une logique impartiale. Ajoutez à tout cela que nos théories menacent de troubler la paix du monde d'une autre manière encore, ainsi que vous le verrez plus loin.

CHAPITRE 19

RÉSISTANCE ET REFOULEMENT

Pour nous faire des névroses une idée plus adéquate, nous avons besoin de nouvelles expériences, et nous en possédons deux, très remarquables et qui ont fait beaucoup de bruit à l'époque où elles ont été connues.

Première expérience : lorsque nous nous chargeons de guérir un malade, de le débarrasser de ses symptômes morbides, il nous oppose une résistance violente, opiniâtre et qui se maintient pendant toute la durée du traitement. Le fait est tellement singulier que nous ne pouvons nous attendre à ce qu'il trouve créance. Nous nous gardons bien d'en parler à l'entourage du malade, car on pourrait voir là de notre part un prétexte destiné à justifier la longue durée ou l'insuccès de notre traitement. Le malade lui-même manifeste tous les phénomènes de la résistance, sans s'en rendre compte, et l'on obtient déjà un gros succès lorsqu'on réussit à l'amener à reconnaître sa résistance et à compter avec elle. Pensez donc : ce malade qui souffre tant de ses symptômes, qui fait souffrir son entourage, qui s'impose tant de sacrifices de temps, d'argent, de peine et d'efforts sur soi-même pour se débarrasser de ses symptômes, comment pouvez-vous l'accuser de favoriser sa maladie en résistant à celui qui est là pour l'en guérir ? Combien invraisemblable doit paraître à lui et à ses proches votre affirmation ! Et pourtant, rien de plus exact, et quand on nous oppose cette invraisemblance, nous n'avons qu'à répondre que le fait que nous affirmons n'est pas sans avoir des analogies, nombreux étant ceux, par exemple, qui, tout en souffrant d'une rage de dents, opposent la plus vive résistance au dentiste lorsqu'il veut appliquer sur la dent malade l'instrument libérateur.

La résistance du malade se manifeste sous des formes très variées, raffinées, souvent difficiles à reconnaître. Cela s'appelle se méfier du médecin et se mettre en garde contre lui. Nous appliquons, dans la thérapeutique psychanalytique, la technique que vous connaissez déjà pour m'avoir vu l'appliquer à l'interprétation des rêves. Nous invitons le malade à se mettre dans un état d'auto-observation, sans arrière-pensée, et à nous faire part de toutes les perceptions internes qu'il fera ainsi, et dans l'ordre même où il les fera : sentiments, idées, souvenirs. Nous lui enjoignons expressément de ne céder à aucun motif qui pourrait lui dicter un choix ou une exclusion de certaines perceptions, soit parce qu'elles sont trop désagréables ou trop indiscrètes, ou trop peu importantes ou trop absurdes pour qu'on en parle. Nous lui disons bien de ne s'en tenir qu'à la surface de sa conscience, d'écarter toute critique, quelle qu'elle soit, dirigée contre ce qu'il trouve, et nous l'assurons que le succès et, surtout, la durée du traitement dépendent de la fidélité avec laquelle il se conformera à cette règle fondamentale de l'analyse. Nous savons déjà, par les résultats obtenus grâce à cette technique dans l'interprétation des rêves, que ce sont précisément les idées et souvenirs qui soulèvent le plus de doutes et d'objections qui renferment généralement les matériaux les plus susceptibles de nous aider à découvrir l'inconscient.

Le premier résultat que nous obtenons en formulant cette règle fondamentale de notre technique consiste à dresser contre elle la résistance du malade. Celui-ci cherche à se soustraire à ses commandements par tous les moyens possibles. Il prétend tantôt ne percevoir aucune idée, aucun sentiment ou souvenir, tantôt en percevoir tant qu'il lui est impossible de les saisir et de s'orienter. Nous constatons alors, avec un étonnement qui n'a rien d'agréable, qu'il cède à telle ou telle autre objection critique ; il se trahit notamment par les pauses prolongées dont il coupe ses discours. Il finit par convenir qu'il sait des choses qu'il ne peut pas dire, qu'il a honte d'avouer, et il obéit à ce motif, contrairement à sa promesse. Ou bien il avoue avoir trouvé quelque chose, mais que cela regarde une tierce personne et ne peut pour cette raison être divulgué. Ou encore, ce qu'il a trouvé est vraiment trop insignifiant, stupide ou absurde et on ne peut vraiment pas lui demander de donner suite à des idées pareilles. Et il continue, variant ses objections à l'infini, et il ne reste qu'à lui faire comprendre que tout dire signifie réellement tout dire.

On trouverait difficilement un malade qui n'ait pas essayé de se réserver un compartiment psychique, afin de le rendre inaccessible au traitement. Un de mes malades, que je considère comme un des hommes les plus intelligents que j'aie jamais rencontrés, m'avait ainsi caché pendant des semaines une liaison amoureuse et, lorsque je lui reprochai d'enfreindre la règle sacrée, il se défendit en disant qu'il croyait que c'était là son affaire privée. Il va sans dire que le traitement psychanalytique n'admet pas ce droit d'asile. Qu'on essaie, par exemple, de décréter, dans une ville comme Vienne, qu'aucune arrestation ne sera opérée dans des endroits tels que le Grand-Marché ou la cathédrale Saint-Étienne et qu'on se donne ensuite la peine de capturer un malfaiteur déterminé. On peut être certain qu'il ne se trouvera pas ailleurs que dans l'un de ces deux asiles. J'avais cru pouvoir accorder ce droit d'exception à un malade qui me semblait capable de tenir ses promesses et qui, étant lié par le secret professionnel, ne pouvait pas communiquer certaines choses à des tiers. Il fut d'ailleurs satisfait du succès du traitement ; mais je le fus beaucoup moins et je m'étais promis de ne jamais recommencer un essai de ce genre dans les mêmes conditions.

Les névrosés obsessionnels s'entendent fort bien à rendre à peu près inapplicable la règle de la technique en exagérant leurs scrupules de conscience et leurs doutes. Les hystériques angoissés réussissent même à l'occasion à la réduire à l'absurde en n'avouant qu'idées, sentiments et souvenirs tellement éloignés de ce qu'on cherche que l'analyse porte pour ainsi dire à faux. Mais il n'entre pas dans mes intentions de vous initier à tous les détails de ces difficultés techniques. Qu'il me suffise de vous dire que lorsqu'on a enfin réussi, à force d'énergie et de persévérance, à imposer au malade une certaine obéissance à la règle technique fondamentale, la résistance, vaincue d'un côté, se transporte aussitôt dans un autre domaine. On voit en effet se produire une résistance intellectuelle qui combat à l'aide d'arguments, s'empare des difficultés et invraisemblances que la pensée normale, mais mal informée, découvre dans les théories analytiques. Nous entendons alors de la bouche de ce seul malade toutes les critiques et objections dont le chœur nous assaille dans la littérature scientifique, comme, d'autre part, les voix qui nous viennent du dehors ne nous apportent rien que nous n'ayons déjà entendu de la bouche de nos malades. Une vraie tempête dans un verre d'eau. Mais le patient souffre bien qu'on lui parle ; il veut bien qu'on le renseigne, l'instruise, le réfute, qu'on lui indique la littérature où il puisse s'informer. Il est tout disposé à devenir partisan de la psychanalyse, mais à condition que l'analyse l'épargne, lui personnellement. Nous sentons dans cette curiosité une résistance, le désir de nous détourner de notre tâche spéciale. Aussi la repoussons-nous. Chez les névrosés obsessionnels, la résistance se sert d'une tactique spéciale. Le malade nous laisse sans opposition poursuivre notre analyse qui peut ainsi se flatter de répandre une lumière de plus en plus vive sur les mystères du cas morbide dont on s'occupe ; mais finalement on est tout étonné de constater qu'aucun progrès pratique, aucune atténuation des symptômes ne correspondent à cette élucidation. Nous pouvons alors découvrir que la résistance s'est réfugiée dans le doute qui fait partie de la névrose obsessionnelle et que c'est de cette position retirée qu'elle dirige contre nous sa pointe. Le malade s'est dit à peu près ceci : « Tout cela est très beau et fort intéressant. Je ne demande pas mieux que de continuer. Cela changerait bien ma maladie, si c'était vrai. Mais je ne crois pas du tout que ce soit vrai et, tant que je n'y crois pas, cela ne touche en rien à ma maladie. » Cette situation peut durer longtemps, jusqu'à ce qu'on vienne attaquer la résistance dans son refuge même, et alors commence la lutte décisive.

Les résistances intellectuelles ne sont pas les plus graves ; on en vient toujours à bout. Mais, tout en restant dans le cadre de l'analyse, la malade s'entend aussi à susciter des résistances contre lesquelles la lutte est excessivement difficile. Au lieu de se souvenir, il reproduit des attitudes et des sentiments de sa vie qui, moyennant le « transfert », se laissent utiliser comme moyens de résistance contre le médecin et le traitement. Quand c'est un homme, il emprunte généralement ces matériaux à ses rapports avec son père dont la place est prise par le médecin : il transforme en résistances à l'action de celui-ci ses aspirations à l'indépendance de sa personne et de son jugement, son amour-propre qui l'avait poussé jadis à égaler ou même à dépasser son père, la répugnance à se charger une fois de plus dans sa vie du fardeau de la reconnaissance. On a par moments l'impression que l'intention de confondre le médecin, de lui faire sentir son impuissance, de triompher de lui, l'emporte chez le malade sur cette autre et meilleure intention de voir mettre fin à sa maladie. Les femmes s'entendent à merveille à utiliser en vue de la résistance un « transfert » où il entre, à l'égard du médecin, beaucoup de tendresse, un sentiment fortement teinté d'érotisme. Lorsque cette tendance a atteint un certain degré, tout intérêt pour la situation actuelle disparaît, la malade ne pense plus à sa maladie, elle oublie toutes les obligations qu'elle avait acceptées en commençant le traitement ; d'autre part, la jalousie qui ne manque jamais, ainsi que la déception causée à la malade par la froideur que lui manifeste sous ce rapport le médecin, ne peuvent que contribuer à nuire aux relations personnelles devant exister entre l'une et l'autre et à éliminer ainsi un des plus puissants facteurs de l'analyse.

Les résistances de cette sorte ne doivent pas être condamnées sans réserve. Telles quelles, elles contiennent de nombreux matériaux très importants se rapportant à la vie du malade et exprimés avec une conviction telle qu'ils sont susceptibles de fournir à l'analyse un excellent appui, si l'on sait, par une habile technique, leur donner une orientation appropriée. Il est seulement à noter que ces matériaux commencent toujours par se mettre au service de la résistance et par ne laisser apparaître que leur façade hostile au traitement. On peut dire aussi que ce sont là des traits de caractère, des attitudes du *moi* que le malade a mobilisés pour combattre les modifications qu'on cherche à obtenir par le traitement. En étudiant ces traits de caractère, on se rend compte qu'ils sont apparus sous l'influence des conditions de la névrose et par réaction contre ses exigences ; on peut donc les désigner comme latents, en ce sens qu'ils ne seraient jamais présentés ou ne se seraient pas présentés au même degré ou avec la même intensité en dehors de la névrose. Ne croyons cependant pas que l'apparition de ces résistances soit de nature à porter atteinte à l'efficacité du traitement analytique. Ces résistances ne constituent pour l'analyste rien d'imprévu. Nous savons qu'elles doivent se manifester et nous sommes seulement mécontents lorsque nous n'avons pas réussi à les provoquer avec une netteté suffisante et à faire comprendre leur nature au malade. Nous comprenons enfin que la suppression de ces résistances forme la tâche essentielle de l'analyse, la seule partie de notre travail qui, si nous avons réussi à le mener à bien, soit susceptible de nous donner la certitude que nous avons rendu quelque service au malade.

Ajoutez à cela que le malade profite de la moindre occasion pour relâcher son effort, qu'il s'agisse d'un accident quelconque survenu pendant le traitement, d'un événement extérieur susceptible de distraire son attention, d'une marque d'hostilité à l'égard de la névrose de la part d'une personne de son entourage, d'une maladie organique accidentelle ou survenant à titre de complication de la névrose, qu'il s'agisse même d'une amélioration de son état, ajoutez tout cela, dis-je, et vous aurez un tableau, je ne dirai pas complet, mais approximatif, des formes et des moyens de résistance au milieu desquels s'accomplit l'analyse. Si j'ai traité ce point avec tant de détails, c'était pour dire que c'est l'expérience que nous avons acquise relativement à la résistance opposée par le malade à la suppression de ses symptômes, qui a servi de base à notre conception dynamique des névroses. Nous avons commencé, Breuer et moi, par pratiquer la psychothérapie à l'aide de l'hypnose ; la première malade de Breuer n'a d'ailleurs été traitée que dans l'état de suggestion hypnotique, et je n'ai pas tardé à suivre cet exemple. Je conviens que le travail fut alors plus facile, plus agréable et durait moins longtemps. Mais les résultats obtenus étaient capricieux et non durables. Aussi ai-je bientôt abandonné l'hypnose. Et c'est alors seulement que j'ai compris que, tant que je m'étais servi de l'hypnose, j'étais dans l'impossibilité de comprendre la dynamique de ces affections.

Grâce à l'hypnose, en effet, l'existence de la résistance échappait à la perception du médecin. En refoulant la résistance, l'hypnose laissait un certain espace libre où pouvait s'exercer l'analyse, et derrière cet espace la résistance était si bien dissimulée qu'elle en était rendue impénétrable, tout comme le doute dans la névrose obsessionnelle. Je suis donc en droit de dire que la psychanalyse proprement dite ne date que du jour où on a renoncé à avoir recours à l'hypnose.

Mais, bien que la constatation de la résistance ait atteint une telle importance, nous n'en devons pas moins, par mesure de précaution, laisser place au doute et nous demander si nous ne sommes pas trop prompts à admettre des résistances, si, en le faisant, nous ne procédons pas parfois avec une certaine légèreté. Il peut y avoir des cas de névrose où les associations ne réussissent pas pour d'autres raisons ; il se peut que les arguments qu'on nous oppose sur ce point méritent d'être pris en considération et que nous ayons tort d'écarter la critique intellectuelle de nos analysés, en lui appliquant la qualification commode de résistance. Je dois cependant vous dire que ce n'est pas sans peine que nous avons abouti à ce jugement. Nous avons eu l'occasion d'observer chacun de ces patients critiques au moment de l'apparition et après la disparition de la résistance. C'est que la résistance varie sans cesse d'intensité au cours du traitement ; cette intensité augmente toujours lorsqu'on aborde un thème nouveau, atteint son point maximum au plus fort de l'élaboration de ce thème, et baisse de nouveau lorsque celui-ci est épuisé. En outre, et à moins de maladresses techniques particulières, nous n'avons jamais pu provoquer le maximum de résistance dont le malade fût capable. Nous avons pu constater de la sorte que le même malade abandonne et reprend son attitude critique un nombre incalculable de fois au cours de l'analyse. Lorsque nous sommes sur le point d'amener à sa conscience une fraction nouvelle et particulièrement pénible des matériaux inconscients, il devient critique au plus haut degré ; s'il a réussi précédemment à comprendre et à accepter beaucoup de choses, toutes ses acquisitions se trouvent du coup perdues ; dans son attitude d'opposition à tout prix, il peut présenter le tableau complet de l'imbécillité affective. Mais si l'on a pu l'aider à vaincre cette résistance, il retrouve ses idées et recouvre sa faculté de comprendre. Sa critique n'est donc pas une fonction indépendante et, comme telle, digne de respect : elle est un expédient au service de ses attitudes affectives, un expédient guidé et dirigé par sa résistance. Si quelque chose ne lui convient pas, il est capable de se défendre avec beaucoup d'ingéniosité et beaucoup d'esprit critique ; lorsqu'au contraire quelque chose lui convient, il l'accepte avec une grande crédulité. Nous en faisons peut-être tous autant ; mais chez l'analysé cette subordination de l'intellect à la vie affective n'apparaît avec tant de netteté que parce que nous le repoussons par notre analyse dans ses derniers retranchements.

Le malade se défendant avec tant d'énergie contre la suppression de ses symptômes et le rétablissement du cours normal de ses processus psychiques, comment expliquons-nous ce fait ? Nous nous disons que ces forces qui s'opposent au changement de l'état morbide doivent être les mêmes que celles qui, à un moment donné, ont provoqué cet état. Les symptômes ont dû se former à la suite d'un processus que l'expérience que nous avons acquise lors de la dissociation des symptômes nous permet de reconstituer. Nous savons déjà, depuis l'observation de Breuer, que l'existence du symptôme a pour condition le fait qu'un processus psychique n'a pu aboutir à sa fin normale, de façon à pouvoir devenir conscient. Le symptôme vient se substituer à ce qui n'a pas été achevé. Nous savons ainsi où nous devons situer l'action de la force présumée. Il a dû se manifester une violente opposition contre la pénétration du processus psychique jusqu'à la conscience ; aussi ce processus est-il resté inconscient, et en tant qu'inconscient il avait la force de former un symptôme. La même opposition se manifeste, au cours du traitement contre les efforts de transformer l'inconscient en conscient. C'est ce que nous percevons comme une résistance. Nous donnerons le nom de *refoulement* au processus pathogène qui se manifeste à nous par l'intermédiaire d'une résistance.

Nous devons maintenant chercher à nous représenter d'une façon plus définie ce processus de *refoulement*. Il est la condition préliminaire de la formation d'un symptôme, mais il est aussi quelque chose dont nous ne connaissons rien d'analogue. Prenons une impulsion, un processus psychique doué d'une tendance à se transformer en acte : nous savons que cette impulsion peut être écartée, rejetée, condamnée. De ce fait, l'énergie dont elle dispose lui est retirée, elle devient impuissante, mais peut persister en qualité de souvenir. Toutes les décisions dont l'impulsion est l'objet se font sous le contrôle conscient du *moi*. Les choses devraient se passer autrement lorsque la même impulsion subit un *refoulement*. Elle conserverait son énergie, mais ne laisserait après elle aucun souvenir ; le processus même du *refoulement* s'accomplirait en dehors de la conscience du *moi*. On voit que cette comparaison ne nous rapproche nullement de la compréhension de la nature du *refoulement*.

Je vais vous exposer les représentations théoriques qui se sont montrées les plus utiles sous ce rapport, c'est-à-dire les plus aptes à rattacher la notion du *refoulement* à une image définie. Mais, pour que cet exposé soit clair, il faut avant tout que nous substituions au sens descriptif du mot « inconscient » son sens systématique ; autrement dit nous devons nous décider à reconnaître que la conscience ou l'inconscience d'un processus psychique n'est qu'une des propriétés, et qui n'est pas nécessairement univoque, de celui-ci. Quand un processus reste inconscient, sa séparation de la conscience constitue peut-être un indice du sort qu'il a subi, et non ce sort lui-même. Pour nous faire une idée exacte de ce sort, nous admettons que chaque processus psychique, à une exception près dont nous parlerons tout à l'heure, existe d'abord à une phase ou à un stade inconscient pour passer ensuite à la phase consciente, à peu près comme une image photographique commence par être négative et ne devient l'image définitive qu'après avoir passé à la phase positive. Or, de même que toute image négative ne devient pas nécessairement une image positive, tout processus psychique inconscient ne se transforme pas nécessairement en processus conscient. Nous avons tout avantage à dire que chaque processus fait d'abord partie du système psychique de l'inconscient et peut, dans certaines circonstances, passer dans le système du conscient.

La représentation la plus simple de ce système est pour nous la plus commode : c'est la représentation spatiale. Nous assimilons donc le système de l'inconscient à une grande antichambre, dans laquelle les tendances psychiques se pressent, telles des êtres vivants. À cette antichambre est attenante une autre pièce, plus étroite, une sorte de salon, dans lequel séjourne la conscience. Mais à l'entrée de l'antichambre, dans le salon veille un gardien qui inspecte chaque tendance psychique, lui impose la censure et l'empêche d'entrer au salon si elle lui déplaît. Que le gardien renvoie une tendance donnée dès le seuil ou qu'il lui fasse repasser le seuil après qu'elle ait pénétré dans le salon, la différence n'est pas bien grande et le résultat est à peu près le même. Tout dépend du degré de sa vigilance et de sa perspicacité. Cette image a pour nous cet avantage qu'elle nous permet de développer notre nomenclature. Les tendances qui se trouvent dans l'antichambre réservée à l'inconscient échappent au regard du conscient qui séjourne dans la pièce voisine. Elles sont donc tout d'abord inconscientes. Lorsque, après avoir pénétré jusqu'au seuil, elles sont renvoyées par le gardien, c'est qu'elles sont incapables de devenir conscientes : nous disons alors qu'elles sont refoulées. Mais les tendances auxquelles le gardien a permis de franchir le seuil ne sont pas devenues pour cela nécessairement conscientes ; elles peuvent le devenir si elles réussissent à attirer sur elles le regard de la conscience. Nous appellerons donc cette deuxième pièce : système de la *préconscience.* Le fait pour un processus de devenir conscient garde ainsi son sens purement descriptif. L'essence du *refoulement* consiste en ce qu'une tendance donnée est empêchée par le gardien de pénétrer de l'inconscient dans le préconscient. Et c'est ce gardien qui nous apparaît sous la forme d'une résistance, lorsque nous essayons, par le traitement analytique, de mettre fin au *refoulement.*

Vous me direz, sans doute, que ces représentations, à la fois simples et un peu fantaisistes, ne peuvent trouver place dans un exposé scientifique. Vous avez raison, et je sais fort bien moi-même qu'elles sont, de plus, incorrectes et, si je ne me trompe pas trop, nous aurons bientôt quelque chose de plus intéressant à mettre à leur place. J'ignore si, corrigées et complétées, elles vous sembleront moins fantastiques. Sachez, en attendant, que ces représentations auxiliaires, dont nous avons un exemple dans le bonhomme d'Ampère nageant dans le circuit électrique, ne sont pas à dédaigner, car elles aident, malgré tout, à comprendre certaines observations. Je puis vous assurer que cette hypothèse brute de deux locaux, avec le gardien se tenant sur le seuil entre les deux pièces et avec la conscience jouant le rôle de spectatrice au bout de la seconde pièce, fournit une idée très approchée de l'état de chose réel. Je voudrais aussi vous entendre convenir que nos désignations : *inconscient, préconscient, conscient,* préjugent beaucoup moins et se justifient davantage que tant d'autres, proposées ou en usage : *sub-conscient, para-conscient, inter-conscient*, etc.

Une remarque à laquelle j'attacherais beaucoup plus d'importance serait celle que vous feriez en disant que l'organisation de l'appareil psychique, telle que je la postule ici pour les besoins de ma cause, qui est celle de l'explication des symptômes névrotiques, doit, pour être valable, avoir une portée générale et nous rendre compte également de la fonction normale. Rien de plus exact. Je ne puis pour le moment donner à cette remarque la suite qu'elle comporte, mais notre intérêt pour la psychologie de la formation de symptômes ne peut qu'augmenter dans des proportions extraordinaires, si nous pouvons vraiment espérer obtenir, grâce à l'étude de ces conditions pathologiques, des informations sur le devenir psychique normal qui nous reste encore si caché.

Cet exposé que je viens de vous faire concernant les deux systèmes, leurs rapports réciproques et les liens qui les rattachent à la conscience, ne vous rappelle-t-il donc rien ?Réfléchissez-y bien, et vous vous apercevrez que le gardien qui est en faction entre l'inconscient et le préconscient n'est que la personnification de la censure qui, nous l'avons vu, donne au rêve manifeste sa forme définitive. Les restes diurnes, dans lesquels nous avions reconnu les excitateurs du rêve, étaient, dans notre conception, des matériaux préconscients qui, ayant subi pendant la nuit l'influence de désirs inconscients et refoulés, s'associent à ces désirs et forment, avec leur collaboration et grâce à l'énergie dont ils sont doués, le rêve latent. Sous la domination du système inconscient, les matériaux préconscients, avons-nous dit encore, subissent une élaboration consistant en une condensation et un déplacement qu'on n'observe qu'exceptionnellement dans la vie psychique normale, c'est-à-dire dans le système préconscient. Et nous avons caractérisé chacun des deux systèmes par le mode de travail qui s'y accomplit ; selon le rapport qu'il présentait avec la conscience, elle-même prolongement de la *préconscience*, on pouvait dire si tel phénomène donné fait partie de l'un ou de l'autre de ces deux systèmes. Or le rêve, d'après cette manière de voir, ne présente rien d'un phénomène pathologique : il peut survenir chez n'importe quel homme sain, dans les conditions qui caractérisent l'état de sommeil. Cette hypothèse sur la structure de l'appareil psychique, hypothèse qui englobe dans la même explication la formation du rêve et celle des symptômes névrotiques, a toutes les chances d'être également valable pour la vie psychique normale.

Voici, jusqu'à nouvel ordre, comment il faut comprendre le *refoulement*. Celui-ci n'est qu'une condition préalable de la formation de symptômes. Nous savons que le symptôme vient se substituer à quelque chose que le refoulement empêche de s'extérioriser. Mais quand on sait ce qu'est le *refoulement*, on est encore loin de comprendre cette formation substitutive. À l'autre bout du problème, la constatation du *refoulement* soulève les questions suivantes : Quelles sont les tendances psychiques qui subissent le *refoulement* ? Quelles sont les forces qui imposent le *refoulement* ? À quels mobiles obéit-il ? Pour répondre à ces questions, nous ne disposons pour le moment que d'un seul élément. En examinant la résistance, nous avons appris qu'elle est un produit des forces du *moi*, de propriétés connues et latentes de son caractère. Ce sont donc aussi ces forces et ces propriétés qui doivent avoir déterminé le *refoulement* ou, tout au moins, avoir contribué à le produire. Tout le reste nous est encore inconnu.

Mais ici vient à notre secours l'autre aspect des expériences que j'ai annoncées plus haut. L'analyse nous permet de définir d'une façon tout à fait générale l'intention que servent les symptômes névrotiques. Il n'y a là d'ailleurs pour vous rien de nouveau. Ne vous l'ai-je pas montré sur ces deux cas de névrose ? Oui, mais que signifient deux cas ? Vous avez le droit d'exiger que je vous prouve mon affirmation sur des centaines de cas, sur des cas innombrables. Je regrette de ne pouvoir le faire. Je dois vous renvoyer de nouveau à votre propre expérience ou invoquer la conviction qui, en ce qui concerne ce point, s'appuie sur l'affirmation unanime de tous les psychanalystes.

Vous vous rappelez sans doute que, dans ces deux cas, dont nous avions soumis les symptômes à un examen détaillé, l'analyse nous a fait pénétrer dans la vie sexuelle intime des malades. Dans le premier cas, en outre, nous avons reconnu d'une façon particulièrement nette l'intention ou la tendance des symptômes examinés ; il se peut que dans le deuxième cas cette intention ou tendance ait été masquée par quelque chose dont nous aurons l'occasion de parler plus loin. Or, tous les autres cas que nous soumettrions à l'analyse nous révéleraient exactement les mêmes détails que ceux constatés dans les deux cas en question. Dans tous les cas, l'analyse introduirait dans les événements sexuels et nous révélerait les désirs sexuels des malades, et chaque fois nous aurions à constater que leurs symptômes sont au service de la même intention. Cette intention n'est autre que la satisfaction des désirs sexuels ; les symptômes servent à la satisfaction sexuelle du malade, ils se substituent à cette satisfaction lorsque le malade en est privé dans la vie normale.

Souvenez-vous de l'action obsessionnelle de notre première malade. La femme est privée de son mari qu'elle aime profondément et dont elle ne peut partager la vie à cause de ses défauts et de ses faiblesses. Elle doit lui rester fidèle, ne chercher à le remplacer par personne. Son symptôme obsessionnel lui procure ce à quoi elle aspire, relève son mari, nie, corrige ses faiblesses, en premier lieu son impuissance. Ce symptôme n'est au fond, tout comme un rêve, qu'une satisfaction d'un désir et, ce que le rêve n'est pas toujours, qu'une satisfaction d'un désir érotique. À propos de notre deuxième malade, vous avez pu au moins apprendre que son cérémonial avait pour but de s'opposer aux relations sexuelles des parents, afin de rendre impossible la naissance d'un nouvel enfant. Vous avez appris également que par ce cérémonial notre malade tendait au fond à se substituer à sa mère. Il s'agit donc ici, comme dans le premier cas, de suppression d'obstacles s'opposant à la satisfaction sexuelle et de réalisation de désirs érotiques, Quant à la complication à laquelle nous avons fait allusion, il en sera question dans un instant.

Afin de justifier les restrictions que j'aurai à apporter dans la suite à la généralité de mes propositions, j'attire votre attention sur le fait que tout ce que je dis ici concernant le *refoulement*, la formation et la signification des symptômes a été déduit de l'analyse de trois formes de névrose : l'hystérie d'angoisse, l'hystérie de conversion et la névrose obsessionnelle, et ne s'applique en premier lieu qu'à ces trois formes. Ces trois affections, que nous avons l'habitude de réunir dans le même groupe sous le nom générique de « névroses de transfert », circonscrivent également le domaine sur lequel peut s'exercer l'activité psychanalytique. Les autres névroses ont fait, de la part de la psychanalyse, l'objet d'études moins approfondies. En ce qui concerne un de leurs groupes, l'impossibilité de toute intervention thérapeutique a été la raison de sa mise de côté. N'oubliez pas que la psychanalyse est encore une science très jeune, que pour s'y préparer il faut beaucoup de travail et de temps et qu'il n'y a pas encore bien longtemps elle ne comptait qu'un seul partisan. Partout cependant se manifeste un effort de pénétrer et de comprendre la nature de ces autres affections qui ne sont pas des névroses de transfert. J'espère encore pouvoir vous montrer quels développements nos hypothèses et résultats subissent du fait de leur application à ces nouveaux matériaux, ces nouvelles études ayant abouti, non à la réfutation de nos premières acquisitions, mais à l'établissement d'ensembles supérieurs. Et puisque tout ce qui a été dit ici s'applique aux trois névroses de transfert, je me permets de rehausser la valeur des symptômes en vous faisant part d'un détail nouveau. Un examen comparé des causes occasionnelles de ces trois affections donne un résultat qui peut se résumer dans la formule suivante : les malades en question souffrent d'une privation, la réalité leur refusant la satisfaction de leurs désirs sexuels. Vous le voyez l'accord est parfait entre ces deux résultats. La seule manière adéquate de comprendre les symptômes consiste à les considérer comme une satisfaction substitutive, destinée à remplacer celle qu'on se voit refuser dans la vie normale.

Certes, on peut encore opposer de nombreuses objections à la proposition que les symptômes névrotiques sont des symptômes substitutifs. Je vais m'occuper aujourd'hui de deux de ces objections. Si vous avez vous-mêmes soumis à l'examen psychanalytique un certain nombre de malades, vous me direz peut-être sur un ton de reproche : il y a toute une série de cas où votre proposition ne se vérifie pas ; dans ces cas, les symptômes semblent avoir une destination contraire, qui consiste à exclure ou à supprimer la satisfaction sexuelle. Je ne vais pas contester l'exactitude de votre interprétation. Dans la psychanalyse, les choses se révèlent souvent beaucoup plus compliquées que nous le voudrions. Si elles étaient simples, on n'aurait peut-être pas besoin de la psychanalyse pour les élucider. Certaines parties du cérémonial de notre deuxième malade laissent en effet apparaître ce caractère ascétique, hostile à la satisfaction sexuelle, par exemple lorsqu'elle écarte pendules et montres, acte magique par lequel elle pense s'épargner des érections nocturnes, ou lorsqu'elle veut empêcher la chute et le bris de vases, espérant par là préserver sa virginité. Dans d'autres cas de cérémonial précédant le coucher, que j'ai eu l'occasion d'analyser, ce caractère négatif était beaucoup plus prononcé ; dans certains d'entre eux, tout le cérémonial se composait de mesures de préservation contre les souvenirs et les tentations sexuels. La psychanalyse nous a cependant déjà montré plus d'une fois qu'opposition n'est pas toujours contradiction. Nous pourrions élargir notre proposition, en disant que les symptômes ont pour but soit de procurer une satisfaction sexuelle, soit de l'éluder ; le caractère positif, au sens de la satisfaction, étant prédominant dans l'hystérie, le caractère négatif, ascétique dominant dans la névrose obsessionnelle. Si les symptômes peuvent servir aussi bien à la satisfaction sexuelle qu'à son contraire, cette double destination ou cette bipolarité des symptômes s'explique parfaitement bien par un des rouages de leur mécanisme dont nous n'avons pas encore eu l'occasion de parler. Ils sont notamment, ainsi que nous le verrons, des effets de compromis, résultant de l'interférence de deux tendances opposées, et ils expriment aussi bien ce qui a été refoulé que ce qui a été la cause du *refoulement* et a ainsi contribué à leur production. La substitution peut se faire plus au profit de l'une de ces tendances que de l'autre ; elle se fait rarement au profit exclusif d'une seule. Dans l'hystérie, les deux intentions s'expriment le plus souvent par un seul et même symptôme ; dans la névrose obsessionnelle il y a séparation entre les deux intentions : le symptôme, qui est à deux temps, se compose de deux actions s'accomplissant l'une après l'autre et s'annulant réciproquement. Il nous sera moins facile de dissiper un autre doute. En passant en revue un certain nombre d'interprétations de symptômes, vous serez probablement tentés de dire que c'est abuser quelque peu que de vouloir les expliquer tous par la satisfaction substitutive des désirs sexuels. Vous ne tarderez pas à faire ressortir que ces symptômes n'offrent à la satisfaction aucun élément réel, qu'ils se bornent le plus souvent à ranimer une sensation ou à représenter une image fantaisiste appartenant à un complexe sexuel. Vous trouverez, en outre, que la prétendue satisfaction sexuelle présente souvent un caractère puéril et indigne, se rapproche d'un acte masturbatoire ou rappelle ces pratiques malpropres qu'on défend déjà aux enfants et dont on cherche à les déshabituer. Et, par-dessus tout, vous manifesterez votre étonnement de voir qu'on considère comme une satisfaction sexuelle ce qui ne devrait être décrit que comme une satisfaction de désirs cruels ou affreux, voire de désirs contre nature. Sur ces derniers points, il nous sera impossible de nous mettre d'accord tant que nous n'aurons pas soumis à un examen approfondi la vie sexuelle de l'homme et tant que nous n'aurons pas défini ce qu'il est permis, sans risque d'erreur, de considérer comme *sexuel.*

CHAPITRE 20
LA VIE SEXUELLE DE L'HOMME

On pourrait croire que tout le monde s'accorde sur le sens qu'il faut attacher au mot « sexuel ». Avant tout, le sexuel n'est-il pas l'indécent, ce dont il ne faut pas parler ? Je me suis laissé raconter que les élèves d'un célèbre psychiatre, voulant convaincre leur maître que les symptômes des hystériques ont le plus souvent un caractère sexuel, l'ont amené devant le lit d'une hystérique dont les crises simulaient incontestablement le travail de l'accouchement. Ce que voyant, le professeur dit avec dédain : « L'accouchement n'a rien d'un acte sexuel. » Sans doute, un accouchement n'est pas toujours et nécessairement un acte indécent.

Vous me blâmez sans doute de plaisanter à propos de choses aussi sérieuses. Mais ce que je vous dis là est loin d'être une plaisanterie. C'est que le contenu de la *notion* du « *sexuel* » ne se laisse pas définir facilement. On pourrait dire que tout ce qui se rattache aux différences séparant les sexes est sexuel, mais ce serait là une définition aussi vague que vaste. En tenant principalement compte de l'acte sexuel lui-même, vous pourriez dire qu'est sexuel tout ce qui se rapporte à l'intention de se procurer une jouissance à l'aide du corps, et plus particulièrement des organes génitaux, du sexe opposé, bref tout ce qui se rapporte au désir de l'accouplement et de l'accomplissement de l'acte sexuel. Par cette définition, vous vous rapprocheriez de ceux qui identifient le sexuel avec l'indécent et vous auriez raison de dire que l'accouchement n'a rien de sexuel. Mais en faisant de la procréation le noyau de la sexualité, vous courez le risque d'exclure de votre définition une foule d'actes qui, tels que la masturbation ou même le baiser, sans avoir la procréation pour but, n'en sont pas moins de nature sexuelle. Mais nous savons déjà que tous les essais de définition font naître des difficultés ; n'espérons donc pas qu'il en sera autrement dans le cas qui nous occupe. Nous pouvons soupçonner qu'au cours du développement de la notion de « sexuel », il s'est produit quelque chose qui, selon l'excellente expression de H. Silberer, a eu pour conséquence une « erreur par dissimulation ». Tout bien considéré, nous ne sommes cependant pas privés de toute orientation quant à ce que les hommes appellent « sexuel ».

Une définition tenant compte à la fois de l'opposition des sexes, de la jouissance sexuelle, de la fonction de la procréation et du caractère indécent d'une série d'actes et d'objets qui doivent rester cachés, — une telle définition disons-nous, peut suffire à tous les besoins pratiques de la vie. Mais la science ne saurait s'en contenter. Grâce à des recherches minutieuses et qui ont exigé de la part des sujets examinés beaucoup de désintéressement et une grande maîtrise sur eux-mêmes, nous avons pu constater l'existence de groupes entiers d'individus dont la « vie sexuelle » diffère d'une façon frappante de la représentation moyenne et courante. Quelques-uns de ces « pervers » ont, pour ainsi dire, rayé de leur programme la différence sexuelle. Seuls des individus du même sexe qu'eux sont susceptibles d'exciter leurs désirs sexuels ; le sexe opposé, parfois les organes sexuels du sexe opposé, ne présentent à leurs yeux rien de sexuel et constituent, dans des cas extrêmes, un objet d'aversion. Il va, sans dire que ces pervers ont renoncé à prendre la moindre part à la procréation. Nous appelons ces personnes homosexuelles ou inverties. Ce sont des hommes et des femmes ayant souvent, pas toujours, reçu une instruction et une éducation irréprochables, d'un niveau moral et intellectuel très élevé, affectés de cette seule et triste anomalie. Par l'organe de leurs représentants scientifiques, ils se donnent pour une variété humaine particulière, pour un « troisième sexe » pouvant prétendre aux mêmes droits que les deux autres. Nous aurons peut-être l'occasion de faire un examen critique de leurs prétentions. Ils ne forment naturellement pas, ainsi qu'ils seraient tentés de nous le faire croire, une « élite » de l'humanité ; on trouve dans leurs rangs tout autant d'individus sans valeur et inutiles que dans les rangs de ceux qui ont une sexualité normale.

Ces pervers se comportent envers leur objet sexuel à peu près de la même manière que les normaux envers le leur. Mais ensuite vient toute une série d'anormaux dont l'activité sexuelle s'écarte de plus en plus de ce qu'un homme raisonnable estime désirable. Par leur variété et leur singularité, on ne pourrait les comparer qu'aux monstres difformes et grotesques qui, dans le tableau de P. Breughel, viennent tenter saint Antoine, ou aux dieux et aux croyants depuis longtemps oubliés que G. Flaubert fait défiler dans une longue procession sous les yeux de son pieux pénitent. Leur foule bigarrée appelle une classification, sans laquelle on serait dans l'impossibilité de s'orienter. Nous les divisons en deux groupes : ceux qui, comme les homosexuels, se distinguent des normaux par leur objet sexuel, et ceux qui, avant tout, poursuivent un autre but sexuel que les normaux. Font partie du premier groupe ceux qui ont renoncé à l'accouplement des organes génitaux opposés et qui, dans leur acte sexuel, remplacent chez leur partenaire l'organe sexuel par une autre partie ou région du corps. Peu importe que cette partie ou région se prête mal, par sa structure, à l'acte en question : les individus de ce groupe font abstraction de cette considération, ainsi que de l'obstacle que peut opposer la sensation de dégoût (ils remplacent le vagin par la bouche, par l'anus). Font encore partie du même groupe ceux qui demandent leur satisfaction aux organes génitaux, non à cause de leurs fonctions sexuelles, mais à cause d'autres fonctions auxquelles ces organes prennent part pour des raisons anatomiques ou de voisinage. Chez ces individus les fonctions d'excrétion que l'éducation s'applique à faire considérer comme indécentes monopolisent à leur profit tout l'intérêt sexuel. Viennent ensuite d'autres individus qui ont totalement renoncé aux organes génitaux comme objets de satisfaction sexuelle et ont élevé à cette dignité des parties du corps tout à fait différentes : le sein ou le pied de la femme, sa natte. D'autres individus encore ne cherchent même pas à satisfaire leur désir sexuel à l'aide d'une partie quelconque du corps ; un objet de toilette leur suffit : un soulier, un linge blanc. Ce sont les fétichistes. Citons enfin la catégorie de ceux qui désirent bien l'objet sexuel complet et normal, mais lui demandent des choses déterminées, singulières ou horribles, jusqu'à vouloir transformer le porteur de l'objet sexuel désiré en un cadavre inanimé, et ne sont pas capables d'en jouir tant qu'ils n'ont pas obéi à leur criminelle impulsion. Mais assez de ces horreurs !

L'autre grand groupe de pervers se compose d'individus qui assignent pour but à leurs désirs sexuels ce qui, chez les normaux, ne constitue qu'un acte de préparation ou d'introduction. Ils inspectent, palpent et tâtent la personne du sexe opposé, cherchent à entrevoir les parties cachées et intimes de son corps, ou découvrent leurs propres parties cachées, dans l'espoir secret d'être récompensés par la réciprocité. Viennent ensuite les énigmatiques sadiques qui ne connaissent d'autre plaisir que celui d'infliger à leur objet des douleurs et des souffrances, depuis la simple humiliation jusqu'à de graves lésions corporelles ; et ils ont leur pendant dans les masochistes dont l'unique plaisir consiste à recevoir de l'objet aimé toutes les humiliations et toutes les souffrances, sous une forme symbolique ou réelle. D'autres encore présentent une association et entrecroisement de plusieurs de ces tendances anormales, mais nous devons ajouter, pour finir, que chacun des deux grands groupes dont nous venons de nous occuper présente deux grandes subdivisions : l'une de celles-ci comprend les individus qui cherchent leur satisfaction sexuelle dans la réalité, tandis que les individus composant l'autre subdivision se contentent de la simple représentation de cette satisfaction et, au lieu de rechercher un objet réel, concentrent tout leur intérêt sur un produit de leur imagination.

Que ces folies, singularités et horreurs représentent réellement l'activité sexuelle des individus en question, — c'est là un point qui n'admet pas le moindre doute. C'est ainsi d'ailleurs que ces individus conçoivent eux-mêmes leurs sympathies et leurs goûts. Ils se rendent parfois compte qu'il s'agit là de substitutions, mais nous devons ajouter, pour notre part, que leurs folies, singularités et horreurs jouent dans leur vie exactement le même rôle que la satisfaction sexuelle normale dans la nôtre ; qu'ils font, pour obtenir leur satisfaction, les mêmes sacrifices, souvent très grands, que nous, et qu'en s'attachant à tous les détails de leur vie sexuelle, on peut découvrir les points sur lesquels ces anomalies se rapprochent de l'état normal et ceux sur lesquels elles s'en écartent. Vous constaterez que dans ces anomalies le caractère d'indécence, inhérent à l'activité sexuelle, est poussé à l'extrême degré, à un point où l'indécence devient de la turpitude.

Et maintenant, quelle attitude devons-nous adopter à l'égard de ces modes extraordinaires de satisfaction sexuelle ? Déclarer que nous sommes indignés, manifester notre aversion personnelle, assurer que nous ne partagerons pas ces vices — tout cela ne signifie rien et, d'ailleurs, ce sont des choses qu'on ne nous demande pas. Il s'agit, après tout, d'un ordre de phénomènes qui sollicite notre attention au même titre que n'importe quel autre ordre. Se réfugier derrière l'affirmation que ce sont là des faits rares, de simples curiosités, c'est s'exposer à recevoir un rapide démenti. Les phénomènes dont nous nous occupons sont, au contraire, très fréquents, très répandus, Mais si l'on venait nous dire que ces déviations et perversions de l'instinct sexuel ne doivent pas nous induire en erreur quant à notre manière de concevoir la vie sexuelle en général, notre réponse serait toute prête : tant que nous n'aurons pas compris ces formes morbides de la sexualité, tant que nous n'aurons pas établi leurs rapports avec la vie sexuelle normale, il nous sera également impossible de comprendre cette dernière. Bref, nous nous trouvons devant une tâche théorique urgente, qui consiste à rendre compte des perversions dont nous avons parlé et de leurs rapports avec la sexualité dite normale.

Nous serons aidés dans cette tâche par une remarque et deux nouvelles expériences. La première est d'Iwan Bloch qui, à la conception qui voit dans toutes ces perversions des « signes de dégénérescence », ajoute ce correctif que ces écarts du but sexuel, que ces attitudes perverses à l'égard de l'objet sexuel ont existé à toutes les époques connues, chez tous les peuples, aussi bien chez les plus primitifs que chez les plus civilisés, et qu'ils ont parfois joui de la tolérance et de la reconnaissance générales. Quant aux deux expériences, elles ont été faites au cours de recherches psychanalytiques sur des névrosés ; elles sont de nature à orienter d'une façon décisive notre conception des perversions sexuelles.

Les symptômes névrotiques, avons-nous dit, sont des satisfactions substitutives, et je vous ai fait entrevoir que la confirmation de cette proposition par l'analyse des symptômes se heurterait à beaucoup de difficultés. Elle ne se justifie que si, en parlant de « satisfaction sexuelle », nous sous-entendons également les besoins sexuels dits pervers, car une pareille interprétation des symptômes s'impose à nous avec une fréquence étonnante. La prétention par laquelle les homosexuels et les invertis affirment qu'ils sont des êtres exceptionnels disparaît devant la constatation qu'il n'est pas un seul névrosé chez lequel on ne puisse prouver l'existence de tendances homosexuelles et que bon nombre de symptômes névrotiques ne sont que l'expression de cette inversion latente. Ceux qui se nomment eux-mêmes homosexuels ne sont que les invertis conscients et manifestes, et leur nombre est minime à côté de celui des homosexuels latents. Nous sommes obligés de voir dans l'homosexualité une excroissance à peu près régulière de la vie amoureuse, et son importance grandit à nos yeux à mesure que nous approfondissons celle-ci. Sans doute, les différences qui existent entre l'homosexualité manifeste et la vie sexuelle normale ne se trouvent pas supprimées de ce fait ; si la valeur théorique de celle-là s'en trouve considérablement réduite, sa valeur pratique demeure intacte. Nous apprenons même que la paranoïa, que nous ne pouvons pas ranger dans la catégorie des névroses par transfert, résulte rigoureusement de la tentative de défense contre des impulsions homosexuelles trop violentes. Vous vous rappelez peut-être encore qu'une de nos malades, au cours de son acte obsessionnel, simulait son propre mari dont elle vivait séparée ; pareille production de symptômes simulant un homme est fréquente chez les femmes névrotiques. Bien qu'il ne s'agisse pas là d'homosexualité proprement dite, ces cas n'en réalisent pas moins certaines de ses conditions.

Ainsi que vous le savez probablement, la névrose hystérique peut manifester ses symptômes dans tous les systèmes d'organes et ainsi troubler toutes les fonctions. L'analyse nous révèle dans ces cas une manifestation de toutes les tendances dites perverses, lesquelles cherchent à substituer aux organes génitaux d'autres organes qui se comportent alors comme des organes génitaux de substitution. C'est précisément grâce à la symptomatologie de l'hystérie que nous sommes arrivés à la conception d'après laquelle tous les organes du corps, en plus de leur fonction normale, joueraient aussi un rôle sexuel, érogène, qui devient parfois dominant au point de troubler le fonctionnement normal. D'innombrables sensations et innervations qui, à titre de symptômes de l'hystérie, se localisent sur des organes n'ayant en apparence aucun rapport avec la sexualité, nous révèlent ainsi leur nature véritable : elles constituent autant de satisfactions de désirs sexuels pervers en vue desquelles d'autres organes ont assumé le rôle d'organes sexuels. Nous avons alors l'occasion de constater la fréquence avec laquelle les organes d'absorption d'aliments et les organes d'excrétion deviennent les porteurs des excitations sexuelles. Il s'agit ainsi de la même constatation que celle que nous avons faite à propos des perversions, avec cette différence que dans ces dernières le fait qui nous occupe peut être constaté sans difficulté et sans erreur possible, tandis que dans l'hystérie nous devons commencer par l'interprétation des symptômes et reléguer ensuite les tendances sexuelles perverses dans l'inconscient, au lieu de les attribuer à la conscience de l'individu.

Des nombreux tableaux symptomatiques que revêt la névrose obsessionnelle, les plus importants sont ceux provoqués par la pression des tendances sexuelles fortement sadiques, donc perverses quant à leur but ; et, en conformité avec la structure d'une névrose obsessionnelle, ces symptômes servent de moyen de défense contre ces désirs ou bien expriment la lutte contre la volonté de satisfaction et la volonté de défense. Mais la satisfaction elle-même, au lieu de se produire en empruntant le chemin le plus court, sait se manifester dans l'attitude des malades par les voies les plus détournées et se tourne de préférence contre la personne même du malade qui s'inflige ainsi toutes sortes de tortures. D'autres formes de cette névrose, celles qu'on peut appeler scrutatrices, correspondent à une sexualisation excessive d'actes qui, dans les cas normaux, ne sont que les actes préparatoires de la satisfaction sexuelle : les malades veulent voir, toucher, fouiller. Nous avons là l'explication de l'énorme importance que revêtent parfois chez ces malades la crainte de tout attouchement et l'obsession ablutionniste. On ne soupçonne pas combien nombreux sont les actes obsessionnels qui représentent une répétition ou une modification masquée de la masturbation, laquelle, on le sait, accompagne, en tant qu'acte unique et uniforme, les formes les plus variées de la déviation sexuelle.

Il me serait facile de multiplier les liens qui rattachent la perversion à la névrose, mais ce que je vous ai dit suffit à notre intention. Mais nous devons nous garder d'exagérer l'importance symptomatique, la présence et l'intensité des tendances perverses chez l'homme. Vous avez entendu dire qu'on peut contracter une névrose lorsqu'on est privé de satisfaction sexuelle normale. Le besoin emprunte alors les voies de satisfaction anormales. Vous verrez plus tard comment les choses se passent dans ces cas. Mais vous comprenez d'ores et déjà que devenues perverses, par suite de ce *refoulement* « collatéral », les tendances doivent apparaître plus violentes qu'elles ne le seraient si aucun obstacle réel ne s'était opposé à la satisfaction sexuelle normale. On constate d'ailleurs une influence analogue en ce qui concerne les perversions manifestes. Elles sont provoquées ou favorisées dans certains cas par le fait que, par suite de circonstances passagères ou de conditions sociales durables, la satisfaction sexuelle normale se heurte à des difficultés insurmontables. Il va sans dire que dans d'autres cas les tendances perverses sont indépendantes des circonstances ou conditions susceptibles de les favoriser et constituent pour les individus qui en sont porteurs la forme normale de leur vie sexuelle.

Vous venez peut-être d'éprouver l'impression que, loin d'élucider les rapports existant entre la sexualité normale et la sexualité perverse, nous n'avons fait que les embrouiller. Réfléchissez cependant à ceci : s'il est exact que chez les personnes privées de la possibilité d'obtenir une satisfaction sexuelle normale, on voit apparaître des tendances perverses qui, sans cela, ne se seraient jamais manifestées, on doit admettre qu'il existait tout de même chez ces personnes quelque chose qui les prédisposait à ces perversions ; ou, si vous aimez mieux, que ces perversions existaient chez elles à l'état latent. Cela admis, nous arrivons à l'autre des faits nouveaux que je vous avais annoncés. La recherche psychanalytique s'est notamment vue obligée de porter aussi son attention sur la vie sexuelle de l'enfant, et elle y a été amenée par le fait que les souvenirs et les idées qui surgissent chez les sujets au cours de l'analyse de leurs symptômes ramènent régulièrement l'analyse aux premières années de l'enfance de ces sujets. Toutes les conclusions que nous avions formulées à propos de ce fait ont été vérifiées point par point à la suite d'observations directes sur des enfants. Et nous avons constaté que toutes les tendances perverses plongent par leurs racines dans l'enfance, que les enfants portent en eux toutes les prédispositions à ces tendances qu'ils manifestent dans la mesure compatible avec leur immaturité, bref que la sexualité perverse n'est pas autre chose que la sexualité infantile grossie et décomposée en ses tendances particulières.

Cette fois vous apercevez les perversions sous un tout autre jour et vous ne pourrez plus méconnaître leurs rapports avec la vie sexuelle de l'homme. Mais au prix de combien de surprises et de pénibles déceptions ! Vous serez tout d'abord tentés de nier tout : et le fait que les enfants possèdent quelque chose qui mérite le nom de vie sexuelle, et l'exactitude de nos observations, et mon droit de trouver dans l'attitude des enfants une affinité avec ce que nous condamnons chez des personnes plus âgées comme étant une perversion. Permettez-moi donc tout d'abord de vous expliquer les raisons de votre résistance, je vous exposerai ensuite l'ensemble de mes observations. Prétendre que les enfants n'ont pas de vie sexuelle, — excitations sexuelles, besoins sexuels, une sorte de satisfaction sexuelle, — mais que cette vie s'éveille chez eux brusquement à l'âge de 12 à 14 ans, c'est, abstraction faite de toutes les observations, avancer une affirmation qui, au point de vue biologique, est aussi invraisemblable, voire aussi absurde que le serait celle d'après laquelle les enfants naîtraient sans organes génitaux, lesquels ne feraient leur apparition qu'à l'âge de la puberté. Ce qui s'éveille chez les enfants à cet âge, c'est la fonction de la reproduction qui se sert, pour réaliser ses buts, d'un appareil corporel et psychique déjà existant. Vous tombez dans l'erreur qui consiste à confondre sexualité et reproduction, et par cette erreur vous vous fermez l'accès à la compréhension de la sexualité, des perversions et des névroses. C'est là cependant une erreur tendancieuse. Chose étonnante, elle a sa source dans le fait que vous avez été enfants vous-mêmes et avez, comme tels, subi l'influence de l'éducation. Au point de vue de l'éducation, la société considère comme une de ses tâches essentielles de réfréner l'instinct sexuel lorsqu'il se manifeste comme besoin de procréation, de le limiter, de le soumettre à une volonté individuelle se pliant à la contrainte sociale. La société est également intéressée à ce que le développement complet dit besoin sexuel soit retardé jusqu'à ce que l'enfant ait atteint un certain degré de maturité sociale, car dès que ce développement est atteint, l'éducation n'a plus de prise sur l'enfant. La sexualité, si elle se manifestait d'une façon trop précoce, romprait toutes les barrières et emporterait tous les résultats si péniblement acquis par la culture. La tâche de réfréner le besoin sexuel n'est d'ailleurs jamais facile ; on réussit à la réaliser tantôt trop, tantôt trop peu. La base sur laquelle repose la société humaine est, en dernière analyse, de nature économique : ne possédant pas assez de moyens de subsistance pour permettre à ses membres de vivre sans travailler, la société est obligée de limiter le nombre de ses membres et de détourner leur énergie de l'activité sexuelle vers le travail. Nous sommes là en présence de l'éternel besoin vital qui, né en même temps que l'homme, persiste jusqu'à nos jours.

L'expérience a bien dû montrer aux éducateurs que la tâche d'assouplir la volonté sexuelle de la nouvelle génération n'est réalisable que si, sans attendre l'explosion tumultueuse de la puberté, on commence dès les premières années à amener les enfants à soumettre à une discipline leur vie sexuelle, qui n'est qu'une préparation à celle de l'âge mûr. Dans ce but, on interdit aux enfants toutes les activités sexuelles infantiles ; on les en détourne, dans l'espoir idéal de rendre leur vie asexuelle, et on en est arrivé peu à peu à la considérer réellement comme telle, croyance à laquelle la science a apporté sa confirmation. Afin de ne pas se mettre en contradiction avec les croyances qu'on professe et les intentions qu'on poursuit, on néglige l'activité sexuelle de l'enfant, ce qui est loin d'être une attitude facile, ou bien on se contente, dans la science, de la concevoir différemment. L'enfant est considéré comme pur, comme innocent, et quiconque le décrit autrement est accusé de commettre un sacrilège, de se livrer à un attentat impie contre les sentiments les plus tendres et les plus sacrés de l'humanité.

Les enfants sont les seuls à ne pas être dupes de ces conventions ; ils font valoir en toute naïveté leurs droits anormaux et montrent à chaque instant que, pour eux, le chemin de la pureté est encore à parcourir tout entier. Il est assez singulier que ceux qui nient la sexualité infantile ne renoncent pas pour cela à l'éducation et condamnent le plus sévèrement, à titre de « mauvaises habitudes », les manifestations de ce qu'ils nient. Il est en outre extrêmement intéressant, au point de vue théorique, que les cinq ou six premières années de la vie, c'est-à-dire l'âge auquel le préjugé d'une enfance asexuelle s'applique le moins, est enveloppé chez la plupart des personnes d'un brouillard d'amnésie que seule la recherche analytique réussit à dissiper, mais qui auparavant s'était déjà montré perméable pour certaines formations de rêves.

Et maintenant, je vais vous exposer ce qui apparaît avec le plus de netteté lorsqu'on étudie la vie sexuelle de l'enfant. Pour plus de clarté, je vous demanderai la permission d'introduire à cet effet la notion de la *libido.* Analogue à la faim en général, la libido désigne la force avec laquelle se manifeste l'instinct sexuel, comme la faim désigne la force avec laquelle se manifeste l'instinct d'absorption de nourriture. D'autres notions, telles qu'excitation et satisfaction sexuelles, n'ont pas besoin d'explication. Vous allez voir, et vous en tirerez peut-être un argument contre moi, que les activités sexuelles du nourrisson ouvrent à l'interprétation un champ infini. On obtient ces interprétations en soumettant les symptômes à une analyse régressive. Les premières manifestations de la sexualité, qui se montrent chez le nourrisson, se rattachent à d'autres fonctions vitales. Ainsi que vous le savez, son principal intérêt porte sur l'absorption de nourriture ; lorsqu'il s'endort rassasié devant le sein de sa mère, il présente une expression d'heureuse satisfaction qu'on retrouve plus tard à la suite de la satisfaction sexuelle. Ceci ne suffirait pas à justifier une conclusion. Mais nous observons que le nourrisson est toujours disposé à recommencer l'absorption de nourriture, non parce qu'il a encore besoin de celle-ci, mais pour la seule action que cette absorption comporte. Nous disons alors qu'il suce ; et le fait que, ce faisant, il s'endort de nouveau avec une expression béate, nous montre que l'action de sucer lui a, comme telle, procuré une satisfaction. Il finit généralement par ne plus pouvoir s'endormir sans sucer. C'est un pédiatre de Budapest, le Dr Lindner, qui a le premier affirmé la nature sexuelle de cet acte. Les personnes qui soignent l'enfant et qui ne cherchent nullement à adopter une attitude théorique, semblent porter sur cet acte un jugement analogue. Elles se rendent parfaitement compte qu'il ne sert qu'à procurer un plaisir, y voient une « mauvaise habitude », et lorsque l'enfant ne veut pas renoncer spontanément à cette habitude, elles cherchent à l'en débarrasser en y associant des impressions désagréables. Nous apprenons ainsi que le nourrisson accomplit des actes qui ne servent qu'à lui procurer un plaisir. Nous croyons qu'il a commencé à éprouver ce plaisir à l'occasion de l'absorption de nourriture, mais qu'il n'a pas tardé à apprendre à la séparer de cette condition. Nous rapportons cette sensation de plaisir à la zone bucco-labiale, désignons cette zone sous le nom de *zone érogène* et considérons le plaisir procuré par l'acte de sucer comme un plaisir *sexuel. Nous* aurons certainement encore à discuter la légitimité de ces désignations.

Si le nourrisson était capable de faire part de ce qu'il éprouve, il déclarerait certainement que sucer le sein maternel constitue l'acte le plus important de la vie. Ce disant, il n'aurait pas tout à fait tort, car il satisfait par ce seul acte deux grands besoins de la vie. Et ce n'est pas sans surprise que nous apprenons par la psychanalyse combien profonde est l'importance psychique de cet acte dont les traces persistent ensuite la vie durant. L'acte qui consiste à sucer le sein maternel devient le point de départ de toute la vie sexuelle, l'idéal jamais atteint de toute satisfaction sexuelle ultérieure, idéal auquel l'imagination aspire dans des moments de grand besoin et de grande privation. C'est ainsi que le sein maternel forme le premier objet de l'instinct sexuel ; et je ne saurais vous donner une idée assez exacte de l'importance de ce premier objet pour toute recherche ultérieure d'objets sexuels, de l'influence profonde qu'il exerce, dans toutes ses transformations et substitutions, jusque dans les domaines les plus éloignés de notre vie psychique. Mais bientôt l'enfant cesse de sucer le sein qu'il remplace par une partie de son propre corps. L'enfant se met à sucer son pouce, sa langue. Il se procure ainsi du plaisir, sans avoir pour cela besoin du consentement du monde extérieur, et l'appel à une deuxième zone du corps renforce en outre le stimulant de l'excitation. Toutes les zones érogènes ne sont pas également efficaces ; aussi est-ce un événement important dans la vie de l'enfant lorsque, à force d'explorer son corps, il découvre les parties particulièrement excitables de ses organes génitaux et trouve ainsi le chemin qui finira par le conduire à l'onanisme.

En faisant ressortir l'importance de l'acte de sucer, nous avons dégagé deux caractères essentiels de la sexualité infantile. Celle-ci se rattache notamment à la satisfaction des grands besoins organiques et elle se comporte, en outre, d'une façon *auto-érotique,* c'est-à-dire qu'elle trouve ses objets sur son propre corps. Ce qui est apparu avec la plus grande netteté à propos de l'absorption d'aliments, se renouvelle en partie à propos des excrétions. Nous en concluons que l'élimination de l'urine et du contenu intestinal est pour le nourrisson une source de jouissance et qu'il s'efforce bientôt d'organiser ces actions de façon qu'elles lui procurent le maximum de plaisir, grâce à des excitations correspondantes des zones érogènes des muqueuses. Lorsqu'il en est arrivé à ce point, le monde extérieur lui apparaît, selon la fine remarque de Lou Andreas, comme un obstacle, comme une force hostile à sa recherche de jouissance et lui laisse entrevoir, à l'avenir, des luttes extérieures et intérieures. On lui défend de se débarrasser de ses excrétions quand et comment il veut ; ou le force à se conformer aux indications d'autres personnes. Pour obtenir sa renonciation à ces sources de jouissance, on lui inculque la conviction que tout ce qui se rapporte à ces fonctions est indécent, doit rester caché. Il est obligé de renoncer au plaisir, au nom de la dignité sociale. Il n'éprouve au début aucun dégoût devant ses excréments qu'il considère comme faisant partie de son corps ; il s'en sépare à contre-cœur et s'en sert comme premier « cadeau » pour distinguer les personnes qu'il apprécie particulièrement. Et après même que l'éducation a réussi à la débarrasser de ces penchants, il transporte sur le « cadeau » et l'« argent » la valeur qu'il avait accordée aux excréments. Il semble en revanche être particulièrement fier des exploits qu'il rattache à l'acte d'uriner.

Je sens que vous faites un effort sur vous-mêmes pour ne pas m'interrompre et me crier : « Assez de ces horreurs ! Prétendre que la défécation est une source de satisfaction sexuelle, déjà utilisée par le nourrisson ! Que les excréments sont une substance précieuse, l'anus une sorte d'organe sexuel ! Nous n'y croirons jamais ; mais nous comprenons fort bien pourquoi pédiatres et pédagogues ne veulent rien savoir de la psychanalyse et de ses résultats ». Calmez-vous. Vous avez tout simplement oublié, que si je vous ai parlé des faits que comporte la vie sexuelle infantile, ce fut à l'occasion des faits se rattachant aux perversions sexuelles. Pourquoi ne sauriez-vous pas que chez de nombreux adultes, tant homosexuels qu'hétérosexuels, l'anus remplace réellement le vagin dans les rapports sexuels ? Et pourquoi ne sauriez-vous pas qu'il y a des individus pour lesquels la défécation reste, toute leur vie durant, une source de volupté qu'ils sont loin de dédaigner ? Quant à l'intérêt que suscite l'acte de défécation et au plaisir qu'on peut éprouver en assistant à cet acte, lorsqu'il est accompli par un autre, vous n'avez, pour vous renseigner, qu'à vous adresser aux enfants mêmes, lorsque, devenus plus âgés, ils sont à même d'en parler. Il va sans dire que vous ne devez pas commencer par intimider ces enfants, car vous comprenez fort bien que, si vous le faites, vous n'obtiendrez rien d'eux. Quant aux autres choses auxquelles vous ne voulez pas croire, je vous renvoie aux résultats de l'analyse et de l'observation directe des enfants, et je vous dis qu'il faut de la mauvaise volonté pour ne pas voir ces choses ou pour les voir autrement. Je ne vois aucun inconvénient à ce que vous trouviez étonnante l'affinité que je postule entre l'activité sexuelle infantile et les perversions sexuelles. Il s'agit pourtant là d'une relation tout à fait naturelle, car si l'enfant possède une vie sexuelle, celle-ci ne peut être que de nature perverse, attendu que, sauf quelques vagues indications, il lui manque tout ce qui fait de la sexualité une fonction de procréation. Ce qui caractérise, d'autre part, toutes les perversions, c'est qu'elles méconnaissent le but essentiel de la sexualité, c'est-à-dire la procréation. Nous qualifions en effet de perverse toute activité sexuelle qui, ayant renoncé à la procréation, recherche le plaisir comme un but indépendant de celle-ci. Vous comprenez ainsi que la ligne de rupture et le tournant du développement de la vie sexuelle doivent être cherchés dans sa subordination aux fins de la procréation. Tout ce qui se produit avant ce tournant, tout ce qui s'y soustrait, tout ce qui sert uniquement à procurer de la jouissance, reçoit la dénomination peu recommandable de « pervers » et est, comme tel, voué au mépris.

Laissez-moi, en conséquence, poursuivre mon rapide exposé de la sexualité infantile. Tout ce que j'ai dit concernant deux systèmes d'organes pourrait être complété en tenant compte des autres. La vie sexuelle de l'enfant comporte une série de tendances partielles s'exerçant indépendamment les unes des autres et utilisant, en vue de la jouissance, soit le corps même de l'enfant, soit des objets extérieurs. Parmi les organes sur lesquels s'exerce l'activité sexuelle de l'enfant, les organes sexuels ne tardent pas à prendre la première place ; il est des personnes qui, depuis l'onanisme inconscient de leur première enfance jusqu'à l'onanisme forcé de leur puberté, n'ont jamais connu d'autre source de jouissance que leurs propres organes génitaux, et chez quelques-uns même cette situation persiste bien au-delà de la puberté. L'onanisme n'est d'ailleurs pas un de ces sujets dont on vient facilement à bout ; il y a là matière à de multiples considérations.

Malgré mon désir d'abréger le plus possible mon exposé, je suis obligé de vous dire encore quelques mots sur la curiosité sexuelle des enfants. Elle est très caractéristique de la sexualité infantile et présente une très grande importance au point de vue de la symptomatologie des névroses. La curiosité sexuelle de l'enfant commence de bonne heure, parfois avant la troisième année. Elle n'a pas pour point de départ les différences qui séparent les sexes, ces différences n'existant pas pour les enfants, lesquels (les garçons notamment) attribuent aux deux sexes les mêmes organes génitaux, ceux du sexe masculin. Lorsqu'un garçon découvre chez sa sœur ou chez une camarade de jeux l'existence du vagin, il commence par nier le témoignage de ses sens, car il ne peut pas se figurer qu'un être humain soit dépourvu d'un organe auquel il attribue une si grande valeur. Plus tard, il recule effrayé devant la possibilité qui se révèle à lui et il commence à éprouver l'action de certaines menaces qui lui ont été adressées antérieurement à l'occasion de l'excessive attention qu'il accordait à son petit membre. Il tombe sous la domination de ce que nous appelons le « complexe de castration », dont la forme influe sur son caractère, lorsqu'il reste bien portant, sur sa névrose, lorsqu'il tombe malade, sur ses résistances, lorsqu'il subit un traitement analytique. En ce qui concerne la petite fille, nous savons qu'elle considère comme un signe de son infériorité l'absence d'un pénis long et visible, qu'elle envie le garçon parce qu'il possède cet organe, que de cette envie naît chez elle le désir d'être un homme et que ce désir se trouve plus tard impliqué dans la névrose provoquée par les échecs qu'elle a éprouvés dans l'accomplissement de sa mission de femme. Le clitoris joue d'ailleurs chez la toute petite fille le rôle de pénis, il est le siège d'une excitabilité particulière, l'organe qui procure la satisfaction auto-érotique. La transformation de la petite fille en femme est caractérisée principalement par le fait que cette sensibilité se déplace en temps voulu et totalement du clitoris à l'entrée du vagin. Dans les cas d'anesthésie dite sexuelle des femmes le clitoris conserve intacte sa sensibilité.

L'intérêt sexuel de l'enfant se porte plutôt en premier lieu sur le problème de savoir d'où viennent les enfants, c'est-à-dire sur le problème qui forme le fond de la question posée par le sphinx thébain, et cet intérêt est le plus souvent éveillé par la crainte égoïste que suscite la venue d'un nouvel enfant. La réponse à l'usage de la *nursery,* c'est-à-dire que c'est la cigogne qui apporte les enfants, est accueillie, plus souvent qu'on ne le pense, avec méfiance, même par les petits enfants. L'impression d'être trompé par les grandes personnes contribue beaucoup à l'isolement de l'enfant et au développement de son indépendance. Mais l'enfant n'est pas à même de résoudre ce problème par ses propres moyens. Sa constitution sexuelle encore insuffisamment développée oppose des limites à sa faculté de connaître. Il admet d'abord que les enfants viennent à la suite de l'absorption avec la nourriture de certaines substances spéciales, et il ignore encore que seules les femmes sont susceptibles d'avoir des enfants. Il apprend ce fait plus tard et relègue dans le domaine des contes l'explication qui fait dépendre la venue d'enfants de l'absorption d'une certaine nourriture. Devenu un peu plus grand, l'enfant se rend compte que le père joue un certain rôle dans l'apparition de nouveaux enfants, mais il est encore incapable de définir ce rôle. S'il lui arrive de surprendre par hasard un acte sexuel, il y voit une tentative de violence, un corps à corps brutal : fausse conception sadique du coït. Toutefois, il n'établit pas immédiatement un rapport entre cet acte et la venue de nouveaux enfants. Et alors même qu'il aperçoit des traces de sang dans le lit et sur le linge de sa mère, il y voit seulement une preuve des violences auxquelles se serait livré son père. Plus tard encore, il commence bien à soupçonner que l'organe génital de l'homme joue un rôle essentiel dans l'apparition de nouveaux enfants, mais il persiste à ne pas pouvoir assigner à cet organe d'autre fonction que celle d'évacuation d'urine.

Les enfants sont dès le début unanimes à croire que la naissance de l'enfant se fait par l'anus. C'est seulement lorsque leur intérêt se détourne de cet organe qu'ils abandonnent cette théorie et la remplacent par celle d'après laquelle l'enfant naîtrait par le nombril qui s'ouvrirait à cet effet. Ou encore ils situent dans la région sternale, entre les deux seins, l'endroit où l'enfant nouveau-né ferait son apparition. C'est ainsi que l'enfant, dans ses explorations, se rapproche des faits sexuels ou, égaré par son ignorance, passe à côté d'eux, jusqu'au moment où l'explication qu'il en reçoit dans les années précédant immédiatement la puberté, explication déprimante, souvent incomplète, agissant souvent à la manière d'un traumatisme, vient le tirer de sa naïveté première.

Vous avez sans doute entendu dire que, pour maintenir ses propositions concernant la causalité sexuelle des névroses et l'importance sexuelle des symptômes, la psychanalyse imprime à la notion du sexuel une extension exagérée. Vous êtes maintenant à même de juger si cette extension est vraiment injustifiée. Nous n'avons étendu la notion de sexualité que juste assez pour y faire entrer aussi la vie sexuelle des pervers et celles des enfants. Autrement dit, nous n'avons fait que lui restituer l'ampleur qui lui appartient. Ce qu'on entend par sexualité en dehors de la psychanalyse, est une sexualité tout à fait restreinte, une sexualité mise au service de la seule procréation, bref ce qu'on appelle la vie sexuelle normale.

CHAPITRE 21

DÉVELOPPEMENT DE LA LIBIDO ET ORGANISATIONS SEXUELLES

J'ai l'impression de n'avoir pas réussi à vous convaincre comme je l'aurais voulu de l'importance des perversions pour notre conception de la sexualité. Je vais donc améliorer et compléter, dans la mesure du possible, ce que j'ai dit à ce sujet.

Il ne faut pas croire que ce soit par les seules perversions que nous avons été conduits à cette modification de la notion de la sexualité qui nous a valu une si violente opposition. L'étude de la sexualité infantile y a contribué dans une mesure encore plus grande, et les résultats concordants fournis par l'étude des perversions et par celle de la sexualité infantile ont été pour nous décisifs. Mais les manifestations de la sexualité infantile, quelque évidentes qu'elles soient chez les enfants déjà un peu âgés, semblent cependant au début se perdre dans le vague et l'indéterminé. Ceux qui ne tiennent pas compte du développement et des relations analytiques leur refuserons tout caractère sexuel et leur attribueront plutôt un caractère indifférencié. N'oubliez pas que nous ne sommes pas encore en possession d'un signe universellement reconnu et permettant d'affirmer avec certitude la nature sexuelle d'un processus ; nous ne connaissons sous ce rapport que la fonction de reproduction dont nous avons déjà dit qu'elle offrait une définition trop étroite. Les critères biologiques, dans le genre des périodicités de 23 et de 28 jours établies par W. Fliess, sont encore très discutables ; les particularités chimiques des processus sexuels, particularités que nous soupçonnons, attendent encore qu'on les découvre. Au contraire, les perversions sexuelles des adultes sont quelque chose de palpable et ne prêtent à aucune équivoque. Ainsi que le prouve leur dénomination généralement admise, elles font incontestablement partie de la sexualité. Qu'on les appelle signes de dégénérescence ou autrement, personne n'a encore eu le courage de les ranger ailleurs que parmi les phénomènes de la vie sexuelle. N'y aurait-il que les perversions seules, nous serions déjà largement autorisés à affirmer que la sexualité et la procréation ne coïncident pas, car il est connu que toute perversion constitue une négation des fins assignées à la procréation.

Je vois à ce propos un parallèle qui n'est pas dépourvu d'intérêt. Alors que la plupart confondent le « conscient » avec le « psychique », nous avons été obligés d'élargir la notion de « psychique » et de reconnaître l'existence d'un psychique qui n'est pas conscient. Il en est de même de l'identité que certains établissent entre le « sexuel » et « ce qui se rapporte à la procréation » ou, pour abréger, le « génital », alors que nous ne pouvons faire autrement que d'admettre l'existence d'un « sexuel » qui n'est pas « génital », qui n'a rien à voir avec la procréation. L'identité dont on nous parle n'est que formelle et manque de raisons profondes.

Mais si l'existence des perversions sexuelles apporte à cette question un argument décisif, comment se fait-il que cet argument n'ait pas encore fait sentir sa force et que la question ne soit pas depuis longtemps résolue ? Je ne saurais vous le dire, mais il me semble qu'il faut en voir la cause dans le fait que les perversions sexuelles sont frappées d'une proscription particulière qui se répercute sur la théorie et s'oppose à leur étude scientifique. On dirait que les gens voient dans les perversions une chose non seulement répugnante, mais aussi monstrueuse et dangereuse, qu'ils craignent d'être induits par elles en tentation et qu'au fond ils sont obligés de réprimer en eux-mêmes, à l'égard de ceux qui en sont porteurs, une jalousie secrète dans le genre de celle qu'avoue, dans la célèbre parodie de Tannhäuser, le landgrave justicier :

« À Venusberg, il a oublié honneur et devoir !
— Hélas ! ce n'est pas à nous que cette chose-là
arriverait ! »

En réalité, les pervers sont plutôt des pauvres diables qui expient très durement la satisfaction qu'ils ont tant de peine à se procurer.

Ce qui, malgré toute l'étrangeté de son objet et de son but, fait de l'activité perverse une activité incontestablement sexuelle, c'est que l'acte de la satisfaction sexuelle comporte le plus souvent un orgasme complet et une émission de sperme. Ceci n'est naturellement que le cas de personnes adultes ; chez l'enfant l'orgasme et l'émission de sperme ne sont pas toujours possibles ; ils sont remplacés par des phénomènes auxquels on ne peut pas toujours attribuer avec certitude un caractère sexuel.

Pour compléter ce que j'ai dit concernant l'importance des perversions sexuelles, je tiens encore à ajouter ceci. Malgré tout le discrédit qui s'attache à elles, malgré l'abîme par lequel on veut les séparer de l'activité sexuelle normale, on n'en est pas moins obligé de s'incliner devant l'observation qui nous montre la vie sexuelle normale entachée de tel ou tel autre trait pervers. Déjà le baiser peut être qualifié d'acte pervers, car il consiste dans l'union de deux zones buccales érogènes, à la place de deux organes sexuels opposés. Et, cependant, personne ne le repousse comme pervers ; on le tolère, au contraire, sur la scène comme une expression voilée de l'acte sexuel. Le baiser notamment, lorsqu'il est tellement intense qu'il est accompagné, ce qui arrive encore assez fréquemment, d'orgasme et d'émission de sperme, se transforme facilement et totalement en un acte pervers. Il est d'ailleurs facile de constater que fouiller des yeux et palper l'objet constitue pour certains une condition indispensable de la jouissance sexuelle, tandis que d'autres, lorsqu'ils sont à l'apogée de l'excitation sexuelle, vont jusqu'à pincer et à mordre leur partenaire et que chez l'amoureux en général l'excitation la plus forte n'est pas toujours provoquée par les organes génitaux, mais par une autre région quelconque du corps de l'objet. Et nous pourrions multiplier ces constatations à l'infini. Il serait absurde d'exclure de la catégorie des normaux et de considérer comme perverses les personnes présentant ces penchants isolés. On reconnaît plutôt avec une netteté de plus en plus grande que le caractère essentiel des perversions consiste, non en ce qu'elles dépassent le but sexuel ou qu'elles remplacent les organes génitaux par d'autres, ou qu'elles comportent une variation de l'objet, mais plutôt dans le caractère exclusif et invariable de ces déviations, caractère qui les rend incompatibles avec l'acte sexuel en tant que condition de la procréation. Dans la mesure où les actions perverses n'interviennent dans l'accomplissement de l'acte sexuel normal qu'à titre de préparation ou de renforcement, il serait injuste de les qualifier de perversions. Il va sans dire que le fossé qui sépare la sexualité normale de la sexualité perverse se trouve en partie comblé par des faits de ce genre. De ces faits, il résulte avec une évidence incontestable que la sexualité normale est le produit de quelque chose qui avait existé avant elle, et qu'elle n'a pu se former qu'après avoir éliminé comme inutilisables certains de ces matériaux préexistants et conservé les autres pour les subordonner au but de la procréation.

Avant d'utiliser les connaissances que nous venons d'acquérir concernant les perversions, pour entreprendre, à leur lumière, une nouvelle étude, plus approfondie, de la sexualité infantile, je tiens à attirer votre attention sur une importante différence qui existe entre celles-là et celle-ci. La sexualité perverse est généralement centralisée d'une façon parfaite, toutes les manifestations de son activité tendent vers le même but, qui est souvent unique ; une de ses tendances partielles ayant généralement pris le dessus se manifeste soit seule, à l'exclusion des autres, soit après avoir subordonné les autres à ses propres intentions. Sous ce rapport, il n'existe, entre la sexualité normale et la sexualité perverse, pas d'autre différence que celle qui correspond à la différence existant entre leurs tendances partielles dominantes et, par conséquent, entre leurs buts sexuels. On peut dire qu'il existe aussi bien dans l'une que dans l'autre une tyrannie bien organisée, la seule différence portant sur le parti qui a réussi à s'emparer du pouvoir. Au contraire, la sexualité infantile, envisagée dans son ensemble, ne présente ni centralisation, ni organisation, toutes les tendances partielles jouissant des mêmes droits, chacune cherchant la jouissance pour son propre compte. L'absence et l'existence de la centralisation s'accordent naturellement avec le fait que les deux sexualités, la perverse et la normale, sont dérivées de l'infantile. Il existe d'ailleurs des cas de sexualité perverse qui présentent une ressemblance beaucoup plus grande avec la sexualité infantile, en ce sens que de nombreuses tendances partielles y poursuivent leurs buts, chacune indépendamment et sans se soucier de toutes les autres. Ce serait des cas d'infantilisme sexuel, plutôt que de perversions.

Ainsi préparés, nous pouvons aborder la discussion d'une proposition qu'on ne manquera pas de nous faire. On nous dira : « pourquoi vous entêtez-vous à dénommer sexualité ces manifestations de l'enfance que vous considérez vous-même comme indéfinissables et qui ne deviennent sexuelles que plus tard ? Pourquoi, vous contentant de la seule description physiologique, ne diriez-vous pas tout simplement qu'on observe chez le nourrisson des activités qui, telles que l'acte de sucer et la rétention des excréments, montrent seulement que, l'enfant recherche le plaisir qu'il peut éprouver par l'intermédiaire de certains organes ? Ce disant, vous éviteriez de froisser les sentiments de vos auditeurs et lecteurs par l'attribution d'une vie sexuelle aux enfants à peine nés à la vie ». Certes, je n'ai aucune objection à élever contre la possibilité de la recherche de plaisirs par l'intermédiaire de tel ou tel organe ; je sais que le plaisir le plus intense, celui que procure l'accouplement, n'est qu'un plaisir qui accompagne l'activité des organes sexuels. Mais sauriez-vous me dire comment et pourquoi ce plaisir local, indifférent au début, revêt ce caractère sexuel qu'il présente incontestablement aux phases de développement ultérieures ? Sommes-nous plus et mieux renseignés sur « le plaisir local des organes » que sur la sexualité ? Vous me répondriez que le caractère sexuel, apparaît précisément lorsque les organes génitaux commencent à jouer leur rôle, lorsque le sexuel coïncide et se confond avec le génital. Et vous réfuteriez l'objection que je pourrais tirer de l'existence des perversions, en me disant qu'après tout le but de la plupart des perversions consiste à obtenir l'orgasme génital, bien que par un moyen autre que l'accouplement des organes génitaux. Vous améliorez en effet sensiblement votre position par le fait que vous éliminez de la caractéristique du sexuel les rapports que celui-ci présente avec la procréation et qui sont incompatibles avec les perversions. Vous refoulez ainsi la procréation à l'arrière-plan pour accorder la première place à l'activité génitale pure et simple. Mais alors les divergences qui nous séparent sont moins grandes que vous ne le pensez : nous plaçons tout simplement les organes génitaux à côté d'autres organes. Que faites-vous cependant des nombreuses observations qui montrent que les organes génitaux, comme source de plaisir, peuvent être remplacés par d'autres organes, comme dans le baiser normal, comme dans les pratiques perverses des débauchés, comme dans la symptomatologie des hystériques ? Dans l'hystérie, notamment, il arrive souvent que des phénomènes d'excitation, des sensations et des innervations, voire les processus de l'érection, se trouvent déplacés des organes génitaux sur d'autres régions du corps, souvent éloignées de ceux-ci (la tête et le visage, par exemple). Ainsi convaincus qu'il ne vous reste rien que vous puissiez conserver pour la caractéristique de ce que vous appelez sexuel, vous serez bien obligés de suivre mon exemple et d'étendre la dénomination « sexuel » aux activités de la première enfance en quête de jouissances locales que tel ou tel organe est susceptible de procurer.

Et vous trouverez que j'ai tout à fait raison si vous tenez encore compte des deux considérations suivantes. Ainsi que vous le savez, nous qualifions de sexuelles les activités douteuses et indéfinissables de la première enfance ayant le plaisir pour objectif, parce que nous avons été conduits à cette manière de voir par des matériaux de nature incontestablement sexuelle que nous a fournis l'analyse des symptômes. Mais si ces matériaux sont de nature incontestablement sexuelle, me direz-vous, il n'en résulte pas que les activités infantiles orientées vers la recherche du plaisir soient également sexuelles. D'accord. Prenez cependant un cas analogue. Imaginez-vous que nous n'ayons aucun moyen d'observer le développement de deux plantes dicotylédones, telles que le poirier et la fève, à partir de leurs graines respectives, mais que nous puissions dans les deux cas suivre leur développement par la voie inverse, c'est-à-dire en commençant par l'individu végétal complètement formé pour finir par le premier embryon n'ayant que deux cotylédons. Ces derniers paraissent indifférents et sont identiques dans les deux cas. Devons-nous en conclure qu'il s'agit là d'une identité réelle et que la différence spécifique existant entre le poirier et la fève n'apparaît que plus tard au cours de la croissance ? N'est-il pas plus correct, au point de vue biologique, d'admettre que cette différence existe déjà chez les embryons, malgré l'identité apparente des cotylédons ? C'est ce que nous faisons, en dénommant sexuel le plaisir procuré par les activités du nourrisson. Quant à savoir si tous les plaisirs procurés par les organes doivent être qualifiés de sexuels ou s'il y a, à côté du plaisir sexuel, un plaisir d'une nature différente, — c'est là une question que je ne puis discuter ici. Je sais peu de choses sur le plaisir procuré par les organes et sur ses conditions, et il n'y a rien d'étonnant si notre analyse régressive aboutit en dernier lieu à des facteurs encore indéfinissables.

Encore une remarque ! Tout bien considéré, vous ne gagneriez pas grand-chose en faveur de votre affirmation de la pureté sexuelle de l'enfant, alors même que vous réussiriez à me convaincre qu'il y a de bonnes raisons de ne pas considérer comme sexuelles les activités du nourrisson. C'est que, dès la troisième année, la vie sexuelle de l'enfant ne présente plus le moindre doute. Dès cet âge, les organes génitaux deviennent susceptibles d'érection et on observe alors souvent une période de masturbation infantile, donc de satisfaction sexuelle. Les manifestations psychiques et sociales de la vie sexuelle ne prêtent à aucune équivoque : choix de l'objet, préférence affective accordée à telle ou telle personne, décision même en faveur d'un sexe à l'exclusion de l'autre, jalousie, tels sont les faits qui ont été constatés par des observateurs impartiaux, en dehors de la psychanalyse et avant elle, et qui peuvent être vérifiés par tous ceux qui ont la bonne volonté de voir. Vous me direz que vous n'avez jamais mis en doute l'éveil précoce de la tendresse, mais que vous doutez seulement de son caractère « sexuel ». Certes, à l'âge de 3 à 8 ans les enfants ont déjà appris à dissimuler ce caractère, mais, en observant attentivement, vous découvrirez de nombreux indices des intentions « sensuelles » de cette tendresse, et ce qui vous échappera au cours de vos observations directes ressortira facilement à la suite d'une enquête analytique. Les buts sexuels de cette période de la vie se rattachent étroitement à l'exploration sexuelle qui préoccupe les enfants à la même époque et dont je vous ai cité quelques exemples. Le caractère pervers de quelques-uns de ces buts s'explique naturellement par l'immaturité constitutionnelle de l'enfant qui n'a pas encore découvert la fin à laquelle sert l'acte d'accouplement.

Entre la sixième et la huitième année environ, le développement sexuel subit un temps d'arrêt ou de régression qui, dans les cas socialement les plus favorables, mérite le nom de période de latence. Cette latence peut aussi manquer ; en tout cas, elle n'entraîne pas fatalement une interruption complète de l'activité et des intérêts sexuels. La plupart des événements et tendances psychiques, antérieurs à la période de latence, sont alors frappés d'amnésie infantile, tombent dans cet oubli dont nous avons déjà parlé et qui nous cache et nous rend étrangère notre première jeunesse. La tâche de toute psychanalyse consiste à faire revivre le souvenir de cette période oubliée de la vie, et on ne peut s'empêcher de soupçonner que la raison de cet oubli réside dans les débuts de la vie sexuelle qui coïncident avec cette période, que l'oubli est, par conséquent, l'effet du refoulement.

À partir de la troisième année, la vie sexuelle de l'enfant présente beaucoup d'analogies avec celle de l'adulte, elle ne se distingue de cette dernière que par l'absence d'une solide organisation sous le primat des organes génitaux, par son caractère incontestablement perverti et, naturellement, par la moindre intensité de l'instinct dans son ensemble. Mais les phases les plus intéressantes, au point de vue théorique, du développement sexuel ou, dirons-nous, du développement de la libido, sont celles qui précèdent cette période. Ce développement s'accomplit avec une rapidité telle que l'observation directe n'aurait probablement jamais réussi à fixer ses images fuyantes. C'est seulement grâce à l'étude psychanalytique des névroses qu'on se trouva à même de découvrir des phases encore plus reculées du développement de la libido. Sans doute, ce ne sont là que des constructions, mais l'exercice pratique de la psychanalyse vous montrera que ces constructions sont nécessaires et utiles. Et vous comprendrez bientôt pourquoi la pathologie est à même de découvrir ici des faits qui nous échappent nécessairement dans les conditions normales.

Nous pouvons maintenant nous rendre compte de l'aspect que revêt la vie sexuelle de l'enfant avant que s'affirme le primat des organes génitaux, primat qui se prépare pendant la première époque infantile précédant la période de latence et commence à s'organiser solidement à partir de la puberté. Il existe, pendant toute cette première période, une sorte d'organisation plus lâche que nous appellerons *prégénitale.* Mais dans cette phase ce ne sont pas les tendances génitales partielles, mais les tendances *sadiques* et *anales* qui occupent le premier plan.

L'opposition entre *masculin* et *féminin* ne joue encore aucun rôle ; à sa place, nous trouvons l'opposition entre *actif* et *passif,* opposition qu'on peut considérer comme annonciatrice de la polarité sexuelle avec laquelle elle se confond d'ailleurs plus tard. Ce qui, dans les activités de cette phase, nous apparaît comme masculin, puisque nous nous plaçons au point de vue de la phase génitale, se révèle comme l'expression d'une tendance à la domination qui dégénère vite en cruauté. Des tendances à but passif se rattachent à la zone érogène de l'anus qui, dans cette phase, joue un rôle important. Le désir de voir et de savoir s'affirme impérieusement ; le facteur génital ne participe à la vie sexuelle qu'en tant qu'organe d'excrétion de l'urine. Ce ne sont pas les objets qui font défaut aux tendances partielles de cette phase, mais ces objets ne se réunissent pas nécessairement de façon à n'en former qu'un seul. L'organisation sadico-anale constitue la dernière phase préliminaire qui précède celle où s'affirme le primat des organes génitaux. Une étude un peu approfondie montre combien d'éléments de cette phase préliminaire entrent dans la constitution de l'aspect définitif ultérieur et par quels moyens les tendances partielles sont amenées à se ranger dans la nouvelle organisation génitale. Au-delà de la phase sadico-anale du développement de la libido, nous apercevons un stade d'organisation encore plus primitif où c'est la zone érogène buccale qui joue le principal rôle. Vous pouvez constater que ce qui caractérise encore ce stade, c'est l'activité sexuelle qui s'exprime par l'action de sucer, et vous admirerez la profondeur et l'esprit d'observation des anciens Égyptiens dont l'art représente *l'enfant,* entre autres le divin Horus, tenant le doigt dans la bouche. M. Abraham nous a dit combien profondes sont les traces de cette phase primitive orale qu'on retrouve dans toute la vie sexuelle ultérieure.

Je crains fort que tout ce que je viens de vous dire sur les organisations sexuelles ne vous ait fatigués, au lieu de vous instruire. Il est possible que je me sois trop enfoncé dans les détails. Mais prenez patience ; vous aurez l'occasion de vous rendre compte de l'importance de ce que vous venez d'entendre par les applications que nous en ferons ultérieurement. En attendant, tenez pour acquis que la vie sexuelle ou, comme nous le disons, la fonction de la libido, loin de surgir toute faite, loin même de se développer, en restant semblable à elle-même, traverse une série de phases successives entre lesquelles il n'existe aucune ressemblance, qu'elle présente par conséquent un développement qui se répète plusieurs fois, à l'instar de celui qui s'étend de la chrysalide au papillon. Le tournant du développement est constitué par la subordination de toutes les tendances sexuelles partielles au primat des organes génitaux, donc par la soumission de la sexualité à la fonction de la procréation. Nous avons au début une vie sexuelle incohérente, composée d'un grand nombre de tendances partielles exerçant leur activité indépendamment les unes des autres, en vue du plaisir local procuré par les organes. Cette anarchie se trouve tempérée par les prédispositions aux organisations « prégénitales » qui aboutissent à la phase sadico-anale, à travers la phase orale, qui est peut-être la plus primitive. Ajoutez à cela les divers processus, encore insuffisamment connus, qui assurent le passage d'une phase d'organisation à la phase suivante et supérieure. Nous verrons prochainement l'importance que peut avoir, au point de vue de la conception des névroses, ce développement long et graduel de la libido.

Aujourd'hui nous allons envisager encore un autre côté de ce développement, à savoir les rapports existant entre les tendances partielles et l'objet. Ou, plutôt, nous jetterons sur ce développement un rapide coup d'œil, pour nous arrêter plus longuement à un de ses résultats assez tardifs. Donc quelques-uns des éléments constitutifs de *l'instinct sexuel* ont dès le début un objet qu'ils maintiennent avec force ; tel est le cas de la tendance à dominer (sadisme), du désir de voir et de savoir. D'autres, qui se rattachent plus manifestement à certaines zones érogènes du corps, n'ont un objet qu'au début, tant qu'ils s'appuient encore sur les fonctions non sexuelles, et y renoncent lorsqu'ils se détachent de ces fonctions. C'est ainsi que le premier objet de l'élément buccal de l'instinct sexuel est constitué par le sein maternel qui satisfait le besoin de nourriture de l'enfant. L'élément érotique, qui tirait sa satisfaction du sein maternel, en même temps que l'enfant satisfaisait sa faim, conquiert son indépendance dans l'acte de sucer qui lui permet de se détacher d'un objet étranger et de le remplacer par un organe ou une région du corps même de l'enfant. La tendance buccale devient auto-érotique, comme le sont dès le début les tendances anales et autres tendances érogènes. Le développement ultérieur poursuit, pour nous exprimer aussi brièvement que possible, deux buts : 1° renoncer à l'auto-érotisme, remplacer l'objet faisant partie du corps même de l'individu par un autre qui lui soit étranger et extérieur ; 2° unifier les différents objets des diverses tendances et les remplacer par un seul et unique objet. Ce résultat ne peut être complet, semblable à celui de son propre corps. Il ne peut également être obtenu qu'à la condition qu'un certain nombre de tendances soient éliminées comme inutilisables.

Les processus qui aboutissent au choix de tel ou tel objet sont assez compliqués et n'ont pas encore été décrits d'une façon satisfaisante. Il nous suffira de faire ressortir le fait que lorsque le cycle infantile, qui précède la période de latence, est dans une certaine mesure achevé, l'objet choisi se trouve à peu près identique à celui du plaisir buccal de la période précédente. Cet objet, s'il n'est plus le sein maternel, est cependant toujours la mère. Nous disons donc de celle-ci qu'elle est le premier objet d'*amour*. Nous parlons notamment d'amour lorsque les tendances psychiques de l'instinct sexuel viennent occuper le premier plan, alors que les exigences corporelles ou « sensuelles », qui forment la base de cet instinct, sont refoulées ou momentanément oubliées. À l'époque où la mère devient un objet d'amour, le travail psychique du refoulement est déjà commencé chez l'enfant, travail à la suite duquel une partie de ses buts sexuels se trouve soustraite à sa conscience. À ce choix, qui fait de la mère un objet d'amour, se rattache tout ce qui, sous le nom *d'Œdipe-complexe,* a acquis une si grande importance dans l'explication psychanalytique des névroses et a peut-être été une des causes déterminantes de la résistance qui s'est manifestée contre la psychanalyse.

Écoutez ce petit fait divers qui s'est produit pendant la guerre. Un des vaillants partisans de la psychanalyse est mobilisé comme médecin quelque part en Pologne et attire sur lui l'attention de ses collègues par les résultats inattendus qu'il obtient sur un malade. Questionné, il avoue qu'il se sert des méthodes de la psychanalyse et se déclare tout disposé à y initier ses collègues. Tous les soirs, les médecins du corps, collègues et supérieurs, se réunissent pour s'instruire dans les mystérieuses théories de l'analyse. Tout se passe bien pendant un certain temps, jusqu'au jour où notre psychanalyste en arrive à parler à ses auditeurs de *l'Œdipe-complexe :* un supérieur se lève alors et dit qu'il n'en croit rien, qu'il est inadmissible qu'on raconte ces choses à de braves gens, pères de famille, qui combattent pour leur patrie. Et il ajoute qu'il interdit désormais toute conférence sur la psychanalyse. Ce fut tout, et notre analyste fut obligé de demander son déplacement dans un autre secteur. Je crois, quant à moi, que ce serait un grand malheur si, pour vaincre, les Allemands avaient besoin d'une pareille « organisation » de la science, et je suis persuadé que la science allemande ne la supporterait pas longtemps.

Vous êtes sans doute impatients d'apprendre en quoi consiste ce terrible *Œdipe-complexe.* Son nom seul vous permet déjà de le deviner. Vous connaissez tous la légende grecque du roi Œdipe qui a été voué par le destin à tuer son père et à épouser sa mère, qui fait tout ce qu'il peut pour échapper à la prédiction de l'oracle et qui, n'y ayant pas réussi, se punit en se crevant les yeux, dès qu'il a appris qu'il a, sans le savoir, commis les deux crimes qui lui ont été prédits. Je suppose que beaucoup d'entre vous ont été secoués par une violente émotion à la lecture de la tragédie dans laquelle Sophocle a traité ce sujet. L'ouvrage du poète attique nous expose comment le crime commis par Œdipe a été peu à peu dévoilé, à la suite d'une enquête artificiellement retardée et sans cesse ranimée à la faveur de nouveaux indices : sous ce rapport, son exposé présente une certaine ressemblance avec les démarches d'une psychanalyse. Il arrive au cours du dialogue que Jocaste, la mère-épouse aveuglée par l'amour, s'oppose à la poursuite de l'enquête. Elle invoque, pour justifier son opposition, le fait que beaucoup d'hommes ont rêvé qu'ils vivaient avec leur mère, mais que les rêves ne méritent aucune considération. Nous ne méprisons pas les rêves, surtout les rêves typiques, ceux qui arrivent à beaucoup d'hommes, et nous sommes persuadés que le rêve mentionné par Jocaste se rattache intimement au contenu étrange et effrayant de la légende.

Il est étonnant que la tragédie de Sophocle ne provoque pas chez l'auditeur le moindre mouvement d'indignation, alors que les inoffensives théories de notre brave médecin militaire ont soulevé une réprobation qui était beaucoup moins justifiée. Cette tragédie est au fond une pièce immorale, parce qu'elle supprime la responsabilité de l'homme, attribue aux puissances divines l'initiative du crime et révèle l'impuissance des tendances morales de l'homme à résister aux penchants criminels. Entre les mains d'un poète comme Euripide, qui était brouillé avec les dieux, la tragédie d'Œdipe serait devenue facilement un prétexte à récriminations contre les dieux et contre le destin. Mais, chez le croyant Sophocle, il ne pouvait être question de récriminations ; il se tire de la difficulté par une pieuse subtilité, en proclamant que la suprême moralité exige l'obéissance à la volonté des dieux, alors même qu'ils ordonnent le crime. Je ne trouve pas que cette morale constitue une des forces de la tragédie, mais elle n'influe en rien sur l'effet de celle-ci. Ce n'est pas à cette morale que l'auditeur réagit, mais au sens et au contenu mystérieux de la légende. Il réagit comme s'il retrouvait en lui-même, par l'auto-analyse, l'*Œdipe-complexe ;* comme s'il apercevait, dans la volonté des dieux et dans l'oracle, des travestissements idéalisés de son propre inconscient ; comme s'il se souvenait avec horreur d'avoir éprouvé lui-même le désir d'écarter son père et d'épouser sa mère. La voix du poète semble lui dire : « Tu te raidis en vain contre ta responsabilité, et c'est en vain que tu invoques tout ce que tu as fait pour réprimer ces intentions criminelles. Ta faute n'en persiste pas moins puisque, ces intentions, tu n'as pas su les supprimer : elles restent intactes dans ton inconscient. » Et il y a là une vérité psychologique. Alors même qu'ayant refoulé ses mauvaises tendances dans l'inconscient, l'homme croit pouvoir dire qu'il n'en est pas responsable, il n'en éprouve pas moins cette responsabilité comme un sentiment de péché dont il ignore les motifs.

Il est tout à fait certain qu'on doit voir dans l'*Œdipe-complexe* une des principales sources de ce sentiment de remords qui tourmente si souvent les névrosés. Mieux que cela dans une étude sur les commencements de la religion et de la morale humaines que j'ai publiée en 1913 sous le titre : *Totem et Tabou,* j'avais émis l'hypothèse que c'est l'*Œdipe-complexe* qui a suggéré à l'humanité dans son ensemble, au début de son histoire, la conscience de sa culpabilité, cette source dernière de la religion et de la moralité. Je pourrais vous dire beaucoup de choses là-dessus, mais je préfère laisser ce sujet. Il est difficile de s'en détacher lorsqu'on a commencé à s'en occuper, et j'ai hâte de retourner à la psychologie individuelle.

Que nous révèle donc de l'*Œdipe-complexe* l'observation directe de l'enfant à l'époque du choix de l'objet, avant la période de latence ? On voit facilement que le petit bonhomme veut avoir la mère pour lui tout seul, que la présence du père le contrarie, qu'il boude lorsque celui-ci manifeste à la mère des marques de tendresse, qu'il ne cache pas sa satisfaction lorsque le père est absent ou parti en voyage. Il exprime souvent de vive voix ses sentiments, promet à la mère de l'épouser. On dira que ce sont des enfantillages en comparaison des exploits d'Œdipe, mais cela suffit en tant que faits et cela représente ces exploits en germe. On se trouve souvent dérouté par le fait que le même enfant fait preuve, dans d'autres occasions, d'une grande tendresse à l'égard du père ; mais ces attitudes sentimentales opposées ou plutôt *ambivalentes* qui, chez l'adulte, entreraient fatalement en conflit, se concilient fort bien, et pendant longtemps, chez l'enfant, comme elles vivent ensuite côte à côte, et d'une façon durable, dans l'inconscient. On dirait peut-être que l'attitude du petit garçon s'explique par des motifs égoïstes et n'autorise nullement l'hypothèse d'un complexe érotique. C'est la mère qui veille à tous les besoins de l'enfant, lequel a d'ailleurs tout intérêt à ce que nulle autre personne ne s'en occupe. Ceci est certainement vrai, mais on s'aperçoit aussitôt que dans cette situation, comme dans beaucoup d'autres analogues, l'intérêt égoïste ne constitue que le point d'attache de la tendance érotique. Lorsque l'enfant manifeste à l'égard de la mère une curiosité sexuelle peu dissimulée, lorsqu'il insiste pour dormir la nuit à ses côtés, lorsqu'il veut à tout prix assister à sa toilette et use même de moyens de séduction qui n'échappent pas à la mère, laquelle en parle en riant, la nature érotique de l'attachement à la mère paraît hors de doute. Il ne faut pas oublier que la mère entoure des mêmes soins sa petite fille sans provoquer le même effet, et que le père rivalise souvent avec elle d'attentions pour le petit garçon, sans réussir à acquérir aux yeux de celui-ci la même importance. Bref, il n'est pas d'argument critique à l'aide duquel on puisse éliminer de la situation la préférence sexuelle. Au point de vue de l'intérêt égoïste, il ne serait même pas intelligent de la part du petit garçon de ne s'attacher qu'à une seule personne, c'est-à-dire à la mère, alors qu'il pourrait facilement en avoir deux à sa dévotion : la mère et le père.

Vous remarquerez que je n'ai exposé que l'attitude du petit garçon à l'égard du père et de la mère. Celle de la petite fille est, sauf certaines modifications nécessaires, tout à fait identique. La tendre affection pour le père, le besoin d'écarter la mère dont la présence est considérée comme gênante, une coquetterie qui met déjà en œuvre les moyens dont dispose la femme, forment chez la petite fille un charmant tableau qui nous fait oublier le sérieux et les graves conséquences possibles de cette situation infantile. Ajoutons sans tarder que les parents eux-mêmes exercent souvent une influence décisive sur l'acquisition par leurs enfants de l'*Œdipe-complexe,* en cédant de leur côté à l'attraction sexuelle, ce qui fait que, dans les familles où il y a plusieurs enfants, le père préfère manifestement la petite fille, tandis que toute la tendresse de la mère se porte sur le petit garçon. Malgré son importance, ce facteur ne constitue cependant pas un argument contre la nature spontanée de l'*Œdipe-complexe* chez l'enfant. Ce complexe en s'élargissant devient le « complexe familial » lorsque la famille s'accroît par la naissance d'autres enfants. Les premiers venus y voient une menace à leurs situations acquises : aussi les nouveaux frères ou sœurs sont-ils accueillis avec peu d'empressement et avec le désir formel de les voir disparaître. Ces sentiments de haine sont même exprimés verbalement par les enfants beaucoup plus souvent que ceux inspirés par le « complexe parental ». Lorsque le mauvais désir de l'enfant se réalise et que la mort emporte rapidement celui ou celle qu'on avait considérés comme des intrus, on peut constater, à l'aide d'une analyse ultérieure, quel important événement cette mort a été pour l'enfant qui peut cependant fort bien n'en avoir gardé aucun souvenir. Repoussé au second plan par la naissance d'une sœur ou d'un frère, presque délaissé au début, l'enfant oublie difficilement cet abandon ; celui-ci fait naître en lui des sentiments qui, lorsqu'ils existent chez l'adulte, le font qualifier d'aigri, et ces sentiments peuvent devenir le point de départ d'un refroidissement durable à l'égard de la mère. Nous avons déjà dit que les recherches sur la sexualité, avec toutes leurs conséquences, se rattachent précisément à cette expérience de la vie infantile. À mesure que les frères et les sœurs grandissent, l'attitude de l'enfant envers eux subit les changements les plus significatifs. Le garçon peut reporter sur la sœur l'amour qu'il avait éprouvé auparavant pour la mère dont l'infidélité l'a si profondément froissé ; dès la *nursery,* on voit naître entre plusieurs frères s'empressant autour de la jeune sœur ces situations d'une hostile rivalité qui jouent un si grand rôle dans la vie ultérieure. La petite fille substitue son frère plus âgé à son père qui ne lui témoigne plus la même tendresse que jadis, ou bien elle substitue sa plus jeune sœur à l'enfant qu'elle avait en vain souhaité du père.

Tels sont les faits, et je pourrais en citer beaucoup d'autres analogues, que révèlent l'observation directe des enfants et l'interprétation impartiale de leurs souvenirs qui ressortent avec une grande netteté, sans avoir été en quoi que ce soit influencés par l'analyse. De ces faits, vous tirerez, entre autres, la conclusion que la place occupée par un enfant dans une famille composée de plusieurs enfants a une grande importance pour la conformation de sa vie ultérieure, et il devrait en être tenu compte dans toute biographie. Mais, et ceci est beaucoup plus important, en présence de ces explications qu'on obtient sans peine et sans effort, vous ne pourrez pas vous rappeler sans en rire tous les efforts que la science a faits pour rendre compte de la prohibition de l'inceste. Ne nous a-t-on pas dit que la vie en commun remontant à l'enfance est de nature à détourner l'attraction sexuelle de l'enfant des membres de sa famille du sexe opposé ; ou que la tendance biologique à éviter les croisements consanguins trouve son complément psychique dans l'horreur innée de l'inceste ? En disant cela, on oubliait seulement que si la tentation incestueuse trouvait vraiment dans la nature des barrières sûres et infranchissables, il n'y aurait eu nul besoin de la prohiber par des lois implacables et par les mœurs. C'est le contraire qui est vrai. Le premier objet sur lequel se concentre le désir sexuel de l'homme est de nature incestueuse — la mère ou la sœur —, et c'est seulement à force de prohibitions de la plus grande sévérité qu'on réussit à réprimer ce penchant infantile. Chez les primitifs encore existants, chez les peuples sauvages, les prohibitions d'inceste sont encore plus sévères que chez nous, et Th. Reik a montré, dans un travail brillant, que les rites de la puberté, qui existent chez les sauvages et qui représentent une résurrection, ont pour but de rompre le lien incestueux qui rattache le garçon à la mère et d'opérer sa conciliation avec le père.

La mythologie nous montre que les hommes n'hésitent pas à attribuer aux dieux l'inceste qu'ils ont eux-mêmes en horreur, et l'histoire ancienne vous enseigne que le mariage incestueux avec la sœur était (chez les anciens pharaons, chez les Incas du Pérou) un commandement sacré. Il s'agissait donc d'un privilège interdit au commun des mortels.

L'inceste maternel est un des crimes d'Œdipe, le meurtre du père est son autre crime. Disons en passant que ce sont là les deux grands crimes qui étaient déjà condamnés par la première institution religieuse et sociale des hommes, le totémisme. Passons maintenant de l'observation directe de l'enfant à l'examen analytique de l'adulte névrosé. Quelles sont les contributions de cet examen à une analyse plus approfondie de l'*Œdipe-complexe ?* Elles peuvent être définies très facilement. Il nous présente ce complexe tel que nous l'expose la légende ; il nous montre que chaque névrosé a été lui-même une sorte d'Œdipe ou, ce qui revient au même, est devenu un Hamlet en réagissant contre ce complexe. Il va sans dire que la représentation analytique de l'*Œdipe-complexe* n'est qu'un agrandissement et un grossissement de l'ébauche infantile. La haine pour le père, le souhait de le voir mourir ne sont plus marqués par de timides allusions, la tendresse pour la mère a pour but avoué de la posséder comme épouse. Avons-nous le droit d'attribuer à la tendre enfance ces sentiments crus et extrêmes, ou bien l'analyse nous induit-elle en erreur, par suite de l'intervention d'un nouveau facteur ? Il n'est d'ailleurs pas difficile de découvrir ce nouveau facteur. Toutes les fois qu'un homme parle du passé, cet homme fût-il un historien, nous devons tenir compte de tout ce qu'il introduit, sans intention, du présent ou de l'intervalle qui sépare le passé du présent, dans la période dont il s'occupe et dont il fausse ainsi le tableau. Dans le cas du névrosé, il est même permis de se demander si cette confusion entre le passé et le présent est tout à fait involontaire ; nous apprendrons plus tard les motifs de cette confusion, et nous aurons en général à rendre compte de ce jeu de l'imagination s'exerçant sur les événements et les faits d'un passé reculé. Nous trouvons aussi sans peine que la haine pour le père est renforcée par de nombreux motifs fournis par des époques et des circonstances postérieures, que les désirs sexuels ayant pour objet la mère revêtent des formes qui devaient encore être inconnues et étrangères à l'enfant. Mais ce serait un vain effort que de vouloir expliquer l'*Œdipe-complexe* dans son ensemble par le jeu de l'imagination rétrospective, introduisant dans le passé des éléments empruntés au présent. Le névrosé adulte garde le noyau infantile avec quelques-uns de ses accessoires, tels que nous les révèle l'observation directe de l'enfant.

Le fait clinique, qui s'offre à nous derrière la forme analytiquement établie de l'*Œdipe-complexe,* présente une très grande importance pratique. Nous apprenons qu'à l'époque de la puberté, lorsque l'instinct sexuel s'affirme dans toute sa force, les anciens objets familiaux et incestueux sont repris et pourvus d'un caractère libidineux. Le choix de l'objet par l'enfant n'était qu'un prélude timide, mais décisif, à l'orientation du choix pendant la puberté. À ce moment s'accomplissent des processus affectifs très intenses, orientés soit vers l'*Œdipe-complexe,* soit vers une réaction contre ce complexe, mais les prémisses de ces processus n'étant pas avouables doivent pour la plupart être soustraites à la conscience. À partir de cette époque, l'individu humain se trouve devant une grande tâche qui consiste à se détacher des parents ; et c'est seulement après avoir rempli cette tâche qu'il pourra cesser d'être un enfant, pour devenir membre de la collectivité sociale. La tâche du fils consiste à détacher de sa mère ses désirs libidineux, pour les reporter sur un objet réel étranger, à se réconcilier avec le père, s'il lui a gardé une certaine hostilité, ou à s'émanciper de sa tyrannie lorsque, par réaction contre sa révolte enfantine, il est devenu son esclave soumis. Ces tâches s'imposent à tous et à chacun ; et il est à remarquer que leur accomplissement réussit rarement d'une façon idéale, c'est-à-dire avec une correction psychologique et sociale parfaite. Les névrosés, eux, échouent totalement dans ces tâches, le fils restant toute sa vie courbé sous l'autorité du père et incapable de reporter sa libido sur un objet sexuel étranger. Tel peut être également, *mutatis mutandis*, le sort de la fille. C'est en ce sens que l'*Œdipe-complexe* peut être considéré comme le noyau des névroses.

Vous devinez sans doute que j'écarte rapidement un grand nombre de détails importants, aussi bien pratiques que théoriques, se rattachant à l'*Œdipe-complexe.* Je n'insisterai pas davantage sur ses variations et sur son inversion possible. En ce qui concerne ses rapports plus éloignés, je vous dirai seulement qu'il a été une source abondante de production poétique. Otto Rank a montré, dans un livre méritoire, que les dramaturges de tous les temps ont puisé leurs matériaux principalement dans l'*Œdipe-complexe* et dans le complexe de l'inceste, ainsi que dans leurs variations plus ou moins voilées. Mentionnons encore que les deux désirs criminels qui font partie de ce complexe ont été reconnus, longtemps avant la psychanalyse, comme étant les désirs représentatifs de la vie instinctive sans frein. Dans le dialogue du célèbre encyclopédiste Diderot intitulé : *Le neveu de Rameau,* dont Goethe lui-même a donné une version allemande, vous trouverez le remarquable passage que voici : « Si le petit sauvage était abandonné à lui-même, qu'il conservât toute son imbécillité et qu'il réunît au peu de raison de l'enfant au berceau la violence des passions de l'homme de trente ans, il tordrait le cou à son père et coucherait avec sa mère. »

Mais il est un détail que je ne dois pas omettre. Ce n'est pas en vain que l'épouse-mère d'Œdipe nous a fait penser au rêve. Vous souvenez-vous encore du résultat de nos analyses de rêves, à savoir que les désirs formateurs de rêves sont souvent de nature perverse, incestueuse ou révèlent une hostilité insoupçonnée à l'égard de personnes très proches et aimées ? Nous n'avons pas alors expliqué l'origine de ces mauvaises tendances. À présent, cette explication s'impose à nous sans que nous nous donnions la peine de la chercher. Il s'agit ni plus ni moins de produits de la libido et de certaines déformations d'objets qui, datant des premières années de l'enfance et disparus depuis longtemps de la conscience, révèlent encore leur existence pendant la nuit et se montrent dans une certaine mesure susceptibles d'exercer une action. Or, comme tous les hommes font de ces rêves pervers, incestueux, cruels, que ces rêves ne constituent par conséquent pas le monopole des névrosés, nous sommes autorisés à conclure que le développement des normaux s'est également accompli à travers les perversions et les déformations d'objets caractéristiques de l'*Œdipe-complexe,* qu'il faut voir là le mode de développement normal et que les névrosés ne présentent qu'agrandi et grossi ce que l'analyse de rêves nous révèle également chez les hommes bien portants. C'est là une des raisons pour lesquelles nous avons fait précéder l'étude des symptômes névrotiques de celle des rêves.

CHAPITRE 22
POINTS DE VUE DU DÉVELOPPEMENT ET DE LA RÉGRESSION. ÉTIOLOGIE

Nous venons d'apprendre que la fonction de la libido subit une longue évolution avant d'atteindre la phase dite normale, où elle se trouve mise au service de la procréation. Je voudrais vous dire aujourd'hui le rôle que ce fait joue dans la détermination des névroses.

Je crois être d'accord avec ce qu'enseigne la pathologie générale, en admettant que ce développement comporte deux dangers : celui de l'*arrêt* et celui de la *régression*. Cela signifie que vu la tendance à varier que présentent les processus biologiques en général, il peut arriver que toutes les phases préparatoires ne soient pas correctement parcourues et entièrement dépassées ; certaines parties de la fonction peuvent s'attarder d'une façon durable à l'une ou à l'autre de ces premières phases, et l'ensemble du développement présentera de ce fait un certain degré d'arrêt.

Cherchons un peu dans d'autres domaines des analogies à ce fait. Lorsque tout un peuple abandonne son habitat, pour en chercher un nouveau, ce qui se produisait fréquemment aux époques primitives de l'histoire humaine, il n'atteint certainement pas dans sa totalité le nouveau pays. Abstraction faite d'autres causes de déchet, il a dû arriver fréquemment que ces petits groupes ou associations d'émigrants, arrivés à un endroit, s'y fixaient, alors que le gros du peuple poursuivait son chemin. Pour prendre une comparaison plus proche, vous savez que chez les mammifères supérieurs les glandes germinales qui, à l'origine, sont situées dans la profondeur de la cavité abdominale subissent, à un moment donné de la vie intra-utérine, un déplacement qui les transporte presque immédiatement sous la peau de la partie terminale du bassin. Comme suite de cette migration, on trouve un grand nombre d'individus chez lesquels un de ces deux organes est resté dans la cavité abdominale ou s'est localisé définitivement dans le canal dit inguinal que les deux glandes doivent franchir normalement, ou qu'un de ces canaux est resté ouvert, alors que dans les cas normaux, ils doivent tous deux devenir imperméables après le passage des glandes. Lorsque, jeune étudiant encore, j'exécutais mon premier travail scientifique sous la direction de von Brücke, j'ai eu à m'occuper de l'origine des racines nerveuses postérieures de la moelle d'un poisson d'une forme encore très archaïque. J'ai trouvé que les fibres nerveuses de ces racines émergeaient de grosses cellules situées dans la corne postérieure, ce qui ne s'observe plus chez d'autres vertébrés. Mais je n'ai pas tardé à découvrir également que ces cellules nerveuses se trouvent également en dehors de la substance grise et occupent tout le trajet qui s'étend jusqu'au ganglion dit spinal de la racine postérieure ; d'où je conclus que les cellules de ces amas ganglionnaires ont émigré de la moelle épinière pour venir se placer le long du trajet radiculaire des nerfs. C'est ce qui est confirmé par l'histoire du développement ; mais chez le petit poisson sur lequel avaient porté mes recherches, le trajet de la migration était marqué par des cellules restées en chemin. À un examen approfondi, vous trouverez facilement les points faibles de ces comparaisons. Aussi vous dirai-je directement qu'en ce qui concerne chaque tendance sexuelle, il est, à mon avis, possible que certains de ses éléments se soient attardés à des phases de développement antérieures, alors que d'autres ont atteint le but final. Il reste bien entendu que nous concevons chacune de ces tendances comme un courant qui avance sans interruption depuis le commencement de la vie et que nous usons d'un procédé dans une certaine mesure artificiel lorsque nous le décomposons en plusieurs poussées successives. Vous avez raison de penser que ces représentations ont besoin d'être éclaircies, mais c'est là un travail qui nous entraînerait trop loin. Je me borne à vous prévenir que j'appelle fixation (de la tendance, bien entendu) le fait pour une tendance partielle de s'être attardée à une phase antérieure.

Le second danger de ce développement par degrés consiste en ce que les éléments plus avancés peuvent, par un mouvement rétrograde, retourner à leur tour à une de ces phases antérieures : nous appelons cela régression. La régression a lieu lorsque, dans sa forme plus avancée, une tendance se heurte, dans l'exercice de sa fonction, c'est-à-dire dans la réalisation de sa satisfaction, à de grands obstacles extérieurs. Tout porte à croire que fixation et régression ne sont pas indépendantes l'une de l'autre. Plus la fixation est forte au cours du développement, plus il sera facile à la fonction d'échapper aux difficultés extérieures par la régression jusqu'aux éléments fixés et moins la fonction formée sera en état de résister aux obstacles extérieurs qu'elle rencontrera sur son chemin. Lorsqu'un peuple en mouvement a laissé en cours de route de forts détachements, les fractions plus avancées auront une grande tendance, lorsqu'elles seront battues ou qu'elles se seront heurtées à un ennemi trop fort, à revenir sur leurs pas pour se réfugier auprès de ces détachements. Mais ces fractions avancées auront aussi d'autant plus de chances d'être battues que les éléments restés en arrière seront plus nombreux.

Pour bien comprendre les névroses, il importe beaucoup de ne pas perdre de vue ce rapport entre la fixation et la régression. On acquiert ainsi un point d'appui sûr pour aborder l'examen, que nous allons entreprendre, de la question relative à la détermination des névroses, à l'étiologie des névroses.

Occupons-nous encore un moment de la régression. D'après ce que vous avez appris concernant le développement de la fonction de la libido, vous devez vous attendre à deux sortes de régression : retour aux premiers objets marqués par la libido et qui sont, nous le savons, de nature incestueuse ; retour de toute l'organisation sexuelle à des phases antérieures. On observe l'un et l'autre genres de régression dans les névroses de transfert, dans le mécanisme desquelles ils jouent un rôle important. C'est surtout le retour aux premiers objets de la libido qu'on observe chez les névrotiques avec une régularité lassante. Il y aurait beaucoup plus à dire sur les régressions de la libido, si l'on tenait compte d'un autre groupe de névroses, et notamment des névroses dites narcissiques. Mais il n'entre pas dans nos intentions de nous en occuper ici. Ces affections nous mettent encore en présence d'autres modes de développement, non encore mentionnés, et nous montrent aussi de nouvelles formes de régression. Je crois cependant devoir maintenant vous mettre en garde contre une confusion possible entre *régression* et *refoulement* et vous aider à vous faire une idée nette des rapports existant entre ces deux processus. Le *refoulement* est, si vous vous en souvenez bien, le processus grâce auquel un acte susceptible de devenir conscient, c'est-à-dire faisant partie de la *préconscience*, devient inconscient. Et il y a encore *refoulement* lorsque l'acte psychique inconscient n'est même pas admis dans le système préconscient voisin, la censure l'arrêtant au passage et lui faisant rebrousser chemin. Il n'existe aucun rapport entre la notion de *refoulement* et celle de sexualité. J'attire tout particulièrement votre attention sur ce fait. Le *refoulement* est un processus purement psychologique que nous caractériserons encore mieux en le qualifiant de *topique*. Nous voulons dire par là que la notion de *refoulement* est une notion spatiale, en rapport avec notre hypothèse des compartiments psychiques ou, si nous voulons renoncer à cette grossière représentation auxiliaire, nous dirons qu'elle découle du fait que l'appareil psychique se compose de plusieurs systèmes distincts.

De la comparaison que nous venons de faire, il ressort que nous avons employé jusqu'ici le mot « régression », non dans sa signification généralement admise, mais dans un sens tout à fait spécial. Si vous lui donnez son sens général, celui du retour d'une phase de développement supérieure à une phase inférieure, le *refoulement* peut, lui aussi, être conçu comme une régression, comme un retour à une phase antérieure et plus reculée du développement psychique. Seulement, quand nous parlons de *refoulement*, nous autres, nous ne pensons pas à cette direction rétrograde, car nous voyons encore un *refoulement*, au sens dynamique du mot, alors qu'un acte psychique est maintenu à la phase inférieure de l'inconscient. Le *refoulement* est une notion topique et dynamique ; la régression est une notion purement descriptive. Par la régression, telle que nous l'avons décrite jusqu'ici en la mettant en rapport avec la fixation, nous entendions uniquement le retour de la libido à des phases antérieures de son développement, c'est-à-dire quelque chose qui diffère totalement du *refoulement* et en est totalement indépendant. Nous ne pouvons même pas affirmer que la régression tic la libido soit un processus purement psychologique et nous ne saurions lui assigner une localisation dans l'appareil psychique. Bien qu'elle exerce sur la vie psychique une influence très profonde, il n'en reste pas moins vrai que c'est le facteur organique qui domine chez elle.

Ces discussions vous paraîtront sans doute arides. La clinique nous en fournira des applications qui nous les rendront plus claires. Vous savez que l'hystérie et la névrose obsessionnelle sont les deux principaux représentants du groupe des névroses de transfert. Il existe bien dans l'hystérie une régression de la libido aux premiers objets sexuels, de nature incestueuse, et l'on peut dire qu'elle existe dans tous les cas, alors qu'on n'y observe pas la moindre tendance à la régression vers une phase antérieure de l'organisation sexuelle. En revanche, le *refoulement* joue dans le mécanisme de l'hystérie le principal rôle. S'il m'était permis de compléter par une construction toutes les connaissances certaines que nous avons acquises jusqu'ici concernant l'hystérie, je décrirais la situation de la façon suivante : la réunion des tendances partielles sous le primat des organes génitaux est accomplie, mais les conséquences qui en découlent se heurtent à la résistance du système préconscient lié à la conscience. L'organisation génitale se rattache donc à l'inconscient, mais n'est pas admise par le préconscient, d'où il résulte un tableau qui présente certaines ressemblances avec l'état antérieur au primat des organes génitaux, mais qui est en réalité tout autre chose. Des deux régressions de la libido, celle qui s'effectue vers une phase antérieure de l'organisation sexuelle est de beaucoup la plus remarquable. Comme cette dernière régression manque dans l'hystérie et que toute notre conception des névroses se ressent encore de l'influence de l'étude de l'hystérie, qui l'avait précédée dans le temps, l'importance de la régression de la libido ne nous est apparue que beaucoup plus tard que celle du *refoulement*. Attendez-vous à ce que nos points de vue subissent de nouvelles extensions et modifications lorsque nous aurons à tenir compte, en plus de l'hystérie et de la névrose obsessionnelle, des névroses narcissiques.

Dans la névrose obsessionnelle, au contraire, la régression de la libido vers la phase préliminaire de l'organisation sadico-anale constitue le fait le plus frappant et celui qui marque de son empreinte toutes les manifestations symptomatiques. L'impulsion amoureuse se présente alors sous le masque de l'impulsion sadique. La représentation obsédante : *je voudrais te tuer,* lorsqu'on la débarrasse d'excroissances non accidentelles, mais indispensables, signifie au fond ceci : *je voudrais jouir de toi en amour.* Supposez encore une régression simultanée intéressant l'objet, c'est-à-dire une régression telle que les impulsions en question ne s'appliquent qu'aux personnes les plus proches et les plus aimées, et vous aurez une idée de l'horreur que peuvent éveiller chez le malade ces représentations obsédantes qui apparaissent à sa conscience comme lui étant tout à fait étrangères. Mais le *refoulement* joue également dans ces névroses un rôle important qu'il est difficile de définir dans une rapide introduction comme celle-ci. La régression de la libido, lorsqu'elle n'est pas accompagnée de *refoulement,* aboutirait à une perversion, mais ne donnerait jamais une névrose. Vous voyez ainsi que le *refoulement* est le processus le plus propre à la névrose, celui qui la caractérise le mieux. J'aurai peut-être encore l'occasion de vous dire ce que nous savons du mécanisme des perversions, et vous verrez alors que tout s'y passe d'une façon infiniment moins simple qu'on se l'imagine.

J'espère que vous ne m'en voudrez pas de m'être livré à ces développements sur la fixation et la régression de la libido, si je vous dis que je vous les ai présenté à titre de préparation à l'examen de l'étiologie des névroses. Concernant cette dernière, je ne vous ai encore fait part que d'une seule donnée, à savoir que les hommes deviennent névrosés lorsqu'ils sont privés de la possibilité de satisfaire leur libido, donc par « privation », pour employer le terme dont je m'étais servi alors, et que leurs symptômes viennent remplacer chez eux satisfaction qui leur est refusée. Il ne faut naturellement pas en conclure que toute privation de satisfaction libidineuse rende névrosé celui qui en est victime ; ma proposition signifie seulement que le facteur *privation* existait dans tous les cas de névroses examinés. Elle n'est donc pas réversible. Et sans doute, vous vous rendez également compte que cette proposition révèle, non tout le mystère de l'étiologie des névroses, mais seulement une de ses conditions importantes et essentielles.

Nous ignorons encore si, pour la discussion ultérieure de cette proposition, on doit insister principalement sur la nature de la privation ou sur les particularités de celui qui en est frappé. C'est que la privation est rarement complète et absolue ; pour devenir pathogénique, elle doit porter sur la seule satisfaction que la personne exige, sur la seule dont elle soit capable. Il y a en général nombre de moyens permettant de supporter, sans en tomber malade, la privation de satisfaction libidineuse. Nous connaissons des hommes capables de s'infliger cette privation sans dommage, ils ne sont pas heureux, ils souffrent de langueur, mais ils ne tombent pas malades. Nous devons en outre tenir compte du fait que les tendances sexuelles sont, si je puis m'exprimer ainsi, extraordinairement *plastiques*. Elles peuvent se remplacer réciproquement, l'une peut assumer l'intensité des autres ; lorsque la réalité refuse la satisfaction de l'une, on peut trouver une compensation dans la satisfaction d'une autre. Elles représentent comme un réseau de canaux remplis de liquide et communiquants, et cela malgré leur subordination au primat génital : deux caractéristiques difficiles à concilier. De plus, les tendances partielles de la sexualité, ainsi que l'instinct sexuel qui résulte de leur synthèse, présentent une grande facilité de varier leur objet, d'échanger chacun de leurs objets contre un autre, plus facilement accessible, propriété qui doit opposer une forte résistance à l'action pathogène d'une privation. Parmi ces facteurs qui opposent une action pour ainsi dire prophylactique à l'action nocive des privations, il en est un qui a acquis une importance sociale particulière. Il consiste en ce que la tendance sexuelle, ayant renoncé au plaisir partiel ou à celui que procure l'acte de la procréation, l'a remplacé par un autre but présentant avec le premier des rapports génétiques, mais qui a cessé d'être sexuel pour devenir social. Nous donnons à ce processus le mot de « sublimation », et ce faisant nous nous rangeons à l'opinion générale qui accorde une valeur plus grande aux buts sociaux qu'aux buts sexuels, lesquels sont, au fond, des buts égoïstes. La sublimation n'est d'ailleurs qu'un cas spécial du rattachement de tendances sexuelles à d'autres, non sexuelles. Nous aurons encore à en parler dans une autre occasion.

Vous êtes sans doute tentés de croire que, grâce à tous ces moyens permettant de supporter la privation, celle-ci perd toute son importance. Il n'en est pas ainsi, et la privation garde toute sa force pathogène. Les moyens qu'on lui oppose sont généralement insuffisants. Le degré d'insatisfaction de la libido, que l'homme moyen peut supporter, est limité. La plasticité et la mobilité de la libido sont loin d'être complètes chez tous les hommes, et la sublimation ne peut supprimer qu'une partie de la libido, sans parler du fait que beaucoup d'hommes ne possèdent la faculté de sublimer que dans une mesure très restreinte. La principale des restrictions est celle qui porte sur la mobilité de la libido, ce qui a pour effet de ne faire dépendre la satisfaction de l'individu que d'un très petit l'ombre d'objets à atteindre et de buts à réaliser. Souvenez-vous seulement qu'un développement incomplet de la libido comporte des fixations nombreuses et variées de la libido à des phases antérieures de l'organisation et à des objets antérieurs, phases et objets qui le plus souvent ne sont plus capables de procurer une satisfaction réelle. Vous reconnaîtrez alors que la fixation de la libido constitue, après la privation, le plus puissant facteur étiologique des névroses. Nous pouvons exprimer ce fait par une abréviation schématique, en disant que la fixation de la libido constitue, dans l'étiologie des névroses, le facteur prédisposant, interne, et la privation le facteur accidentel, extérieur.

Je saisis ici l'occasion pour vous engager à vous abstenir de prendre parti dans une discussion tout à fait superflue. On aime beaucoup, dans le monde scientifique, s'emparer d'une partie de la vérité, proclamer cette partie comme étant toute la vérité et contester ensuite, en sa faveur, tout le reste qui n'est cependant pas moins vrai. C'est à la faveur de ce procédé que plusieurs courants se sont détachés du mouvement psychanalytique, les uns ne reconnaissant que les tendances égoïstes et niant les tendances sexuelles, les autres ne tenant compte que de l'influence exercée par les tâches qu'impose la vie réelle et négligeant complètement celle qu'exerce le passé individuel, etc. On peut de même opposer l'une à l'autre la fixation et la privation et soulever une controverse en demandant : les névroses sont-elles des maladies exogènes ou endogènes, sont-elles la conséquence nécessaire d'une certaine constitution ou le produit de certaines actions nocives (traumatiques) ? Et, plus spécialement, sont-elles provoquées par la fixation de la libido (et autres particularités de la constitution sexuelle) ou par la pression qu'exerce la privation ? À tout prendre, ce dilemme ne me paraît pas moins déplacé que cet autre que je pourrais vous poser : l'enfant naît-il parce qu'il a été procréé par le père ou parce qu'il a été conçu par la mère ? Les deux conditions sont également indispensables, me direz-vous, et avec raison. Les choses se présentent, sinon tout à fait de même, du moins d'une façon analogue dans l'étiologie des névroses. Au point de vue de l'étiologie, les affections névrotiques peuvent être rangées dans une série dans laquelle les deux facteurs : constitution sexuelle et influences extérieures ou, si l'on préfère, fixation de la libido et privation, sont représentés de telle sorte que la part de l'un des facteurs croît lorsque celle de l'autre diminue. À l'un des bouts de cette série se trouvent les cas extrêmes dont vous pouvez dire avec certitude : étant donné le développement anormal de leur libido, ces hommes seraient tombés malades, quels que fussent les événements extérieurs de leur vie, celle-ci fût-elle aussi exempte d'accidents que possible. À l'autre bout se trouvent les cas dont vous pouvez dire au contraire que ces malades auraient certainement échappé, à la névrose s'ils ne s'étaient pas trouvés dans telle ou telle situation. Dans les cas intermédiaires, on se trouve en présence de combinaisons telles qu'à une part de plus en plus grande de la constitution sexuelle prédisposante correspond une part de moins en moins grande des influences nocives subies au cours de la vie, et inversement. Dans ces cas, la constitution sexuelle n'aurait pas produit la névrose sans l'intervention d'influences nocives, et ces influences n'auraient pas été suivies d'un effet traumatique si les conditions de la libido avaient été différentes. Dans cette série je puis, à la rigueur, reconnaître une certaine prédominance au rôle joué par les facteurs prédisposants, mais ma concession dépend des limites que vous voulez assigner à la nervosité.

Je vous propose d'appeler ces séries : *séries de complément*, en vous prévenant que nous aurons encore l'occasion d'établir d'autres séries pareilles.

La ténacité avec laquelle la libido adhère à certaines directions et à certains objets, la viscosité pour ainsi dire de la libido, nous apparaît comme un facteur indépendant, variant d'un individu à un autre et dont les causes nous sont totalement inconnues. Si nous ne devons pas sous-estimer son rôle dans l'étiologie des névroses, nous ne devons pas davantage exagérer l'intimité de ses rapports avec cette étiologie. On observe une pareille « viscosité », de cause également inconnue, de la libido, dans de nombreuses circonstances, chez l'homme normal et, à titre de facteur déterminant, chez les personnes qui, dans un certain sens, forment une catégorie opposée à celle des nerveux : chez les pervers. On savait déjà avant la psychanalyse (Binet) qu'il est souvent possible de découvrir dans l'anamnèse des pervers une impression très ancienne, laissée par une orientation anormale de l'instinct ou un choix anormal de l'objet et à laquelle la libido du pervers reste attachée toute la vie durant. Il est souvent impossible de dire ce qui rend cette impression capable d'exercer sur la libido une attraction aussi irrésistible. Je vais vous raconter un cas que j'ai observé moi-même. Un homme, que les organes génitaux et tous les autres charmes de la femme laissent aujourd'hui indifférent et qui éprouve cependant une excitation sexuelle irrésistible à la vue d'un pied chaussé d'une certaine forme, se souvient d'un événement qui lui était survenu lorsqu'il était âgé de six ans, et qui a joué un rôle décisif dans la fixation de sa libido. Il était assis sur un tabouret auprès de sa gouvernante qui devait lui donner une leçon d'anglais. La gouvernante, une vieille fille sèche, laide, aux yeux bleu d'eau et avec un nez retroussé, avait ce jour-là mal à un pied qu'elle avait pour cette raison chaussé d'une pantoufle en velours et qu'elle tenait étendu sur un coussin. Sa jambe était cependant cachée de la façon la plus décente. C'est un pied maigre, tendineux, comme celui de la gouvernante, qui était devenu, après un timide essai d'activité sexuelle normale, son unique objet sexuel, et notre homme y était attiré irrésistiblement, lorsqu'à ce pied venaient s'ajouter encore d'autres traits qui rappelaient le type de la gouvernante anglaise. Cette fixation de la libido a fait de notre homme, non un névrosé, mais un pervers, ce que nous appelons un fétichiste du pied. Vous le voyez : bien que la fixation excessive et, de plus, précoce, de la libido constitue un facteur étiologique indispensable de la névrose, son action s'étend bien au-delà du cadre des névroses. La fixation constitue ainsi une condition aussi peu décisive que la privation dont nous avons parlé plus haut.

Le problème de la détermination des névroses paraît donc se compliquer. En fait, la recherche psychanalytique nous révèle un nouveau facteur qui ne figure pas dans notre série étiologique et qui apparaît avec le plus d'évidence chez des personnes en pleine santé qui sont frappées d'une affection névrotique. On trouve régulièrement chez ces personnes les indices d'une opposition de désirs ou, comme nous avons l'habitude de nous exprimer, d'un *conflit* psychique. Une partie de la personnalité manifeste certains désirs, une autre partie s'y oppose et les repousse. Sans un conflit de ce genre, il n'y a pas de névrose. Il n'y aurait d'ailleurs là rien de singulier. Vous savez que notre vie psychique est constamment remuée par des conflits dont il nous incombe de trouver la solution. Pour qu'un pareil conflit devienne pathogène, il faut donc des conditions particulières. Aussi avons-nous à nous demander quelles sont ces conditions, entre quelles forces psychiques se déroulent ces conflits pathogènes, quels sont les rapports existant entre le conflit et les autres facteurs déterminants.

J'espère pouvoir donner à ces questions des réponses satisfaisantes, bien qu'abrégées et schématiques. Le conflit est provoqué par la privation, la libido à laquelle est refusée la satisfaction normale étant obligée de chercher d'autres objets et voies. Il a pour condition la désapprobation que ces autres voies et objets provoquent de la part d'une certaine fraction de la personnalité : il en résulte un *veto* qui rend d'abord le nouveau mode de satisfaction impossible. À partir de ce moment, la formation de symptômes suit une voie que nous parcourrons plus tard. Les tendances libidineuses repoussées cherchent alors à se manifester en empruntant des voies détournées, non sans toutefois s'efforcer de justifier leurs exigences à l'aide de certaines déformations et atténuations. Ces voies détournées sont celles de la formation de symptômes, ceux-ci constituent la satisfaction nouvelle ou substitutive que la privation a rendue nécessaire.

On peut encore faire ressortir l'importance du conflit psychique en disant : « Pour qu'une privation *extérieure* devienne pathogène, il faut qu'il s'y ajoute une privation *intérieure.* » Il va sans dire que privation extérieure et privation intérieure se rapportent à des objets différents et suivent des voies différentes. La privation extérieure écarte telle possibilité de satisfaction, la privation intérieure voudrait écarter une autre possibilité, et c'est à propos de ces possibilités qu'éclate le conflit. Je préfère cette méthode d'exposition, à cause de son contenu implicite. Elle implique notamment la probabilité qu'aux époques primitives du développement humain les abstentions intérieures ont été déterminées par des obstacles réels extérieurs.

Mais quelles sont les forces d'où émane l'objection contre la tendance libidineuse, quelle est l'autre partie du conflit pathogène ? Ce sont, pour nous exprimer d'une façon très générale, les tendances non sexuelles. Nous les désignons sous le nom générique de « tendances du *moi* » ; la psychanalyse des névroses de transfert ne nous offre aucun moyen utilisable de poursuivre leur décomposition ultérieure, nous n'arrivons à les connaître dans une certaine mesure que par les résistances qui s'opposent à l'analyse. Le conflit pathogène est un conflit entre les tendances du *moi* et les tendances sexuelles. Dans certains cas, on a l'impression qu'il s'agit d'un conflit entre différentes tendances purement sexuelles ; cette apparence n'infirme en rien notre proposition, car des deux tendances sexuelles en conflit, l'une est toujours celle qui cherche, pour ainsi dire, à satisfaire le *moi,* tandis que l'autre se pose en défenseur prétendant préserver le *moi.* Nous revenons donc au conflit entre le *moi* et la sexualité.

Toutes les fois que la psychanalyse envisageait tel ou tel événement psychique comme un produit des tendances sexuelles, on lui objectait avec colère que l'homme ne se compose pas seulement de sexualité, qu'il existe dans la vie psychique d'autres tendances et intérêts que les tendances et intérêts de nature sexuelle, qu'on ne doit pas faire « tout » dériver de la sexualité, etc. Eh bien, je ne connais rien de plus réconfortant que le fait de se trouver pour une fois d'accord avec ses adversaires. La psychanalyse n'a jamais oublié qu'il existe des tendances non sexuelles, elle a élevé tout son édifice sur le principe de la séparation nette et tranchée entre tendances sexuelles et tendances se rapportant au *moi* et elle a affirmé, sans attendre les objections, que les névroses sont des produits, non de la sexualité, mais du conflit entre le *moi* et la sexualité. Elle n'a aucune raison plausible de contester l'existence ou l'importance des tendances du *moi* lorsqu'elle cherche à dégager et à définir le rôle des tendances sexuelles dans la maladie et dans la vie. Si elle a été amenée à s'occuper en première ligne des tendances sexuelles, ce fut parce que les névroses de transfert ont fait ressortir ces tendances avec une évidence particulière et ont ainsi offert à son étude un domaine que d'autres avaient négligé.

De même, il n'est pas exact de prétendre que la psychanalyse ne s'intéresse pas au côté non sexuel de la personnalité. C'est la séparation entre le *moi* et la sexualité qui a précisément montré avec une clarté particulière que les tendances du *moi* subissent, elles aussi, un développement significatif qui n'est ni totalement indépendant de la libido, ni tout à fait exempt de réaction contre elle. On doit à la vérité de dire que nous connaissons le développement du *moi* beaucoup moins bien que celui de la libido, et la raison en est dans le fait que c'est seulement à la suite de l'étude des névroses narcissiques que nous pouvons espérer pénétrer la structure du *moi*. Nous connaissons cependant déjà une tentative très intéressante se rapportant à cette question. C'est celle de M. Ferenczi qui avait essayé d'établir théoriquement les phases de développement du *moi,* et nous possédons du moins deux points d'appui solides pour un jugement relatif à ce développement. Ce n'est pas que les intérêts libidineux d'une personne soient dès le début et nécessairement en opposition avec ses intérêts d'auto-conservation ; on peut dire plutôt que le *moi* cherche, à chaque étape de son développement, à se mettre en harmonie avec son organisation sexuelle, à se l'adapter. La succession des différentes phases de développement de la libido s'accomplit vraisemblablement selon un programme préétabli ; il n'est cependant pas douteux que cette succession peut être influencée par le *moi ;* qu'il doit exister un certain parallélisme, une certaine concordance entre les phases de développement du *moi* et celles de la libido et que du trouble de cette concordance peut naître un facteur pathogène. Un point qui nous importe beaucoup, c'est celui de savoir comment le *moi* se comporte dans les cas où la libido a laissé une fixation à une phase donnée de son développement. Le *moi* peut s'accommoder de cette fixation, auquel cas il devient, dans une mesure correspondante à celle-ci, pervers ou, ce qui revient au même, infantile. Mais il peut aussi se dresser contre celte fixation de la libido, auquel cas le moi éprouve un *refoulement* là où la libido a subi une *fixation.*

En suivant cette voie, nous apprenons que le troisième facteur de l'étiologie des névroses, la *tendance aux conflits,* dépend aussi bien du développement du moi que de celui de la libido. Nos idées sur la détermination des névroses se trouvent ainsi complétées. En premier lieu, nous avons la condition la plus générale, représentée par la privation, puis vient la fixation de la libido qui la pousse dans certaines directions, et en troisième lieu intervient la tendance au conflit découlant du développement du *moi* qui s'est détourné de ces tendances de la libido. La situation n'est donc ni aussi compliquée ni aussi difficile à saisir qu'elle vous avait probablement paru pendant que je développais mes déductions. Il n'en est pas moins vrai que tout n'a pas été dit sur cette question. À ce que nous avons dit, nous aurons encore à ajouter quelque chose de nouveau et nous aurons aussi à soumettre à une analyse plus approfondie des choses déjà connues.

Pour vous montrer l'influence qu'exerce le développement du *moi* sur la naissance du conflit, et par conséquent sur la détermination des névroses, je vous citerai un exemple qui, bien qu'imaginaire, n'a absolument rien d'invraisemblable. Cet exemple m'est inspiré par le titre d'un vaudeville de Nestroy: *« Au rez-de-chaussée et au premier. »* Au rez-de-chaussée habite le portier ; au premier le propriétaire de la maison, un homme riche et estimé. L'un et l'autre ont des enfants, et nous supposerons que la fillette du propriétaire a toutes les facilités de jouer, en dehors de toute surveillance, avec l'enfant du prolétaire. Il peut arriver alors que les jeux des enfants prennent un caractère indécent, c'est-à-dire sexuel, qu'ils jouent « au papa » et « à la maman », qu'ils cherchent chacun à voir les parties intimes du corps et à irriter les organes génitaux de l'autre. La fillette du propriétaire qui, malgré ses cinq ou six ans, a pu avoir l'occasion de faire certaines observations concernant la sexualité des adultes, peut bien jouer en cette occasion le rôle de séductrice. Alors même qu'ils ne durent pas longtemps, ces « jeux » suffisent à activer chez les deux enfants certaines tendances sexuelles qui, après la cessation de ces jeux, se manifestent pendant quelques années par la masturbation. Voilà ce qu'il y aura de commun aux deux enfants ; mais le résultat final différera de l'un à l'autre. La fillette du portier se livrera à la masturbation à peu près jusqu'à l'apparition des menstrues, y renoncera ensuite sans difficulté, prendra quelques années plus tard un amant, aura peut-être un enfant, embrassera telle ou telle carrière, deviendra peut-être une artiste en vogue et finira en aristocrate. Il se peut qu'elle ait une destinée moins brillante, mais toujours est-il qu'elle vivra le reste de sa vie sans se ressentir de l'exercice précoce de sa sexualité, exempte de névrose. Il en sera autrement de la fillette du propriétaire. De bonne heure, encore enfant, elle éprouvera le sentiment d'avoir fait quelque chose de mauvais, renoncera sans tarder, mais à la suite d'une lutte terrible, à la satisfaction masturbatrice, mais n'en gardera pas moins un souvenir et une impression déprimants. Lorsque, devenue jeune fille, elle se trouvera dans le cas d'apprendre des faits relatifs aux rapports sexuels, elle s'en détournera avec une aversion inexpliquée et préférera rester ignorante. Il est possible qu'elle subisse alors de nouveau la pression irrésistible de la tendance à la masturbation, sans avoir le courage de s'en plaindre. Lorsqu'elle aura atteint l'âge où les jeunes filles commencent à songer au mariage, elle deviendra la proie de la névrose, à la suite de laquelle elle éprouvera une profonde déception relativement au mariage et envisagera la vie sous les couleurs les plus sombres. Si l'on réussit par l'analyse à décomposer cette névrose, on constatera que cette jeune fille bien élevée, intelligente, idéaliste, a complètement refoulé ses tendances sexuelles, mais que celles-ci, dont elle n'a aucune conscience, se rattachent aux misérables jeux auxquels elle s'était livrée avec son amie d'enfance.

La différence qui existe entre ces deux destinées, malgré l'identité des événements initiaux, tient à ce que le *moi* de l'une de nos protagonistes a subi un développement que l'autre n'a pas connu. À la fille du portier l'activité sexuelle s'était présentée plus tard sous un aspect aussi naturel, aussi exempt de toute arrière-pensée que dans son enfance. La fille du propriétaire avait subi l'influence de l'éducation et de ses exigences. Avec les suggestions qu'elle a reçues de son éducation, elle s'était formé de la pureté et de la chasteté de la femme un idéal incompatible avec l'activité sexuelle ; sa formation intellectuelle avait affaibli son intérêt pour le rôle qu'elle était appelée à jouer en tant que femme. C'est à la suite de ce développement moral et intellectuel supérieur à celui de son amie qu'elle s'était trouvée en conflit avec les exigences de sa sexualité.

Je veux encore insister aujourd'hui sur un autre point concernant le développement du *moi,* et cela à cause de certaines perspectives, assez vastes, qu'il nous ouvre, et aussi parce que les conclusions que nous allons tirer à cette occasion seront de nature à justifier la séparation tranchée, mais dont l'évidence ne saute pas aux yeux, que nous postulons entre les tendances du *moi* et les tendances sexuelles. Pour formuler un jugement sur ces deux développements, nous devons admettre une prémisse dont il n'a pas été suffisamment tenu compte jusqu'à présent. Les deux développements, celui de la libido et celui du *moi,* ne sont au fond que des legs, des répétitions abrégées du développement que l'humanité entière a parcouru à partir de ses origines et qui s'étend sur une longue durée. En ce qui concerne le développement de la libido, on lui reconnaît volontiers cette origine *phylogénique.* Rappelez-vous seulement que chez certains animaux l'appareil génital présente des rapports intime avec la bouche, que chez d'autres il est inséparable de l'appareil d'excrétion et que chez d'autres encore il se rattache aux organes servant au mouvement, toutes choses dont vous trouverez un intéressant exposé dans le précieux livre de W. Bölsche. On observe, pour ainsi dire, chez les animaux toutes les variétés de perversion et d'organisation sexuelle à l'état figé. Or, chez l'homme le point de vue phylogénique se trouve en partie masqué par cette circonstance que les particularités qui, au fond, sont héritées, n'en sont pas moins acquises à nouveau au cours du développement individuel, pour la raison probablement que les conditions, qui ont imposé jadis l'acquisition d'une particularité donnée, persistent toujours et continuent d'exercer leur action sur tous les individus qui se succèdent. Je pourrais dire que ces conditions, de créatrices qu'elles furent jadis, sont devenues provocatrices. Il est en outre incontestable que la marche du développement prédéterminé peut être troublée et modifiée chez chaque individu par des influences extérieures récentes. Quant à la force qui a imposé à l'humanité ce développement et dont l'action continue à s'exercer dans la même direction, nous la connaissons : c'est encore la privation imposée par la réalité ou, pour l'appeler de son vrai grand nom, la nécessité qui découle de la vie, l'Ανάγχη. Les névrotiques sont ceux chez lesquels cette rigueur a provoqué des effets désastreux, mais quelle que soit l'éducation qu'on a reçue, on est exposé au même risque. En proclamant que la nécessité vitale constitue le moteur du développement, nous ne diminuons d'ailleurs en rien l'importance des « tendances évolutives internes », lorsque l'existence de celles-ci se laisse démontrer. Or, il convient de noter que les tendances sexuelles et l'instinct de conservation ne se comportent pas de la même manière à l'égard de la nécessité réelle. Les instincts ayant pour but la conservation et tout ce qui s'y rattache sont plus accessibles à l'éducation ; ils apprennent de bonne heure à se plier à la nécessité et à conformer leur développement aux indications de la réalité. Ceci se conçoit, attendu qu'ils ne peuvent pas se procurer autrement les objets dont ils ont besoin et sans lesquels l'individu risque de périr. Les tendances sexuelles, qui n'ont pas besoin d'objet au début et ignorent ce besoin, sont plus difficiles à éduquer. Menant une existence pour ainsi dire parasitaire associée à celle des autres organes du corps, susceptibles de trouver une satisfaction auto-érotique, sans dépasser le corps même de l'individu, elles échappent à l'influence éducatrice de la nécessité réelle et, chez la plupart des hommes, elles gardent, sous certains rapports, toute la vie durant ce caractère arbitraire, capricieux, réfractaire, « énigmatique ». Ajoutez à cela qu'une jeune personne cesse d'être accessible à l'éducation au moment même où ses besoins sexuels atteignent leur intensité définitive. Les éducateurs le savent et agissent en conséquence ; mais peut-être se laisseront-ils encore convaincre par les résultats de la psychanalyse pour reconnaître que c'est l'éducation reçue dans la première enfance qui laisse la plus profonde empreinte. Le petit bonhomme est déjà entièrement formé dès la quatrième ou la cinquième année et se contente de manifester plus tard ce qui était déposé, en lui dès cet âge.

Pour faire ressortir toute la signification de la différence que nous avons établie entre ces deux groupes d'instincts, nous sommes obligés de faire une longue digression et d'introduire une de ces considérations auxquelles convient la qualification d'économiques. Ce faisant, nous aborderons un des domaines les plus importants mais, malheureusement aussi, les plus obscurs de la psychanalyse. Nous posons la question de savoir si une intention fondamentale quelconque est inhérente au travail de notre appareil psychique, et à cette question nous répondons par une première approximation, en disant que selon toute apparence l'ensemble de notre activité psychique a pour but de nous procurer du plaisir et de nous faire éviter le déplaisir, qu'elle est régie automatiquement par le *principe de plaisir*. Or, nous donnerions tout pour savoir quelles sont les conditions du plaisir et du déplaisir, mais les éléments de cette connaissance nous manquent précisément. La seule chose que nous soyons autorisés à affirmer, c'est que le plaisir est en rapport avec la diminution, l'atténuation ou l'extinction des masses d'excitations accumulées dans l'appareil psychique, tandis que la peine va de pair avec l'augmentation, l'exaspération de ces excitations. L'examen du plaisir le plus intense qui soit accessible à l'homme, c'est-à-dire du plaisir éprouvé au cours de l'accomplissement de l'acte sexuel, ne laisse aucun doute sur ce point. Comme il s'agit, dans ces actes accompagnés de plaisir, du sort de grandes quantités d'excitation ou d'énergie psychique, nous donnons aux considérations qui s'y rapportent le nom d'économiques. Nous notons que la tâche incombant à l'appareil psychique et l'action qu'il exerce peuvent encore être décrites autrement et d'une manière plus générale qu'en insistant sur l'acquisition du plaisir. On peut dire que l'appareil psychique sert à maîtriser et à supprimer les excitations et irritations d'origine extérieure et interne. En ce qui concerne les tendances sexuelles, il est évident que du commencement à la fin de leur développement elles sont un moyen d'acquisition de plaisir, et elles remplissent cette fonction sans faiblir. Tel est également, au début, l'objectif des tendances du *moi*. Mais sous la pression de la grande éducatrice qu'est la nécessité, les tendances du *moi* ne tardent pas à remplacer le principe de plaisir par une modification. La tâche d'écarter la peine s'impose à elles avec la même urgence que celle d'acquérir du plaisir ; le *moi* apprend qu'il est indispensable de renoncer à la satisfaction immédiate, de différer l'acquisition de plaisir, de supporter certaines peines et de renoncer en général à certaines sources de plaisir. Le *moi* ainsi éduqué est devenu « raisonnable », il ne se laisse plus dominer par le principe de plaisir, mais se conforme au principe *de réalité* qui, au fond, a également pour but le plaisir, mais un plaisir qui, s'il est différé et atténué, a l'avantage d'offrir la certitude que procurent le contact avec la réalité et la conformité à ses exigences.

Le passage du principe de plaisir au principe de réalité constitue un des progrès les plus importants dans le développement du *moi*. Nous savons déjà que les tendances sexuelles ne franchissent que tardivement et comme forcées et contraintes cette phase de développement du *moi*, et nous verrons plus tard quelles conséquences peuvent découler pour l'homme de ces rapports plus lâches qui existent entre sa sexualité et la réalité extérieure. Si le *moi* de l'homme subit un développement et a son histoire, tout comme la *libido*, vous ne serez pas étonnés d'apprendre qu'il peut y avoir également une « régression du *moi* », et vous serez peut-être curieux de connaître le rôle que peut jouer dans les maladies névrotiques ce retour du *moi* à des phases de développement antérieures.

CHAPITRE 23
LES MODES DE FORMATION DE SYMPTÔMES

Aux yeux du profane, ce sont les symptômes qui constitueraient l'essence de la maladie et la guérison consisterait pour lui dans la disparition des symptômes. Le médecin s'attache, au contraire, à distinguer entre symptômes et maladie et prétend que la disparition des symptômes est loin de signifier la guérison de la maladie. Mais ce qui reste de la maladie après la disparition des symptômes, c'est la faculté de former de nouveaux symptômes. Aussi allons-nous provisoirement adopter le point de vue du profane et admettre qu'analyser les symptômes équivaut à comprendre la maladie.

Les symptômes, et nous ne parlons naturellement ici que de symptômes psychiques (ou psychogènes) et de maladie psychique, sont, pour la vie considérée dans son ensemble, des actes nuisibles ou tout au moins inutiles, des actes qu'on accomplit avec aversion et qui sont accompagnés d'un sentiment pénible ou de souffrance. Leur principal dommage consiste dans l'effort psychique qu'exige leur exécution et dans celui dont on a besoin pour les combattre. Ces deux efforts, lorsqu'il s'agit d'une formation exagérée de symptômes, peuvent entraîner une diminution telle de l'énergie psychique disponible que la personne intéressée devient incapable de suffire aux tâches importantes de la vie. Comme cet effet constitue surtout une expression de la quantité d'énergie dépensée, vous concevez sans peine qu'« être malade » est une notion essentiellement pratique. Si, toutefois, vous plaçant à un point de vue théorique, vous faites abstraction de ces quantités, vous pouvez dire, sans crainte de démenti, que nous sommes tous malades, c'est-à-dire névrosés, attendu que les conditions qui président à la formation de symptômes existent également chez l'homme normal.

Pour ce qui est des symptômes névrotiques, nous savons déjà qu'ils sont l'effet d'un conflit qui s'élève au sujet d'un nouveau mode de satisfaction de la libido. Les deux forces qui s'étaient séparées se réunissent de nouveau dans le symptôme, se réconcilient pour ainsi dire à la faveur d'un compromis qui n'est autre que la formation de symptômes. C'est ce qui explique la capacité de résistance du symptôme : il est maintenu de deux côtés. Nous savons aussi que l'un des deux partenaires du conflit représente la libido insatisfaite, écartée de la réalité et obligée de chercher de nouveaux modes de satisfaction. Si la réalité se montre impitoyable, alors même que la libido est disposée à adopter un autre objet à la place de celui qui est refusé, celle-ci sera finalement obligée de s'engager dans la voie de la régression et de chercher sa satisfaction soit dans l'une des organisations déjà dépassées, soit dans l'un des objets antérieurement abandonnés. Ce qui attire la libido sur la voie de la régression, ce sont les fixations qu'elle a laissées à ces stades de son développement.

Or, la voie de la régression se sépare nettement de celle de la névrose. Lorsque les régressions ne soulèvent aucune opposition du *moi*, tout se passe sans névrose, et la libido obtient une satisfaction réelle, sinon toujours normale. Mais lorsque le *moi*, qui a le contrôle non seulement de la conscience, mais encore des accès à l'innervation motrice, et, par conséquent, de la possibilité de réalisation des tendances psychiques, lorsque le *moi*, disons-nous, n'accepte pas ces régressions, on se trouve en présence d'un conflit. La libido trouve la voie, pour ainsi dire, bloquée et doit essayer de s'échapper dans une direction où elle puisse dépenser sa réserve d'énergie d'après les exigences du principe du plaisir. Elle doit se séparer du *moi*. Ce qui lui facilite sa besogne, ce sont les fixations qu'elle a laissées le long du chemin de son développement et contre lesquelles le *moi* s'était chaque fois défendu à l'aide de *refoulements*. En occupant dans sa marche régressive ces positions refoulées, la libido se soustrait au *moi* et à ses lois et renonce en même temps à toute l'éducation qu'elle a reçue sous son influence. Elle se laissait guider, tant qu'elle pouvait espérer une satisfaction ; mais sous la double pression de la privation extérieure et intérieure, elle devient insubordonnée et pense avec regret au bonheur du temps passé. Tel est son caractère, au fond invariable. Les représentations auxquelles la libido applique désormais son énergie font partie du système de l'inconscient et sont soumises aux processus qui s'accomplissent dans ce système, en premier lieu à la condensation et au déplacement. Nous nous trouvons ici en présence de la même situation que celle qui caractérise la formation de rêves. Nous savons que le rêve proprement dit, qui s'est formé dans l'inconscient à titre de réalisation d'un désir imaginaire inconscient, se heurte à une certaine activité (pré)consciente. Celle-ci impose au rêve inconscient sa censure à la suite de laquelle survient un compromis caractérisé par la formation d'un rêve manifeste. Or, il en est de même de la libido, dont l'objet, relégué dans l'inconscient, doit compter avec la force du *moi* préconscient. L'opposition qui s'est élevée contre cet objet au sein du *moi* constitue pour la libido une sorte de « contre-attaque » dirigée contre sa nouvelle position et l'oblige à choisir un mode d'expression qui puisse devenir aussi celui du *moi*. Ainsi naît le symptôme, qui est un produit considérablement déformé de la satisfaction inconsciente d'un désir libidineux, un produit équivoque, habilement choisi et possédant deux significations diamétralement opposées. Sur ce dernier point, il y a toutefois entre le rêve et le symptôme cette différence que, dans le premier, l'intention préconsciente vise seulement à préserver le sommeil, à ne rien admettre dans la conscience de ce qui soit susceptible de la troubler ; elle n'oppose pas au désir inconscient un veto tranché, elle ne lui crie pas : non ! Au contraire ! Lorsqu'elle a à faire au rêve, l'intention préconsciente doit être plus tolérante, car la situation de l'homme qui dort est moins menacée, l'état de sommeil formant une barrière qui supprime toute communication avec la réalité.

Vous voyez ainsi que, si la libido peut échapper aux conditions créées par le conflit, elle le doit à l'existence de fixations. Par son retour aux fixations, la libido supprime l'effet des *refoulements* et obtient une dérivation ou une satisfaction, à la condition d'observer les clauses du compromis. Par ses détours à travers l'inconscient et les anciennes fixations, elle réussit enfin à se procurer une satisfaction réelle, bien qu'excessivement limitée et à peine reconnaissable. À propos de ce résultat final, je ferai deux remarques : en premier lieu, j'attire votre attention sur les liens étroits qui existent ici entre la libido et l'inconscient d'une part, la conscience et la réalité d'autre part, bien qu'au début ces deux couples ne soient rattachés entre eux par aucun lien ; en deuxième lieu, je tiens à vous prévenir, en vous priant de ne pas l'oublier, que tout ce que je viens de dire et tout ce que je dirai dans la suite se rapporte uniquement à la formation de symptômes dans la névrose hystérique.

Où la libido trouve-t-elle les fixations dont elle a besoin pour se frayer une voie à travers les *refoulements* ? Dans les activités et les événements de la sexualité infantile, dans les tendances partielles et les objets abandonnés et délaissés de l'enfance. C'est à tout cela que revient la libido. L'importance de l'enfance est double : d'une part, l'enfant manifeste pour la première fois des instincts et tendances qu'il apporte au monde à titre de dispositions innées et, d'autre part, il subit des influences extérieures, des événements accidentels qui éveillent à l'activité d'autres de ses instincts. Je crois que nous avons un droit incontestable à adopter cette division. La manifestation de dispositions innées ne soulève aucune objection critique, mais l'expérience analytique nous oblige précisément à admettre que des événements purement accidentels survenus dans l'enfance sont capables de laisser des points d'appui pour les fixations de la libido. Je ne vois d'ailleurs là aucune difficulté théorique. Les dispositions constitutionnelles sont incontestablement des traces que nous ont laissées des ancêtres éloignés ; mais il s'agit là de caractères qui, eux aussi, ont été acquis un jour, car sans acquisition il n'y aurait pas d'hérédité. Est-il admissible que la faculté d'acquérir de nouveaux caractères susceptibles d'être transmis héréditairement soit précisément refusée à la génération que nous considérons ? La valeur des événements de la vie infantile ne doit pas, ainsi qu'on le fait volontiers, être diminuée au profit des événements de la vie ancestrale et de la maturité de l'individu considéré ; les faits qui remplissent la vie de l'enfance méritent, bien au contraire, une considération toute particulière. Ils entraînent des conséquences d'autant plus graves qu'ils se produisent à une époque où le développement est encore inachevé, circonstance qui favorise précisément leur action traumatique. Les travaux de Roux et d'autres sur la mécanique du développement nous ont montré que la moindre lésion, une piqûre d'aiguille par exemple, infligée à l'embryon pendant la division cellulaire, peut entraîner des troubles de développement très graves. La même lésion infligée à la larve ou à l'animal achevé ne produit aucun effet nuisible.

La fixation de la libido de l'adulte, que nous avons introduite dans l'équation étiologique des névroses à titre de représentant du facteur constitutionnel, se laisse maintenant décomposer en deux nouveaux facteurs : la disposition héréditaire et la disposition acquise dans la première enfance. Je sais qu'un schéma a toujours la sympathie de ceux qui veulent apprendre. Résumons donc les rapports entre les divers facteurs dans le schéma suivant :

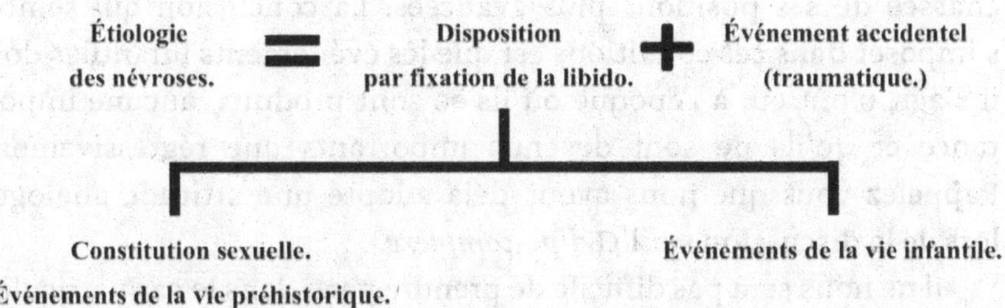

La constitution sexuelle héréditaire présente une grande variété de dispositions, selon que la disposition porte plus particulièrement sur telle ou telle tendance partielle, seule ou combinée avec d'autres. En association avec les événements de la vie infantile, la constitution forme une nouvelle « série complémentaire », tout à fait analogue à celle dont nous avons constaté l'existence comme résultat de l'association entre la disposition et les événements accidentels de la vie de l'adulte. Ici et là nous retrouvons les mêmes cas extrêmes et les mêmes relations de substitution. On peut à ce propos se demander si la plus remarquable des régressions de la libido, à savoir sa régression à l'une quelconque des phases antérieures de l'organisation sexuelle, n'est pas déterminée principalement par les conditions constitutionnelles héréditaires. Mais nous ferons bien de différer la réponse à cette question jusqu'au moment où nous disposerons d'une plus grande série de formes d'affections névrotiques.

Arrêtons-nous maintenant à ce résultat de la recherche analytique qui nous montre la libido des névrosés liée aux événements de leur vie sexuelle infantile. De ce fait, ces événements semblent acquérir une importance vitale pour l'homme et jouer un très grand rôle dans l'éclosion de maladies nerveuses. Cette importance et ce rôle sont incontestablement très grands, tant qu'on ne tient compte que du travail thérapeutique. Mais si l'on fait abstraction de ce travail, on s'aperçoit facilement qu'on risque d'être victime d'un malentendu et de se faire de la vie une conception unilatérale, fondée trop exclusivement sur la situation névrotique. L'importance des événements infantiles se trouve diminuée par le fait que la libido, dans son mouvement régressif, ne vient s'y fixer qu'après avoir été chassée de ses positions plus avancées. La conclusion qui semble s'imposer dans ces conditions est que les événements infantiles dont il s'agit n'ont eu, à l'époque où ils se sont produits, aucune importance et qu'ils ne sont devenus importants que régressivement. Rappelez-vous que nous avons déjà adopté une attitude analogue lors de la discussion sur l'*Œdipe-complexe.*

Il ne nous sera pas difficile de prendre parti dans le cas particulier dont nous nous occupons. La remarque d'après laquelle la transformation libidineuse et, par conséquent, le rôle pathogène des événements de la vie infantile sont dans une grande mesure renforcés par la régression de la libido, est certainement justifiée, mais serait susceptible de nous induire en erreur si nous l'acceptions sans réserves. D'autres considérations doivent encore entrer en ligne de compte. En premier lieu, l'observation montre d'une manière indiscutable que les événements de la vie infantile possèdent leur importance propre, laquelle apparaît d'ailleurs dès l'enfance. Il y a des névroses infantiles dans lesquelles la régression dans le temps ne joue qu'un rôle insignifiant ou ne se produit pas du tout, l'affection éclatant immédiatement à la suite d'un événement traumatique. L'étude de ces névroses infantiles est faite pour nous préserver de plus d'un malentendu dangereux concernant les névroses des adultes, de même que l'étude des rêves infantiles nous avait mis sur la voie qui nous a conduits à la compréhension des rêves d'adultes. Or, les névroses infantiles sont très fréquentes, beaucoup plus fréquentes qu'on ne le croit. Elles passent souvent inaperçues, sont considérées comme des signes de méchanceté ou de mauvaise éducation, sont souvent réprimées par les autorités qui règnent sur la *nursery,* mais sont faciles à reconnaître après coup, par un examen rétrospectif. Elles se manifestent le plus souvent sous la forme d'une *hystérie d'angoisse,* et vous apprendrez à une autre occasion ce que cela signifie. Lorsqu'une névrose éclate à l'une des phases ultérieures de la vie, l'analyse révèle régulièrement qu'elle n'est que la suite directe d'une névrose infantile qui, à l'époque, ne s'est peut-être manifestée que sous un aspect voilé, à l'état d'ébauche. Mais il est des cas, avons-nous dit, où cette nervosité infantile se poursuit sans interruption, au point de devenir une maladie qui dure autant que la vie. Nous avons pu examiner sur l'enfant même, dans son état actuel, quelques exemples de névrose infantile ; mais le plus souvent il nous a fallu nous contenter de conclure à l'existence d'une névrose infantile d'après une névrose de l'âge mûr, ce qui a exigé de notre part certaines corrections et précautions.

En deuxième lieu, on est obligé de reconnaître que cette régression régulière de la libido vers la période infantile aurait de quoi nous étonner, s'il n'y avait dans cette période quelque chose qui exerce sur la libido une attraction particulière. La fixation, dont nous admettons l'existence sur certains points du trajet suivi par le développement, serait sans contenu si nous ne la concevions pas comme la cristallisation d'une certaine quantité d'énergie libidineuse. Je dois enfin vous rappeler, qu'en ce qui concerne l'intensité et le rôle pathogène, il existe, entre les événements de la vie infantile et ceux de la vie ultérieure, le même rapport de complément réciproque que celui que vous avons constaté dans les séries précédemment étudiées. Il est des cas dans lesquels le seul facteur étiologique est constitué par les événements sexuels de l'enfance, d'origine sûrement traumatique et dont les effets, pour se manifester, n'exigent pas d'autres conditions que celles offertes par la constitution sexuelle moyenne et par son immaturité. Mais il est, en revanche, des cas où l'étiologie de la névrose doit être cherchée uniquement dans des conflits ultérieurs et où le rôle des impressions infantiles, révélé par l'analyse, apparaît comme un effet de la régression. Nous avons ainsi les extrêmes de « l'arrêt de développement » et de la « régression », et entre ces deux extrêmes, tous les degrés de combinaison de ces deux facteurs.

Tous ces faits présentent un certain intérêt pour la pédagogie qui se propose de prévenir les névroses en instituant de bonne heure un contrôle sur la vie sexuelle de l'enfant. Tant qu'on concentre toute l'attention sur les événements sexuels de l'enfance, on peut croire qu'on a tout fait pour prévenir les maladies nerveuses lorsqu'on a pris soin de retarder le développement sexuel et d'épargner à l'enfant des impressions d'ordre sexuel. Mais nous savons déjà que les conditions déterminantes des névroses sont beaucoup plus compliquées et ne se trouvent pas sous l'influence d'un seul facteur. La surveillance rigoureuse de l'enfant est sans aucune valeur, parce qu'elle ne peut rien contre le facteur constitutionnel ; elle est en outre plus difficile à exercer que ne le croient les éducateurs et comporte deux nouveaux dangers qui sont loin d'être négligeables : d'une part, elle dépasse le but en favorisant un *refoulement* sexuel exagéré, susceptible d'avoir des conséquences nuisibles ; d'autre part, elle lance l'enfant dans la vie sans aucun moyen de défense contre l'afflux de tendances sexuelles que doit amener la puberté. Les avantages de la prophylaxie sexuelle de l'enfance sont donc plus que douteux, et l'on peut se demander si ce n'est pas dans une autre attitude à l'égard de l'actualité qu'il convient de chercher un meilleur point d'appui pour la prophylaxie des névroses.

Mais revenons aux symptômes. À la satisfaction dont on est privé, ils créent une substitution en faisant rétrograder la libido à des phases antérieures, ce qui comporte le retour aux objets ou à l'organisation qui ont caractérisé ces phases. Nous savions déjà que le névrosé est attaché à un certain moment déterminé de son passé ; il s'agit d'une période dans laquelle sa libido n'était pas privée de satisfaction, d'une période où il était heureux. Il cherche dans son passé, jusqu'à ce qu'il trouve une pareille période, dût-il pour cela remonter jusqu'à sa toute première enfance, telle qu'il s'en souvient ou se la représente d'après des indices ultérieurs. Le symptôme reproduit d'une manière ou d'une autre cette satisfaction de la première enfance, satisfaction déformée par la censure qui naît du conflit, accompagnée généralement d'une sensation de souffrance et associée à des facteurs faisant partie de la prédisposition morbide. La satisfaction qui naît du symptôme est de nature bizarre. Nous faisons abstraction du fait que la personne intéressée éprouve cette satisfaction comme une souffrance et s'en plaint : cette transformation est l'effet du conflit psychique sous la pression duquel le symptôme a dû se former. Ce qui fut jadis pour l'individu une satisfaction, doit précisément aujourd'hui provoquer sa résistance ou son aversion. Nous connaissons un exemple peu apparent, mais très instructif de cette transformation de sensations. Le même enfant qui absorbait autrefois avec avidité le lait du sein maternel manifeste quelques années plus tard une forte aversion pour le lait, aversion que l'éducation a beaucoup de difficulté à vaincre. Cette aversion s'aggrave parfois et va jusqu'au dégoût, lorsque le lait ou la boisson mélangée avec du lait sont recouverts d'une mince peau. Il est permis de supposer que cette peau réveille le souvenir du sein maternel jadis si ardemment désiré. On doit, ajouter d'ailleurs que dans l'intervalle se place le sevrage et son action traumatique.

Mais il est encore une autre raison pour laquelle les symptômes nous paraissent singuliers et, en tant que moyen de satisfaction libidineuse, incompréhensibles. Ils ne nous rappellent que ce dont nous attendons généralement et normalement une satisfaction. Ils font le plus souvent abstraction de l'objet et renoncent ainsi à tout rapport avec la réalité extérieure. Nous disons que c'est là une conséquence du renoncement au principe de réalité et du retour au principe de plaisir. Mais il y a là aussi un retour à une sorte d'auto-érotisme élargi, à celui qui avait procuré à la tendance sexuelle ses premières satisfactions. Les symptômes remplacent une modification du monde extérieur par une modification du corps, donc une action extérieure par une action intérieure, un acte par une adaptation, ce qui, au point de vue phylogénique, correspond encore à une régression tout à fait significative. Nous ne comprendrons bien tout cela qu'à l'occasion d'une nouvelle donnée que nous révèleront plus tard nos recherches analytiques sur la formation des symptômes. Rappelons-nous en outre qu'à la formation de symptômes coopèrent les mêmes processus de l'inconscient que ceux que nous avons vus à l'œuvre lors de la formation de rêves, à savoir la condensation et le déplacement. Comme le rêve, le symptôme représente quelque chose comme étant réalisé, une satisfaction à la manière infantile, mais par une condensation poussée à l'extrême degré cette satisfaction peut être enfermée en une seule sensation ou innervation, et par un déplacement extrême elle peut être limitée à un seul petit détail de tout le complexe libidineux. Rien d'étonnant si nous éprouvons, nous aussi, une certaine difficulté à reconnaître dans le symptôme la satisfaction libidineuse soupçonnée et toujours confirmée.

Je viens de vous annoncer que vous alliez apprendre encore quelque chose de nouveau. Il s'agit en effet d'une chose non seulement nouvelle, mais encore étonnante et troublante. Vous savez que par l'analyse ayant pour point de départ les symptômes nous arrivons à la connaissance des événements de la vie infantile auxquels est fixée la libido et dont sont faits les symptômes. Or, l'étonnant c'est que ces scènes infantiles ne sont pas toujours vraies. Oui, le plus souvent elles ne sont pas vraies, et dans quelques cas elles sont même directement contraires à la vérité historique. Plus que tout autre argument, cette découverte est de nature à discréditer ou l'analyse qui a abouti à un résultat pareil ou le malade sur les dires duquel reposent tout l'édifice de l'analyse et la compréhension des névroses. Cette découverte est, en outre, extrêmement troublante. Si les événements infantiles dégagés par l'analyse étaient toujours réels, nous aurions le sentiment de nous mouvoir sur un terrain solide ; s'ils étaient toujours faux, s'ils se révélaient dans tous les cas comme des inventions des fantaisies des malades, il ne nous resterait qu'à abandonner ce terrain mouvant pour nous réfugier sur un autre. Mais nous ne nous trouvons devant aucune de ces deux alternatives : les événements infantiles, reconstitués ou évoqués par l'analyse, sont tantôt incontestablement faux, tantôt non moins incontestablement réels, et dans la plupart des cas ils sont un mélange de vrai et de faux. Les symptômes représentent donc tantôt des événements ayant réellement eu lieu et auxquels on doit reconnaître une influence sur la fixation de la libido, tantôt des fantaisies des malades auxquelles on ne peut reconnaître aucun rôle étiologique. Cette situation est de nature à nous mettre dans un très grand embarras. Je vous rappellerai cependant que certains souvenirs d'enfance que les hommes gardent toujours dans leur conscience, en dehors et indépendamment de toute analyse, peuvent également être faux ou du moins présenter un mélange de vrai ou de faux. Or, dans ces cas, la preuve de l'inexactitude est rarement difficile à faire, ce qui nous procure tout au moins la consolation de penser que l'embarras dont je viens de parler est le fait non de l'analyse, mais du malade.

Il suffit de réfléchir un peu pour comprendre ce qui nous trouble dans cette situation : c'est le mépris de la réalité, c'est le fait de ne tenir aucun compte de la différence qui existe entre la réalité et l'imagination. Nous sommes tentés d'en vouloir au malade, parce qu'il nous ennuie avec ses histoires imaginaires. La réalité nous paraît séparée de l'imagination par un abîme infranchissable, et nous l'apprécions tout autrement. Tel est d'ailleurs aussi le point de vue du malade lorsqu'il pense normalement. Lorsqu'il nous produit les matériaux qui, dissimulés derrière les symptômes, révèlent des situations modelées sur les événements de la vie infantile et dont le noyau est formé par un désir qui cherche à se satisfaire, nous commençons toujours par nous demander s'il s'agit de choses réelles ou imaginaires. Plus tard, certains signes apparaissent qui nous permettent de résoudre cette question dans un sens ou dans un autre, et nous nous empressons de mettre le malade au courant de notre solution. Mais cette initiation du malade ne va pas sans difficultés. Si nous lui disons dès le début qu'il est en train de raconter des événements imaginaires avec lesquels il voile l'histoire de son enfance, comme, les peuples substituent les légendes à l'histoire de leur passé oublié, nous constatons que son intérêt à poursuivre le récit baisse subitement, résultat que nous étions loin de désirer. Il veut, lui aussi, avoir l'expérience de choses réelles et se déclare plein de mépris pour les choses imaginaires. Mais si, pour mener notre travail à bonne fin, nous maintenons le malade dans la conviction que ce qu'il nous raconte représente les événements réels de son enfance, nous nous exposons à ce qu'il nous reproche plus tard notre erreur et se moque de notre prétendue crédulité. Il a de la peine à nous comprendre lorsque nous l'engageons à mettre sur le même plan la réalité et la fantaisie et à ne pas se préoccuper de savoir si les événements de sa vie infantile, que nous voulons élucider et tels qu'il nous les raconte, sont vrais ou faux. Il est pourtant évident que c'est là la seule attitude à recommander à l'égard de ces productions psychiques. C'est que ces productions sont, elles aussi, réelles dans un certain sens : il reste notamment le fait que c'est le malade qui a créé les événements imaginaires ; et, au point de vue de la névrose, ce fait n'est pas moins important que si le malade avait réellement vécu les événements dont il parle. Les fantaisies possèdent une réalité *psychique,* opposée à la réalité *matérielle,* et nous nous pénétrons peu à peu de cette vérité que *dans le monde des névroses c'est la réalité psychique qui joue le rôle dominant.*

Parmi les événements qui figurent dans toutes ou presque toutes les histoires d'enfance des névrosés, il en est quelques-uns qui méritent d'être relevés tout particulièrement à cause de leur grande importance. Ce sont : des observations relatives aux rapports sexuels des parents, le détournement par une personne adulte, la menace de castration. Ce serait une erreur de croire qu'il ne s'agit là que de choses imaginaires, sans aucune base réelle. Il est, au contraire, possible d'établir indiscutablement la matérialité de ces faits en interrogeant les parents plus âgés des malades. Il n'est pas rare d'apprendre, par exemple, que tel petit garçon qui a commencé à jouer indécemment avec son organe génital et qui ne sait pas encore que c'est là un amusement qu'on doit cacher, est menacé par les parents et les personnes préposées à ses soins, d'une amputation de la verge ou de la main pécheresse. Les parents, interrogés, n'hésitent pas à en convenir, car ils estiment avoir eu raison d'intimider l'enfant ; certains malades gardent un souvenir correct et conscient de cette menace, surtout lorsque celle-ci s'est produite quand ils avaient déjà un certain âge. Lorsque c'est la mère ou une autre personne du sexe féminin qui profère cette menace, elle en fait entrevoir l'exécution par le père ou par le médecin. Dans le célèbre « Struwwelpeter » du pédiatre francfortois Hoffmann, qui doit son charme à la profonde intelligence des complexes sexuels et autres de l'enfance, la castration se trouve remplacée par l'amputation du pouce, dont l'enfant est menacé pour son obstination à le sucer. Il est cependant tout à fait invraisemblable que les enfants soient aussi souvent menacés de castration qu'on pourrait le croire d'après les analyses des névrosés. Il y a tout lieu de supposer que l'enfant imagine cette menace, d'abord en se basant sur certaines allusions, ensuite parce qu'il sait que la satisfaction auto-érotique est défendue et enfin sous l'impression que lui a laissée la découverte de l'organe génital féminin. De même il n'est pas du tout invraisemblable que, même dans les familles non prolétariennes, l'enfant, qu'on croit incapable de comprendre et de se souvenir, ait pu être témoin. des rapports sexuels entre ses parents ou d'autres personnes adultes et qu'ayant compris plus tard ce qu'il avait vu il ait réagi à l'impression reçue. Mais lorsqu'il décrit les rapports sexuels, dont il a pu être témoin, avec des détails trop minutieux pour avoir pu être observés, ou lorsqu'il les décrit, ce qui est le cas de beaucoup le plus fréquent, comme des rapports *more ferarum,* il apparaît hors de doute que cette fantaisie se rattache à l'observation d'actes d'accouplement chez les bêtes (les chiens) et s'explique par l'état d'insatisfaction que l'enfant, qui n'a subi que l'impression visuelle, éprouve au moment de la puberté. Mais le cas le plus extrême de ce genre est celui où l'enfant prétend avoir observé le coït des parents, alors qu'il se trouvait encore dans le sein de sa mère. La fantaisie relativement au détournement présente un intérêt particulier, parce que le plus souvent il s'agit, non d'un fait imaginaire, mais du souvenir d'un événement réel. Mais, tout en étant fréquent, cet événement réel l'est beaucoup moins que ne pourraient le faire croire les résultats des analyses. Le détournement par des enfants plus âgés ou du même âge est plus fréquent que le détournement par des adultes, et lorsque dans les récits de petites filles c'est le père qui apparaît (et c'est presque la règle) comme le séducteur, le caractère imaginaire de cette accusation apparaît hors de doute, de même que nul doute n'est possible quant au motif qui la détermine. C'est par l'invention du détournement, alors que rien de ce qui peut ressembler à un détournement n'a eu lieu, que l'enfant justifie généralement la période autoérotique de son activité sexuelle. En situant par l'imagination l'objet de son désir sexuel dans cette période reculée de son enfance, il se dispense d'avoir honte du fait qu'il se livre à la masturbation. Ne croyez d'ailleurs pas que l'abus sexuel commis sur des enfants par les parents masculins les plus proches soit un fait appartenant entièrement au domaine de la fantaisie. La plupart des analystes auront eu à traiter des cas où cet abus a réellement existé et a pu être établi d'une manière indiscutable ; seulement cet abus avait eu lieu à une époque beaucoup plus tardive que celle à laquelle l'enfant le situe.

On a l'impression que tous ces événements de la vie infantile constituent l'élément nécessaire, indispensable de la névrose. Si ces événements correspondent à la réalité, tant mieux ; si la réalité les récuse, ils sont formés d'après tels ou tels indices et complétés par l'imagination. Le résultat est le même, et il ne nous a pas encore été donné de constater une différence quant aux effets, selon que les événements de la vie infantile sont un produit de la fantaisie ou de la réalité. Ici encore nous avons un de ces rapports de complément dont il a déjà été question si souvent, mais ce dernier rapport est le plus étrange de tous que ceux nous connaissions. D'où vient le besoin de ces inventions et où l'enfant puisse-t-il leurs matériaux ? En ce qui concerne les mobiles, aucun doute n'est possible ; mais il reste à expliquer pourquoi les mêmes inventions se reproduisent toujours, et avec le même contenu. Je sais que la réponse que je suis à même de donner à cette question vous paraîtra trop osée. Je pense notamment que ces *fantaisies primitives,* car tel est le nom qui leur convient, ainsi d'ailleurs qu'à quelques autres, constituent un patrimoine phylogénique.

Par ces fantaisies, l'individu se replonge dans la vie primitive, lorsque sa propre vie est devenue trop rudimentaire. Il est, à mon avis, possible que tout ce qui nous est raconté au cours de l'analyse à titre de fantaisies, à savoir le détournement d'enfants, l'excitation sexuelle à la vue des rapports sexuels des parents, la menace de castration ou, plutôt, la castration, il est possible que toutes ces inventions aient été jadis, aux phases primitives de la famille humaine, des réalités, et qu'en donnant libre cours à son imagination l'enfant comble seulement, à l'aide de la vérité préhistorique, les lacunes de la vérité individuelle. J'ai souvent eu l'impression que la psychologie des névroses est susceptible de nous renseigner plus et mieux que toutes les autres sources sur les phases primitives du développement humain.

Les questions que nous venons de traiter nous obligent à examiner de plus près le problème de l'origine et du rôle de cette activité spirituelle qui a nom « fantaisie ». Celle-ci, vous le savez, jouit d'une grande considération, sans qu'on ait une idée exacte de la place qu'elle occupe dans la vie psychique. Voici ce que je puis vous dire sur ce sujet. Sous l'influence de la nécessité extérieure l'homme est amené peu à peu à une appréciation exacte de la réalité, ce qui lui apprend à conformer sa conduite à ce que nous avons appelé le « principe de réalité » et à renoncer, d'une manière provisoire ou durable, à différents objets et buts de ses tendances hédoniques, y compris la tendance sexuelle. Ce renoncement au plaisir a toujours été pénible pour l'homme ; et il ne le réalise pas sans une certaine sorte de compensation. Aussi s'est-il réservé une activité psychique, grâce à laquelle toutes les sources de plaisirs et tous les moyens d'acquérir du plaisir auxquels il a renoncé continuent d'exister sous une forme qui les met à l'abri des exigences de la réalité et de ce que nous appelons l'épreuve de la réalité. Toute tendance revêt aussitôt la forme qui la représente comme satisfaite, et il n'est pas douteux qu'en se complaisant aux satisfactions imaginaires de désirs, on éprouve une satisfaction que ne trouble d'ailleurs en rien la conscience de son irréalité. Dans l'activité de sa fantaisie, l'homme continue donc à jouir, par rapport à la contrainte extérieure, de cette liberté à laquelle il a été obligé depuis longtemps de renoncer dans la vie réelle. Il a accompli un tour de force qui lui permet d'être alternativement un animal de joie et un être raisonnable. La maigre satisfaction qu'il peut arracher à la réalité ne fait pas son compte. « Il est impossible de se passer de constructions auxiliaires », dit quelque part Th. Fontane. La création du royaume psychique de la fantaisie trouve sa complète analogie dans l'institution de « réserves naturelles » là où les exigences de l'agriculture, des communications, de l'industrie menacent de transformer, jusqu'à le rendre méconnaissable, l'aspect primitif de la terre. La « réserve naturelle » perpétue cet état primitif qu'on a été obligé, souvent à regret, de sacrifier partout ailleurs à la nécessité. Dans ces réserves, tout doit pousser et s'épanouir sans contrainte, tout, même ce qui est inutile et nuisible. Le royaume psychique de la fantaisie constitue une réserve de ce genre, soustraite au principe de réalité.

Les productions les plus connues de la fantaisie sont les « rêves éveillés » dont nous avons déjà parlé, satisfactions imaginées de désirs ambitieux, grandioses, érotiques, satisfactions d'autant plus complètes, d'autant plus luxurieuses que la réalité commande davantage la modestie et la patience. On reconnaît avec une netteté frappante, dans ces rêves éveillés, l'essence même du bonheur imaginaire qui consiste à rendre l'acquisition de plaisir indépendante de l'assentiment de la réalité. Nous savons que ces rêves éveillés forment le noyau et le prototype des rêves nocturnes. Un rêve nocturne n'est, au fond, pas autre chose que le rêve éveillé, rendu plus souple grâce à la liberté nocturne des tendances, déformé par l'aspect nocturne de l'activité psychique. Nous sommes déjà familiarisés avec l'idée que le rêve éveillé n'est pas nécessairement conscient, qu'il y a des rêves éveillés inconscients. Ces rêves éveillés inconscients peuvent donc être la source aussi bien des rêves nocturnes que des symptômes névrotiques.

Et voici ce qui sera de nature à vous faire comprendre le rôle de la fantaisie dans la formation de symptômes. Je vous avais dit que dans les cas de privation la libido, accomplissant une marche régressive, vient réoccuper les positions qu'elle avait dépassées, non sans toutefois y avoir laissé une certaine partie d'elle-même. Sans vouloir retrancher quoi que ce soit à cette affirmation, sans vouloir y apporter une correction quelconque, je tiens cependant à introduire un anneau intermédiaire. Comment la libido trouve-t-elle le chemin qui doit la conduire à ces points de fixation ? Eh bien, les objets et directions abandonnés par la libido ne le sont pas d'une façon complète et absolue. Ces objets et directions ou leurs dérivés, persistent encore avec une certaine intensité dans les représentations de la fantaisie. Aussi suffit-il à la libido de se reporter à ces représentations pour retrouver le chemin qui doit la conduire à toutes ces fixations refoulées. Ces représentations imaginaires avaient joui d'une certaine tolérance, il ne s'est pas produit de conflit entre elle et le *moi*, quelque forte que pût être leur opposition avec celui-ci, mais cela tant qu'une certaine condition était observée, condition de nature *quantitative* et qui ne se trouve troublée que du fait du reflux de la libido vers les objets imaginaires. Par suite de ce reflux, la quantité d'énergie inhérente à ces objets se trouve augmentée au point qu'ils deviennent exigeants et manifestent une poussée vers la réalisation. Il en résulte un conflit entre eux et le *moi*. Qu'ils fussent autrefois conscients ou préconscients, ils subissent à présent un *refoulement* de la part du *moi* et sont livrés à l'attraction de l'inconscient. Des fantaisies maintenant inconscientes, la libido remonte jusqu'à leurs origines dans l'inconscient, jusqu'à ses propres points de fixation.

La régression de la libido vers les objets imaginaires, ou fantaisies, constitue une étape intermédiaire sur le chemin qui conduit à la formation de symptômes. Cette étape mérite, d'ailleurs, une désignation spéciale. C.-G. Jung avait proposé à cet effet l'excellente dénomination d'introversion, à laquelle il a d'ailleurs fort mal à propos fait désigner aussi autre chose. Quant à nous, nous désignons par introversion l'éloignement de la libido des possibilités de satisfaction réelle et son déplacement sur des fantaisies considérées jusqu'alors comme inoffensives. Un introverti, sans être encore un névrosé, se trouve dans une situation instable ; au premier déplacement des forces, il présentera des symptômes névrotiques s'il ne trouve pas d'autre issue pour sa libido refoulée. En revanche, le caractère irréel de la satisfaction névrotique et l'effacement de la différence entre la fantaisie et l'irréalité existent dès la phase de l'introversion.

Vous avez sans doute remarqué que, dans mes dernières explications, j'ai introduit dans l'enchaînement étiologique un nouveau facteur : la quantité, la grandeur des énergies considérées. C'est là un facteur dont nous devons partout tenir compte. L'analyse purement qualitative des conditions étiologiques n'est pas exhaustive. Ou, pour nous exprimer autrement, une conception purement *dynamique* des processus psychiques qui nous intéressent est insuffisante ; nous avons encore besoin de les envisager au point de vue *économique*. *Nous* devons nous dire que le conflit entre deux tendances n'éclate qu'à partir du moment où certaines intensités se trouvent atteintes, alors même que les conditions découlant des contenus de ces tendances existent depuis longtemps. De même, l'importance pathogénique des facteurs constitutionnels dépend de la prédominance quantitative de l'une ou de l'autre des tendances partielles en rapport avec la disposition constitutionnelle. On peut même dire que toutes les prédispositions humaines sont qualitativement identiques et ne diffèrent entre elles que par leurs proportions quantitatives. Non moins décisif est le facteur quantitatif au point de vue de la résistance à de nouvelles affections névrotiques. Tout dépend *de la quantité* de la libido inemployée qu'une personne est capable de contenir à l'état de suspension, et *de la fraction plus ou moins grande* de cette libido qu'elle est capable de détourner de la voie sexuelle pour l'orienter vers la sublimation. Le but final de l'activité psychique qui, au point de vue qualitatif, peut être décrit comme une tendance à acquérir du plaisir et à éviter la peine, apparaît, si on l'envisage au point de vue économique, comme un effort pour maîtriser les masses (grandeurs) d'excitations ayant leur siège dans l'appareil psychique et d'empêcher la peine pouvant résulter de leur stagnation.

Voilà tout ce que je m'étais proposé de vous dire concernant la formation de symptômes dans les névroses. Mais je tiens à répéter une fois de plus et de la façon la plus explicite que tout ce que j'ai dit ne se rapporte qu'à la formation de symptômes dans l'hystérie. Déjà dans la névrose obsessionnelle la situation est différente, les faits fondamentaux restant d'ailleurs les mêmes. Les résistances aux impulsions découlant des tendances, résistances dont nous avons également parlé à propos de l'hystérie, viennent, dans la névrose obsessionnelle, occuper le premier plan et dominent le tableau clinique en tant que formations dites « réactionnelles ». Nous retrouvons les mêmes différences et d'autres, plus profondes encore, dans les autres névroses qui attendent encore que les recherches relatives à leurs mécanismes de formation de symptômes soient achevées.

Avant de terminer cette leçon, je voudrais encore attirer votre attention sur un côté des plus intéressants de la vie imaginative. Il existe notamment un chemin de retour qui conduit de la fantaisie à la réalité : c'est l'art. L'artiste est en même temps un introverti qui frise la névrose. Animé d'impulsions et de tendances extrêmement fortes, il voudrait conquérir honneurs, puissance, richesses, gloire et amour des femmes. Mais les moyens lui manquent de se procurer ces satisfactions. C'est pourquoi, comme tout homme insatisfait, il se détourne de la réalité et concentre tout son intérêt, et aussi sa libido, sur les désirs créés par sa vie imaginative, ce qui peut le conduire facilement à la névrose. Il faut beaucoup de circonstances favorables pour que son développement n'aboutisse pas à ce résultat ; et l'on sait combien sont nombreux les artistes qui souffrent d'un arrêt partiel de leur activité par suite de névroses. Il est possible que leur constitution comporte une grande aptitude à la sublimation et une certaine faiblesse à effectuer des *refoulements* susceptibles de décider du conflit. Et voici comment l'artiste retrouve le chemin de la réalité. Je n'ai pas besoin de vous dire qu'il n'est pas le seul à vivre d'une vie imaginative. Le domaine intermédiaire de la fantaisie jouit de la faveur générale de l'humanité, et tous ceux qui sont privés de quelque chose y viennent chercher compensation et consolation. Mais les profanes ne retirent des sources de la fantaisie qu'un plaisir limité. Le caractère implacable de leurs *refoulements* les oblige à se contenter des rares rêves éveillés dont il faut encore qu'ils se rendent conscients. Mais le véritable artiste peut davantage. Il sait d'abord donner à ses rêves éveillés une forme telle qu'ils perdent tout caractère personnel susceptible de rebuter les étrangers, et deviennent une source de jouissance pour les autres. Il sait également les embellir de façon à dissimuler complètement leur origine suspecte. Il possède en outre le pouvoir mystérieux de modeler des matériaux donnés jusqu'à en faire l'image fidèle de la représentation existant dans sa fantaisie et de rattacher à cette représentation de sa fantaisie inconsciente une somme de plaisir suffisante pour masquer ou supprimer, provisoirement du moins, les *refoulements*. Lorsqu'il a réussi à réaliser tout cela, il procure à d'autres le moyen de puiser à nouveau soulagement et consolation dans les sources de jouissances, devenues inaccessibles, de leur propre inconscient ; il s'attire leur reconnaissance et leur admiration et a finalement conquis par sa fantaisie ce qui auparavant n'avait existé que dans sa fantaisie : honneurs, puissance et amour des femmes.

CHAPITRE 24
LA NERVOSITÉ COMMUNE

Après avoir abattu, dans nos derniers entretiens, une besogne assez difficile, j'abandonne momentanément le sujet et m'adresse à vous.

Je sais notamment que vous êtes mécontents. Vous vous étiez fait une autre idée de ce que devait être une *Introduction à la psychanalyse.* Vous vous attendiez à des exemples tirés de la vie, et non à l'exposé d'une théorie. Vous me dites que lorsque je vous ai raconté la parabole intitulée : Au *rez-de-chaussée et au premier étage,* vous avez saisi quelque chose de l'étiologie des névroses, mais que vous regrettez que je vous aie raconté des histoires imaginaires, au lieu de citer des observations prises sur le vif. Ou, encore, lorsque je vous ai parlé au début de deux symptômes, qui, eux, ne sont pas inventés, en vous faisant assister à leur disparition et en mettant sous vos yeux leurs rapports avec la vie du malade, vous avez entrevu le « sens » des symptômes et espéré me voir persister dans cette manière de faire. Et voilà que je me suis mis à dérouler devant vous de longues théories qui n'étaient jamais complètes, auxquelles j'avais toujours quelque chose à ajouter, travaillant avec des notions que je ne vous avais pas fait connaître au préalable, passant de l'exposé descriptif à la conception dynamique, de celle-ci à la conception que j'ai appelée

« économique ». Vous étiez en droit de vous demander si, parmi les mots que j'employais, il n'y en avait pas un certain nombre ayant la même signification et qui n'étaient employés alternativement que pour des raisons d'euphonie. Je n'ai rien fait pour vous renseigner là-dessus ; au lieu de cela, j'ai fait surgir devant vous des points de vue aussi vastes que ceux du principe de plaisir, du principe de réalité et du patrimoine héréditaire phylogénique ; et, au lieu de vous introduire dans quelque chose, j'ai fait défiler devant vos yeux quelque chose qui, à mesure que je l'évoquais, s'éloignait de vous.

Pourquoi n'ai-je pas commencé l'introduction à la théorie des névroses par l'exposé de ce que vous savez vous-mêmes concernant les névroses, de ce qui a depuis longtemps suscité votre intérêt ? Pourquoi n'ai-je pas commencé par vous parler de la nature particulière des nerveux, de leurs réactions incompréhensibles aux rapports avec les autres hommes et aux influences extérieures, de leur irritabilité, de leur manque de prévoyance et d'adaptation ? Pourquoi ne vous ai-je pas conduits peu à peu de l'intelligence des formes simples, qu'on observe tous les jours, à celle des problèmes se rapportant aux manifestations extrêmes et énigmatiques de la nervosité ?

Je ne conteste pas le bien-fondé de vos doléances. Je ne me fais pas illusion sur mon art d'exposition, au point d'attribuer un charme particulier à chacun de ses défauts. J'accorde qu'il eût été plus profitable pour vous de procéder autrement que je ne l'ai fait ; et j'en avais d'ailleurs l'intention. Mais il n'est pas toujours facile de réaliser ses intentions, même les plus raisonnables. Il y a dans la matière même qu'on traite quelque chose qui vous commande et vous détourne de vos intentions premières. Même un travail aussi insignifiant que la disposition des matériaux ne dépend pas toujours et entièrement de la volonté de l'auteur : elle s'opère toute seule, et c'est seulement après coup qu'on peut se demander pourquoi les matériaux se trouvent disposés dans tel ordre plutôt que dans un autre.

Il se peut que le titre *Introduction à la psychanalyse* ne convienne pas à cette partie qui traite des névroses. L'introduction à la psychanalyse est fournie par l'étude des actes manqués et des rêves ; mais la théorie des névroses est la psychanalyse même. Je ne crois pas avoir pu vous donner en si peu de temps et sous une forme aussi condensée une connaissance suffisante de la théorie des névroses. Je tenais avant tout à vous donner une idée d'ensemble du sens et de l'importance des symptômes, des conditions extérieures et intérieures, ainsi que du mécanisme de la formation de symptômes. C'est du moins ce que j'ai essayé de faire, et c'est là à peu près le noyau de ce que la psychanalyse peut aujourd'hui nous enseigner. Il y avait pas mal de choses à dire concernant la libido et son développement, et il y avait aussi quelque chose à dire concernant le développement du *moi*. Quant aux prémisses de notre technique et aux grandes notions de l'inconscient et du *refoulement* (de la résistance), vous y avez été préparés dès l'introduction. Vous verrez dans une des prochaines leçons sur quels points le travail psychanalytique reprend son avance organique. Je ne vous ai pas dissimulé au préalable que toutes nos déductions n'ont été tirées que d'un seul groupe d'affections nerveuses : des névroses dites « de transfert ». Et même, en analysant le mécanisme de la formation de symptômes je n'avais en vue que la seule névrose hystérique. À supposer même que vous n'ayez ainsi acquis aucune connaissance solide ni retenu tous les détails, vous n'en avez pas moins, je l'espère, acquis une idée des moyens avec lesquels la psychanalyse travaille, des questions auxquelles elle s'attaque et des résultats qu'elle a obtenus.

Je suppose donc que vous auriez désiré me voir commencer l'exposé des névroses par la description de l'attitude des nerveux, de la manière dont ils souffrent de la névrose, dont ils s'en défendent et s'en accommodent. C'est là certainement un sujet intéressant et instructif, peu difficile à traiter mais par lequel il est un peu dangereux de commencer. On s'expose notamment, en prenant pour point de départ les névroses communes, ordinaires, à ne pas découvrir l'inconnu, à ne pas saisir la grande importance de la libido et à se laisser influencer dans l'appréciation des faits par la manière dont elles se présentent au *moi* du nerveux. Or, il va sans dire que ce *moi* est loin d'être un juge sûr et impartial. Le *moi* possédant le pouvoir de nier l'inconscient et de le refouler, comment pouvons-nous attendre de lui un jugement équitable concernant cet inconscient ? Parmi les objets refoulés, les exigences désapprouvées de la sexualité figurent en première ligne ; ce qui signifie que nous ne saurons jamais nous faire une idée de leur grandeur et de l'importance d'après la manière dont les conçoit le *moi*. À partir du moment où nous voyons surgir le point de vue du *refoulement*, nous sommes prévenus de n'avoir pas à prendre pour juge l'un des deux adversaires en conflit, surtout pas l'adversaire victorieux. Nous savons désormais que tout ce que le *moi* pourrait nous dire serait de nature à nous induire en erreur. On pourrait encore accorder confiance au *moi* si on le savait actif dans toutes ses manifestations, si on savait qu'il a lui-même voulu et produit ses symptômes. Mais dans un grand nombre de ses manifestations, le *moi* reste passif, et c'est cette passivité qu'il cherche à cacher et à présenter sous un aspect qui ne lui appartient pas. D'ailleurs, le *moi* n'ose pas toujours se soumettre à cet essai, et il est obligé de convenir que, dans les symptômes de la névrose obsessionnelle, il sent se dresser contre lui des forces étrangères dont il ne peut se défendre que péniblement.

Ceux qui, sans se laisser décourager par ces avertissements, prennent les fausses indications du *moi* pour des espèces sonnantes, auront certainement beau jeu et échapperont à tous les obstacles qui s'opposent à l'interprétation psychanalytique de l'inconscient, de la sexualité et de la passivité du *moi*. Ceux-là pourront affirmer, comme le fait Alfred Adler, que c'est le « caractère nerveux » qui est la cause de la névrose, au lieu d'en être l'effet, mais ils seront aussi incapables d'expliquer le moindre détail de la formation de symptômes ou le rêve le plus insignifiant.

Vous allez me demander : « Ne serait-il donc pas possible de tenir compte de la part qui revient au *moi* dans la nervosité et la formation de symptômes, sans négliger d'une façon trop flagrante les facteurs découverts par la *psychanalyse* ? » À quoi je réponds : « La chose doit certainement être possible, et cela se fera bien un jour, mais vu l'orientation suivie par la psychanalyse, ce n'est pas par ce travail qu'elle doit commencer. » On peut prédire le moment où cette tâche viendra s'imposer à la psychanalyse. Il y a des névroses dans lesquelles la part du *moi* se manifeste d'une façon beaucoup plus intensive que dans celles que nous avons étudiées jusqu'à présent : nous appelons ces névroses « narcissiques ». L'examen analytique de ces affections nous permettra de déterminer avec certitude et impartialité la participation du *moi* aux affections névrotiques.

Mais il est une attitude du *moi* à l'égard de sa névrose qui est tellement frappante qu'elle aurait pu être prise en considération dès le commencement. Elle ne semble manquer dans aucun cas, mais elle ressort avec une évidence particulière dans une affection que nous ne connaissons pas encore : dans la *névrose traumatique.* Il faut que vous sachiez que, dans la détermination et le mécanisme de toutes les formes de névroses possibles, on retrouve à l'œuvre toujours les mêmes facteurs, à cette différence près que le rôle principal, au point de vue de la formation de symptômes, revient, selon les affections, tantôt à l'un, tantôt à l'autre d'entre eux. On dirait le personnel d'une troupe de théâtre : chaque acteur, bien qu'ayant son emploi spécial — héros, confident, intrigant, etc. — n'en choisit pas moins pour sa représentation de bénéfice un autre rôle que celui qu'il a l'habitude de jouer. Nulle part les fantaisies, qui se transforment en symptômes, n'apparaissent avec plus de netteté que dans l'hystérie ; en revanche, les résistances ou formations réactionnelles dominent le tableau de la névrose obsessionnelle ; et, d'autre part encore, ce que nous avons appelé *élaboration secondaire,* en parlant du rêve, occupe dans la paranoïa la première place, à titre de fausse perception, etc.

C'est ainsi que dans les névroses traumatiques, surtout dans celles provoquées par les horreurs de la guerre, nous découvrons un mobile personnel, égoïste, utilitaire, défensif, mobile qui, s'il est incapable de créer à lui seul la maladie, contribue à l'explosion de celle-ci et la maintient lorsqu'elle s'est formée. Ce motif cherche à protéger le *moi* contre les dangers dont la menace a été la cause occasionnelle de la maladie, et il rendra la guérison impossible tant que le malade ne sera pas garanti contre le retour des mêmes dangers ou tant qu'il n'aura pas reçu de compensation pour y avoir été exposé.

Mais, dans tous les autres cas analogues, le *moi* prend le même intérêt à la naissance et à la persistance des névroses. Nous avons déjà dit que le *moi* contribue, pour une certaine part, au symptôme parce que celui-ci a un côté par lequel il offre une satisfaction à la tendance du *moi* cherchant à opérer un *refoulement.* En outre, la solution du conflit par la formation d'un symptôme est la solution la plus commode et celle qui cadre le mieux avec le principe de plaisir ; il est en effet incontestable qu'elle épargne au *moi* un travail intérieur dur et pénible. Il y a des cas où le médecin lui-même est obligé de convenir que la névrose constitue la solution la plus inoffensive et, au point de vue social, la plus avantageuse, d'un conflit. Ne soyez pas étonnés si l'on vous dit que le médecin lui-même prend parfois parti pour la maladie qu'il combat. Il ne lui convient pas de restreindre dans toutes les situations son rôle à celui d'un fanatique de la santé, il sait qu'il y a au monde d'autres misères que la misère névrotique, qu'il y a d'autres souffrances, peut-être plus réelles encore et plus rebelles ; que la nécessité peut obliger un homme à sacrifier sa santé, parce que ce sacrifice d'un seul peut prévenir un immense malheur dont souffriraient beaucoup d'autres. Si donc on a pu dire que le névrosé, pour se soustraire à un conflit, *se réfugie dans la maladie,* il faut convenir que dans certains cas cette fuite est justifiée, et le médecin, qui s'est rendu compte de la situation, doit alors se retirer, sans rien dire et avec tous les ménagements possibles.

Mais faisons abstraction de ces cas exceptionnels. Dans les cas ordinaires, le fait de se réfugier dans la névrose procure au *moi* un certain avantage d'ordre interne et de nature morbide, auquel vient s'ajouter, dans certaines situations, un avantage extérieur évident, mais dont la valeur réelle peut varier d'un cas à l'autre. Prenons l'exemple le plus fréquent de ce genre. Une femme, brutalement traitée et exploitée sans ménagements par son mari, trouve à peu près régulièrement un refuge dans la névrose lorsqu'elle y est aidée par ses dispositions, lorsqu'elle est trop lâche ou trop honnête pour entretenir un commerce secret avec un autre homme, lorsqu'elle n'est pas assez forte pour braver toutes les conventions extérieures et se séparer de son mari, lorsqu'elle n'a pas l'intention de se ménager et de chercher un meilleur mari et lorsque, par-dessus tout cela, son instinct sexuel la pousse, malgré tout, vers cet homme brutal. Sa maladie devient pour elle une arme dans la lutte contre cet homme dont la force l'écrase, une arme dont elle peut se servir pour sa défense et dont elle peut abuser en vue de la vengeance. Il lui est permis de se plaindre de sa maladie, alors qu'elle ne pouvait pas se plaindre de son mariage. Trouvant dans le médecin un auxiliaire, elle oblige son mari qui, dans les circonstances normales, n'avait pour elle aucun égard, à la ménager, à faire pour elle des dépenses, à lui permettre de s'absenter de la maison et d'échapper ainsi pour quelques heures à l'oppression que le mari fait peser sur elle. Dans les cas où l'avantage extérieur ou accidentel que la maladie procure ainsi au *moi* est considérable et ne peut être remplacé par aucun autre avantage plus réel, le traitement de la névrose risque fort de rester inefficace.

Vous allez m'objecter que ce que je vous raconte là des avantages procurés par la maladie est plutôt un argument en faveur de la conception que j'avais repoussée et d'après laquelle ce serait le *moi* qui veut et qui crée la névrose. Tranquillisez-vous cependant : les faits que je viens de vous relater signifient peut-être tout simplement que le *moi* se complaît dans la névrose, que, ne pouvant pas l'empêcher, il en fait le meilleur usage possible, si toutefois elle se prête à ses usages. Dans la mesure où la névrose présente des avantages, le *moi* s'en accommode fort bien, mais elle ne présente pas toujours des avantages. On constate généralement qu'en se laissant glisser dans la névrose, le *moi* a fait une mauvaise affaire. Il a payé trop cher l'atténuation du conflit, et les sensations de souffrance, inhérentes aux symptômes, si elles sont peut-être équivalentes aux tourments du conflit qu'elles remplacent, n'en déterminent pas moins, selon toute probabilité, une aggravation de l'état pénible. Le *moi* voudrait bien se débarrasser de ce que les symptômes ont de pénible, sans renoncer aux avantages qu'il retire de la maladie, mais il est impuissant à obtenir ce résultat. On constate à cette occasion, et c'est là un point à retenir, que le *moi* est loin d'être aussi actif qu'il le croyait.

Lorsque vous aurez, en tant que médecins, à soigner des névrosés, vous ne tarderez pas à constater que ce ne sont pas ceux qui se plaignent et se lamentent le plus à propos de leur maladie qui se laissent le plus volontiers secourir et opposent au traitement le moins de résistance. Bien au contraire. Mais vous comprendrez sans peine que tout ce qui contribue à augmenter les avantages que procure l'état morbide, renforcera en même temps la résistance par le *refoulement* et aggravera les difficultés thérapeutiques. À l'avantage que procure l'état morbide et qui naît pour ainsi dire avec le symptôme, il faut en ajouter un autre qui se manifeste plus tard. Lorsqu'une organisation psychique telle que la maladie a duré depuis un certain temps, elle finit par se comporter comme une entité indépendante ; elle manifeste une sorte d'instinct de la conservation, il se forme un *modus vivendi* entre elle et les autres sections de la vie psychique, même celles qui, au fond, lui sont hostiles, et il est rare qu'elle ne trouve pas l'occasion de se rendre de nouveau utile, acquérant ainsi une sorte de *fonction secondaire* faite pour prolonger et consolider son existence. Prenons, au lieu d'un exemple tiré de la pathologie, un cas emprunté à la vie de tous les jours. Un brave ouvrier qui gagne sa vie par son travail, devient infirme à la suite d'un accident professionnel. Incapable désormais de travailler, il se voit allouer dans la suite une petite rente et apprend en outre à utiliser son infirmité pour se livrer à la mendicité. Son existence actuelle, aggravée, a pour base le fait même qui a brisé sa première existence. En le débarrassant de son infirmité, vous lui ôteriez tout d'abord ses moyens de subsistance, car il y aurait alors à se demander s'il est encore capable de reprendre son ancien travail. Ce qui, dans la névrose, correspond à cette utilisation secondaire de la maladie, peut être considéré comme un avantage secondaire venant se surajouter au primaire.

Je dois vous dire d'une façon générale que, sans sous-estimer l'importance pratique de l'avantage procuré par l'état morbide, on ne doit pas s'en laisser imposer au point de vue théorique. Abstraction faite des exceptions reconnues plus haut, cet avantage fait penser aux exemples d'« intelligence des animaux » qu'Oberländer avait illustrés dans les *Fliegende Blätter*. Un Arabe monte à dos de chameau un sentier étroit taillé dans une montagne abrupte. À un détour du sentier, il se trouve tout à coup en présence d'un lion prêt à sauter sur lui. Pas d'issue : d'un côté la montagne presque verticale, de l'autre un abîme ; impossible de rebrousser chemin et de fuir ; l'Arabe se voit perdu. Tel n'est pas l'avis du chameau. Il fait avec son cavalier un saut dans l'abîme... et le lion en reste pour ses frais. L'aide apportée au malade par la névrose ressemble à ce saut dans l'abîme. Aussi peut-il arriver que la solution du conflit par la formation de symptômes ne constitue qu'un processus automatique, l'homme se montrant ainsi incapable de répondre aux exigences de la vie et renonçant à utiliser ses forces les meilleures et les plus élevées. S'il y avait possibilité de choisir, on devrait préférer la défaite héroïque, c'est-à-dire consécutive à un noble corps à corps avec le destin.

Je dois toutefois vous donner encore les autres raisons pour lesquelles je n'ai pas commencé l'exposé de la théorie des névroses par celui de la nervosité commune. Vous croyez peut-être que, si j'ai procédé ainsi, ce fut parce que, en suivant un ordre opposé, j'aurais rencontré plus de difficultés à établir l'étiologie sexuelle des névroses. Vous vous trompez. Dans les névroses de transfert, on doit, pour en arriver à cette conception, commencer par mener à bien le travail d'interprétation des symptômes. Dans les formes ordinaires des névroses dites *actuelles,* le rôle étiologique de la vie sexuelle constitue un fait brut, qui s'offre de lui-même à l'observation. Je me suis heurté à ce fait il y a plus de vingt ans lorsque je m'étais un jour demandé pourquoi on s'obstine à ne tenir aucun compte, au cours de l'examen des nerveux, de leur activité sexuelle. J'ai alors sacrifié à ces recherches la sympathie dont je jouissais auprès des malades, mais il ne m'a pas fallu beaucoup d'efforts pour arriver à cette constatation que la vie sexuelle normale ne comporte pas de névrose (de névrose actuelle, veux-je dire). Certes, cette proposition fait trop bon marché des différences individuelles des hommes et elle souffre aussi de cette incertitude qui est inséparable du mot « normal », mais, au point de vue de l'orientation en gros, elle garde encore aujourd'hui toute sa valeur. J'ai pu alors établir des rapports spécifiques entre certaines formes de nervosité et certains troubles sexuels particuliers, et je suis convaincu que si je disposais des mêmes matériaux, du même ensemble de malades, je ferais encore aujourd'hui des observations identiques. Il m'a souvent été donné de constater qu'un homme, qui se contentait d'une certaine satisfaction incomplète, par exemple de l'onanisme manuel, était atteint d'une forme déterminée de névrose actuelle, laquelle cédait promptement sa place à une autre forme, lorsque le sujet adoptait un autre régime sexuel, mais tout aussi peu recommandable. Il me fut ainsi possible de deviner un changement dans le mode de satisfaction sexuelle d'après le changement de l'état du malade. J'avais pris l'habitude de ne pas renoncer à mes suppositions et à mes soupçons tant que je n'avais pas réussi à vaincre l'insincérité du malade et à lui arracher des aveux. Il est vrai que les malades préféraient alors s'adresser à d'autres médecins qui mettaient moins d'insistance à se renseigner sur leur vie sexuelle.

Il ne m'a pas non plus échappé alors que l'étiologie de l'état morbide ne pouvait pas toujours être ramenée à la vie sexuelle. Si tel malade a été directement affecté d'un trouble sexuel, chez tel autre ce trouble n'est survenu qu'à la suite de pertes pécuniaires importantes ou d'une grave maladie organique. L'explication de cette variété ne nous est apparue que plus tard, lorsque nous avons commencé à entrevoir les rapports réciproques, jusqu'alors seulement soupçonnés, du *moi* et de la libido, et notre explication devenait de plus en plus satisfaisante à mesure que les preuves de ces rapports devenaient plus nombreuses. Une personne ne devient névrosée que lorsque son *moi* a perdu l'aptitude à réprimer sa libido d'une façon ou d'une autre. Plus le *moi* est fort, et plus il lui est facile de s'acquitter de cette tâche ; tout affaiblissement du *moi*, quelle qu'en soit la cause, est suivi du même effet que l'exagération des exigences de la libido et fraie par conséquent la voie à l'affection névrotique. Il existe encore d'autres rapports plus intimes entre le *moi* et la libido ; mais comme ces rapports ne nous intéressent pas ici, nous nous en occuperons plus tard. Ce qui reste pour nous essentiel et instructif, c'est que dans tous les cas, et quel que soit le mode de production de la maladie, les symptômes de la névrose sont fournis par la libido, ce qui suppose une énorme dépense de celle-ci.

Et maintenant, je dois attirer votre attention sur la différence fondamentale qui existe entre les névroses actuelles et les psychonévroses dont le premier groupe, les névroses de transfert, nous a tant occupés jusqu'à présent. Dans les deux cas, les symptômes découlent de la libido ; ils impliquent dans les deux cas une dépense anormale de celle-ci, sont dans les deux cas des satisfactions substitutives. Mais les symptômes des névroses actuelles, lourdeur de tête, sensation de douleur, irritation d'un organe, affaiblissement ou arrêt d'une fonction, n'ont aucun « sens », aucune signification psychique. Ces symptômes sont corporels, non seulement dans leurs manifestations (tel est également le cas des symptômes hystériques, par exemple), mais aussi quant aux processus qui les produisent et qui se déroulent sans la moindre participation de l'un quelconque de ces mécanismes psychiques compliqués que nous connaissons. Comment peuvent-ils, dans ces conditions, correspondre à des utilisations de la libido qui, nous l'avons vu, est une force psychique ? La réponse à cette question est on ne peut plus simple. Permettez-moi d'évoquer une des premières objections qui a été adressée à la psychanalyse. On disait alors que la psychanalyse perd son temps à vouloir établir une théorie purement psychologique des phénomènes névrotiques, ce qui est un travail stérile, les théories psychologiques étant incapables de rendre compte d'une maladie. Mais en produisant cet argument, on oubliait volontiers que la fonction sexuelle n'est ni purement psychique ni purement somatique. Elle exerce son influence à la fois sur la vie psychique et sur la vie corporelle. Si nous avons reconnu dans les symptômes des psychonévroses les manifestations psychiques des troubles sexuels, nous ne serons pas étonnés de trouver dans les névroses actuelles leurs effets somatiques directs.

La clinique médicale nous fournit une indication précieuse, à laquelle adhèrent d'ailleurs beaucoup d'auteurs, quant à la manière de concevoir les névroses actuelles. Celles-ci manifestent notamment dans les détails de leur symptomatologie ainsi que par leur pouvoir d'agir sur tous les systèmes d'organes et sur toutes les fonctions, une analogie incontestable avec des états morbides occasionnés par l'action chronique de substances toxiques extérieures ou par la suppression brusque de cette action, c'est-à-dire avec les intoxications et les abstinences. La parenté entre ces deux groupes d'affections devient encore plus intime à la faveur d'états morbides que nous attribuons, comme c'est le cas de la maladie de Basedow, à l'action de substances toxiques qui, au lieu d'être introduites dans le corps du dehors, se sont formées dans l'organisme lui-même. Ces analogies nous imposent, à mon avis, la conclusion que les névroses actuelles résultent de troubles du métabolisme des substances sexuelles, soit qu'il se produise plus de toxines que la personne n'en peut supporter, soit que certaines conditions internes ou même psychiques troublent l'utilisation adéquate de ces substances. La sagesse populaire a toujours professé ces idées sur la nature du besoin sexuel en disant de l'amour qu'il est une « ivresse », produite par certaines boissons, ou filtres, auxquelles elle attribue d'ailleurs une origine exogène. Au demeurant, le terme « métabolisme sexuel » ou « chimisme de la sexualité » est pour nous un moule sans contenu ; nous ne savons rien sur ce sujet et ne pouvons même pas dire qu'il existe deux substances dont l'une serait « mâle », l'autre « femelle », ou si nous devons nous contenter d'admettre une seule toxine sexuelle qui serait alors la cause de toutes les excitations de la libido. L'édifice théorique de la psychanalyse, que nous avons créé, n'est en réalité qu'une superstructure que nous devons asseoir sur sa base organique. Mais cela ne nous est pas encore possible.

Ce qui caractérise la psychanalyse, en tant que science, c'est moins la matière sur laquelle elle travaille, que la technique dont elle se sert. On peut, sans faire violence à sa nature, l'appliquer aussi bien à l'histoire de la civilisation, à la science des religions et à la mythologie qu'à la théorie des névroses. Son seul but et sa seule contribution consistent à découvrir l'inconscient dans la vie psychique. Les problèmes se rattachant aux névroses actuelles, dont les symptômes résultent probablement de lésions toxiques directes, ne se prêtent guère à l'étude, psychanalytique : celle-ci ne pouvant fournir aucun éclaircissement à leur sujet doit s'en remettre pour cette tâche à la recherche médico-biologique. Si je vous avais promis une « Introduction à la théorie des névroses », j'aurais dû commencer par les formes les plus simples des névroses actuelles, pour arriver aux affections psychiques plus compliquées, consécutives aux troubles de la libido : c'eût été incontestablement l'ordre le plus naturel. À propos des premières, j'aurais dû vous présenter tout ce que nous avons appris de divers côtés ou tout ce que nous croyons savoir et, une fois arrivé aux psychonévroses, j'aurais dû vous parler de la psychanalyse comme du moyen technique auxiliaire le plus important de tous ceux dont nous disposons pour éclaircir ces états. Mais mon intention était de vous donner une « Introduction à la psychanalyse », et c'est ce que je vous avais annoncé ; il m'importait beaucoup plus de vous donner une idée de la psychanalyse que de vous faire acquérir certaines connaissances concernant les névroses, et cela me dispensait de mettre au premier plan les névroses actuelles, sujet parfaitement stérile au point de vue de la psychanalyse. Je crois que le choix que j'ai fait est tout à votre avantage, la psychanalyse méritant d'intéresser toute personne cultivée, à cause de ses prémisses profondes et de ses multiples rapports. Quant à la théorie des névroses, elle est un chapitre de la médecine, semblable à beaucoup d'autres.

Et pourtant, vous êtes en droit de vous attendre à ce que nous portions aussi un certain intérêt aux névroses actuelles. Nous sommes d'ailleurs obligés de le faire, ne serait-ce qu'à cause des rapports cliniques étroits qu'elles présentent avec les psychonévroses. Aussi vous dirai-je que nous distinguons trois formes pures de névroses actuelles : la *neurasthénie,* la *névrose d'angoisse* et *l'hypocondrie.* Cette division n'a pas été sans soulever des objections. Les noms sont bien d'un usage courant, mais les choses qu'ils désignent sont indéterminées et incertaines. Il est même des médecins qui s'opposent à toute classification dans le monde chaotique des phénomènes névrotiques, à tout établissement d'unités cliniques, d'individualités morbides, et qui ne reconnaissent même pas la division en névroses actuelles et en psychonévroses. À mon avis, ces médecins vont trop loin et ne suivent pas le chemin qui mène au progrès. Parfois ces formes de névrose se présentent pures ; mais on les trouve plus souvent combinées entre elles ou avec une affection psychonévrotique. Mais cette dernière circonstance ne nous autorise pas à renoncer à leur division. Pensez seulement à la différence que la minéralogie établit entre minéraux et roches. Les minéraux sont décrits comme des individus, en raison sans doute de cette circonstance qu'ils se présentent souvent comme cristaux, nettement circonscrits et séparés de leur entourage. Les roches se composent d'amas de minéraux dont l'association, loin d'être accidentelle, est sans nul doute déterminée par les conditions de leur formation. En ce qui concerne la théorie des névroses, nous savons encore trop peu de choses relativement au point de départ du développement pour édifier sur ce sujet une théorie analogue à celle des roches. Mais nous sommes incontestablement dans le vrai lorsque nous commençons par isoler de la masse les entités cliniques que nous connaissons et qui, elles, peuvent être comparées aux minéraux.

Il existe, entre les symptômes des névroses actuelles et ceux des psychonévroses, une relation intéressante et qui fournit une contribution importante à la connaissance de la formation de symptômes dans ces dernières : le symptôme de la névrose actuelle constitue souvent le noyau et la phase préliminaire du symptôme psychonévrotique. On observe plus particulièrement cette relation entre la neurasthénie et la névrose de transfert appelée hystérie de conversion, entre la névrose d'angoisse et l'hystérie d'angoisse, mais aussi entre l'hypocondrie et les formes dont nous parlerons plus loin en les désignant sous le nom de paraphrénie (démence précoce et paranoïa). Prenons comme exemple le mal de tête ou les douleurs lombaires hystériques. L'analyse nous montre que, par la condensation et le déplacement, ces douleurs sont devenues une satisfaction substitutive pour toute une série de fantaisies ou de souvenirs libidineux. Mais il fut un temps où ces douleurs étaient réelles, où elles étaient un symptôme direct d'une intoxication sexuelle, l'expression corporelle d'une excitation libidineuse. Nous ne prétendons pas que tous les symptômes hystériques contiennent un noyau de ce genre ; il n'en reste pas moins que ce cas est particulièrement fréquent et que l'hystérie utilise de préférence, pour la formation de ses symptômes, toutes les influences, normales et pathologiques, que l'excitation libidineuse exerce sur le corps. Ils jouent alors le rôle de ces grains de sable qui ont recouvert de couches de nacre la coquille abritant l'animal. Les signes passagers de l'excitation sexuelle, ceux qui accompagnent l'acte sexuel, sont de même utilisés par la psychonévrose, comme les matériaux les plus commodes et les plus appropriés pour la formation de symptômes.

Un autre processus du même genre présente un intérêt particulier au point de vue du diagnostic et du traitement. Chez des personnes qui, bien que prédisposées à la névrose, ne souffrent d'aucune névrose déclarée, il arrive souvent qu'une altération corporelle morbide, par inflammation ou lésion, éveille le travail de formation de symptômes, de telle sorte que le symptôme fourni par la réalité devient immédiatement le représentant de toutes les fantaisies inconscientes qui épiaient la première occasion de se manifester. Dans les cas de ce genre, le médecin instituera tantôt un traitement, tantôt un autre : il cherchera soit à supprimer la base organique, sans se soucier du bruyant édifice névrotique qu'elle supporte, soit à combattre la névrose qui s'est produite occasionnellement, sans faire attention à la cause organique qui lui avait servi de prétexte. C'est par les effets obtenus qu'on pourra juger de l'efficacité de l'un ou de l'autre de ces procédés, mais il est difficile d'établir des règles générales pour ces cas mixtes.

CHAPITRE 25
L'ANGOISSE

Ce que je vous ai dit dans le chapitre précédent au sujet de la nervosité commune est de nature à vous apparaître comme un exposé aussi incomplet et insuffisant que possible. Je le sais et je pense que ce qui a dû vous étonner le plus, c'était de ne pas y trouver un mot sur l'angoisse, qui est pourtant un symptôme dont se plaignent la plupart des nerveux, lesquels en parlent comme de leur souffrance la plus terrible ; de l'angoisse qui peut en effet revêtir chez eux une intensité extraordinaire et les pousser aux actes les plus insensés. Loin cependant de vouloir éluder cette question, j'ai, au contraire, l'intention de poser nettement le problème de l'angoisse et de le traiter devant vous en détail.

Je n'ai sans doute pas besoin de vous présenter l'angoisse ; chacun de vous a éprouvé lui-même, ne fût-ce qu'une seule fois dans sa vie, cette sensation ou, plus exactement, cet état affectif. Il me semble cependant qu'on ne s'est jamais demandé assez sérieusement pourquoi ce sont précisément les nerveux qui souffrent de l'angoisse plus souvent et plus intensément que les autres. On trouvait peut-être la chose toute naturelle : n'emploie-t-on pas indifféremment, et l'un pour l'autre, les mots « nerveux » et « anxieux », comme s'ils signifiaient la même chose ? On a tort de procéder ainsi, car il est des hommes anxieux qui ne sont pas autrement nerveux, et il y a des nerveux qui présentent beaucoup de symptômes, sauf la tendance à l'angoisse.

Quoi qu'il en soit, il est certain que le problème de l'angoisse forme un point vers lequel convergent les questions les plus diverses et les plus importantes, une énigme dont la solution devrait projeter des flots de lumière sur toute notre vie psychique. Je ne dis pas que je vous en donnerai la solution complète, mais vous prévoyez sans doute que la psychanalyse s'attaquera à ce problème, comme à tant d'autres, par des moyens différents de ceux dont se sert la médecine traditionnelle. Celle-ci porte son principal intérêt sur le point de savoir quel est le déterminisme anatomique de l'angoisse. Elle déclare qu'il s'agit d'une irritation du bulbe, et le malade apprend qu'il souffre d'une névrose du vague. Le bulbe, ou moelle allongée, est un objet très sérieux et très beau. Je me rappelle fort bien ce que son étude m'a coûté jadis de temps et de peine. Mais je dois avouer aujourd'hui qu'au point de vue de la compréhension psychologique de l'angoisse rien ne peut m'être plus indifférent que la connaissance du trajet nerveux suivi par les excitations qui émanent du bulbe.

Et, tout d'abord, on peut parler longtemps de l'angoisse sans songer à la nervosité en général. Vous me comprendrez sans autre explication si je désigne cette angoisse sous le nom d'angoisse *réelle,* par opposition à l'angoisse *névrotique.* Or, l'angoisse réelle nous apparaît comme quelque chose de très rationnel et compréhensible. Nous dirons qu'elle est une réaction à la perception d'un danger extérieur, c'est-à-dire d'une lésion attendue, prévue, qu'elle est associée au réflexe de la fuite et qu'on doit par conséquent la considérer comme une manifestation de l'instinct de conservation. Devant quels objets et dans quelle situation l'angoisse se produit-elle ? Cela dépend naturellement en grande partie du degré de notre savoir et de notre sentiment de puissance en face du monde extérieur. Nous trouvons naturelles la peur qu'inspire au sauvage la vue d'un canon et l'angoisse qu'il éprouve lors d'une éclipse du soleil, alors que le blanc qui sait manier le canon et prédire l'éclipse n'éprouve devant l'un et l'autre aucune angoisse. Parfois, c'est le fait de trop savoir qui est cause de l'angoisse, parce qu'on prévoit alors le danger de très bonne heure. C'est ainsi que le sauvage sera pris de peur en apercevant dans la forêt une piste qui laissera indifférent un étranger, parce que cette piste lui révélera le voisinage d'une bête fauve, et c'est ainsi encore que le marin expérimenté regardera avec effroi un petit nuage qui s'est formé dans le ciel, nuage qui ne signifie rien pour le voyageur, tandis qu'il lui annonce à lui l'approche d'un cyclone.

En y réfléchissant de plus près, on est obligé de se dire que le jugement d'après lequel l'angoisse actuelle serait rationnelle et adaptée à un but appelle une révision. La seule attitude rationnelle, en présence d'une menace de danger, consisterait à comparer ses propres forces à la gravité de la menace et à décider ensuite si c'est la fuite ou la défense, ou même, éventuellement, l'attaque qui est le moyen le plus efficace d'échapper au danger. Mais dans cette attitude il n'y a pas place pour l'angoisse ; tout ce qui arrive arriverait tout aussi bien, et probablement même mieux, si l'angoisse ne s'en mêlait pas. Vous voyez aussi que, lorsque l'angoisse devient par trop intense, elle constitue un obstacle qui paralyse l'action et même la fuite. Le plus généralement, la réaction à un danger est une combinaison dans laquelle entrent le sentiment d'angoisse et l'action de défense. L'animal effrayé éprouve de l'angoisse *et* fuit, mais seule la fuite est rationnelle, tandis que l'angoisse ne répond à aucun but.

On est donc tenté d'affirmer que l'angoisse n'est jamais rationnelle. Mais nous nous ferons peut-être une idée plus exacte de l'angoisse en analysant de plus près la situation qu'elle crée. Nous trouvons tout d'abord que le sujet est préparé au danger, ce qui se manifeste par une exaltation de l'attention sensorielle et de la tension motrice. Cet état d'attente et de préparation est incontestablement un état favorable, sans lequel le sujet se trouverait exposé à des conséquences graves. De cet état découlent, d'une part, l'action motrice : fuite d'abord et, à un degré supérieur, défense active ; d'autre part, ce que nous éprouvons comme un état d'angoisse. Plus le développement de l'angoisse est restreint, plus celle-ci n'apparaît que comme un appendice, un signal, et plus le processus qui consiste dans la transformation de l'état de préparation anxieuse en action, s'accomplit rapidement et rationnellement. C'est ainsi que, dans ce que nous appelons angoisse, l'état de préparation m'apparaît comme l'élément utile, tandis que le développement de l'angoisse me semble contraire au but.

Je laisse de côté la question de savoir si le langage courant désigne par les mots *angoisse, peur, terreur,* la même chose ou des choses différentes. Il me semble que l'angoisse se rapporte à l'état et fait abstraction de l'objet, tandis que dans la peur l'attention se trouve précisément concentrée sur l'objet. Le mot *terreur* me semble, en revanche, avoir une signification toute spéciale, en désignant notamment l'action d'un danger auquel on n'était pas préparé par un état d'angoisse préalable. On peut dire que l'homme se défend contre la terreur par l'angoisse.

Quoi qu'il en soit, il ne vous échappe pas que le mot *angoisse* est employé dans des sens multiples, ce qui lui donne un caractère vague et indéterminé. Le plus souvent, on entend par angoisse l'état subjectif provoqué par la perception du « développement de l'angoisse », et on appelle cet état subjectif « état affectif ». Or, qu'est-ce qu'un état affectif au point de vue dynamique ? Quelque chose de très compliqué. Un état affectif comprend d'abord certaines innervations ou décharges, et ensuite certaines sensations. Celles-ci sont de deux sortes : perceptions des actions motrices accomplies et sensations directes de plaisir et de déplaisir qui impriment à l'état affectif ce qu'on appelle le ton fondamental. Je ne crois cependant pas qu'avec cette énumération on ait épuisé tout ce qui peut être dit sur la nature de l'état affectif. Dans certains états affectifs, on croit pouvoir remonter au-delà de ces éléments et reconnaître que le noyau autour duquel se cristallise tout l'ensemble est constitué par la répétition d'un certain événement important et significatif, vécu par le sujet. Cet événement peut n'être qu'une impression très reculée, d'un caractère très général, impression faisant partie de la préhistoire non de l'individu, mais de l'espèce. Pour me faire mieux comprendre, je vous dirai que l'état affectif présente la même structure que la crise d'hystérie, qu'il est, comme celle-ci, constitué par une réminiscence déposée. La crise d'hystérie peut donc être comparée à un état affectif individuel nouvellement formé, et l'état affectif normal peut être considéré comme l'expression d'une hystérie générique, devenue héréditaire.

Ne croyez pas que ce que je vous dis là au sujet des états affectifs forme un patrimoine reconnu de la psychologie normale. Il s'agit, au contraire, de conceptions nées sur le sol de la psychanalyse et qui ne sont chez elles que là. Ce que la psychologie vous dit des états affectifs, la théorie de James-Lange par exemple, est pour nous autres psychanalystes incompréhensible et impossible à discuter. Mais ne nous considérons pas non plus comme très certains de ce que nous savons nous-mêmes concernant les états affectifs ; ne voyez dans ce que je vais vous dire sur ce sujet qu'un premier essai de nous orienter dans cet obscur domaine. Je continue donc. En ce qui concerne l'état affectif caractérisé par l'angoisse, nous croyons savoir quelle est l'impression reculée qu'il reproduit en la répétant. Nous nous disons que ce ne peut être que la naissance, c'est-à-dire l'acte dans lequel se trouvent réunies toutes les sensations de peine, toutes les tendances de décharge et toutes les sensations corporelles dont l'ensemble est devenu comme le prototype de l'effet produit par un danger grave et que nous avons depuis éprouvées à de multiples reprises en tant qu'état d'angoisse. C'est l'augmentation énorme de l'irritation consécutive à l'interruption du renouvellement du sang (de la respiration interne) qui fut alors la cause de la sensation d'angoisse : la première angoisse fut donc de nature toxique. Le mot *angoisse* (du latin *angustiae,* étroitesse ; *Angst* en allemand) fait précisément ressortir la gêne, l'étroitesse de la respiration qui existait alors comme effet de la situation réelle et qui se reproduit aujourd'hui régulièrement dans l'état affectif. Nous trouverons également significatif le fait que ce premier état d'angoisse est provoqué par la séparation qui s'opère entre la mère et l'enfant. Nous pensons naturellement que la prédisposition à la répétition de ce premier état d'angoisse a été, à travers un nombre incalculable de générations, à ce point incorporée à l'organisme que nul individu ne peut échapper à cet état affectif, fût-il, comme le légendaire Macduff, « arraché des entrailles de sa mère », c'est-à-dire fût-il venu au monde autrement que par la naissance naturelle. Nous ignorons quel a pu être le prototype de l'état d'angoisse chez des animaux autres que les mammifères. C'est pourquoi nous ignorons également l'ensemble des sensations qui, chez ces êtres, correspond à notre angoisse.

Vous serez peut-être curieux d'apprendre comment on a pu arriver à l'idée que c'est l'acte de la naissance qui constitue la source et le prototype de l'état affectif caractérisé par l'angoisse.

L'idée est aussi peu spéculative que possible ; j'y suis plutôt arrivé en puisant dans la naïve pensée du peuple. Un jour — il y a longtemps de cela ! — que nous étions réunis, plusieurs jeunes médecins des hôpitaux, au restaurant autour d'une table, l'assistant de la clinique obstétricale nous raconta un fait amusant qui s'était produit au cours du dernier examen de sages-femmes. Une candidate, à laquelle on avait demandé ce que signifie la présence de méconium dans les eaux pendant le travail d'accouchement, répondit sans hésiter : « que l'enfant éprouve de l'angoisse ». Cette réponse a fait rire les examinateurs qui ont refusé la candidate. Quant à moi, j'avais, dans mon for intérieur, pris parti pour celle-ci et commencé à soupçonner que la pauvre femme du peuple avait eu la juste intuition d'une relation importante.

Pour passer à l'angoisse des nerveux, quelles sont les nouvelles manifestations et les nouveaux rapports qu'elle présente ? Il y a beaucoup à dire à ce sujet. Nous trouvons, en premier lieu, un état d'angoisse général, une angoisse pour ainsi dire flottante, prête à s'attacher au contenu de la première représentation susceptible de lui fournir un prétexte, influant sur les jugements, choisissant les attentes, épiant toutes les occasions pour se trouver une justification. Nous appelons cet état « angoisse d'attente » ou « attente anxieuse ». Les personnes tourmentées par cette angoisse prévoient toujours les plus terribles de toutes les éventualités, voient dans chaque événement accidentel le présage d'un malheur, penchent toujours pour le pire, lorsqu'il s'agit d'un fait ou événement incertain. La tendance à cette attente de malheur est un trait de caractère propre à beaucoup de personnes qui, à part cela, ne paraissent nullement malades, on leur reproche leur humeur sombre, leur pessimisme mais l'angoisse d'attente existe régulièrement et à un degré bien prononcé dans une affection nerveuse à laquelle j'ai donné le nom de *névrose d'angoisse* et que je range parmi les névroses actuelles.

Une autre forme de l'angoisse présente, au contraire de celle que je viens de décrire, des attaches plutôt psychiques et est associée à certains objets ou situations. C'est l'angoisse qui caractérise les si nombreuses et souvent si singulières « phobies ». L'éminent psychologue américain Stanley Hall s'est un jour donné la peine de nous présenter toute une série de ces phobies sous de pimpants noms grecs. Cela ressemble à l'énumération des dix plaies d'Égypte, avec cette différence que les phobies sont beaucoup plus nombreuses. Écoutez tout ce qui peut devenir objet ou contenu d'une phobie : obscurité, air libre, espaces découverts, chats, araignées, chenilles, serpents, souris, orage, pointes aiguës, sang, espaces clos, foules humaines, solitude, traversée de ponts, voyage sur mer ou en chemin de fer, etc., etc. Le premier essai d'orientation dans ce chaos laisse entrevoir la possibilité de distinguer trois groupes. Quelques-uns de ces objets ou situations redoutés ont quelque chose de sinistre, même pour nous autres normaux auxquels ils rappellent un danger ; c'est pourquoi ces phobies ne nous paraissent pas incompréhensibles, bien que nous leur trouvions une intensité exagérée. C'est ainsi que la plupart d'entre nous éprouvent un sentiment de répulsion à la vue d'un serpent. On peut même dire que la phobie des serpents est une phobie répandue dans l'humanité entière, et Ch. Darwin a décrit d'une façon impressionnante l'angoisse qu'il avait éprouvée à la vue d'un serpent qui se dirigeait sur lui bien qu'il en fût protégé par un épais disque de verre. Dans un deuxième groupe nous rangeons les cas où il existe bien un rapport avec un danger, mais un danger que nous avons l'habitude de négliger et de ne pas faire entrer dans nos calculs. Nous savons que le voyage en chemin de fer comporte un risque d'accident de plus que si nous restons chez nous, à savoir le danger d'une collision ; nous savons également qu'un bateau peut couler et que nous pouvons ainsi mourir noyés, et cependant nous voyageons en chemin de fer et en bateau sans angoisse, sans penser à ces dangers. Il est également certain qu'on serait précipité à l'eau si le pont s'écroulait au moment où on le franchit, mais cela arrive si rarement qu'on ne tient aucun compte de ce danger possible. La solitude, à son tour, présente certains dangers et nous l'évitons dans certaines circonstances ; mais il ne s'ensuit pas que nous ne puissions sous aucun prétexte et dans quelque condition que ce soit supporter un moment de solitude. Tout cela s'applique également aux foules, aux espaces clos, à l'orage, etc. Ce qui nous paraît étrange dans ces phobies des névrosés, c'est moins leur contenu que leur intensité. L'angoisse causée par les phobies est tout simplement sans appel ! Et nous avons parfois l'impression que les névrosés n'éprouvent pas leur angoisse devant les mêmes objets et situations qui, dans certaines circonstances, peuvent également provoquer notre angoisse à nous, et auxquels ils donnent les mêmes noms.

Il reste encore un troisième groupe de phobies, mais il s'agit de phobies qui échappent à notre compréhension. Quand nous voyons un homme mûr, robuste, éprouver de l'angoisse, lorsqu'il doit traverser une rue ou une place de sa ville natale dont il connaît tous les recoins, ou une femme en apparence bien portante éprouver une terreur insensée parce qu'un chat a frôlé le rebord de sa jupe ou qu'une souris s'est glissée à travers la pièce, comment pouvons-nous établir un rapport entre l'angoisse de l'un et de l'autre, d'une part, et le danger qui évidemment n'existe que pour le phobique, d'autre part ? Pour ce qui est des phobies ayant pour objets les animaux, il ne peut évidemment pas s'agir d'une exagération d'antipathies humaines générales, car nous avons la preuve du contraire dans le fait que de nombreuses personnes ne peuvent passer à côté d'un chat sans l'appeler et le caresser. La souris si redoutée des femmes a prêté son nom à une expression de tendresse de premier ordre : telle jeune fille, qui est charmée de s'entendre appeler « ma petite souris » par son fiancé, pousse un cri d'horreur lorsqu'elle aperçoit le gracieux petit animal de ce nom. En ce qui concerne les hommes ayant l'angoisse des rues et des places, nous ne trouvons pas d'autre moyen d'expliquer leur état qu'en disant qu'ils se conduisent comme des enfants. L'éducation inculque directement à l'enfant qu'il doit éviter comme dangereuses des situations de ce genre, et notre agoraphobe cesse en effet d'éprouver de l'angoisse lorsqu'il traverse la place accompagné de quelqu'un.

Les deux formes d'angoisse que nous venons de décrire, l'angoisse d'attente, libre de toute attache, et l'angoisse associée aux phobies, sont indépendantes l'une de l'autre. On ne peut pas dire que l'une représente une phase plus avancée que l'autre, et elles n'existent simultanément que d'une façon exceptionnelle et comme accidentelle. L'état d'angoisse générale le plus prononcé ne se manifeste pas fatalement par des phobies ; des personnes dont la vie est empoisonnée par de l'agoraphobie peuvent être totalement exempte de l'angoisse d'attente, source de pessimisme. Il est prouvé que certaines phobies, phobie de l'espace, phobie du chemin de fer, etc., ne sont acquises qu'à l'âge mûr, tandis que d'autres, phobie de l'obscurité, phobie de l'orage, phobie des animaux, semblent avoir existé dès les premières années de la vie. Celles-là ont toute la signification de maladies graves ; celles-ci apparaissent comme des singularités, des lubies. Lorsqu'un sujet présente une phobie de ce dernier groupe, on est autorisé à soupçonner qu'il en a encore d'autres du même genre. Je dois ajouter que nous rangeons toutes ces phobies dans le cadre de *l'hystérie d'angoisse,* c'est-à-dire que nous les considérons comme une affection très proche de l'hystérie de conversion.

La troisième forme d'angoisse névrotique nous met en présence d'une énigme qui consiste en ce que nous perdons entièrement de vue les rapports existant entre l'angoisse et le danger menaçant. Dans l'hystérie, par exemple, cette angoisse accompagne les autres symptômes hystériques, ou encore elle peut se produire dans n'importe quelles conditions d'excitation ; de sorte que nous attendant à une manifestation affective nous sommes tout étonnés d'observer l'angoisse qui, elle, est la manifestation à laquelle nous nous attendions le moins. Enfin, l'angoisse peut encore se produire sans rapport avec des conditions quelconques, d'une façon aussi incompréhensible pour nous que pour le malade, comme un accès spontané et libre, sans qu'il puisse être question d'un danger ou d'un prétexte dont l'exagération aurait eu pour effet cet accès. Nous constatons, au cours de ces accès spontanés, que l'ensemble auquel nous donnons le nom d'état d'angoisse est susceptible de dissociation. L'ensemble de l'accès peut être remplacé par un symptôme unique, d'une grande intensité, tel que tremblement, vertige, palpitations, oppression, le sentiment général d'après lequel nous reconnaissons l'angoisse faisant défaut ou étant à peine marqué. Et cependant ces états que nous décrivons sous le nom d'« équivalents de l'angoisse » doivent être sous tous les rapports, cliniques et étiologiques, assimilés à l'angoisse.

Ici surgissent deux questions. Existe-t-il un lien quelconque entre l'angoisse névrotique, dans laquelle le danger ne joue aucun rôle ou ne joue qu'un rôle minime, et l'angoisse réelle qui est toujours et essentiellement une réaction à un danger ? Comment faut-il comprendre cette angoisse névrotique ? C'est que nous voudrions avant tout sauvegarder le principe : chaque fois qu'il y a angoisse, il doit y avoir quelque chose qui provoque cette angoisse.

L'observation clinique nous fournit un certain nombre d'éléments susceptibles de nous aider à comprendre l'angoisse névrotique. Je vais en discuter la signification devant vous.

a) Il n'est pas difficile d'établir que l'angoisse d'attente ou l'état d'angoisse général dépend dans une très grande mesure de certains processus de la vie sexuelle ou, plus exactement, de certaines applications de la libido. Le cas le plus simple et le plus instructif de ce genre nous est fourni par les personnes qui s'exposent à l'excitation dite fruste, c'est-à-dire chez lesquelles de violentes excitations sexuelles ne trouvent pas une dérivation suffisante, n'aboutissent pas à une fin satisfaisante. Tel est, par exemple, le cas des hommes pendant la durée des fiançailles, et des femmes dont les maris ne possèdent pas une puissance sexuelle normale ou abrègent ou font avorter par précaution l'acte sexuel. Dans ces circonstances, l'excitation libidineuse disparaît, pour céder la place à l'angoisse, sous la forme soit de l'angoisse d'attente, soit d'un accès ou d'un équivalent d'accès. L'interruption de l'acte sexuel par mesure de précaution, lorsqu'elle devient le régime sexuel normal, constitue chez les hommes, et surtout chez les femmes, une cause tellement fréquente de névrose d'angoisse que la pratique médicale nous ordonne, toutes les fois que nous nous trouvons en présence de cas de ce genre, de penser avant tout à cette étiologie. En procédant ainsi, on aura plus d'une fois l'occasion de constater que la névrose d'angoisse disparaît dès que le sujet renonce à la restriction sexuelle.

Autant que je sache, le rapport entre la restriction sexuelle et les états d'angoisse est reconnu même par des médecins étrangers à la psychanalyse. Mais je suppose qu'on essaiera d'intervertir le rapport, en admettant notamment qu'il s'agit de personnes qui pratiquent la restriction sexuelle parce qu'elles étaient d'avance prédisposées à l'angoisse. Cette manière de voir est démentie catégoriquement par l'attitude de la femme dont l'activité sexuelle est essentiellement de nature passive, c'est-à-dire subissant la direction de l'homme. Plus une femme a de tempérament, plus elle est portée aux rapports sexuels, plus elle est capable d'en retirer une satisfaction, et plus elle réagira à l'impuissance de l'homme et au *coïtus interruptus* par des phénomènes d'angoisse, alors que ces phénomènes seront à peine apparents chez une femme atteinte d'anesthésie sexuelle ou peu libidineuse.

L'abstinence sexuelle, si chaudement préconisée de nos jours par des médecins, ne favorise naturellement la production d'états d'angoisse que dans les cas où la libido, qui ne trouve pas de dérivation satisfaisante, présente un certain degré d'intensité et n'a pas été pour la plus grande partie supprimée par la sublimation. La production de l'état morbide dépend toujours de facteurs quantitatifs. Mais alors même qu'on envisage non plus la maladie, mais le simple caractère de la personne, on reconnaît facilement que la restriction sexuelle est le fait de personnes ayant un caractère indécis, enclines au doute et à l'angoisse, alors que le caractère intrépide, courageux est le plus souvent incompatible avec la restriction sexuelle. Quelles que soient les modifications et les complications que les nombreuses influences de la vie civilisée puissent imprimer à ces rapports entre le caractère et la vie sexuelle, il existe entre l'un et l'autre une relation des plus étroites.

Je suis loin de vous avoir fait part de toutes les observations qui confirment cette relation génétique entre la libido et l'angoisse. Il y aurait encore à parler, à ce propos, du rôle que jouent, dans la production de maladies caractérisées par l'angoisse, certaines phases de la vie qui, telles que la puberté et la ménopause, favorisent incontestablement l'exaltation de la libido. Dans certains cas d'excitation, on peut encore observer directement une combinaison d'angoisse et de libido et la substitution finale de celle-là à celle-ci. De ces faits se dégage une conclusion double : on a notamment l'impression qu'il s'agit d'une accumulation de libido dont le cours normal est entravé et que les processus auxquels on assiste sont tous et uniquement de nature somatique. On ne voit pas tout d'abord comment l'angoisse naît de la libido ; on constate seulement que la libido est absente et que sa place est prise par l'angoisse.

b) Une autre indication nous est fournie par l'analyse des psychonévroses, et plus spécialement de l'hystérie. Nous savons déjà que dans cette affection l'angoisse apparaît souvent à titre d'accompagnement des symptômes, mais on y observe aussi une angoisse indépendante des symptômes et se manifestant soit par crises, soit comme état permanent. Les malades ne savent pas dire pourquoi ils éprouvent de l'angoisse, et ils rattachent leur état, à la suite d'une élaboration secondaire facile à reconnaître, aux phobies les plus courantes : phobie de la mort, de la folie, d'une attaque d'apoplexie. Lorsqu'on analyse la situation qui a engendré soit l'angoisse, soit les symptômes accompagnés d'angoisse, il est généralement possible de découvrir le courant psychique normal qui n'a pas abouti et a été remplacé par le phénomène d'angoisse. Ou, pour nous exprimer autrement, nous reprenons le processus inconscient comme s'il n'avait pas subi de *refoulement* et comme s'il avait poursuivi son développement sans obstacles, jusqu'à parvenir à la conscience. Ce processus aurait été accompagné d'un certain état affectif, et nous sommes tout surpris de constater que cet état affectif qui accompagne l'évolution normale du processus se trouve dans tous les cas refoulé et remplacé par de l'angoisse, quelle que soit sa qualité propre. Aussi bien, lorsque nous nous trouvons en présence d'un état d'angoisse hystérique, nous sommes en droit de supposer que son complément inconscient est constitué soit par un sentiment de même nature — angoisse, honte, confusion —, soit par une excitation positivement libidineuse, soit enfin par un sentiment hostile et agressif, tel que la fureur ou la colère. L'angoisse constitue donc la monnaie courante contre laquelle sont échangées ou peuvent être échangées toutes les excitations affectives, lorsque leur contenu a été éliminé de la représentation et a subi un *refoulement*.

c) Une troisième expérience nous est offerte par les malades aux actes obsédants, malades qui semblent d'une façon assez remarquable épargnés par l'angoisse. Lorsque nous essayons d'empêcher ces malades d'exécuter leurs actes obsédants, ablutions, cérémonial, etc., ou lorsqu'ils osent eux-mêmes renoncer à l'une quelconque de leurs obsessions, ils éprouvent une angoisse terrible qui les oblige à céder à l'obsession. Nous comprenons alors que l'angoisse n'était que dissimulée derrière l'acte obsédant et que celui-ci n'était accompli que comme un moyen de se soustraire à l'angoisse. C'est ainsi que dans la névrose obsessionnelle l'angoisse n'apparaît pas au-dehors, parce qu'elle est remplacée par les symptômes ; et si nous nous tournons vers l'hystérie, nous y retrouvons la même situation comme résultat du *refoulement* : soit une angoisse pure, soit une angoisse accompagnant les symptômes, soit enfin un ensemble de symptômes plus complet, sans angoisse. Il semble donc permis de dire d'une manière abstraite que les symptômes ne se forment que pour empêcher le développement de l'angoisse qui, sans cela, surviendrait inévitablement. Cette conception place l'angoisse au centre même de l'intérêt que nous portons aux problèmes se rattachant aux névroses.

Nos observations relatives à la névrose d'angoisse nous ont fourni cette conclusion que la déviation de la libido de son application normale, déviation qui engendre l'angoisse, constitue l'aboutissement de processus purement somatiques. L'analyse de l'hystérie et des névroses obsessionnelles nous a permis de compléter cette conclusion, car elle nous a montré que déviation et angoisse peuvent également résulter du refus d'intervention de facteurs psychiques. C'est tout ce que nous savons sur le mode de production de l'angoisse névrotique ; si cela semble encore assez vague, je ne vois pas pour le moment de chemin susceptible de nous conduire plus loin.

D'une solution encore plus difficile semble l'autre problème que nous nous étions proposé de résoudre, celui d'établir les liens existant entre l'angoisse névrotique, qui résulte d'une application anormale de la libido, et l'angoisse réelle qui correspond à une réaction à un danger. On pourrait croire qu'il s'agit là de choses tout à fait disparates, et pourtant nous n'avons aucun moyen permettant de distinguer dans notre sensation l'une de ces angoisses de l'autre.

Mais le lien cherché apparaît aussitôt si nous prenons en considération l'opposition que nous avons tant de fois affirmée entre le *moi* et la libido. Ainsi que nous le savons, l'angoisse survient par réaction du *moi* à un danger et constitue le signal qui annonce et précède la fuite ; et rien ne nous empêche d'admettre par analogie que dans l'angoisse névrotique le *moi* cherche également à échapper par la fuite aux exigences de la libido, qu'il se comporte à l'égard de ce danger intérieur tout comme s'il s'agissait d'un danger extérieur. Cette manière de voir autoriserait la conclusion que, toutes les fois qu'il y a de l'angoisse, il y a aussi quelque chose qui est cause de l'angoisse. Mais l'analogie peut être poussée encore plus loin. De même que la tentative de fuir devant un danger extérieur aboutit à l'arrêt et à la prise de mesures de défense nécessaires, de même le développement de l'angoisse est interrompu par la formation des symptômes auxquels elle finit par céder la place.

La difficulté de comprendre ces rapports réciproques entre l'angoisse et les symptômes se trouve maintenant ailleurs. L'angoisse qui signifie une fuite du *moi* devant la libido est cependant engendrée par celle-ci. Ce fait, qui ne saute pas aux yeux, est cependant réel ; aussi ne devons-nous pas oublier que la libido d'une personne fait partie de celle-ci et ne peut pas s'opposer à elle comme quelque chose d'extérieur. Ce qui reste encore obscur pour nous, c'est la dynamique topique du développement de l'angoisse, c'est la question de savoir quelles sont les énergies psychiques qui sont dépensées dans ces occasions et de quels systèmes psychiques ces énergies proviennent. Je ne puis vous promettre de réponses à ces questions, mais nous ne négligerons pas de suivre deux autres traces et, ce faisant, de demander de nouveau à l'observation directe et à la recherche analytique une confirmation de nos déductions spéculatives. Nous allons donc nous occuper de la production de l'angoisse chez l'enfant et de la provenance de l'angoisse névrotique, associée aux phobies.

L'état d'angoisse chez l'enfant est chose très fréquente, et il est souvent très difficile de dire s'il s'agit d'angoisse névrotique ou réelle. La valeur de la distinction que nous pourrions établir le cas échéant se trouverait infirmée par l'attitude même de l'enfant. D'un côté, en effet, nous ne trouvons nullement étonnant que l'enfant éprouve de l'angoisse en présence de nouvelles personnes, de nouvelles situations et de nouveaux objets, et nous expliquons sans peine cette réaction par sa faiblesse et son ignorance. Nous attribuons donc à l'enfant un fort penchant pour l'angoisse réelle et trouverions tout à fait naturel que l'on vienne nous dire que l'enfant a apporté cet état d'angoisse en venant au monde, à titre de prédisposition héréditaire. L'enfant ne ferait ainsi que reproduire l'attitude de l'homme primitif et du sauvage de nos jours qui, en raison de leur ignorance et du manque de moyens de défense, éprouvent de l'angoisse devant tout ce qui est nouveau, devant des choses qui nous sont aujourd'hui familières et ne nous inspirent plus la moindre angoisse. Et il serait tout à fait conforme à notre attente, que les phobies de l'enfant soient également, en partie du moins, les mêmes que celles que nous attribuons à ces phases primitives du développement humain.

Il ne doit pas nous échapper, d'autre part, que tous les enfants ne sont pas sujets à l'angoisse dans la même mesure, et que ceux d'entre eux qui manifestent une angoisse particulière en présence de toutes sortes d'objets et de situations sont précisément de futurs névrosés. La disposition névrotique se traduit donc aussi par un penchant accentué à l'angoisse réelle, l'état d'angoisse apparaît comme l'état primaire, et l'on arrive à la conclusion que l'enfant, et plus tard l'adulte, éprouvent de l'angoisse devant la hauteur de leur libido, et cela précisément parce qu'ils éprouvent de l'angoisse à propos de tout. Cette manière de voir équivaut à nier que l'angoisse naisse de la libido et, en examinant toutes les conditions de l'angoisse réelle, on arriverait logiquement à la conception d'après laquelle c'est la conscience de sa propre faiblesse et de son impuissance, de sa moindre valeur, selon la terminologie de A. Adler, qui serait la cause première de la névrose, lorsque cette conscience, loin de finir avec l'enfance, persiste jusque dans l'âge mûr.

Ce raisonnement semble tellement simple et séduisant qu'il mérite de retenir notre attention. Il n'aurait toutefois pour conséquence que de déplacer l'énigme de la nervosité. La persistance du sentiment de moindre valeur et, par conséquent, de la condition de l'angoisse et des symptômes apparaît dans cette conception comme une chose tellement certaine que c'est plutôt l'état que nous appelons santé qui, lorsqu'il se trouve réalisé par hasard, aurait besoin d'explication. Mais que nous révèle l'observation attentive de l'état anxieux des enfants ? Le petit enfant éprouve tout d'abord de l'angoisse en présence de personnes étrangères, les situations ne jouent sous ce rapport un rôle que par les personnes qu'elles impliquent et, quant aux objets, ils ne viennent, en tant que générateurs d'angoisse, qu'en dernier lieu. Mais l'enfant n'éprouve de l'angoisse devant des personnes étrangères qu'à cause des mauvaises intentions qu'il leur attribue et parce qu'il compare sa faiblesse avec leur force, dans laquelle il voit un danger pour son existence, sa sécurité, son euphorie. Eh bien, cet enfant méfiant, vivant dans la peur d'une menace d'agression répandue dans tout l'univers, constitue une construction théorique peu heureuse. Il est plus exact de dire que l'enfant s'effraie à la vue d'un nouveau visage parce qu'il est habitué à la vue de cette personne familière et aimée qu'est la mère. Il éprouve une déception et une tristesse qui se transforment en angoisse ; il s'agit donc d'une libido devenue inutilisable et qui, ne pouvant pas alors être maintenue en suspension, trouve sa dérivation dans l'angoisse. Et ce n'est certainement pas par hasard que dans cette situation caractéristique de l'angoisse infantile se trouve reproduite la condition qui est celle du premier état d'angoisse accompagnant l'acte de la naissance, à savoir la séparation de la mère.

Les premières phobies de situation qu'on observe chez l'enfant sont celles qui se rapportent à l'obscurité et à la solitude ; la première persiste souvent toute la vie durant et les deux ont en commun l'absence de la personne aimée, dispensatrice de soins, c'est-à-dire de la mère. Un enfant, anxieux de se trouver dans l'obscurité, s'adresse à sa tante qui se trouve dans une pièce voisine : « Tante, parle-moi ; j'ai peur. — À quoi cela te servirait-il, puisque tu ne me vois pas ? » À quoi l'enfant répond : « Il fait plus clair lorsque quelqu'un parle. » La tristesse qu'on éprouve dans l'obscurité se transforme ainsi en angoisse devant l'obscurité. Il n'est donc pas seulement inexact de dire que l'angoisse névrotique est un phénomène secondaire et un cas spécial de l'angoisse réelle : nous voyons, en outre, chez le jeune enfant, se comporter comme angoisse quelque chose qui a en commun avec l'angoisse névrotique un trait essentiel : la provenance d'une libido inemployée. Quant à la véritable angoisse réelle, l'enfant semble ne la posséder qu'à un degré peu prononcé. Dans toutes les situations qui peuvent devenir plus tard des conditions de phobies, qu'il se trouve sur des hauteurs, sur des passages étroits au-dessus de l'eau, en chemin de fer ou en bateau, l'enfant ne manifeste aucune angoisse, et il en manifeste d'autant moins qu'il est plus ignorant. Il eût été désirable qu'il ait reçu en héritage un plus grand nombre d'instincts tendant à la préservation de la vie ; la tâche des surveillants chargés de l'empêcher de s'exposer à des dangers successifs en serait grandement facilitée. Mais, en réalité, l'enfant commence par s'exagérer ses forces et se comporte sans éprouver d'angoisse, parce qu'il ignore le danger. Il court au bord de l'eau, il monte sur l'appui d'une fenêtre, il joue avec des objets tranchants et avec du feu, bref il fait tout ce qui peut être nuisible et causer des soucis à son entourage. Ce n'est qu'à force d'éducation qu'on finit par faire naître en lui l'angoisse réelle, car on ne peut vraiment pas lui permettre de s'instruire par l'expérience personnelle.

S'il y a des enfants qui ont subi l'influence de cette éducation par l'angoisse dans une mesure telle qu'ils finissent par trouver d'eux-mêmes des dangers dont on ne leur a pas parlé et contre lesquels on ne les a pas mis en garde, cela tient à ce que leur constitution comporte un besoin libidineux plus prononcé, ou qu'ils ont de bonne heure contracté de mauvaises habitudes en ce qui concerne la satisfaction libidineuse. Rien d'étonnant si beaucoup de ces enfants deviennent plus tard des nerveux, car, ainsi que nous le savons, ce qui facilite le plus la naissance d'une névrose, c'est l'incapacité de supporter pendant un temps plus ou moins long un *refoulement* un peu considérable de la libido. Remarquez bien que nous tenons compte ici du facteur constitutionnel, dont nous n'avons d'ailleurs jamais contesté l'importance. Nous nous élevons seulement contre la conception qui néglige tous les autres facteurs au profit du seul facteur constitutionnel et accorde à celui-ci la première place, même dans les cas où, d'après les données de l'observation et de l'analyse, il n'a rien à voir ou ne joue qu'un rôle plus que secondaire.

Permettez-moi donc de résumer ainsi les résultats que nous ont fournis les observations sur l'état d'angoisse chez les enfants : l'angoisse infantile, qui n'a presque rien de commun avec l'angoisse réelle, s'approche, au contraire, beaucoup de l'angoisse névrotique des adultes ; elle, naît, comme celle-ci, d'une libido inemployée et, n'ayant pas d'objet sur lequel elle puisse concentrer son amour, elle le remplace par un objet extérieur ou par une situation.

Et maintenant, vous ne serez sans doute pas fâchés de m'entendre dire que l'analyse n'a plus beaucoup de nouveau à nous apprendre concernant les *phobies.* Dans celles-ci, en effet, les choses se passent exactement comme dans l'angoisse infantile : une libido inemployée subit sans cesse une transformation en une apparente angoisse réelle et, de ce fait, le moindre danger extérieur devient une substitution pour les exigences de la libido. Cette concordance entre les phobies et l'angoisse infantile n'a rien qui doive nous surprendre, car les phobies infantiles sont non seulement le prototype des phobies plus tardives que nous faisons rentrer dans le cadre de l'« hystérie d'angoisse », mais encore la condition directe préalable et le prélude de celles-ci. Toute phobie hystérique remonte à une angoisse infantile et la continue, alors même qu'elle a un autre contenu et doit recevoir une autre dénomination. Les deux affections ne diffèrent entre elles qu'au point de vue du mécanisme. Chez l'adulte il ne suffit pas, pour que l'angoisse se transforme en libido, que celle-ci, en tant que désir ardent, reste momentanément inemployée. C'est que l'adulte a appris depuis longtemps à tenir sa libido en suspension ou à l'employer autrement. Mais lorsque la libido fait partie d'un mouvement psychique ayant subi le *refoulement,* on retrouve la même situation que chez l'enfant qui ne sait pas encore faire une distinction entre le conscient et l'inconscient, et cette régression vers la phobie infantile fournit à la libido un moyen commode de se transformer en angoisse. Nous avons, vous vous en souvenez, beaucoup parlé du *refoulement,* mais en ayant toujours en vue le sort de la représentation qui devait subir le *refoulement,* et cela naturellement parce qu'il se laisse plus facilement constater et exposer. Quant au sort de l'état affectif associé à la représentation refoulée, nous l'avions toujours laissé de côté, et c'est seulement maintenant que nous apprenons que le premier sort de cet état affectif consiste à subir la transformation en angoisse, quelle qu'aurait pu être sa qualité dans des conditions normales. Cette transformation de l'état affectif constitue la partie de beaucoup la plus importante du processus de *refoulement*. Il n'est pas très facile d'en parler, attendu que nous ne pouvons pas affirmer l'existence d'états affectifs inconscients de la même manière dont nous affirmons l'existence de représentations inconscientes. Qu'elle soit consciente ou inconsciente, une représentation reste toujours la même, à une seule différence près, et nous pouvons très bien dire ce qui correspond à une représentation inconsciente. Mais un état affectif est un processus de décharge et doit être jugé tout autrement qu'une représentation ; sans avoir analysé et élucidé à fond nos prémisses relatives aux processus psychiques, nous sommes dans l'impossibilité de dire ce qui dans l'inconscient correspond à l'état affectif. Aussi bien est-ce un travail que nous ne pouvons pas entreprendre ici. Mais nous voulons rester sous l'impression que nous avons acquise, à savoir que le développement de l'angoisse se rattache étroitement au système de l'inconscient.

J'ai dit que la transformation en angoisse ou, plus exactement, la décharge sous la forme d'angoisse, constitue le premier sort réservé à la libido qui subit le *refoulement*. Je dois ajouter que ce n'est ni son seul sort, ni son sort définitif. Au cours des névroses se déroulent des processus qui tendent à entraver ce développement de l'angoisse et qui y réussissent de différentes manières. Dans les phobies, par exemple, on distingue nettement deux phases du processus névrotique. La première est celle du *refoulement* de la libido et de sa transformation en angoisse, laquelle est rattachée à un danger extérieur. Pendant la deuxième phase sont établies toutes les précautions et assurances destinées à empêcher le contact avec ce danger, qui est traité comme un fait extérieur. Le *refoulement* correspond à une tentative de fuite du *moi* devant la libido, éprouvée comme un danger. La phobie peut être considérée comme un retranchement contre le danger extérieur qui remplace maintenant la libido redoutée. La faiblesse du système de défense employé dans les phobies réside naturellement dans ce fait que la forteresse, inattaquable du dehors, ne l'est pas du dedans. La projection à l'extérieur du danger représenté par la libido ne peut jamais réussir d'une façon parfaite.

C'est pourquoi il existe dans les autres névroses d'autres systèmes de défense contre le développement possible de l'angoisse. Il s'agit là d'un chapitre très intéressant de la psychologie des névroses ; nous ne pouvons malheureusement pas l'aborder ici, car cela nous conduirait trop loin, d'autant plus que pour le comprendre il faut posséder des connaissances spéciales très approfondies. Je n'ai que quelques mots à ajouter à ce que je viens de dire. Je vous ai déjà parlé du « contre-armement » auquel le *moi* a recours lors d'un *refoulement* et qu'il est obligé d'entretenir d'une manière permanente afin de faire durer le *refoulement.* Cet armement sert à réaliser les différents moyens de défense contre le développement de l'angoisse qui suit le *refoulement.*

Mais revenons aux phobies. Je crois vous avoir montré combien il est insuffisant de ne chercher à expliquer que leur contenu, de s'intéresser uniquement à la question de savoir pourquoi tel ou tel autre objet, telle ou telle situation, devient l'objet de la phobie. Le contenu d'une phobie est à celle-ci ce que la façade visible d'un rêve manifeste est au rêve proprement dit. On peut accorder, en faisant les restrictions nécessaires, que parmi les contenus des phobies il en est quelques-uns qui, ainsi que l'a montré Stanley Hall, sont propres à devenir objets d'angoisse en vertu d'une transmission phylogénique. Et cette hypothèse trouve sa confirmation dans le fait que beaucoup de ces objets d'angoisse ne présentent avec le danger que des rapports purement symboliques.

Nous avons ainsi pu nous rendre compte de la place vraiment centrale que le problème de l'angoisse occupe dans la psychologie des névroses. Nous connaissons aussi les liens étroits qui rattachent le développement de l'angoisse aux vicissitudes de la libido et au système de l'inconscient. Notre conception présente cependant encore une lacune qui vient de ce que nous savons à quoi rattacher ce fait, pourtant difficilement contestable, que l'angoisse réelle doit être considérée comme une manifestation des instincts de conservation du *moi.*

CHAPITRE 26

LA THÉORIE DE LA LIBIDO ET LE « NARCISSISME »

À plusieurs reprises, et tout récemment encore, nous avons eu à distinguer entre les tendances du *moi* et les tendances sexuelles. Le *refoulement* nous avait tout d'abord montré qu'une opposition peut s'élever entre les unes et les autres, opposition à la suite de laquelle les tendances sexuelles subissent une défaite formelle et sont obligées de se procurer satisfaction par des détours régressifs : indomptables au fond, elles trouvent dans leur indomptabilité même une compensation à leur défaite. Nous avons vu ensuite que les deux groupes de tendances se comportent différemment vis-à-vis de cette grande éducatrice qu'est la nécessité, de sorte qu'ils suivent des voies de développement différentes et affectent avec le principe de réalité des rapports différents. Nous avons enfin cru constater que les tendances sexuelles se rattachent plus étroitement que les tendances du *moi* à l'état affectif du *moi*, résultat qui sur un seul point important apparaît encore comme incomplet. Aussi citerons-nous à l'appui de ce résultat le fait digne d'être noté que la non-satisfaction de la faim et de la soif, ces deux instincts de conservation les plus élémentaires, n'est jamais suivie de la transformation de ces instincts en angoisse, alors que nous savons que la transformation en angoisse de la libido insatisfaite est un des phénomènes les plus connus et les plus fréquemment observés.

Notre droit de faire une distinction entre les tendances du *moi* et les tendances sexuelles est donc incontestable. Nous tirons ce droit de l'existence même de l'instinct sexuel comme activité particulière de l'individu. On peut seulement demander quelle importance et quelle profondeur nous attribuons à cette distinction. Mais nous ne pourrons répondre à cette question que lorsque nous aurons établi les différences de comportement qui existent entre les tendances sexuelles, dans leurs manifestations corporelles et psychiques, et les autres tendances que nous leur opposons, et lorsque nous nous serons rendu compte de l'importance des conséquences qui découlent de ces différences. Nous n'avons naturellement aucune raison d'affirmer une différence de nature, d'ailleurs peu concevable, entre ces deux groupes de tendances. L'un et l'autre désignent des sources d'énergie de l'individu, et la question de savoir si ces deux groupes n'en forment au fond qu'un ou s'il existe entre eux une différence de nature et, s'ils n'en forment au fond qu'un, à quel moment ils se sont séparés l'un de l'autre, cette question, disons-nous, peut et doit être discutée non d'après des notions abstraites, mais sur la base des faits fournis par la biologie. Sur ce point nos connaissances sont encore insuffisantes, et seraient-elles plus suffisantes nous n'aurions pas à nous occuper de cette question qui n'intéresse pas nos recherches analytiques.

Nous ne gagnons évidemment rien à insister, avec Jung, sur l'unité primordiale de tous les instincts et à donner le nom de « libido » à l'énergie se manifestant dans chacun d'eux. Comme il est impossible, à quelque artifice qu'on ait recours, d'éliminer de la vie psychique la fonction sexuelle, nous nous verrions obligés de parler d'une libido sexuelle et d'une libido asexuelle. C'est avec raison que le nom de libido reste exclusivement réservé aux tendances de la vie sexuelle, et c'est uniquement dans ce sens que nous l'avons toujours employé.

Je pense donc que la question de savoir jusqu'à quel point il convient de pousser la séparation entre tendances sexuelles et tendances découlant de l'instinct de conservation est sans grande importance pour la psychanalyse. Celle-ci n'a d'ailleurs aucune compétence pour résoudre cette question. Toutefois la biologie nous fournit certains indices permettant de supposer que cette séparation a une signification profonde. La sexualité est en effet la seule fonction de l'organisme vivant qui dépasse l'individu et assure son rattachement à l'espèce. Il est facile de se rendre compte que l'exercice de cette fonction, loin d'être toujours aussi utile à l'individu que l'exercice de ses autres fonctions, lui crée, au prix d'un plaisir excessivement intense, des dangers qui menacent sa vie et la suppriment même assez souvent. Il est en outre probable que c'est à la faveur de processus métaboliques particuliers, distincts de tous les autres, qu'une partie de la vie individuelle peut être transmise à la postérité à titre de disposition. Enfin, l'être individuel, qui se considère lui-même comme l'essentiel et ne voit dans sa sexualité qu'un moyen de satisfaction parmi tant d'autres, ne forme, au point de vue biologique, qu'un épisode dans une série de générations, qu'une excroissance caduque d'un protoplasme virtuellement immortel, qu'une sorte de possesseur temporaire d'un fidéicommis destiné à lui survivre.

L'explication psychanalytique des névroses n'a cependant que faire de considérations d'une aussi vaste portée. L'examen séparé des tendances sexuelles et des tendances du *moi* nous a fourni le moyen de comprendre les névroses de transfert, que nous avons pu ramener au conflit entre les tendances sexuelles, et les tendances découlant de l'instinct de conservation ou, pour nous exprimer en termes biologiques, bien que plus imprécis, au conflit entre le *moi*, en tant qu'être individuel et indépendant, et le *moi* considéré comme membre d'une série de générations. Il y a tout lieu de croire que ce dédoublement n'existe que chez l'homme ; aussi est-il de tous les animaux celui qui possède le privilège d'offrir un terrain favorable aux névroses. Le développement excessif de sa libido, la richesse et la variété de sa vie psychique qui en sont la conséquence, semblent avoir créé les conditions du conflit dont nous parlons. Et il est évident que ces conditions sont également celles des grands progrès réalisés par l'homme, progrès qui lui ont permis de laisser loin derrière lui ce qu'il avait de commun avec les autres animaux, de sorte que sa prédisposition à la névrose ne constitue que le revers de ses dons purement humains. Mais laissons là ces spéculations qui ne peuvent que nous éloigner de notre tâche immédiate.

Nous avons conduit jusqu'à présent notre travail en postulant la possibilité de distinguer les tendances du *moi* des tendances sexuelles d'après les manifestations des unes et des autres. Pour ce qui est des névroses de transfert, nous avons pu faire cette distinction sans difficulté. Nous avons appelé « libido » les dépenses d'énergie que le *moi* affecte aux objets de ses tendances sexuelles, et « intérêt », toutes les autres dépenses d'énergie ayant leur source dans les instincts de conservation ; en suivant toutes ces fixations de la libido, leurs transformations et leur sort final, nous avons pu acquérir une première notion du mécanisme qui préside aux forces psychiques. Les névroses de transfert nous avaient fourni sous ce rapport la matière la plus favorable. Mais le *moi* lui-même, les différentes organisations dont il se compose, leur structure et leur mode de fonctionnement, tout cela nous restait encore caché et nous pouvions seulement supposer que l'analyse d'autres troubles névrotiques nous apporterait quelques lumières sur ces questions.

Nous avons commencé de bonne heure à étendre les conceptions psychanalytiques à ces autres affections. C'est ainsi que, dès 1908, K. Abraham, à la suite d'un échange d'idées entre lui et moi, avait émis la proposition que le principal caractère de la *démence précoce* (rangée parmi les névroses) consiste en ce que *la fixation de la libido aux objets fait défaut dans cette affection. (Les différences psycho-sexuelles existant entre l'hystérie et la démence précoce.)* Mais que devient la libido des déments, du moment qu'elle se détourne des objets ? À cette question, Abraham n'hésita pas à répondre que la libido se retourne vers le *moi* et que *c'est ce retour réfléchi, ce rebondissement de la libido vers le moi qui constitue la source de la manie des grandeurs* de la démence précoce. La manie des grandeurs peut d'ailleurs être comparée à l'exagération de la valeur sexuelle de l'objet qu'on observe dans la vie amoureuse. C'est ainsi que pour la première fois un trait d'une affection psychotique nous est révélé par sa confrontation avec la vie amoureuse normale.

Je vous le dis sans plus tarder : les premières conceptions

d'Abraham se sont maintenues dans la psychanalyse et sont devenues la base de notre attitude à l'égard des psychoses. On s'est ainsi peu à peu familiarisé avec l'idée que la libido que nous trouvons fixée aux objets, la libido qui est l'expression d'une tendance à obtenir une satisfaction par le moyen de ces objets, peut aussi se détourner de ceux-ci et les remplacer par le *moi.* On s'est alors attaché à donner à cette représentation une forme de plus en plus achevée, en établissant des liens logiques entre ses éléments constitutifs. Le mot *narcissisme* que nous employons pour désigner ce déplacement de la libido, est emprunté à une perversion décrite par P. Näcke et dans laquelle l'individu adulte a pour son propre corps la tendresse dont on entoure généralement un objet sexuel extérieur.

On s'était dit alors que du moment que la libido est ainsi capable de se fixer au propre corps et à la propre personne du sujet au lieu de s'attacher à un objet, il ne peut certainement pas s'agir là d'un événement exceptionnel et insignifiant ; qu'il est plutôt probable que le narcissisme constitue l'état général et primitif d'où l'amour des objets n'est sorti qu'ultérieurement, sans amener par son apparition la disparition du narcissisme. Et d'après ce qu'on savait du développement de la libido objective, on s'est rappelé que beaucoup de tendances sexuelles reçoivent au début une satisfaction que nous appelons *auto-érotique,* c'est-à-dire une satisfaction ayant pour source le corps même du sujet, et que c'est l'aptitude à l'auto-érotisme qui explique le, retard que met la sexualité à s'adapter au principe de réalité inculqué par l'éducation. C'est ainsi que l'autoérotisme fut l'activité sexuelle de la phase narcissique de la fixation de la libido.

En résumé, nous nous sommes fait des rapports entre la libido du *moi* et la libido objective une représentation que je puis vous rendre concrète à l'aide d'une comparaison empruntée à la zoologie. Vous connaissez ces êtres vivants élémentaires composés d'une boule de substance protoplasmique à peine différenciée. Ces êtres émettent des prolongements, appelés pseudopodes, dans lesquels ils font écouler leur substance vitale. Mais ils peuvent également retirer ces prolongements et se rouler de nouveau en boule. Or, nous assimilons l'émission des prolongements à l'émanation de la libido vers les objets, sa principale masse pouvant rester dans le *moi*, et nous admettons que dans des circonstances normales la libido du *moi* se transforme facilement en libido objective, celle-ci pouvant d'ailleurs retourner au *moi*.

À l'aide de ces représentations, nous sommes à même d'expliquer ou, pour nous exprimer d'une manière plus modeste, de décrire dans le langage de la théorie de la libido un grand nombre d'états psychiques qui doivent être considérés comme faisant partie de la vie normale : attitude psychique dans l'amour, au cours de maladies organiques, dans le sommeil. En ce qui concerne l'état de sommeil, nous avons admis qu'il repose sur un isolement par rapport au monde extérieur et sur la subordination au désir qu'implique le sommeil. Et nous disions que toutes les activités psychiques nocturnes qui se manifestent dans le rêve se trouvent au service de ce désir et sont déterminées et dominées par des mobiles égoïstes. Nous plaçant cette fois au point de vue de la théorie de la libido, nous déduisons que le sommeil est un état dans lequel toutes les énergies, libidineuses aussi bien qu'égoïstes, attachées aux objets, se retirent de ceux-ci et rentrent dans le *moi*. Ne voyez-vous pas que cette manière de voir éclaire d'un jour nouveau le fait du délassement procuré par le sommeil et la nature de la fatigue ? Le tableau du bienheureux isolement au cours de la vie intra-utérine, tableau que le dormeur évoque devant nos yeux chaque nuit, se trouve ainsi complété au point de vue psychique. Chez le dormeur se trouve reproduit l'état de répartition primitif de la libido ; il présente notamment le narcissisme absolu, état dans lequel la libido et l'intérêt du *moi* vivent unis et inséparables dans le *moi* se suffisant à lui-même.

Ici il y a lieu de faire deux remarques. En premier lieu, comment distinguerait-on théoriquement le narcissisme de l'égoïsme ? À mon avis, celui-là est le complément libidineux de celui-ci. En parlant d'égoïsme, on ne pense qu'à ce qui est utile pour l'individu ; mais en parlant de narcissisme, on tient compte de sa satisfaction libidineuse. Au point de vue pratique, cette distinction entre le narcissisme et l'égoïsme peut être poussée assez loin. On peut être absolument égoïste sans cesser pour cela d'attacher de grandes quantités d'énergie libidineuse à certains objets, dans la mesure où la satisfaction libidineuse procurée par ces objets correspond aux besoins du *moi.* L'égoïsme veillera alors à ce que la poursuite de ces objets ne nuise pas au *moi.* On peut être égoïste et présenter en même temps un degré très prononcé de narcissisme, c'est-à-dire pouvoir se passer facilement d'objets sexuels, soit au point de vue de la satisfaction sexuelle directe, soit en ce qui concerne ces tendances dérivées du besoin sexuel que nous avons l'habitude d'opposer, en tant qu'« amour », à la « sensualité » pure. Dans toutes ces conjonctures, l'égoïsme apparaît comme l'élément placé au-dessus de toute contestation, comme l'élément constant, le narcissisme étant, au contraire, l'élément variable. Le contraire de l'égoïsme, l'altruisme, loin de coïncider avec la subordination des objets à la libido, s'en distingue par l'absence de la poursuite de satisfactions sexuelles. C'est seulement dans l'état amoureux absolu que l'altruisme coïncide avec la concentration de la libido sur l'objet. L'objet sexuel attire généralement vers lui une partie du narcissisme, d'où il résulte ce qu'on peut appeler l'« exagération de la valeur sexuelle de l'objet ». Qu'à cela s'ajoute encore la transfusion altruiste de l'égoïsme à l'objet sexuel, celui-ci devient tout puissant : on peut dire alors qu'il a absorbé le *moi.*

Ce sera, j'espère, un délassement pour vous d'entendre, après l'exposé sec et aride des découvertes de la science, une description poétique de l'opposition économique qui existe entre le narcissisme et l'état amoureux. Je l'emprunte au *Westöstlicher Divan,* de Goethe :

SULEÏKA
Volk und Knecht und Ueberwinder,
Sie gestehn zu jeder Zeit :
Höchstes Glück der Erdenkinder
Sei nur die Persönlichkeit.

Jedes Leben sei zu führen,
Wenn man sich nicht selbst vermisst ;
Alles könne man verlieren,
Wenn man bliebe, was man ist.

HATEM
Kann wohl sein ! So wird gemeinet,
Doch ich bin auf andrer Spur ;
Alles Erdenglück vereinet
Find' ich in Suleika mir.

Wie sie sichan mich verschwendet,
Bin ich mir ein wertes Ich ;
Hätte sie sieh weggewendet,
Augenblicks verlör ich mich.

Nun, mit Hatem. wär's zu Ende ;
Doch schon hab' ich umgelost ;
Ieh verkörpre mich behende
ln den Holden,den sie kost. [1]

Ma deuxième remarque vient compléter la théorie du rêve. Nous ne pouvons pas nous expliquer la production du rêve si nous n'admettons pas, à titre additionnel, que l'inconscient refoulé est devenu dans une certaine mesure indépendant du *moi*, de sorte qu'il ne se plie pas au désir contenu dans le sommeil et maintient ses attaches, alors même que toutes les autres énergies qui dépendent du *moi* sont accaparées au profit du sommeil, dans la mesure où elles sont attachées à des objets. Alors seulement on parvient à comprendre comment cet inconscient peut profiter de la suppression ou de la diminution nocturne de la censure et s'emparer des restes diurnes pour former, avec les matériaux qu'ils fournissent, un désir de rêve défendu. D'autre part, il se peut que les restes diurnes tirent, en partie du moins, leur pouvoir de résistance à la libido accaparée par le sommeil, du fait qu'ils se trouvent déjà d'avance en rapports avec l'inconscient refoulé. Il y a là un important caractère dynamique que nous devons introduire après coup dans notre conception relative à la formation de rêves.

Une affection organique, une irritation douloureuse, une inflammation d'un organe créent un état qui a nettement pour conséquence un détachement de la libido de ses objets. La libido retirée des objets rentre dans le *moi* pour s'attacher avec force à la partie du corps malade. On peut même oser l'affirmation que, dans ces conditions, le détachement de la libido de ses objets est encore plus frappant que le détachement dont l'intérêt égoïste fait preuve par rapport au monde extérieur. Ceci semble nous ouvrir la voie à l'intelligence de l'hypocondrie, dans laquelle un organe préoccupe de même le *moi*, sans que nous le percevions comme malade. Mais je résiste à la tentation de m'engager plus avant dans cette voie ou d'analyser d'autres situations que l'hypothèse de la rentrée de la libido objective dans le *moi* nous rendrait intelligibles ou concrètes : c'est que j'ai hâte de répondre à deux objections qui, je le sais, se présentent à votre esprit. Vous voulez savoir, en premier lieu, pourquoi en parlant de sommeil, de maladie et d'autres situations analogues, je fais une distinction entre libido et intérêt, entre tendances sexuelles et tendances du *moi*, alors que les observations peuvent généralement être interprétées en admettant l'existence d'une seule et unique énergie qui, libre dans ses déplacements, s'attache tantôt à l'objet, tantôt au *moi*, se met au service tantôt d'une tendance, tantôt d'une autre. Et, en deuxième lieu, vous êtes sans doute étonnés de me voir traiter comme source d'un état pathologique le détachement de la libido de l'objet, alors que ces transformations de la libido objective en libido du *moi*, plus généralement en énergie du *moi*, font partie des processus normaux de la dynamique psychique qui se reproduisent tous les jours et toutes les nuits.

Ma réponse sera la suivante. Votre première objection sonne bien. L'examen de l'état de sommeil, de maladie, de l'état amoureux ne nous aurait probablement jamais conduits, comme tel, à la distinction entre une libido du *moi* et une libido objective, entre la libido et l'intérêt. Mais vous oubliez les recherches qui nous avaient servi de point de départ et à la lumière desquelles nous envisageons maintenant les situations psychiques dont il s'agit. C'est en assistant au conflit d'où naissent les névroses de transfert que nous avons appris à distinguer entre la libido et l'intérêt, par conséquent entre les instincts sexuels et les instincts de conservation. À cette distinction, il ne nous est plus possible de renoncer. La possibilité de transformation de la libido des objets en libido du *moi*, donc la nécessité de compter avec une libido du *moi*, nous est apparue comme la seule explication vraisemblable de l'énigme des névroses dites narcissiques, comme, par exemple, la démence précoce, ainsi que des ressemblances et des différences qui existent entre celle-ci d'un côté, l'hystérie et l'obsession de l'autre. Nous appliquons maintenant à la maladie, au sommeil et à l'état amoureux ce dont nous avons trouvé ailleurs une confirmation irréfutable. Nous devons poursuivre ces applications, afin de voir jusqu'où elles nous mèneront. La seule proposition qui ne découle pas directement de notre expérience analytique, est que la libido reste la libido, qu'elle s'applique à des objets ou au propre *moi* du sujet, et qu'elle ne se transforme jamais en intérêt égoïste ; on peut en dire autant de ce dernier. Mais cette proposition équivaut à la distinction, déjà soumise par nous à une appréciation critique, entre les tendances sexuelles et les tendances du *moi*, distinction que, pour des raisons heuristiques, nous sommes décidés à maintenir, jusqu'à sa réfutation possible.

Votre deuxième objection est également justifiée, mais elle est engagée dans une fausse direction. Sans doute, le retour vers le *moi* de la libido détachée des objets n'est-il pas directement pathogène ; ne voyons-nous pas ce phénomène se produire chaque fois avant le sommeil, et suivre une marche inverse après le réveil ? L'animalcule protoplasmique rentre ses prolongements, pour les émettre de nouveau à la première occasion. Mais c'est tout autre chose lorsqu'un processus déterminé, très énergique, force la libido à se détacher des objets. La libido devenue narcissique ne peut plus alors retrouver le chemin qui conduit aux objets, et c'est cette diminution de la mobilité de la libido qui devient pathogène. On dirait qu'au-delà d'une certaine mesure l'accumulation de la libido ne peut être supportée. Il est permis de supposer que si la libido vient s'attacher à des objets, c'est parce que le *moi* y voit un moyen d'éviter les effets morbides que produirait une libido accumulée chez lui à l'excès. S'il entrait dans nos intentions de nous occuper plus en détail de la démence précoce, je vous montrerais que le processus à la suite duquel la libido, une fois détachée des objets, trouve la route barrée lorsqu'elle veut y retourner, que ce processus, dis-je, se rapproche de celui du *refoulement* et doit être considéré comme son pendant. Mais vous auriez surtout la sensation que vos pieds foulent un sol familier, si je vous disais que les conditions de ce processus sont presque identiques, d'après ce que nous en savons actuellement, à celles du *refoulement*. Le conflit semble être le même et se dérouler entre les mêmes forces. Si l'issue en est différente de celle que nous observons dans l'hystérie, par exemple, cela ne peut tenir qu'à une différence de disposition. Chez les malades dont nous nous occupons ici, la partie faible du développement de la libido qui, si vous vous en souvenez, rend possible la formation de symptômes, se trouve ailleurs, correspond probablement à la phase du narcissisme primitif auquel la démence précoce retourne dans sa phase finale. Il est tout à fait remarquable que nous soyons obligés d'admettre, pour la libido de toutes les névroses narcissiques, des points de fixation correspondant à des phases de développement beaucoup plus précoces que dans l'hystérie ou la névrose obsessionnelle. Mais vous savez déjà que les notions que nous avons acquises à la suite de l'étude des névroses de transfert permettent également de s'orienter dans les névroses narcissiques, beaucoup plus difficiles au point de vue pratique. Les traits communs sont très nombreux, et il s'agit au fond d'une seule et même phénoménologie. Aussi vous rendrez-vous facilement compte des difficultés, sinon des impossibilités, auxquelles doivent se heurter ceux qui entreprennent l'explication de ces affections ressortissant à la psychiatrie, sans apporter dans ce travail une connaissance analytique des névroses de transfert.

Le tableau symptomatique, d'ailleurs très variable, de la démence précoce ne se compose pas uniquement des symptômes découlant du détachement de la libido des objets et de son accumulation dans le moi, en qualité de libido narcissique. Une grande place revient plutôt à d'autres phénomènes se rattachant aux efforts de la libido pour retourner aux objets, donc correspondant à une tentative de restitution ou de guérison. Ces derniers symptômes sont même les plus frappants, les plus bruyants. Ils présentent une ressemblance incontestable avec ceux de l'hystérie, plus rarement avec ceux de la névrose obsessionnelle, et cependant diffèrent des uns et des autres sur tous les points. Il semble que dans ses efforts pour retourner aux objets, c'est-à-dire aux représentations des objets, la libido réussisse vraiment, dans la démence précoce, à s'y accrocher, mais ce qu'elle saisit des objets ne sont que leurs ombres, je veux dire les représentations verbales qui leur correspondent. Je ne puis en dire davantage ici, mais j'estime que ce comportement de la libido, dans ses aspirations de retour vers l'objet, nous a permis de nous rendre compte de la véritable différence qui existe entre une représentation consciente et une représentation inconsciente.

Je vous ai ainsi introduits dans le domaine où le travail analytique est appelé à réaliser ses prochains progrès. Depuis que nous nous sommes familiarisés avec le maniement de la notion de « libido du *moi* », les névroses narcissiques nous sont devenus accessibles ; la tâche qui en découle pour nous consiste à trouver une explication dynamique de ces affections et, en même temps, à compléter notre connaissance de la vie psychique par un approfondissement de ce que nous savons du *moi*. La psychologie du *moi*, que nous cherchons à édifier, doit être fondée, non sur les données de notre introspection, mais, comme dans la libido, sur l'analyse des troubles et dissociations du *moi*. Il est possible que, lorsque nous aurons achevé ce travail, la valeur des connaissances que nous a fournies l'étude des névroses de transfert et relatives au sort de la libido se trouvera diminuée à nos yeux. Mais ce travail est encore très peu avancé. Les névroses narcissiques se prêtent à peine à la technique dont nous nous étions servis dans les névroses de transfert, et je vais vous en dire la raison dans un instant. Chaque fois que nous faisons un pas en avant dans l'étude de celles-là, nous voyons se dresser devant nous comme un mur qui nous commande un temps d'arrêt. Dans les névroses de transfert, vous vous en souvenez, nous nous étions également heurtés à des bornes de résistance, mais là nous avons pu abattre les obstacles morceau par morceau. Dans les névroses narcissiques, la résistance est insurmontable ; nous pouvons tout au plus jeter un coup d'œil de curiosité par-dessus le mur, pour épier ce qui se passe de l'autre côté. Nos méthodes techniques usuelles doivent donc être remplacées par d'autres, et nous ignorons encore si nous réussirons à opérer cette substitution. Certes, même en ce qui concerne ces malades, les matériaux ne nous font pas défaut. Ils manifestent leur état de nombreuses manières, bien que ce ne soit pas toujours sous la forme de réponses à nos questions, et nous en sommes momentanément réduits à interpréter leurs manifestations, en nous aidant des notions que nous avons acquises grâce à l'étude des symptômes des névroses de transfert. L'analogie est assez grande pour nous garantir au début un résultat positif, sans que nous puissions dire toutefois si cette technique est susceptible de nous conduire très loin.

D'autres difficultés surgissent encore, qui s'opposent à notre avance. Les affections narcissiques et les psychoses qui s'y rattachent ne livreront leur secret qu'aux observateurs formés à l'école de l'étude analytique des névroses de transfert. Or, nos psychiatres ignorent la psychanalyse et nous autres psychanalystes ne voyons que peu de cas psychiatriques. Nous avons besoin d'une génération de psychiatres ayant passé par l'école de la psychanalyse, à titre de science préparatoire. Nous voyons actuellement se produire des efforts dans ce sens en Amérique, où d'éminents psychiatres initient leurs élèves aux théories psychanalytiques et où directeurs d'asiles d'aliénés, privés et publics, s'efforcent d'observer leurs malades à la lumière de ces théories. Nous avons toutefois réussi, nous aussi, à jeter un coup d'œil par-dessus le mur narcissique et dans ce qui suit je vais vous raconter le peu que nous avons pu apercevoir.

La forme morbide de la paranoïa, de l'aliénation systématique chronique occupe, dans les essais de classification de la psychiatrie moderne, une place incertaine. Et pourtant, sa parenté avec la démence précoce constitue un fait incontestable. Je me suis permis une fois de réunir la paranoïa et la démence précoce sous la désignation commune de *paraphrénie.* D'après leur contenu, les formes de la paranoïa sont décrites comme manie des grandeurs, manie des persécutions, érotomanie, manie de la jalousie, etc. Nous ne nous attendrons pas à des essais d'explication de la part de la psychiatrie. Je mentionnerai sous ce rapport, à titre d'exemple (il est vrai qu'il s'agit d'un exemple qui remonte à une époque déjà lointaine et qui a perdu beaucoup de sa valeur), l'essai de déduire un symptôme d'un autre, en attribuant au malade un raisonnement intellectuel : le malade qui, en vertu d'une disposition primaire, se croit persécuté, tirerait de cette persécution la conclusion qu'il est un personnage important, ce qui donnerait naissance à sa manie des grandeurs. Pour notre conception analytique, la manie des grandeurs est la conséquence immédiate de l'agrandissement du *moi* par toute la quantité d'énergie libidineuse retirée des objets ; elle est un narcissisme secondaire, survenu comme à la suite du réveil du narcissisme primitif, qui est celui de la première enfance. Mais une observation que j'ai faite dans les cas de manie de persécution m'avait engagé à suivre une certaine trace. J'avais remarqué tout d'abord que dans la grande majorité des cas le persécuteur appartenait au même sexe que le persécuté. Ce fait pouvait bien s'expliquer d'une manière quelconque, mais dans quelques cas bien étudiés, on a pu constater que c'était la personne du même sexe la plus aimée avant la maladie qui s'était transformée en persécutrice pendant celle-ci. La situation pouvait se développer par le remplacement, d'après certaines affinités connues, de la personne aimée par une autre, par exemple du père par le précepteur, par le supérieur. De ces expériences, dont le nombre allait en augmentant, j'avais tiré la conclusion que la *paranoia persecutoria* est une forme morbide dans laquelle l'individu se défend contre une tendance homosexuelle devenue trop forte. La transformation de la tendresse en haine, transformation qui, on le sait, peut devenir une grave menace pour la vie de l'objet à la fois aimé et haï, correspond dans ces cas à la transformation des tendances libidineuses en angoisse, cette dernière transformation étant une conséquence régulière du processus de *refoulement*. Écoutez encore, par exemple, la dernière de mes observations se rapportant à ce sujet. Un jeune médecin a été obligé de quitter sa ville natale, pour avoir adressé des menaces de mort au fils d'un professeur de l'Université de cette ville qui jusqu'alors avait été son meilleur ami. Il attribuait à cet ancien ami des intentions vraiment diaboliques et une puissance démoniaque. Il l'accusait de tous les malheurs qui, au cours des dernières années, avaient frappé sa famille, de toutes les infortunes familiales et sociales. Mais non content de cela, le méchant ami et son père le professeur se seraient encore rendus responsables de la guerre et auraient appelé les Russes dans le pays. Notre malade aurait mille fois risqué sa vie, et il est persuadé que la mort du malfaiteur mettrait fin à tous les malheurs. Et pourtant, son ancienne tendresse pour ce malfaiteur est encore tellement forte que sa main se trouva comme paralysée le jour où il eu l'occasion d'abattre son ennemi d'un coup de revolver. Au cours des brefs entretiens que j'ai eus avec le malade, j'ai appris que les relations amicales entre les deux hommes dataient de leurs premières années de collège. Une fois au moins ces relations avaient dépassé les bornes de l'amitié : une nuit passée ensemble avait abouti à un rapport sexuel complet. Notre malade n'a jamais éprouvé à l'égard des femmes un sentiment en rapport avec son âge et avec le charme de sa personnalité. Il avait été fiancé à une jeune fille jolie et distinguée, mais celle-ci, avant constaté que son fiancé n'éprouvait pour elle aucune tendresse, rompit les fiançailles. Plusieurs années plus tard, sa maladie s'était déclarée au moment même où il avait réussi pour la première fois à satisfaire complètement une femme. Celle-ci l'ayant embrassé avec reconnaissance et abandon, il éprouva subitement une douleur bizarre, on aurait dit un coup de couteau lui sectionnant le crâne. Il expliqua plus tard cette sensation en disant qu'il ne pouvait la comparer qu'à la sensation qu'on éprouverait si on vous faisait sauter la boîte crânienne, pour mettre à nu le cerveau, ainsi qu'on le fait dans les autopsies ou les vastes trépanations ; et comme son ami s'était spécialisé dans l'anatomie pathologique, il découvrit peu à peu que celui-là avait bien pu lui envoyer cette femme pour le tenter. À partir de ce moment-là, ses yeux s'étaient ouverts, et il comprit que toutes les autres persécutions auxquelles il était en butte étaient le fait de son ancien ami.

Mais comment les choses se passent-elles dans les cas où le persécuteur n'appartient pas au même sexe que le persécuté et qui semblent aller à l'encontre de notre explication par la défense contre une libido homosexuelle ? J'ai eu récemment l'occasion d'examiner un cas de ce genre et de tirer de la contradiction apparente une confirmation de ma manière de voir. La jeune fille, qui se croyait persécutée par l'homme auquel elle avait accordé deux tendres rendez-vous, avait en réalité commencé par diriger sa manie contre une femme qu'on peut considérer connue s'étant substituée dans ses idées à sa mère. C'est seulement après le second rendez-vous qu'elle réussit à détacher sa manie de la femme pour la reporter sur l'homme. La condition du sexe égal se trouvait donc primitivement réalisée dans ce cas, comme dans le premier dont je vous ai parlé. Dans la plainte qu'elle avait formulée devant son avocat et son médecin, la malade n'avait pas mentionné cette phase préliminaire de sa folie, ce qui avait pu fournir une apparence de démenti à notre conception de la paranoïa.

Primitivement, l'homosexualité dans le choix de l'objet présente avec le narcissisme plus de points de contact que l'hétérosexualité. Aussi, lorsqu'il s'agit d'écarter une tendance homosexuelle trop violente, le retour au narcissisme se trouve particulièrement facilité. Je n'ai pas en l'occasion jusqu'à présent de vous entretenir longuement des fondements de la vie amoureuse, tels que je les conçois, et il m'est impossible de combler ici cette lacune. Tout ce que je puis vous dire, c'est que le choix de l'objet, le progrès dans le développement de la libido après la phase narcissique, peuvent s'effectuer selon deux types différents : selon le *type narcissique,* le *moi* du sujet étant remplacé par un autre *moi* qui lui ressemble autant que possible, et selon le *type extensif,* des personnes qui sont devenues indispensables, parce qu'elles procurent ou assurent la satisfaction d'autres besoins vitaux, étant également choisies comme objets de la libido. Une forte affinité de la libido pour le choix de l'objet selon le type narcissique doit être considérée, selon nous, comme faisant partie de la prédisposition à l'homosexualité manifeste.

Je vous ai parlé, dans une de mes précédentes leçons, d'un cas de manie de la jalousie chez une femme. À présent que mon exposé touche à la fin, vous seriez sans doute curieux de savoir comment j'explique une manie au point de vue psychanalytique. Je regrette d'avoir à vous dire sur ce sujet moins que ce que vous attendez. L'inaccessibilité de la manie à l'action d'arguments logiques et d'expériences réelles s'explique, aussi bien que l'inaccessibilité de l'obsession aux mêmes influences, par ses rapports avec l'inconscient qui est représenté et réprimé par la manie ou par l'idée obsessionnelle. Les deux affections ne diffèrent entre elles qu'au point de vue topique et dynamique.

Comme dans la paranoïa, nous avons trouvé dans la mélancolie, dont on a d'ailleurs décrit des formes cliniques très diverses, une fissure qui nous permet d'en apercevoir la structure interne. Nous avons constaté que les reproches impitoyables, dont les mélancoliques s'accablent eux-mêmes, s'appliquent en réalité à une autre personne, à l'objet sexuel qu'ils ont perdu ou qui, par sa propre faute, est tombé dans leur estime. Nous avons pu en conclure que si le mélancolique a retiré de l'objet sa libido, cet objet se trouve reporté dans le *moi*, comme projeté sur lui, à la suite d'un processus auquel on peut donner le nom d'*identification narcissique*. Je ne puis vous donner ici qu'une image figurée, et non une description topico-dynamique en règle. Le *moi* est alors traité comme l'objet abandonné, et il supporte toutes les agressions et manifestations de vengeance qu'il attribue à l'objet. La tendance au suicide qu'on observe chez le mélancolique s'explique, elle aussi, plus facilement à la lumière de cette conception, le malade s'acharnant à supprimer du même coup et lui-même et l'objet à la fois aimé et haï. Dans la mélancolie, comme dans les autres affections narcissiques, se manifeste d'une manière très prononcée un trait de la vie affective auquel nous donnons généralement, depuis Bleuler, le nom *d'ambivalence*. C'est l'existence, chez une même personne, de sentiments opposés, amicaux et hostiles, à l'égard d'une autre personne. Je n'ai malheureusement pas eu l'occasion, au cours de ces entretiens, de vous parler plus longuement de cette ambivalence des sentiments.

À côté de l'identification narcissique, il existe une identification hystérique que nous connaissons depuis bien plus longtemps. Je voudrais déjà être à même de vous montrer les différences qui existent entre l'une et l'autre à l'aide de quelques exemples bien choisis. En ce qui concerne les formes périodiques et cycliques de la mélancolie, je puis vous dire une chose qui vous intéressera sûrement. Il est notamment possible, dans des conditions favorables (et j'en ai fait l'expérience à deux reprises), d'empêcher, grâce au traitement analytique appliqué dans les intervalles libres de toute crise, le retour de l'état mélancolique, soit de la même tonalité affective, soit d'une tonalité opposée. On constate alors qu'il s'agit, dans la mélancolie et dans la manie, de la solution d'un conflit d'un genre particulier, conflit dont les éléments sont exactement les mêmes que ceux des autres névroses. Vous vous rendez facilement compte de la foule de données que la psychanalyse est encore appelée à recueillir dans ce domaine.

Je vous ai dit également que nous pouvions, grâce à la psychanalyse, acquérir des connaissances relatives à la composition du *moi*, aux éléments qui entrent dans sa structure. Nous avons même déjà commencé à entrevoir cette composition, ces éléments. De l'analyse de la manie d'observation, nous avons cru pouvoir conclure qu'il existe réellement dans le *moi* une instance qui observe, critique et compare inlassablement et s'oppose ainsi à l'autre partie du *moi*. C'est pourquoi j'estime que le malade nous révèle une vérité dont on ne tient généralement pas compte comme elle le mérite, lorsqu'il se plaint que chacun de ses pas est épié et observé, chacune de ses pensées dévoilée et critiquée. Sa seule erreur consiste à situer au-dehors, comme lui étant extérieure, cette force si incommodante. Il sent en lui le pouvoir d'une instance qui mesure son *moi* actuel et chacune de ses manifestations d'après un *moi* idéal qu'il s'est créé lui-même au cours de son développement. Je pense même que cette création a été effectuée dans l'intention de rétablir ce contentement de soi-même qui était inhérent au narcissisme primaire infantile et qui a depuis éprouvé tant de troubles et de mortifications. Cette instance qui surveille, nous la connaissons : c'est le censeur du *moi*, c'est la conscience ; c'est la même qui exerce la nuit la censure de rêves, c'est d'elle que partent les *refoulements* de désirs inadmissibles. En se désagrégeant sous l'influence de la manie d'observation, elle nous révèle ses origines : influences exercées par les parents, les éducateurs, l'ambiance sociale ; identification avec quelques-unes des personnes dont on a subi le plus l'influence.

Tels seraient quelques-uns des résultats obtenus grâce à l'application de la psychanalyse aux affections narcissiques. Je reconnais qu'ils ne sont pas nombreux et qu'ils manquent souvent de cette netteté qui ne s'obtient que lorsqu'on est bien familiarisé avec un nouveau domaine. Nous sommes redevables de ces résultats à l'utilisation de la notion du libido du *moi* ou libido narcissique, qui nous a permis d'étendre aux névroses narcissiques les données que nous avait fournies l'étude des névroses de transfert. Et maintenant, vous

vous demandez sans doute s'il ne serait pas possible d'arriver à un résultat qui consisterait à subordonner à la théorie de la libido tous les troubles des affections narcissiques et des psychoses si ce n'est pas en fin de compte le facteur libidineux de la vie psychique qui serait responsable de la maladie, sans que nous puissions invoquer une altération dans le fonctionnement des instincts de conservation. Or, la réponse à cette question ne me paraît pas urgente et, surtout, elle n'est pas assez mûre pour qu'on se hasarde à la formuler. Laissons se poursuivre le progrès du travail scientifique et attendons patiemment. Je ne serais pas étonné d'apprendre un jour que le pouvoir pathogène constitue effectivement un privilège des tendances libidineuses et que la théorie de la libido triomphe sur toute la ligne, depuis les névroses actuelles les plus simples jusqu'à l'aliénation psychotique la plus grave de l'individu. Ne savons-nous pas que ce qui caractérise la libido, c'est son refus de se soumettre à la réalité cosmique, à l'*ananké ?* Mais il me paraît tout à fait vraisemblable que les tendances du *moi*, entraînées par les impulsions pathogènes de la libido, éprouvent elles aussi des troubles fonctionnels. Et si j'apprends un jour que dans les psychoses graves les tendances du *moi* elles-mêmes peuvent présenter des troubles primaires, je ne verrais nullement dans ce fait un écart de la direction générale de nos recherches. Mais c'est là une question d'avenir, pour vous du moins. Permettez-moi seulement de revenir un moment à l'angoisse, pour dissiper une dernière obscurité que nous avons laissée la concernant. Nous avons dit qu'étant donnés les rapports bien connus qui existent entre l'angoisse et la libido, il ne nous paraissait pas admissible, et la chose est pourtant incontestable, que l'angoisse réelle en présence d'un danger soit la manifestation des instincts de conservation. Ne se pourrait-il pas que l'état affectif caractérisé par l'angoisse puisât ses éléments, non dans les instincts égoïstes du *moi*, mais dans la libido du *moi ?* C'est que l'état d'angoisse est au fond irrationnel, et son irrationalité devient surtout frappante lorsqu'il atteint un degré un peu élevé. Il trouble alors l'action, celle de la fuite ou celle de la défense, qui est seule rationnelle et susceptible d'assurer la conservation. C'est ainsi qu'en attribuant la partie affective de l'angoisse réelle à la libido du *moi*, et l'action qui se manifeste à cette occasion à l'instinct de conservation du *moi*, nous écartons toutes les difficultés théoriques. Vous ne croyez pas sérieusement, je l'espère, qu'on fuit *parce* qu'on éprouve de l'angoisse ? Non, on éprouve de l'angoisse *et* on fuit pour le même motif, qui est fourni par la perception du danger. Des hommes ayant couru de grands dangers racontent qu'ils n'ont pas éprouvé la moindre angoisse, mais ont tout simplement agi, en dirigeant, par exemple, leurs armes contre la bête féroce. Voilà certainement une réaction on ne peut plus rationnelle.

---

1. *Suleïka.*

— Peuples, esclaves et vainqueurs
— se sont toujours accordés (en ceci) :
— le bonheur suprême des enfants de *la* terre
— ne consiste que dans la personnalité.
— Quelle que soit la vie, on peut la vivre,
— tant qu'on se connaît bien soi-même ; rien n'est perdu
— tant qu'on reste ce qu'on est.

Hatem.

— C'est possible ! Telle est l'opinion courante ;
— mais je suis sur une autre trace :
— tout le bonheur de la terre
— je le trouve réuni dans la seule Suleïka.
— Dans la mesure seulement où elle me prodigue ses faveurs,
— je m'estime
— si elle se détournait de moi,
— je serais perdu pour moi-même.
— C'en serait *fini* d'Hatem.
— Mais je sais ce que je ferais :
— Je me fondrais aussitôt avec l'heureux
— auquel elle accorderait ses baisers.

CHAPITRE 27

LE TRANSFERT

Comme nous approchons de la fin de nos entretiens, vous sentez, j'en suis certain, s'éveiller en vous une attente qui ne doit pas devenir pour vous une source de déceptions. Vous vous dites que si je vous ai guidés à travers les grands et petits détails de la matière psychanalytique, ce n'était certainement pas pour prendre congé de vous sans vous dire, un mot de la thérapeutique sur laquelle repose cependant la possibilité de pratiquer la psychanalyse. Il est en effet impossible que j'élude ce sujet, car ce serait vous laisser dans l'ignorance d'un nouveau fait sans lequel votre compréhension des maladies que nous avons examinées resterait tout à fait incomplète.

Vous n'attendez pas de moi, je le sais, une initiation à la technique, à la manière de pratiquer l'analyse dans un but thérapeutique. Vous voulez seulement savoir d'une façon générale quel est le mode d'action de la psychothérapie analytique et quels sont à peu près ses effets. Vous avez un droit incontestable de le savoir, et pourtant je ne vous en dirai rien, préférant vous laisser trouver ce mode d'action et ces effets par vos propres moyens.

Songez donc ! Vous connaissez maintenant toutes les conditions essentielles de la maladie, tous les facteurs dont l'action intervient chez la personne malade. Il semblerait qu'il ne reste plus place pour une action thérapeutique. Voici d'abord la prédisposition héréditaire : nous n'en parlons pas souvent, car d'autres y insistent d'une façon très énergique, et nous n'avons rien de nouveau à ajouter à ce qu'ils disent. Ne croyez cependant pas que j'en méconnaisse l'importance ; c'est précisément en tant que thérapeutes que nous sommes à même de nous rendre compte de sa force. Nous ne pouvons d'ailleurs rien y changer ; pour nous aussi elle reste comme quelque chose de donné, comme une force qui oppose des limites à nos efforts. Vient ensuite l'influence des événements de la première enfance auxquels nous avons l'habitude d'accorder la première place dans l'analyse ; ils appartiennent au passé et nous ne sommes pas à même de nous comporter comme s'ils n'avaient pas existé. Nous avons enfin tout ce que nous avons réuni sous la dénomination générique de « renoncement réel », tous ces malheurs de la vie qui imposent le renoncement à l'amour, qui engendrent la misère, les discordes familiales, les mariages mal assortis, sans parler des conditions sociales défavorables et de la rigueur des exigences morales dont nous subissons la pression. Sans doute, ce sont là autant de voies ouvertes à l'intervention thérapeutique efficace, mais dans le genre de celle que, d'après la légende viennoise, aurait exercée l'empereur Joseph : intervention bienfaisante d'un puissant, dont la volonté fait plier tous les hommes et fait disparaître toutes les difficultés. Mais qui sommes-nous pour introduire une pareille bienfaisance dans notre arsenal thérapeutique ? Nous-mêmes pauvres et socialement impuissants, obligés de tirer notre subsistance de l'exercice de notre profession, nous ne pouvons même pas donner gratuitement nos soins aux malades peu fortunés, alors que d'autres médecins employant d'autres méthodes de traitement sont à même de leur accorder cette faveur. C'est que notre thérapeutique est une thérapeutique de longue haleine, une thérapeutique dont les effets sont excessivement lents à se produire. Il se peut qu'en passant en revue tous les facteurs que j'ai énumérés, votre attention soit plus particulièrement attirée par l'un d'eux et que vous le jugiez susceptible de servir de point d'application à notre influence thérapeutique. Si la limitation morale imposée par la société est responsable de la privation dont souffre le malade, le traitement, penserez-vous, pourra l'encourager ou l'inciter directement à s'élever au-dessus de cette limitation, à se procurer satisfaction et santé moyennant le refus de se conformer à un idéal auquel la société accorde une grande valeur, mais dont on s'inspire si rarement. Cela reviendrait à dire qu'on peut guérir en vivant jusqu'au bout sa vie sexuelle. Et si le traitement analytique impliquait un encouragement de ce genre, il mériterait certainement le reproche d'aller à l'encontre de la morale générale, car il retirerait alors à la collectivité ce qu'il accorderait à l'individu.

Mais que vous voilà mal renseignés ! Le conseil de vivre jusqu'au bout sa vie sexuelle n'a rien à voir avec la thérapeutique psychanalytique, ne serait-ce que pour la raison qu'il existe chez le malade, ainsi que je vous l'ai annoncé moi-même, un conflit opiniâtre entre la tendance libidineuse et le *refoulement* sexuel, entre son côté sensuel et son côté ascétique. Ce n'est pas résoudre ce conflit que d'aider l'un des adversaires à vaincre l'autre. Nous voyons que chez le nerveux c'est l'ascèse qui l'emporte, avec cette conséquence que la tendance sexuelle se dédommage à l'aide de symptômes. Si, au contraire, nous procurions la victoire au côté sensuel de l'individu, c'est son côté ascétique qui, ainsi refoulé, chercherait à se dédommager à l'aide de symptômes. Aucune des deux solutions n'est capable de mettre un terme au conflit intérieur ; il y aura toujours un côté qui ne sera pas satisfait. Rares sont les cas où le conflit soit tellement faible que l'intervention du médecin suffise à apporter une décision, et à vrai dire ces cas ne réclament pas un traitement analytique. Les personnes sur lesquelles un médecin pourrait exercer une influence de ce genre, obtiendraient facilement le même résultat sans l'intervention du médecin. Vous savez fort bien que lorsqu'un jeune homme abstinent se décide à avoir des rapports sexuels illégitimes et lorsqu'une femme insatisfaite cherche à se dédommager auprès d'un autre homme, ils n'ont généralement pas attendu, pour le faire, l'autorisation du médecin ou même du psychanalyste.

On ne prête pas attention dans cette affaire à un point essentiel, à savoir que le conflit pathogène des névrosés n'est pas comparable à une lutte normale que des tendances psychiques se livrent sur le même terrain psychologique. Chez les névrosés, il y a lutte entre des forces dont quelques-unes ont atteint la phase du préconscient et du conscient, tandis que d'autres n'ont pas dépassé la limite de l'inconscient. C'est pourquoi le conflit ne peut aboutir à une solution. Les adversaires ne se trouvent pas plus face à face que l'ours blanc et la baleine dans l'exemple que vous connaissez tous. Une vraie solution ne peut intervenir que lorsque les deux se retrouvent sur le même terrain. Et je crois que la seule tâche de la thérapeutique consiste à rendre cette rencontre possible.

Je puis vous assurer en outre que vous êtes mal informes, si vous croyez que conseiller et guider dans les circonstances de la vie fait partie de l'influence psychanalytique. Au contraire, nous repoussons autant que possible ce rôle de mentor et n'avons qu'un désir, celui de voir le malade prendre lui-même ses décisions. C'est pourquoi nous exigeons qu'il diffère jusqu'à la fin du traitement toute décision importante concernant le choix d'une carrière, une entreprise commerciale, la conclusion d'un mariage ou le divorce. Convenez que ce n'est pas du tout ce que vous aviez pensé ! C'est seulement lorsque nous nous trouvons en présence de personnes très jeunes, sans défense et sans consistance que, loin d'imposer cette limitation, nous associons au rôle du médecin celui de l'éducateur. Mais alors, conscients de notre responsabilité, nous agissons avec toutes les précautions nécessaires.

Mais de l'énergie que je mets à me défendre contre le reproche de vouloir, par le traitement psychanalytique, pousser le nerveux à vivre jusqu'au bout sa vie sexuelle, vous auriez tort de conclure que notre influence s'exerce au profit de la morale sociale. Cette intention ne nous est pas moins étrangère que la première. Il est vrai que nous sommes, non des réformateurs, mais des observateurs ; nous ne pouvons cependant nous empêcher d'observer d'un œil critique : aussi avons-nous trouvé impossible de prendre la défense de la morale sexuelle conventionnelle, d'approuver la manière dont la société cherche à résoudre en pratique le problème de la vie sexuelle. Nous pouvons dire sans façon à la société que ce qu'elle appelle sa morale coûte plus de sacrifices qu'elle n'en vaut et que ses procédés manquent aussi bien de sincérité que de sagesse. Nous ne nous faisons pas faute de formuler nos critiques devant les patients, nous les habituons à réfléchir sans préjugés aux faits sexuels comme à tous les autres faits et lorsque, le traitement terminé, ils deviennent indépendants et se décident de leur plein gré en faveur d'une solution intermédiaire entre la vie sexuelle sans restrictions et l'ascèse, absolue, notre conscience n'a rien à se reprocher. Nous nous disons que celui qui a su, après avoir lutté contre lui-même, s'élever vers la vérité, se trouve à l'abri de tout danger d'immoralité et peut se permettre d'avoir une échelle de valeurs morales quelque peu différente de celle en usage dans la société. Gardons-nous d'ailleurs de surestimer le rôle de l'abstinence dans la production des névroses. C'est seulement dans un très petit nombre de cas qu'on peut mettre fin à la situation pathogène découlant de la privation et de l'accumulation de la libido par des rapports sexuels obtenus sans effort.

Vous n'expliquerez donc pas l'action thérapeutique de la psychanalyse en disant qu'elle permet de vivre jusqu'au bout la vie sexuelle. Cherchez une autre explication. En dissipant votre erreur sur ce point, j'ai fait une remarque qui vous a peut-être mis sur la bonne voie. L'utilité de la psychanalyse, aurez-vous pensé, consiste sans doute à remplacer l'inconscient par le conscient, à traduire l'inconscient dans le conscient. C'est exact. En amenant l'inconscient dans la conscience, nous supprimons les *refoulements*, nous écartons les conditions qui président à la formation de symptômes, nous transformons le conflit pathogène en un conflit normal qui, d'une manière ou d'une autre, finira par être résolu. Nous ne provoquons pas chez le malade autre chose que cette seule modification psychique, et, dans la mesure où nous la provoquons, nous obtenons la guérison. Dans les cas où on ne peut supprimer un *refoulement* ou un autre processus psychique du même genre, notre thérapeutique perd ses droits.

Nous pouvons exprimer le but de nos efforts à l'aide de plusieurs formules : nous pouvons dire notamment que nous cherchons à rendre conscient l'inconscient ou à supprimer les *refoulements* ou à combler les lacunes amnésiques ; tout cela revient au même. Mais cet aveu vous laissera peut-être insatisfaits. Vous vous étiez fait de la guérison d'un nerveux une autre idée, vous vous étiez figuré qu'après s'être soumis au travail pénible d'une psychanalyse, il devenait un autre homme ; et voilà que je viens vous dire que sa guérison consiste en ce qu'il a un peu plus de conscient et moins d'inconscient qu'auparavant ! Or, vous sous-estimez très probablement l'importance d'un changement intérieur de ce genre. Le nerveux guéri est en effet devenu un autre homme, mais au fond, et cela va sans dire, il est resté le même, c'est-à-dire qu'il est devenu ce qu'il aurait pu être, indépendamment du traitement, dans les conditions les plus favorables. Et c'est beaucoup. Si, sachant cela, vous entendez parler de tout ce qu'il faut faire, de tous les efforts qu'il faut mettre en œuvre pour obtenir cette modification insignifiante en apparence dans la vie psychique du malade, vous ne douterez plus de l'importance de cette différence de niveau psychique qu'on réussit à produire.

Je fais une petite digression pour vous demander si vous savez ce qu'on appelle une thérapeutique causale. On appelle ainsi une méthode thérapeutique qui, au lieu de s'attaquer aux manifestations d'une maladie, cherche à en supprimer les causes. Or, la thérapeutique psychanalytique est-elle une thérapeutique causale ou non ? La réponse à cette question n'est pas simple, mais nous offre peut-être l'occasion de nous rendre compte de l'importunité de la question elle-même. Dans la mesure où la thérapeutique, analytique n'a pas pour but immédiat la suppression des symptômes, elle se comporte comme une thérapeutique causale. Mais, envisagée à un autre point de vue, elle apparaît comme n'étant pas causale. Nous avons depuis longtemps suivi l'enchaînement des causes, à travers les *refoulements*, jusqu'aux prédispositions instinctives, avec leurs intensités relatives dans la constitution de l'individu et les déviations qu'elles présentent par rapport à leur développement normal. Supposez maintenant que nous soyons à même d'intervenir par des procédés chimiques dans cette structure, d'augmenter ou de diminuer la quantité de libido existant à un moment donné, de renforcer un instinct aux dépens d'un autre ; ce serait là une thérapeutique causale au sens propre du mot, une thérapeutique au profit de laquelle notre analyse a accompli le travail de reconnaissance préliminaire et indispensable. Or, vous le savez, actuellement il n'y a pas à songer à exercer une influence de ce genre sur les processus de la libido ; notre traitement psychique s'attaque à un autre anneau de la chaîne, à un anneau qui, s'il ne fait pas partie des racines des phénomènes visibles pour nous, n'en est pas moins très éloigné des symptômes et nous a été rendu accessible par suite de circonstances très remarquables.

Que devons-nous donc faire, pour remplacer chez nos malades l'inconscient par le conscient ? Nous avions cru un moment que la chose était très simple, qu'il nous suffisait de découvrir l'inconscient et de le mettre pour ainsi dire sous les yeux du malade. Mais aujourd'hui nous savons que nous étions dans l'erreur. Ce que nous savons de l'inconscient ne coïncide nullement avec ce qu'en sait le malade ; lorsque nous lui faisons part de ce que nous savons, il *ne remplace pas* son inconscient par la connaissance ainsi acquise, mais place celle-ci à *côté* de celui-là qui reste à peu près inchangé. Nous devons plutôt nous former de cet inconscient une représentation *topique,* le rechercher dans ses souvenirs là même où il a pu se former à la suite d'un *refoulement.* C'est ce *refoulement* qu'il faut supprimer pour que la substitution du conscient à l'inconscient s'opère toute seule. Mais comment supprimer le *refoulement* ? Ici commence la deuxième phase de notre travail. En premier lieu, recherche du *refoulement*, en deuxième lieu, suppression de la résistance qui maintient ce *refoulement.*

Et comment supprime-t-on la résistance ? De la même manière : en la découvrant et en la mettant sous les yeux du malade. C'est que la résistance provient, elle aussi, d'un *refoulement*, soit de celui-là même que nous cherchons à résoudre, soit d'un *refoulement* survenu antérieurement. Elle est produite par une contre-manœuvre dressée en vue du *refoulement* de la tendance indécente. Nous faisons donc à présent ce que nous voulions déjà faire au début : nous interprétons, nous découvrons et nous faisons part au malade de ce que nous obtenons ; mais cette fois nous le faisons à l'endroit qui convient. La contre-manœuvre ou la résistance fait partie, non de l'inconscient, mais du *moi* qui est notre collaborateur, et cela alors même que la résistance n'est pas consciente. Nous savons qu'il s'agit ici du double sens du mot « inconscient » : l'inconscient comme phénomène, l'inconscient comme système. Ceci paraît très difficile et obscur, mais au fond, n'est-ce pas la même chose ? Nous y sommes depuis longtemps préparés. Nous nous attendons à ce que la résistance disparaisse, à ce que la contre-manœuvre soit abandonnée, dès que notre interprétation aura mis sous les yeux du *moi* l'une et l'autre. Avec quelles forces travaillons-nous donc dans des cas de ce genre ? Nous comptons d'abord sur le désir du malade de recouvrer la santé, désir qui l'a décidé à entrer en collaboration avec nous ; nous comptons ensuite sur son intelligence à laquelle nous fournissons l'appui de notre intervention. Il est certain que l'intelligence pourra plus facilement reconnaître la résistance et trouver la traduction correspondant à ce qui a été refoulé, si nous lui fournissons la représentation de ce qu'elle a à reconnaître et à trouver. Si je vous dis : « Regardez le ciel, vous y verrez un aérostat », vous trouverez celui-ci plus facilement que si je vous dis tout simplement de lever les yeux vers le ciel, sans vous préciser ce que vous y trouverez. De même l'étudiant qui regarde pour la première fois dans un microscope n'y voit rien, si son maître ne lui dit pas ce qu'il doit y voir.

Et puis nous avons les faits. Dans un grand nombre d'affections nerveuses, dans les hystéries, les névroses d'angoisse, les névroses obsessionnelles, nos prémisses se montrent justes. Par la recherche du *refoulement*, par la découverte de la résistance, par la mise au jour de ce qui est refoulé, on réussit réellement à résoudre le problème, à vaincre les résistances, à supprimer le *refoulement*, à transformer l'inconscient en conscient. À cette occasion nous avons l'impression nette qu'à propos de chaque résistance qu'il s'agit de vaincre, une lutte violente se déroule dans l'âme du malade, une lutte psychique normale, sur le même terrain psychologique, entre des mobiles contraires, entre des forces qui tendent à maintenir la contre-manœuvre et d'autres qui poussent à y renoncer. Les premiers mobiles sont des mobiles anciens, ceux qui ont provoqué le *refoulement* ; et parmi les derniers s'en trouvent quelques-uns récemment surgis et qui semblent devoir résoudre le conflit dans le sens que nous désirons. Nous avons ainsi réussi à ranimer l'ancien conflit qui avait abouti au *refoulement*, à soumettre à une révision le procès qui semblait terminé. Les faits nouveaux que nous apportons en faveur de cette révision consistent dans le rappel que nous faisons au malade que la décision antérieure avait abouti à la maladie, dans la promesse qu'une autre décision ouvrira les voies à la guérison et nous lui montrons que depuis le moment de la première solution toutes les conditions ont subi des modifications considérables. À l'époque où la maladie s'était formée, le *moi* était chétif, infantile et avait peut-être des raisons de proscrire les exigences de la libido comme une source de dangers. Aujourd'hui il est plus fort, plus expérimenté et possède en outre dans le médecin un collaborateur fidèle et dévoué. Aussi sommes-nous en droit de nous attendre à ce que le conflit ravivé ait une solution plus favorable qu'à l'époque où il s'était terminé par le *refoulement* et, ainsi que nous l'avons dit, le succès que nous obtenons dans les hystéries, les névroses d'angoisse et les névroses obsessionnelles justifie en principe notre attente.

Il est cependant des maladies où les conditions étant les mêmes, nos procédés thérapeutiques ne sont jamais couronnés de succès. Et cependant il s'agissait également ici d'un conflit primitif entre le *moi* et la libido, conflit qui avait, lui aussi, abouti à un *refoulement*, quelle qu'en soit d'ailleurs la caractéristique topique ; dans ces maladies, comme dans les autres, nous pouvons découvrir, dans la vie des malades, les points exacts où se sont produits les *refoulements* ; nous appliquons à ces maladies les mêmes procédés, nous faisons aux malades les mêmes promesses, nous leur venons en aide de la même manière, c'est-à-dire en les guidant à l'aide de « représentations d'attente », et l'intervalle qui s'est écoulé entre le moment où se sont produits les *refoulements* et le moment actuel est tout en faveur d'une issue satisfaisante du conflit. Malgré tout cela, nous ne réussissons ni à écarter une résistance, ni à supprimer un *refoulement*. Ces malades, paranoïaques, mélancoliques, déments précoces, restent réfractaires au traitement psychanalytique. Quelle en est la raison ? Cela ne peut venir d'un manque d'intelligence ; nous supposons sans doute chez nos malades un certain niveau intellectuel, mais ce niveau existe certainement chez les paranoïaques, si habiles à édifier des combinaisons ingénieuses. Nous ne pouvons pas davantage incriminer l'absence d'un autre facteur quelconque. À l'encontre des paranoïaques, les mélancoliques ont conscience d'être malades et de souffrir gravement, mais cela ne les rend pas plus accessibles au traitement psychanalytique. Nous sommes là en présence d'un fait que nous ne comprenons pas, de sorte que nous sommes tentés de nous demander si nous avons bien compris toutes les conditions du succès que nous avons obtenu dans les autres névroses.

Si nous nous en tenons à nos hystériques et à nos malades atteints de névrose d'angoisse, nous ne tardons pas à voir se présenter un autre fait auquel nous n'étions nullement préparés. Nous nous apercevons notamment, au bout de très peu de temps, que ces malades se comportent envers nous d'une façon tout à fait singulière. Nous croyions avoir passé en revue tous les facteurs dont il convient de tenir compte au cours du traitement, avoir rendu notre situation par rapport au patient aussi claire et évidente qu'un exemple de calcul ; et voilà que nous constatons qu'il s'est glissé dans le calcul un élément dont il n'a pas été tenu compte. Cet élément inattendu étant susceptible de se présenter sous des formes multiples, je commencerai par vous en décrire les aspects les plus fréquents et le plus facilement intelligibles.

Nous constatons notamment que le malade, qui ne devrait pas chercher autre chose qu'une issue à ses conflits douloureux, manifeste un intérêt particulier pour la personne de son médecin. Tout ce qui concerne celui-ci lui semble avoir plus d'importance que ses propres affaires et détourne son attention de sa maladie. Aussi les rapports qui s'établissent entre le médecin et le malade sont-ils pendant quelque temps très agréables ; le malade se montre particulièrement prévenant, s'applique à témoigner sa reconnaissance toutes les fois qu'il le peut et révèle des finesses et des qualités de son caractère que nous n'aurions peut-être pas cherchées. Il finit par inspirer une opinion favorable au médecin, et celui-ci bénit le hasard qui lui a fourni l'occasion de venir en aide à une personnalité particulièrement remarquable. Si le médecin a l'occasion de parler à l'entourage du malade, il a le plaisir d'apprendre que la sympathie qu'il éprouve pour ce dernier est réciproque. Chez lui, le patient ne se lasse pas de faire l'éloge du médecin auquel il découvre tous les jours de nouvelles qualités. « Il ne rêve que de vous, il a en vous une confiance aveugle ; tout ce que vous dites est pour lui parole d'évangile », vous racontent les personnes de son entourage. De temps à autre, on entend une voix qui dépassant les autres déclare : « Il devient ennuyeux, à force de ne parler que de vous, de n'avoir que votre nom à la bouche ».

Je suppose que le médecin sera assez modeste pour ne voir dans toutes ces louanges qu'une expression de la satisfaction que procurent au malade les espérances qu'il lui donne et l'effet de l'élargissement de son horizon intellectuel par suite des surprenantes perspectives de libération qu'ouvre le traitement. Aussi l'analyse fait-elle dans ces conditions des progrès remarquables ; le malade comprend les indications qu'on lui suggère, il approfondit les problèmes que fait surgir devant lui le traitement, souvenirs et idées lui viennent en abondance, la sûreté et la justesse de ses interprétations étonnent le médecin qui peut seulement constater avec satisfaction l'empressement avec lequel le malade accepte les nouveautés psychologiques qui soulèvent généralement de la part de gens bien portants l'opposition la plus violente. À la bonne attitude du malade pendant le travail analytique correspond aussi une amélioration objective, constatée par tout le monde, de l'état morbide.

Mais le beau temps ne peut pas toujours durer. Il arrive un jour où il se gâte. Des difficultés surgissent au cours du traitement, le malade prétend qu'il ne lui vient plus aucune idée. On a l'impression très nette qu'il ne s'intéresse plus au travail et qu'il se soustrait d'un cœur léger à la recommandation qui lui a été faite de dire tout ce qui lui passe par la tête, sans se laisser troubler par aucune considération critique. Il se comporte comme s'il n'était pas en traitement, comme s'il n'avait pas conclu de pacte avec le médecin ; il est évident qu'il est préoccupé par quelque chose qu'il tient à ne pas révéler, C'est là une situation dangereuse pour le traitement. On se trouve sans conteste en présence d'une violente résistance. Que s'est-il donc passé ?

Lorsqu'on trouve le moyen d'éclaircir à nouveau la situation, ou constate que la cause du trouble réside dans la profonde et intense tendresse même que le patient éprouve à l'égard du médecin et que ne justifient ni l'attitude de celui-ci ni les rapports qui se sont établis entre les deux au cours du traitement. La forme sous laquelle se manifeste cette tendresse et les buts qu'elle poursuit dépendent naturellement des rapports personnels existant entre les deux. Si la patiente est une jeune fille et le médecin un homme encore jeune également, celle-la éprouvera pour celui-ci un sentiment amoureux normal, et nous trouverons naturel qu'une jeune fille devienne amoureuse d'un homme avec lequel elle reste longtemps en tête-à-tête, auquel elle peut raconter beaucoup de choses intimes et qui lui en impose par la supériorité que lui confère son attitude de sauveur ; et nous oublierons à cette occasion que de la part d'une jeune fille névrosée on devrait plutôt s'attendre à un trouble de la faculté libidineuse. Plus les relations personnelles existant entre le patient et le médecin s'écartent de ce cas hypothétique, et plus nous serons étonnés de retrouver chaque fois la même attitude affective. Passe encore lorsqu'il s'agit d'une jeune femme qui, malheureuse dans son ménage, éprouve une passion sérieuse pour son médecin, lui-même célibataire, et se déclare prête à obtenir son divorce pour l'épouser ou qui, lorsque des obstacles d'ordre social s'y opposent, n'hésiterait pas à devenir sa maîtresse. Ces choses-là arrivent aussi sans l'intervention de la psychanalyse. Mais dans les cas dont nous nous occupons, on entend de la bouche de femmes et de jeunes filles des propos qui révèlent une attitude déterminée à l'égard du problème thérapeutique : elles prétendent avoir toujours su qu'elles ne pourraient guérir que par l'amour et avoir eu la certitude, dès le début du traitement, que le commerce avec le médecin qui les traitait leur procurerait enfin ce que la vie leur avait toujours refusé. C'est seulement soutenues par cet espoir qu'elles auraient dépensé tant d'efforts au cours du traitement et surmonté toutes les difficultés de la confession. Et nous ajouterons pour notre part : c'est seulement soutenues par cet espoir qu'elles ont si facilement compris des choses auxquelles on croit en général difficilement. Un pareil aveu nous stupéfie et renverse tous nos calculs. Se peut-il que nous ayons laissé échapper le plus important article de notre compte ?

Plus en effet notre expérience s'amplifie, et moins nous pouvons nous opposer à cette correction si humiliante pour nos prétentions scientifiques. On pouvait croire au début que l'analyse se heurtait à un trouble provoqué par un événement accidentel n'ayant rien à voir avec le traitement proprement dit. Mais quand on voit ce tendre attachement du malade pour le médecin se reproduire régulièrement dans chaque cas nouveau, lorsqu'on le voit se manifester dans les conditions mêmes les plus défavorables et dans des cas où la disproportion entre le malade et le médecin touche air grotesque, de la part d'une femme déjà âgée à l'égard d'un médecin à barbe blanche, c'est-à-dire dans des cas où, d'après notre jugement, il ne peut être question d'attrait ou de force de séduction, alors on est bien obligé d'abandonner l'idée d'un hasard perturbateur et de reconnaître qu'il s'agit d'un phénomène qui présente les rapports les plus étroits avec la nature même de l'état morbide.

Ce fait nouveau, que nous reconnaissons ainsi comme à contrecœur, n'est autre que ce que nous appelons le *transfert.* Il s'agirait donc d'un transfert de sentiments sur la personne du médecin, car nous ne croyons pas que la situation créée par le traitement puisse justifier l'éclosion de ces sentiments. Nous soupçonnons plutôt que toute cette promptitude a une autre origine, qu'elle existait chez le malade à l'état latent et a subi le transfert sur la personne du médecin à l'occasion du traitement analytique. Le transfert peut se manifester soit comme une exigence amoureuse tumultueuse, soit sous des formes plus tempérées ; en présence d'un médecin âgé, la jeune patiente peut éprouver le désir, non de devenir sa maîtresse, mais d'être traitée par lui comme une fille préférée, sa tendance libidineuse peut se modérer et devenir une aspiration à une amitié inséparable, idéale, n'ayant rien de sensuel. Certaines femmes savent sublimer le transfert et le modeler jusqu'à le rendre en quelque sorte viable ; d'autres le manifestent sous une forme brute, primitive, le plus souvent impossible. Mais, au fond, il s'agit toujours du même phénomène, ayant la même origine.

Avant de nous demander où il convient de situer ce fait nouveau, permettez-moi de compléter sa description. Comment les choses se passent-elles dans les cas où les patients appartiennent au sexe masculin ? On pourrait croire que ceux-ci échappent à la fâcheuse intervention de la différence sexuelle et de l'attraction sexuelle. Eh bien, ils n'y échappent pas plus que les patientes femmes. Ils présentent le même attachement pour le médecin, ils se font le même idée exagérée de ses qualités, ils prennent une part aussi vive à tout ce qui le touche et sont jaloux, tout comme les femmes, de tous ceux qui l'approchent dans la vie. Les formes sublimées du transfert d'homme à homme sont d'autant plus fréquentes et les exigences sexuelles directes d'autant plus rares que l'homosexualité manifeste joue chez l'individu dont il s'agit un rôle moins important par rapport à l'utilisation des autres facteurs constitutifs de l'instinct. Chez ses patients mâles, le médecin observe aussi plus souvent que chez les femmes une forme de transfert qui, à première vue, paraît en contradiction avec tout ce qui a été décrit jusqu'à présent : le transfert hostile ou *négatif*.

Notons tout d'abord que le transfert se manifeste chez le patient dès le début du traitement et représente pendant quelque temps le ressort le plus solide du travail. On ne s'en aperçoit pas et on n'a pas à s'en préoccuper, tant que son action s'effectue au profit de l'analyse poursuivie en commun. Mais dès qu'il se transforme en résistance, il appelle toute l'attention, et l'on constate que ses rapports avec le traitement peuvent changer sur deux points différents et opposés en premier lieu, l'attitude de tendresse devient tellement forte, les signes de son origine sexuelle deviennent tellement nets qu'elle doit provoquer contre elle une résistance interne ; en deuxième lieu, il peut s'agir d'une transformation de sentiments tendres en sentiments hostiles. D'une façon générale, les sentiments hostiles apparaissent en effet plus tard que les sentiments tendres derrière lesquels ils se dissimulent ; l'existence simultanée des uns et des autres reflète bien cette ambivalence des sentiments qui se fait jour dans la plupart de nos relations avec les autres hommes. Tout comme les sentiments tendres, les sentiments hostiles sont un signe d'attachement affectif, de même que le défi et l'obéissance expriment le sentiment de dépendance, bien qu'avec des signes contraires. Il est incontestable que les sentiments hostiles à l'égard du médecin méritent également le nom de « transfert », car la situation créée par le traitement ne fournit aucun prétexte suffisant à leur formation ; et c'est ainsi que la nécessité où nous sommes d'admettre un transfert négatif nous prouve que nous ne nous sommes pas trompés dans nos jugements relatifs au transfert positif ou de sentiments tendres.

D'où provient le transfert ? Quelles sont les difficultés qu'il nous oppose ? Comment pouvons-nous surmonter celles-ci ? Quel profit pouvons-nous finalement en tirer ? Autant de questions qui ne peuvent être traitées en détail que dans un enseignement technique de l'analyse et que je me contenterai d'effleurer seulement aujourd'hui. Il est entendu que nous ne cédons pas aux exigences du malade découlant du transfert ; mais il serait absurde de les repousser inamicalement ou avec colère. Nous surmontons le transfert, en montrant au malade que ses sentiments, au lieu d'être produits par la situation actuelle et de s'appliquer à la personne du médecin, ne font que reproduire une situation dans laquelle il s'était déjà trouvé auparavant. Nous le forçons ainsi à remonter de cette reproduction au souvenir. Quand ce résultat est obtenu, le transfert, tendre ou hostile, qui semblait constituer la plus grave menace en ce qui concerne le succès du traitement, met entre nos mains la clé à l'aide de laquelle nous pouvons ouvrir les compartiments les plus fermés de la vie psychique. Je voudrais cependant vous dire quelques mots pour dissiper votre étonnement possible au sujet de ce phénomène inattendu. N'oublions pas en effet que la maladie du patient dont nous entreprenons l'analyse ne constitue pas un phénomène achevé, rigide, mais est toujours en voie de croissance et de développement, tel un être vivant. Le début du traitement ne met pas fin à ce développement, mais lorsque le traitement a réussi à s'emparer du malade, on constate que toutes les néo-formations de la maladie ne se rapportent plus qu'à un seul point, précisément aux relations entre le patient et le médecin. Le transfert peut ainsi être comparé à la couche intermédiaire entre l'arbre et l'écorce, couche qui fournit le point de départ à la formation de nouveaux tissus et à l'augmentation d'épaisseur du tronc. Quand le transfert a acquis une importance pareille, le travail ayant pour objet les souvenirs du malade subit un ralentissement considérable. On peut dire qu'on a alors affaire non plus à la maladie antérieure du patient, mais à une névrose nouvellement formée et transformée qui remplace la première, Cette nouvelle couche qui vient se superposer à l'affection ancienne, on l'a suivie dès le début, on l'a vue naître et se développer et on s'y oriente d'autant plus facilement qu'on en occupe soi-même le centre. Tous les symptômes du malade ont perdu leur signification primitive et acquis un nouveau sens, en rapport avec le transfert. Ou bien, il ne reste en fait de symptômes que ceux qui ont pu subir une pareille transformation. Surmonter cette nouvelle névrose artificielle, c'est supprimer la maladie engendrée par le traitement. Ces deux résultats vont de pair, et quand ils sont obtenus, notre tâche thérapeutique est terminée. L'homme qui, dans ses rapports avec le médecin, est devenu normal et affranchi de l'action de tendances refoulées, restera aussi tel dans sa vie normale quand le médecin en aura été éliminé.

C'est dans les hystéries, dans les hystéries d'angoisse et les névroses obsessionnelles que le transfert présente cette importance extraordinaire, centrale même au point de vue du traitement. Et c'est pourquoi ou les a appelées, et avec raison, « névroses de transfert ». Celui qui, ayant pratiqué le travail analytique, a eu l'occasion de se faire une notion exacte de la nature du transfert, sait à n'en pas douter de quel genre sont les tendances refoulées qui s'expriment par les symptômes de ces névroses et n'exigera pas d'autre preuve, plus convaincante, de leur nature libidineuse. Nous pouvons dire que notre conviction d'après laquelle l'importance des symptômes tient à leur qualité de satisfaction libidineuse substitutive, n'a reçu sa confirmation définitive qu'à la suite de la constatation du fait du transfert.

Et maintenant, nous avons plus d'une raison d'améliorer notre conception dynamique antérieure, relative au processus de la guérison, et plus d'une raison de la mettre en harmonie avec cette nouvelle manière de voir. Lorsque le malade est sur le point d'engager la lutte normale contre les résistances dont notre analyse lui a révélé l'existence, il a besoin d'une puissante impulsion qui fasse pencher la décision dans le sens que nous désirons, c'est-à-dire dans la direction de la guérison. Sans cela, il pourrait se décider en faveur de la répétition de l'issue antérieure et infliger de nouveau le *refoulement* à ce qui avait été amené à la conscience. Ce qui décide de la solution de cette lutte, ce n'est pas la pénétration intellectuelle du malade — elle n'est ni assez forte ni assez libre pour cela —, mais uniquement son attitude à l'égard du médecin. Si son transfert porte le signe positif, il revêt le médecin d'une grande autorité, transforme les communications et conceptions de ce dernier en articles de foi. Sans ce transfert, ou lorsque le transfert est négatif, le malade ne prêterait pas la moindre attention aux dires du médecin. La foi reproduit à cette occasion l'histoire même de sa naissance : elle est le fruit de l'amour et n'avait pas besoin d'arguments au début. C'est seulement plus tard qu'elle attache à ceux-ci assez d'importance pour les soumettre à un examen critique, lorsqu'ils sont formulés par des personnes aimées. Les arguments qui n'ont pas pour corollaire le fait d'émaner de personnes aimées n'exercent et n'ont jamais exercé, la moindre action dans la vie de la plupart des hommes. Aussi l'homme n'est-il en général accessible par son côté intellectuel que dans la mesure où il est capable d'investissement libidineux d'objets, et nous avons de bonnes raisons de croire, et la chose est vraiment à craindre, que c'est du degré de son narcissisme que dépend le degré d'influence que peut exercer sur lui la technique analytique, même la meilleure.

La faculté de concentrer l'énergie libidineuse sur des personnes, doit être reconnue à tout homme normal. La tendance au transfert que nous avons constatée dans les névroses citées plus haut ne constitue qu'une exagération extraordinaire de cette faculté générale. Il serait pourtant singulier qu'un trait de caractère aussi répandu et aussi important n'ait jamais été aperçu ni apprécié à sa valeur. Aussi, n'avait-il pas échappé à quelques observateurs perspicaces. C'est ainsi que Bernheim avait fait preuve d'une pénétration particulière en fondant la théorie des phénomènes hypnotiques sur la proposition que tous les hommes sont, dans une certaine mesure, « suggestibles ». Sa « suggestibilité » n'est autre chose que la tendance au transfert, conçue d'une façon un peu étroite, c'est-à-dire à l'exclusion du transfert négatif. Bernheim n'a cependant jamais pu dire ce qu'est la suggestion à proprement parler et comment elle se produit. Elle était pour lui un fait fondamental dont il n'était pas besoin d'expliquer les origines. Il n'a pas vu le lien de dépendance qui existe entre la « suggestibilité » d'un côté, la sexualité, l'activité de la libido de l'autre. Et nous devons nous rendre compte que si nous avons, dans notre technique, abandonné l'hypnose, ce fut pour découvrir à nouveau la suggestion sous la forme du transfert.

Mais ici je m'arrête et vous laisse la parole. Je m'aperçois qu'une objection s'impose à vos esprits avec une force telle qu'elle vous rendrait incapables de suivre la suite de mon exposé si on ne lui donnait pas la liberté de s'exprimer. « Vous finissez donc par convenir, me dites-vous, que vous travaillez avec l'aide de la suggestion, tout comme les partisans de l'hypnose. Nous nous en doutions depuis longtemps. À quoi vous servent alors l'évocation des souvenirs du passé, la découverte de l'inconscient, l'interprétation et la retraduction des déformations, toute cette dépense énorme de fatigue, de temps et d'argent, si la suggestion est le seul facteur efficace ? Pourquoi ne suggérez-vous pas directement contre les symptômes, à l'exemple des autres, des honnêtes hypnotiseurs ? Et puis, si voulant vous excuser d'avoir pris un si long détour, vous alléguez les nombreuses et importantes découvertes psychologiques que vous auriez faites et que la suggestion directe ne réussit pas à révéler, qui nous garantit la certitude de ces découvertes ? Ne seraient-elles pas, elles aussi, un effet de la suggestion, et notamment de la suggestion non intentionnelle ? Ne pouvez-vous pas, même avec votre méthode, imposer au malade ce que vous voulez et ce qui vous parait juste ? »

Ce que vous me dites là est excessivement intéressant et exige une réponse. Mais cette réponse, je ne puis vous la donner aujourd'hui, car le temps me manque. Je me contenterai de terminer ce par quoi j'avais commencé. Je vous avais notamment promis de vous faire comprendre, avec l'aide du fait du transfert, pourquoi nos efforts thérapeutiques échouent dans les névroses narcissiques.

Je le ferai en peu de mots et vous verrez que la solution de l'énigme est des plus simples et s'harmonise avec tout le reste. L'observation montre que les malades atteints de névrose narcissique ne possèdent pas la faculté du transfert ou n'en présentent que des restes insignifiants. Ils repoussent le médecin, non avec hostilité, mais avec indifférence. C'est pourquoi ils ne sont pas accessibles à son influence ; tout ce qu'il dit les laisse froids, ne les impressionne en aucune façon ; aussi ce mécanisme de la guérison, si efficace chez les autres et qui consiste à ranimer le conflit pathogène et à surmonter la résistance opposée par le *refoulement*, ne se laisse-t-il pas établir chez eux. Ils restent ce qu'ils sont. Ils ont déjà fait de leur propre initiative des tentatives de redressement de la situation, mais ces tentatives n'ont abouti qu'à des effets pathologiques. Nous ne pouvons rien y changer.

Nous fondant sur les données cliniques que nous ont fournies ces malades, nous avons affirmé que chez eux la libido a dû se détacher des objets et se transformer en libido du *moi*. Nous avons cru pouvoir, par ce caractère, différencier cette névrose du premier groupe de névroses (hystérie, névroses d'angoisse et obsessionnelle). Or, la façon dont elle se comporte lors de l'essai thérapeutique confirme notre manière de voir. Ne présentant pas le phénomène du transfert, les malades en question échappent à nos efforts et ne peuvent être guéris par les moyens dont nous disposons.

CHAPITRE 28

LA THÉRAPEUTIQUE ANALYTIQUE

Vous savez quel est le sujet de notre entretien d'aujourd'hui. Vous m'avez demandé pourquoi nous ne nous servons pas, dans la psychothérapie analytique, de la suggestion directe, dès l'instant où nous reconnaissons que notre influence repose essentiellement sur le transfert, c'est-à-dire sur la suggestion ; et, en présence de ce rôle prédominant assigné à la suggestion, vous avez émis des doutes concernant l'objectivité de nos découvertes psychologiques. Je vous ai promis de vous répondre d'une façon détaillée.

La suggestion directe, c'est la suggestion dirigée contre la manifestation des symptômes, c'est la lutte entre votre autorité et les raisons de l'état morbide. En recourant à la suggestion, vous ne vous préoccupez pas de ces raisons, vous exigez seulement du malade qu'il cesse de les exprimer en symptômes. Peu importe alors que vous plongiez le malade dans l'hypnose ou non. Avec sa perspicacité habituelle, Bernheim avait d'ailleurs déjà fait remarquer que la suggestion constitue le fait essentiel de l'hypnotisme, l'hypnose elle-même était un effet de la suggestion, un état suggéré, et il avait de préférence pratiqué la suggestion à l'état de veille, comme susceptible de donner les mêmes résultats que la suggestion dans l'hypnose.

Or, dans cette question, qu'est-ce qui vous intéresse le plus : les données de l'expérience ou les considérations théoriques ? Commençons par les premières. J'ai été élève de Bernheim dont j'ai suivi l'enseignement à Nancy en 1899 et dont j'ai traduit en allemand le livre sur la suggestion. J'ai, pendant des années, appliqué le traitement hypnotique, associé d'abord à la suggestion de défense et ensuite à l'exploration du patient selon la méthode de Breuer. J'ai donc une expérience suffisante pour parler des effets du traitement hypnotique ou suggestif. Si, d'après un vieux dicton médical, une thérapeutique idéale est celle qui agit rapidement, avec certitude et n'est pas désagréable pour le malade, la méthode de Bernheim remplissait au moins deux de ces conditions. Elle pouvait être appliquée rapidement, beaucoup plus rapidement que la méthode analytique, sans imposer au malade la moindre fatigue, sans lui causer aucun trouble. Pour le médecin cela devenait à la longue monotone d'avoir recours dans tous les cas aux mêmes procédés, au même cérémonial, pour mettre fin à l'existence de symptômes des plus variés, sans pouvoir se rendre compte de leur signification et de leur importance. C'était un travail de manœuvre, n'ayant rien de scientifique, rappelant plutôt la magie, l'exorcisme, la prestidigitation ; on n'en exécutait pas moins ce travail, parce qu'il s'agissait de l'intérêt du malade. Mais la troisième condition manquait à cette méthode, qui n'était certaine sous aucun rapport. Applicable aux uns, elle ne l'était pas à d'autres ; elle se montrait très efficace chez les uns, peu efficace chez les autres, sans qu'on sût pourquoi. Mais ce qui était encore plus fâcheux que cette incertitude capricieuse du procédé, c'était l'instabilité de ses effets. On apprenait au bout de quelque temps la récidive de la maladie ou son remplacement par une autre. On pouvait avoir de nouveau recours à l'hypnose, mais des autorités compétentes avaient mis en garde contre le recours fréquent à l'hypnose : on risquait d'abolir l'indépendance du malade et de créer chez lui l'accoutumance, comme à l'égard d'un narcotique. Mais même dans les cas, rares il est vrai, où l'on réussissait, après quelques efforts, à obtenir un succès complet et durable, on restait dans l'ignorance des conditions de ce résultat favorable. J'ai vu une fois se reproduire tel quel un état très grave que j'avais réussi à supprimer complètement à la suite d'un court traitement hypnotique ; cette récidive étant survenue à une époque où la malade m'avait pris en aversion, j'avais réussi à obtenir une nouvelle guérison plus complète encore lorsqu'elle fut revenue à de meilleurs sentiments à mon égard ; mais une troisième récidive s'était déclarée lorsque la malade me fut devenue de nouveau hostile. Une autre de mes malades que j'avais, à plusieurs reprises, réussi à débarrasser par l'hypnose de crises nerveuses, se jeta subitement à mon cou pendant que j'étais en train de lui donner mes soins au cours d'une crise particulièrement rebelle. Des faits de ce genre nous obligent, qu'on le veuille ou non, à nous poser la question concernant la nature et l'origine de l'autorité suggestive.

Telles sont les expériences. Elles nous montrent qu'en renonçant à la suggestion directe, nous ne nous privons pas de quelque chose d'indispensable. Permettez-moi maintenant de formuler à ce sujet quelques considérations. L'application de l'hypno-thérapeutique n'impose au malade et au patient qu'un effort insignifiant. Cette thérapeutique s'accorde admirablement avec l'appréciation des névroses qui a encore cours dans la plupart des milieux médicaux. Le médecin dit au nerveux : « Rien ne vous manque, et ce que vous éprouvez n'est que de nature nerveuse et je puis en quelques mots et en quelques minutes supprimer vos troubles. » Mais notre pensée énergique se refuse à admettre qu'on puisse par un léger effort mobiliser une grande masse en l'attaquant directement et sans l'aide d'un outillage spécial. Dans la mesure où les conditions sont comparables, l'expérience nous montre que cet artifice ne réussit pas plus dans les névroses que dans la mécanique. Je sais cependant que cet argument n'est pas inattaquable, qu'il y a aussi des « déclenchements ».

Les connaissances que nous avons acquises grâce à la psychanalyse nous permettent de décrire à peu près ainsi les différences qui existent entre la suggestion hypnotique et la suggestion psychanalytique. La thérapeutique hypnotique cherche à recouvrir et à masquer quelque chose dans la vie psychique ; la thérapeutique analytique cherche, au contraire, à le mettre à nu et à l'écarter. La première agit comme un procédé cosmétique, la dernière comme un procédé chirurgical. Celle-là utilise la suggestion pour interdire les symptômes, elle renforce les *refoulements*, mais laisse inchangés tous les processus qui ont abouti à la formation des symptômes. Au contraire, la thérapeutique analytique, lorsqu'elle se trouve en présence des conflits qui ont engendré les symptômes, cherche à remonter jusqu'à la racine et se sert de la suggestion pour modifier dans le sens qu'elle désire l'issue de ces conflits. La thérapeutique hypnotique laisse le patient inactif et inchangé, par conséquent sans plus de résistance devant une nouvelle cause de troubles morbides. Le traitement analytique impose au médecin et malade des efforts pénibles tendant à surmonter des résistances intérieures. Lorsque ces résistances sont vaincues, la vie psychique du malade se trouve changée d'une façon durable, élevée à un degré de développement supérieur et reste protégée contre toute nouvelle possibilité pathogène. C'est ce travail de lutte contre les résistances qui constitue la tâche essentielle du traitement analytique, et cette tâche incombe au malade auquel le médecin vient en aide par le recours à la suggestion agissant dans le sens de son *éducation*. Aussi a-t-on dit avec raison que le traitement psychanalytique est une sorte de *post-éducation*.

Je crois vous avoir fait comprendre en quoi notre manière d'appliquer la suggestion dans un but thérapeutique diffère de celle qui est seule possible dans la thérapeutique hypnotique. Grâce à la réduction de la suggestion au transfert, vous êtes aussi à même de comprendre les raisons de cette inconstance qui nous a frappés dans le traitement hypnotique, alors que le traitement analytique peut être calculé jusque dans ses ultimes effets. Dans l'application de l'hypnose, nous dépendons de l'état et du degré de la faculté du transfert que présente le malade, sans pouvoir exercer la moindre action sur cette faculté. Le transfert de l'individu à hypnotiser peut être négatif ou, comme c'est le cas le plus fréquent, ambivalent ; le sujet peut, par certaines attitudes particulières, s'être prémuni contre son transfert : de tout cela, nous ne savons rien. Avec la psychanalyse, nous travaillons sur le transfert lui-même, nous écartons tout ce qui s'oppose à lui, nous dirigeons vers nous l'instrument à l'aide duquel nous voulons agir. Nous acquérons ainsi la possibilité de tirer un tout autre profit de la force de la suggestion, qui devient docile entre nos mains ; ce n'est pas le malade seul qui se suggère ce qui lui plaît : c'est nous qui guidons sa suggestion dans la mesure où, d'une façon générale, il est accessible à son action.

Or, direz-vous, que nous appelions la force motrice de notre analyse « transfert » ou « suggestion », peu importe. Il n'en reste pas moins que l'influence subie par le malade rend douteuse la valeur objective de nos constatations. Ce qui est utile à la thérapeutique est nuisible à la recherche. C'est l'objection qu'on adresse le plus fréquemment à la psychanalyse, et je dois convenir que, tout en portant à faux, elle ne peut cependant pas être repoussée comme absurde. Mais si elle était justifiée, il ne resterait de la psychanalyse qu'un traitement par la suggestion, d'un genre particulièrement efficace, et toutes ses propositions relatives aux influences vitales, à la dynamique psychique, à l'inconscient n'auraient rien de sérieux. Ainsi pensent en effet nos adversaires, qui prétendent qu'en ce qui concerne plus particulièrement nos propositions se rapportant à l'importance de la vie sexuelle, à cette vie elle-même, elles ne sont que le produit de notre imagination corrompue, et que tout ce que les malades disent à ce sujet, c'est nous qui le leur avons fait croire. Il est plus facile de réfuter ces objections par l'appel à l'expérience que par des considérations théoriques. Celui qui a fait lui-même de la psychanalyse a pu s'assurer plus d'une fois qu'il est impossible de suggestionner un malade à ce point. Il n'est naturellement pas difficile de faire d'un malade un partisan d'une certaine théorie et de lui faire partager une certaine erreur du médecin. Il se comporte alors comme n'importe quel autre individu, comme un élève ; seulement, en cette occurrence on a influé, non sur sa maladie, mais sur son intelligence. La solution de ses conflits et la suppression de ses résistances ne réussit que lorsqu'on lui a donné des représentations d'attente qui chez lui coïncident avec la réalité. Ce qui, dans les suppositions du médecin, ne correspondait pas à cette réalité se trouve spontanément éliminé au cours de l'analyse, doit être retiré et remplacé par des suppositions plus exactes. On cherche par une technique appropriée et attentive à empêcher la suggestion de produire des effets passagers ; mais alors même qu'on obtient de ces effets, le mal n'est pas grand, car on ne se contente jamais du premier résultat. L'analyse n'est pas terminée, tant que toutes les obscurités du cas ne sont pas éclaircies, toutes les lacunes de la mémoire comblées, toutes les circonstances des *refoulements* mises au jour. On doit voir dans les succès obtenus trop rapidement plutôt des obstacles que des circonstances favorables au travail analytique, et l'on détruit ces succès en supprimant, en dissociant le transfert sur lequel ils reposent. C'est au fond ce dernier trait qui différencie le traitement purement suggestif et permet d'opposer les résultats obtenus par l'analyse aux succès dus à la simple suggestion. Dans tout autre traitement suggestif, le transfert est soigneusement ménagé, laissé intact ; le traitement analytique, au contraire, a pour objet le transfert lui-même qu'il cherche à démasquer et à décomposer, quelle que soit la forme qu'il revêt. À la fin d'un traitement analytique, le transfert lui-même doit être détruit, et si l'on obtient un succès durable, ce succès repose, non sur la suggestion pure et simple, mais sur les résultats obtenus grâce à la suggestion : suppression des résistances intérieures, modifications internes du malade.

À mesure que les suggestions se succèdent au cours du traitement, nous avons à lutter sans cesse contre des résistances qui savent se transformer en transferts négatifs (hostiles). Nous n'allons d'ailleurs pas tarder à invoquer la confirmation que beaucoup de résultats de l'analyse, qu'on est tenté de considérer comme des produits de la suggestion, empruntent à une source dont l'authenticité ne peut être mise en doute. Nos garants ne sont autres que les déments et les paranoïaques qui échappent naturellement au soupçon d'avoir subi ou de pouvoir subir une influence suggestive. Ce que ces malades nous racontent concernant leurs traductions de symboles et leurs fantaisies coïncident avec les résultats que nous ont fournis nos recherches sur l'inconscient dans les névroses de transfert et corrobore ainsi l'exactitude objective de nos interprétations si souvent mises en doute. Je crois que vous ne risquez pas de vous tromper en accordant sur ces points toute votre confiance à l'analyse.

Complétons maintenant l'exposé du mécanisme de la guérison en l'exprimant dans les formules de la théorie de la libido. Le névrosé est incapable de jouir et d'agir : de jouir, parce que sa libido n'est dirigée sur aucun objet réel ; d'agir, parce qu'il est obligé de dépenser beaucoup d'énergie pour maintenir sa libido en état de *refoulement* et se prémunir contre ses assauts. Il ne pourra guérir que lorsque le conflit entre son *moi* et sa libido sera terminé et que le *moi* aura de nouveau pris le dessus sur la libido.

La tâche thérapeutique consiste donc à libérer la libido de ses attaches actuelles, soustraites au *moi*, et à la mettre de nouveau au service de ce dernier. Où se trouve donc la libido du névrotique ? Il est facile de répondre : elle se trouve attachée aux symptômes qui, pour le moment, lui procurent la seule satisfaction substitutive possible. Il faut donc s'emparer des symptômes, les dissoudre, bref faire précisément ce que le malade nous demande. Et pour dissoudre les symptômes, il faut remonter à leurs origines, réveiller le conflit qui leur a donné naissance et orienter ce conflit vers une autre solution, en mettant en œuvre des facteurs qui, à l'époque où sont nés les symptômes, n'étaient pas à la disposition du malade. Cette révision du processus qui avait abouti au *refoulement* ne peut être opérée qu'en partie, en suivant les traces qu'il a laissées. La partie décisive du travail consiste, en partant de l'attitude à l'égard du médecin, en partant du « transfert », à créer de nouvelles éditions des anciens conflits, de façon à ce que le malade s'y comporte comme il s'était comporté dans ces derniers, mais en mettant cette fois en œuvre toutes ses forces psychiques disponibles, pour aboutir à une solution différente. Le transfert devient ainsi le champ de bataille sur lequel doivent se heurter toutes les forces en lutte.

Toute la libido et toute la résistance à la libido se trouvent concentrées dans la seule attitude à l'égard du médecin ; et à cette occasion, il se produit inévitablement une séparation entre les symptômes et la libido, ceux-là apparaissant dépouillés de celle-ci. À la place de la maladie proprement dite, nous avons le transfert artificiellement provoqué ou, si vous aimez mieux, la maladie du transfert ; à la place des objets aussi variés qu'irréels de la libido, nous n'avons qu'un seul objet, bien qu'également fantastique : la personne du médecin. Mais la suggestion à laquelle a recours le médecin amène la lutte qui se livre autour de cet objet à la phase psychique la plus élevée, de sorte qu'on ne se trouve plus en présence que d'un conflit psychique normal. En s'opposant à un nouveau *refoulement*, on met fin à la séparation entre le *moi* et la libido, et l'on rétablit l'unité psychique de la personne. Lorsque la libido se détache enfin de cet objet passager qu'est la personne du médecin, elle ne peut plus retourner à ses objets antérieurs : elle se tient à la disposition du *moi*. Les puissances qu'on a eu à combattre au cours de ce travail thérapeutique sont : d'une part, l'antipathie du *moi* pour certaines orientations de la libido, antipathie qui se manifeste dans la tendance au *refoulement* ; d'autre part, la force d'adhésion, la viscosité pour ainsi dire de la libido qui n'abandonne pas volontiers les objets sur lesquels elle se fixe.

Le travail thérapeutique se laisse donc décomposer en deux phases : dans la première, toute la libido se détache des symptômes pour se fixer et se concentrer sur les transferts ; dans la deuxième, la lutte se livre autour de ce nouvel objet dont on finit par libérer la libido. Ce résultat favorable n'est obtenu que si l'on réussit, au cours de ce nouveau conflit, à empêcher un nouveau *refoulement*, grâce auquel la libido se réfugierait dans l'inconscient et échapperait de nouveau au *moi*. On y arrive, à la faveur de la modification du *moi*, qui s'accomplit sous l'influence de la suggestion médicale. Grâce au travail d'interprétation qui transforme l'inconscient en conscient, le *moi* s'agrandit aux dépens de celui-là ; sous l'influence des conseils qu'il reçoit, il devient plus conciliant à l'égard de la libido et disposé à lui accorder une certaine satisfaction, et les craintes que le malade éprouvait devant les exigences de la libido s'atténuent, grâce à la possibilité où il se trouve de s'affranchir par la sublimation d'une partie de celle-ci. Plus l'évolution et la succession des processus au cours du traitement se rapprochent de cette description idéale, et plus le succès du traitement psychanalytique sera grand. Ce qui est susceptible de limiter ce succès, c'est, d'une part, l'insuffisante mobilité de la libido qui ne se laisse pas facilement détacher des objets sur lesquels elle est fixée ; c'est, d'autre part, la rigidité du narcissisme qui n'admet le transfert d'un objet à l'autre que jusqu'à une certaine limite. Et ce qui vous fera peut-être encore mieux comprendre la dynamique du processus curatif, c'est le fait que nous interceptons toute la libido qui s'était soustraite à la domination du *moi*, en en attirant sur nous, à l'aide du transfert, une bonne partie.

Il est bon que vous sachiez que les localisations de la libido survenant pendant et à la suite du traitement, n'autorisent aucune conclusion directe quant à sa localisation au cours de l'état morbide. Supposons que nous ayons constaté, au cours du traitement, un transfert de la libido sur le père et que nous ayons réussi à la détacher heureusement de cet objet pour l'attirer sur la personne du médecin. nous aurions tort de conclure de ce fait que le malade ait réellement souffert d'une fixation inconsciente de sa libido à la personne du père. Le transfert sur la personne du père constitue le champ de bataille, sur lequel nous finissons par nous emparer de la libido ; celle-ci n'y était pas établie dès le début, ses origines sont ailleurs. Le champ de bataille sur lequel nous combattons ne constitue pas nécessairement une des positions importantes de l'ennemi. La défense de la capitale ennemie n'est pas toujours et nécessairement organisée devant ses portes mêmes. C'est seulement après avoir supprimé le dernier transfert qu'on peut reconstituer mentalement la localisation de la libido pendant la maladie même.

En nous plaçant au point de vue de la théorie de la libido, nous pouvons encore ajouter quelques mots concernant le rêve. Les rêves des névrosés nous servent, ainsi que leurs actes manqués et leurs souvenirs spontanés, à pénétrer le sens des symptômes et à découvrir la localisation de la libido. Sous la forme de réalisations de désirs, ils nous révèlent les désirs qui avaient subi un *refoulement* et les objets auxquels était attachée la libido soustraite au *moi*. C'est pourquoi l'interprétation des rêves joue dans la psychanalyse un rôle important et a même constitué dans beaucoup de cas et pendant longtemps son principal moyen de travail. Nous savons déjà que l'état de sommeil comme tel a pour effet un certain relâchement des *refoulements*. Par suite de cette diminution du poids qui pèse sur lui, le désir refoulé peut dans le rêve revêtir une expression plus nette que celle que lui offre le symptôme pendant la vie éveillée. C'est ainsi que l'étude du rêve nous ouvre l'accès le plus commode à la connaissance de l'inconscient refoulé dont fait partie la libido soustraite à la domination du *moi*.

Les rêves des névrosés ne diffèrent cependant sur aucun point essentiel de ceux des sujets normaux ; et non seulement ils n'en diffèrent pas, mais encore il est difficile de distinguer les uns des autres. Il serait absurde de vouloir donner des rêves des sujets nerveux une explication qui ne fût pas valable pour les rêves des sujets normaux. Aussi devons-nous dire que la différence qui existe entre la névrose et la santé ne porte que sur la vie éveillée dans l'un et dans l'autre de ces états, et disparaît dans les rêves nocturnes. Nous sommes obligés d'appliquer et d'étendre à l'homme normal une foule de données qui se laissent déduire des rapports entre les rêves et les symptômes des névrosés. Nous devons reconnaître que l'homme sain possède, lui aussi, dans sa vie psychique, ce qui rend possible la formation de rêves et celle de symptômes, et nous devons en tirer la conclusion qu'il se livre, lui aussi, à des *refoulements*, qu'il dépense un certain effort pour les maintenir, que son système inconscient recèle des désirs réprimés, encore pourvus d'énergie, et *qu'une partie de sa libido est soustraite à la maîtrise de son moi.* L'homme sain est donc un névrosé en puissance, mais le rêve semble le seul symptôme qu'il soit capable de former. Ce n'est là toutefois qu'une apparence, car en soumettant la vie éveillée de l'homme normal à un examen plus pénétrant, on découvre que sa vie soi-disant saine est pénétrée d'une foule de symptômes, insignifiants, il est vrai, et de peu d'importance pratique.

La différence entre la santé nerveuse et la névrose n'est donc qu'une différence portant sur la vie pratique et dépend du degré de jouissance et d'activité dont la personne est encore capable. Elle se réduit probablement aux proportions relatives qui existent entre les quantités d'énergie restées libres et celles qui se trouvent immobilisées par suite du *refoulement*. Il s'agit donc d'une différence d'ordre quantitatif et non qualitatif. Je n'ai pas besoin de vous rappeler que cette manière de voir fournit une base théorique à la conviction que nous avons exprimée, à savoir que les névroses sont curables en principe, bien qu'elles aient leur base dans la prédisposition constitutionnelle.

Voilà ce que l'identité qui existe entre les rêves des hommes sains et les rêves des névrosés nous autorise à conclure concernant la caractéristique de la santé. Mais en ce qui concerne le rêve lui-même, il résulte de cette identité une autre conséquence, à savoir que nous ne devons pas détacher le rêve des rapports qu'il présente avec les symptômes névrotiques, que nous ne devons pas croire que nous avons suffisamment, traduit la nature du rêve en déclarant qu'il n'est autre chose qu'une forme d'expression archaïque de certaines idées et pensées, que nous devons enfin admettre qu'il révèle des localisations et des fixations de la libido réellement existantes.

Je touche à la fin de mon exposé. Vous êtes peut-être déçus de constater que je n'ai consacré qu'à des considérations théoriques le chapitre relatif au traitement psychanalytique, que je ne vous ai rien dit des conditions dans lesquelles on aborde le traitement, ni des résultats qu'il vise à obtenir. Je me suis borné à la théorie, parce qu'il n'entrait nullement dans mes intentions de vous offrir un guide pratique pour l'exercice de la psychanalyse, et j'ai des raisons particulières de ne pas vous parler des procédés et des résultats de celle-ci. Je vous ai dit, dès nos premiers entretiens, que nous obtenons, dans des conditions favorables, des succès thérapeutiques qui ne le cèdent en rien aux plus beaux résultats qu'on obtient dans le domaine de la médecine interne, et je puis ajouter que les succès dus à la psychanalyse ne peuvent être obtenus par aucun autre procédé de traitement. Si je vous disais davantage, je pourrais faire naître en vous le soupçon de vouloir couvrir par une réclame tapageuse le chœur devenu trop bruyant de nos dénigreurs. Certains collègues avaient menacé les psychanalystes, même au cours de réunions professionnelles publiques, d'ouvrir les yeux du public sur la stérilité de notre méthode de traitement, en publiant la liste de ses insuccès et même des résultats désastreux dont elle se serait rendue coupable. Mais abstraction faite du caractère odieux d'une pareille mesure, qui ne serait qu'une dénonciation haineuse, la publication dont on nous menace n'autoriserait aucun jugement adéquat sur l'efficacité thérapeutique de l'analyse. La thérapeutique analytique, vous le savez, est de création récente ; il a fallu beaucoup de temps pour établir sa technique, et encore n'a-t-on pu le faire qu'au cours du travail et par réaction à l'expérience immédiate. Par suite des difficultés que présente l'enseignement de cette branche, le médecin qui débute dans la psychanalyse est, plus que tout autre spécialiste, abandonné à ses propres forces pour se perfectionner dans son art, de sorte que les résultats qu'il peut obtenir au cours des premières années de son exercice ne prouvent rien ni pour, ni contre l'efficacité du traitement analytique.

Beaucoup d'essais de traitement ont échoué aux débuts de la psychanalyse, parce qu'ils ont été faits sur des cas qui ne relèvent pas de ce procédé et que nous excluons aujourd'hui du nombre de ses indications. Mais ce n'est que grâce à ces essais que nous avons pu établir nos indications. On ne pouvait pas savoir d'avance que la paranoïa et la démence précoce, dans leurs formes prononcées, étaient inaccessibles à la psychanalyse, et on avait encore le droit d'essayer cette méthode sur des affections très variées. Il est cependant juste de dire que la plupart des insuccès de ces premières années doivent être attribués, moins à l'inexpérience du médecin ou au choix inadéquat de l'objet, qu'à des circonstances extérieures défavorables. Nous n'avons parlé jusqu'ici que des résistances intérieures : celles-ci, qui nous sont opposées par le malade, sont nécessaires et surmontables. Mais il y a aussi des obstacles extérieurs : ceux-ci découlant du milieu dans lequel vit le malade, créés par son entourage, n'ont aucun intérêt théorique, mais présentent une très grande importance pratique. Le traitement psychanalytique peut être comparé à une intervention chirurgicale et ne peut, comme celle-ci, être entrepris que dans des conditions où les chances d'insuccès se trouvent réduites au minimum. Vous savez toutes les précautions dont s'entoure un chirurgien : pièce appropriée, bon éclairage, assistance expérimentée, élimination des parents du malade, etc. Combien d'opérations se termineraient favorablement, si elles devaient être faites en présence de tous les membres de la famille entourant le chirurgien et le malade et criant à chaque coup de bistouri ? Dans le traitement psychanalytique la présence de parents est tout simplement un danger, et un danger auquel on ne sait pas parer. Nous sommes armés contre les résistances intérieures qui viennent du malade et que nous savons nécessaires ; mais comment nous défendre contre ces résistances extérieures ? En ce qui concerne la famille du patient, il est impossible de lui faire entendre raison et de la décider à se tenir à l'écart de toute l'affaire ; d'autre part, on ne doit jamais pratiquer une entente avec elle, car on court alors le danger de perdre la confiance du malade qui exige, et avec raison d'ailleurs, que l'homme auquel il se confie prenne toujours et dans toutes les occasions son parti. Celui qui sait quelles discordes déchirent souvent une famille ne sera pas étonné de constater, en pratiquant la psychanalyse, que les proches du malade sont souvent plus intéressés à le voir rester tel qu'il est qu'à le voir guérir. Dans les cas, fréquents d'ailleurs, où la névrose est en rapport avec des conflits entre membres d'une même famille, le bien portant n'hésite pas lorsqu'il s'agit de choisir entre son propre intérêt et le rétablissement du malade. Il ne faut donc pas s'étonner qu'un époux n'accepte pas volontiers un traitement qui comporte, comme il s'en doute avec raison, la révélation de ses péchés. Aussi, nous autres psychanalystes ne nous en étonnons pas ; et nous déclinons tout reproche lorsque notre traitement reste sans succès ou doit être interrompu, parce que la résistance du mari vient renforcer celle de la femme. C'est que nous avons entrepris quelque chose qui, dans les circonstances données, était irréalisable.

Je ne vous citerai, parmi tant d'autres, qu'un seul cas, dans lequel des considérations purement médicales m'avaient imposé un rôle de victime silencieuse. Il y a quelques années, j'avais entrepris le traitement psychanalytique d'une jeune fille atteinte depuis un certain temps d'une angoisse telle qu'elle ne pouvait ni sortir dans la rue ni rester seule à la maison. Peu à peu la malade avait fini par m'avouer que son imagination avait été frappée par la constatation qu'elle fit de relations amoureuses entre sa mère et un riche ami de la maison. Mais elle fut assez maladroite, ou raffinée, pour faire comprendre à sa mère ce qui se passait pendant les séances de psychanalyse : elle changea notamment d'attitude à son égard, ne voulut plus, pour se défendre contre l'angoisse de la solitude, avoir d'autre société que celle de sa mère et s'opposait à chacune des sorties de celle-ci. La mère, qui avait elle-même été atteinte de nervosité autrefois, avait été soignée avec succès dans un établissement hydrothérapique. Ajoutons que c'est dans cet établissement qu'elle avait fait la connaissance du monsieur avec lequel elle eut dans la suite des relations fort satisfaisantes à tous égards. Frappée par les violentes exigences de la jeune fille, la mère comprit *subitement* ce que signifiait l'angoisse de celle-ci. Elle comprit que sa fille s'était laissé atteindre par la maladie pour rendre la mère prisonnière et la priver de la possibilité de revoir son amant aussi souvent qu'elle le voudrait. Par une décision brusque, la mère mit fin au traitement. La jeune fille fut placée dans un établissement pour malades nerveux où on l'a, pendant des années, présentée comme une « pauvre victime de la psychanalyse ». M'a-t-on, à cette occasion, assez reproché la malheureuse issue du traitement ! J'ai gardé le silence, parce que je me sentais lié par le devoir de la discrétion professionnelle ! Ce n'est que longtemps après que j'ai appris par un collègue qui visite cet établissement et a eu l'occasion de voir la jeune fille agoraphobique, que les rapports entre la mère et le riche ami de la famille étaient de notoriété publique et probablement favorisés par le mari et père. C'est donc à ce soi-disant « secret » qu'on avait sacrifié le traitement.

Dans les années qui ont précédé la guerre, alors que le grand afflux d'étrangers m'avait rendu indépendant de la faveur ou de la défaveur de ma ville natale, je m'étais imposé la règle de ne jamais entreprendre le traitement d'un malade qui ne fût pas *sui juris,* dans les relations essentielles de sa vie, indépendant de qui que ce soit. C'est là une règle que tout psychanalyste ne peut ni s'imposer ni suivre. Mais comme je vous mets en garde contre les proches du malade, vous pouvez être tentés de conclure que les malades justiciables de la psychanalyse doivent être séparés de leur famille et que notre traitement n'est applicable qu'aux pensionnaires d'établissements pour malades nerveux. En aucune façon : il est beaucoup plus avantageux pour les malades, lorsqu'ils ne se trouvent pas dans un état d'épuisement grave, de rester pendant le traitement dans les conditions mêmes dans lesquelles ils ont à résoudre les problèmes qui se posent à eux. Il suffit alors que les proches ne viennent pas neutraliser cet avantage par leur attitude, et qu'ils ne manifestent en général aucune hostilité à l'égard des efforts du médecin. Mais que ces choses-là sont difficiles à obtenir ! Et vous ne tarderez naturellement pas à vous rendre compte dans quelle mesure le succès ou l'insuccès du traitement dépend du milieu social et de l'état de culture de la famille.

Ne trouvez-vous pas que tout cela n'est pas fait pour nous donner une haute idée de l'efficacité de la psychanalyse comme méthode thérapeutique, alors même que la plupart de nos insuccès ne dépendent que de facteurs extérieurs ? Des amis de la psychanalyse m'avaient engagé à opposer une statistique de succès à la collection des insuccès qui nous sont reprochés. Je n'ai pas accepté leur conseil. J'ai fait valoir, à l'appui de mon refus, qu'une statistique est sans valeur, lorsque les unités juxtaposées dont elle se compose ne sont pas assez ressemblantes, et les cas d'affections névrotiques qui avaient été soumis au traitement psychanalytique différaient en effet entre eux sous les rapports les plus variés. En outre, l'intervalle dont on pourrait tenir compte était trop bref pour qu'on pût affirmer qu'il s'agissait de guérisons durables, et dans beaucoup de cas on ne pouvait même hasarder aucune affirmation sur ce point. Ces derniers cas étaient ceux de personnes qui cachaient aussi bien leur maladie que leur traitement et dont il fallait également tenir secrète la guérison. Mais ce qui m'a, plus que toute autre considération, fait décliner ce conseil, c'est l'expérience que j'avais de la manière irrationnelle dont les hommes se comportent dans les choses de la thérapeutique et du peu de possibilités de les convaincre à l'aide d'arguments logiques, même tirés de l'expérience et de l'observation. Une nouveauté thérapeutique est acceptée ou avec un enthousiasme bruyant, comme ce fut le cas de la première tuberculine de Koch, ou avec une méfiance décourageante, comme ce fut le cas de la vaccination vraiment bienfaisante de Jenner qui a encore de nos jours des adversaires irréductibles. La psychanalyse se heurtait à un parti pris manifeste. Lorsqu'on parlait de la guérison d'un cas difficile, on nous répondait : cela ne prouve rien, car à l'heure qu'il est votre malade serait guéri, même s'il n'avait pas subi votre traitement. Et lorsqu'une malade, qui avait déjà accompli quatre cycles de tristesse et de manie et subi, pendant une pause consécutive à la mélancolie, le traitement psychanalytique, se trouva, trois semaines après celui-ci, au début d'une nouvelle période de manie, tous les membres de sa famille, approuvés en cela par une haute autorité médicale appelée en consultation, exprimèrent la conviction que cette nouvelle crise ne pouvait être que la conséquence du traitement essayé. Contre les préjugés, il n'y a rien à faire. Il faut attendre et laisser au temps le soin de les user. Un jour vient où les mêmes hommes pensent sur les mêmes choses autrement que la veille. Mais pourquoi n'ont-ils pas pensé la veille comme ils pensent aujourd'hui ? C'est là pour nous et pour eux-mêmes un obscur et impénétrable mystère.

Il se peut toutefois que le préjugé contre la thérapeutique analytique soit en voie de régression, et j'en verrais une preuve dans la diffusion continue des théories analytiques et dans l'augmentation, dans certains pays, du nombre de médecins pratiquant la psychanalyse. Jeune médecin, j'avais vu les cercles médicaux accueillir le traitement par la suggestion hypnotique avec la même tempête d'indignation avec laquelle les « raisonnables » d'aujourd'hui accueillent la psychanalyse. Mais en tant qu'agent thérapeutique, l'hypnotisme n'a pas tenu. ce qu'il avait promis au début ; nous autres psychanalystes devons nous considérer comme ses héritiers légitimes, et nous n'oublions pas tous les encouragements et toutes les explications théoriques dont nous lui sommes redevables. Les préjudices qu'on reproche à la psychanalyse se réduisent au fond à ces phénomènes passagers produits par l'exagération des conflits dans les cas d'analyse faite maladroitement ou brusquement interrompue. À présent que vous savez comment nous nous comportons à l'égard des malades, vous pouvez juger si nos efforts sont de nature à leur causer un préjudice durable. Certes, l'analyse se prête à toutes sortes d'abus, et le transfert constitue plus particulièrement un moyen dangereux entre les mains d'un médecin non consciencieux. Mais connaissez-vous un moyen ou un procédé thérapeutique, qui soit à l'abri d'un abus ? Pour être un moyen de guérison, un bistouri doit couper.

J'ai fini, et sans vouloir user d'un artifice oratoire, je vous dirai que je reconnais en les regrettant tous les défauts et toutes les lacunes des leçons que vous venez d'entendre. Je regrette surtout de vous avoir souvent promis de revenir sur tel sujet que j'effleurais en passant et de n'avoir pu tenir ma promesse par suite de l'orientation que prenait mon exposé. J'avais entrepris de vous initier à une matière encore en plein développement, encore très incomplète, et à force de vouloir la résumer, mon exposé est devenu lui-même incomplet. Plus d'une fois, j'avais réuni tous les matériaux en vue d'une conclusion que je me suis abstenu de tirer moi-même. Mais je n'avais pas l'ambition de faire de vous des spécialistes ; je voulais seulement vous éclairer et vous stimuler.

La psychanalyse fait-elle autre chose que confirmer la vieille maxime de Platon que les bons sont ceux qui se contentent de rêver ce que les autres, les méchants, font en réalité ?

Credits : www.canva.com ; Moritz von Schwind Der Traum des Gefangenen Le rêve du Prisonnier 1836
https ://www.pinakothek.de/en/node/3018
Sigmund Freud by Max Halberstadt

www.ingramcontent.com/pod-product-compliance
Lightning Source LLC
LaVergne TN
LVHW030216230826
846093LV00011B/489

* 9 7 8 2 3 8 4 5 5 2 6 5 8 *